SERMONES ACTUALES SOBRE LOS ANIMALES EN LA BIBLIA

70 homilías de animales

Kittim Silva Bermúdez

EDITORIAL CLIE
C/ Ferrocarril, 8
08232 VILADECAVALLS
(Barcelona) ESPAÑA
E-mail: clie@clie.es
http://www.clie.es

© 2017 Kittim Silva Bermúdez

Cualquier forma de reproducción, distribución, comunicación pública o transformación de esta obra solo puede ser realizada con la autorización de sus titulares, salvo excepción prevista por la ley. Diríjase a CEDRO (Centro Español de Derechos Reprográficos) si necesita fotocopiar o escanear algún fragmento de esta obra (www.conlicencia.com; 91 702 19 70 / 93 272 04 47).

© 2017 Editorial CLIE

SERMONES ACTUALES SOBRE LOS ANIMALES
EN LA BIBLIA
ISBN: 978-84-16845-38-5
Depósito legal: B-13824-2017
SERMONES
Sermones completos
Referencia: 225026

Impreso en USA / *Printed in USA*

Rvdo. Kittim Silva Bermúdez
B.A., M.P.S., D.HUM., D.D.

El reverendo Kittim Silva es fruto del Ministerio del Teen Challenge de Puerto Rico, lugar donde ingresó y se graduó del Teen Challenge Training Center en Pennsylvania (1971). Está graduado por la Teriama Health School, como Técnico de Laboratorio Médico (1973). También cursó estudios en el International Bible Institute, Inc. en la ciudad de Nueva York, donde se diplomó en Biblia y teología (1974). Obtuvo del New York Theological Seminary un Certificado en Ministerio Cristiano (1976). Luego recibió un Bachillerato en Artes Liberales (**B.A.**) del College of New Rochelle con una concentración en Humanidades (1980). Posteriormente obtuvo una Maestría en Estudios Profesionales (**M.P.S.**) del New York Theological Seminary con una concentración en Ministerio (1982). La Universidad Nacional Evangélica (**UNEV**) de la República Dominicana le confirió el título "Profesor Honoris Causa en Teología" (1994), y Doctor "Honoris Causa En Humanidades" (1998). La Latin University of Theology (**LUT**) de California le otorgó un Doctor "Honoris Causa en Divinidades" (2001).

Durante 28 años se ha desempeñado como Obispo del Concilio Internacional de Iglesias Pentecostales de Jesucristo, Inc. (**C.IN.I.PE.JE.**) Es cofundador de Radio Visión Cristiana Internacional (**RVCI**), donde ocupó el cargo de Presidente (1994-2001), y desde hace años sirve en la Junta de Directores. Desde el 2010 hasta el presente año ocupa el cargo de Vicepresidente de RVCI.

Desde el año 1998 es el vicepresidente y cofundador de la Coalición Latina de Ministros y Líderes Cristianos (**CO.N.LA.MI.C.**). Fue el fundador y primer moderador de la Confraternidad de Líderes Conciliares (**CON.LI.CO.**). Ha ministrado en cinco continentes y en 40 países. Cofundador y director de la Clínica Ministerial Internacional (**CLI.M.I.**). Es fundador de la Christian University of Human Development (**C.U.O.H.DE.**) y anfitrión del programa de televisión y radio "Retorno".

Dedico este libro a las Familias Rivas y Ayala:

A mis buenos amigos y colegas, los pastores **Teófilo** y **Margarita Rivas.**
Padres de generaciones ministeriales. Maestros de la Palabra.
Ejemplos de abnegación, servicio desinteresado y fundadores de la
Unión Nacional de Pastores Salvadoreños
(UNPES)

A mis amigos **Vladimir** y **Esmeralda Rivas,** su costilla de hierro.
Pastores de una nueva generación, que con amor y paciencia
alcanzan a multitudes con la mega-congregación,
Ministerio COMPAZ.

A mis amigos los pastores **William** y **Mirna Rivas.**
Buenos segundos, que siempre están ahí cuando se les necesita.

A **Heberth Moisés David Ayala,** hoy graduado en el cielo.
Y a la pastora **Claudia** su amada esposa,
que ha tenido que enfrentar la vida sirviendo en el
Ministerio COMPAZ.

A todos ellos y a sus descendientes, los bendigo.

_Índice

_Versiones de la Biblia empleadas en este libro 11
_Reseñas del libro 13
_Introducción 15

PRIMERA PARTE. Mamíferos

_01. Fortalecidos como búfalos 25
_02. Rugiendo como leones 35
_03. Ligeros como ciervos 47
_04. Señalados como asnos 55
_05. Veloces como gacelas 63
_06. Trabajadores como bueyes 69
_07. Domados como pollinos 75
_08. Pastoreados como ovejas 83
_09. Separados como cabras 101
_10. Valientes como caballos 109
_11. Cargados como camellos 115
_12. Rechazados como perros 123
_13. Cuidándonos de las zorras 133
_14. Desatendidos como mulos 141
_15. Rapaces como lobos 145
_16. Agresivos como osos 151
_17. Manchados como leopardos 155
_18. Aullando como chacales 161

_19. Seguros como conejos 167
_20. Caminando como vacas 173
_21. Fuertes como «Behemot» 177
_22. Comparados con cerdos 183
_23. Devoradores como jabalíes 189
_24. Usados como gusanos 193
_25. Chillando como hienas 197
_26. Comparados como yeguas 201
_27. Adorado como cordero 205
_28. Activos como comadrejas y topos 213
_29. Completos como seres vivientes 219

SEGUNDA PARTE. Peces

_30. Preparado como gran pez 229
_31. Atrapados como peces 235
_32. Utilizados como peces 241

TERCERA PARTE. Aves

_33. Mansos como palomas 249
_34. Volando como águilas 257
_35. Solitarios como aves 271
_36. Solos como búhos 275
_37. Sirviendo como cuervos 279
_38. Corriendo como avestruces 285
_39. Cantando como gallos 289
_40. Viviendo como gorriones 295
_41. Viajando como golondrinas 299
_42. Conocedores como cigüeñas 303
_43. Orgullosos como pavos reales 307
_44. Comparados a gallinas 317

_45. Cubriendo como codornices 323
_46. Veloces como halcones 327
_47. Devorando como buitres 331
_48. Perseguidos como perdices 337
_49. Misteriosos como Fénix 341
_50. Quejándonos como grullas 349

CUARTA PARTE. Insectos

_51. Sabios como hormigas 355
_52. Laborando como abejas 365
_53. Tejiendo como arañas 373
_54. Organizados como langostas 379
_55. Dañinos como moscas 387
_56. Molestos como piojos 393
_57. Buscados como pulgas 397
_58. Picando como avispas 403
_59. Comiendo como polillas 407
_60. Acabando como carcomas 411
_61. Derrotados como escorpiones 415
_62. Molestos como mosquitos 421
_63. Insaciables como sanguijuelas 425

QUINTA PARTE. Anfibio y reptil

_64. Croando como ranas 433
_65. Astutos como serpientes 439
_66. Libres como lagartijas 445
_67. Raros como «Leviatán» 449
_68. Venenosos como víboras 459

SEXTA PARTE. El dragón y la bestia apocalíptica

_69. El Dragón-Satanás 467
_70. La bestia anticristo 473

_Versiones de la Biblia empleadas en este libro

A no ser que se indique con sus siglas correspondientes, en este libro empleo la Versión Reina Valera de 1960 (**RVR-60**)

La Biblia: Palabra de Dios para Todos (**PDT**)

Nueva Versión Internacional (**NVI**)

Traducción en Lenguaje Actual (**TLA**)

Nueva Biblia Latinoamérica (**NBLA**)

Dios Habla Hoy (**DHH**)

Biblia del Jubileo (**JBS**)

La Biblia Hispanoamérica (**BHTI**)

Biblia de las Américas (**BLA**)

_Reseñas del libro

La Biblia es la palabra de Dios y está expresada por autores humanos que inspirados por el Espíritu Santo, escribieron libres de errores lo revelado por Dios; como libro es una joya de la literatura universal, interpretarla (hacer hermenéutica) es un arte y una ciencia por la diversidad de géneros literarios y figuras retóricas en su contenido.

La alegoría es una figura literaria que consta de varias metáforas. Así define el diccionario esta figura de la retórica. Hay alegorías naturales y aquellas otras que el intérprete hace de ciertos pasajes de la sagrada escritura cuando cree encontrar verdades o principios espirituales, y aquí existe el riesgo de no hacer una exégesis correcta y por lo tanto fallar al hacer una buena y correcta interpretación.

Desde hace años hemos sido ministrados y bendecidos con la predicación del Dr. Kittim Silva en territorio mexicano, en diferentes eventos de nuestras Asambleas de Dios en México y con una habilidad y unción especial; le he escuchado muchos sermones basados en alegorías. Siempre hace una exégesis correcta, pura y pertinente. Este fin de semana, durante los días 8, 9 y 10 de octubre del 2016, lo tuvimos aquí en Mexicali, en nuestra Confraternidad de Región y nos regaló unas hermosas predicaciones ricas en contenido y aplicación, además de la belleza y habilidad que le caracteriza. Para mí es el «Príncipe de la Predicación Alegórica». Su erudición y arte en este ramo es único: ¡Gracias Dr. Kittim Silva, nos bendijo con su ministración.

Presbítero Marcelino González,
Superintendente adjunto de las Asambleas de Dios en México

Indiscutiblemente elocuente, admirable, excelente y por demás, una elegante exposición del tema: El Neopentecostalismo como ponencia de la tarde. Pienso que realizó toda una buenísima interpretación de la doctrina de las Asambleas de Dios como pocos, sobre todo sin ser Asambleísta, y creo que así como lo hizo con las doctrinas de Asambleas de Dios lo puede hacer con otras de otros concilios con la misma capacidad y excelencia. Excelente presentación del tema: Neopentecostalismo versus Pentecostalismo Clásico.

Presbítero Martín Corrabubías Michel,
Asambleas de Dios en México

Nutrida la ponencia del Rvdo. Kittim Silva. Un verdadero cúmulo de conocimiento, que se entrega con pasión. Es digno de imitar. Su vida y ministerio nos dan mucha enseñanza. Sin mencionar que hay edificación y mucha bendición, porque al escuchar tal disertación, somos movidos a creer, a vivir, a escalar porque aún hay mucho que conquistar.

Presbítera Eva Moreno,
Asambleas de Dios en México

¡Excelente!, cuánto hace que platicamos de él. Creo que en Querétaro. Tuve la bendición de contactar con el Dr. Kittim Silva en el año 2.000 para invitarlo al primero de muchos eventos nacionales, desde entonces ha sido el predicador más solicitado en las Asambleas de Dios en México. ¡En buena hora! Somos una generación bendecida al escuchar este calibre de predicador.

Presbítero Daniel De Los Reyes,
Ex Supt. General de las Asambleas de Dios en México

Los que estuvimos presentes nos deleitamos en manera muy especial; el Señor siga usando a sus siervos para predicar este mensaje de gracia, bendiciones para todos.

Presbítera Belén Rodríguez,
Asambleas de Dios en México

_Introducción

¿Cómo nació esta serie de homilías o predicaciones? Fui invitado a exponer un mensaje a una actividad de caballeros, en una congregación de Brooklyn, New York. El tema era: «Valientes Como Leones». Hablando con mi Vice-Obispo, el Dr. Ismael Claudio del «International Council of Pentecostal Churches of Jesus Christ», él me dijo: «Obispo Kittim, debes ver el documental del león en History Channel, en el mismo se enseña cómo cazan los leones en las noches con una visión infrarroja».

Le hice caso, y ese documental me permitió ver otras perspectivas que me ayudaron mucho en el desarrollo del tema. Llamé luego a mi amigo el Dr. Ismael Claudio y le di gracias. Me dijo: «Obispo, veo una serie sobre animales que habrás de escribir». Allí, el Espíritu Santo me estaba dando una comisión, utilizando la boca y palabras puestas en mi colega. ¡Un profundo deseo de predicar sobre los animales nació en aquel momento!

En la zoología bíblica tenemos diferentes animales y aves de los cuales se desprenden enseñanzas y aplicaciones espirituales para los creyentes. Ejemplos de estos son: el águila, la paloma, el búfalo, el león, el ciervo, la gacela, y muchos otros.

En 2 Samuel 1:23, David comparó en su elegía a Saúl y Jonatán con águilas y leones: «Saúl y Jonatán, amados y queridos; inseparables en su vida, tampoco en su muerte fueron separados; más ligeros eran que águilas, más fuertes que leones».

En 2 Samuel 2:18, se compara a Asael, primo de David con la gacela: «Estaban allí los tres hijos de Sarvia: Joab, Abisai y Asael. Este Asael era ligero de pies como una gacela del campo».

En Ezequiel 19:2-9, el profeta en su endecha a los reyes de Judá, comparó a Israel con una leona y a Joacaz y Joaquín, descendientes de Josías, los comparó con cachorros que se convirtieron en leones. Joacaz fue llevado cautivo a Egipto y Joaquín fue llevado cautivo a Babilonia. Empleo la *Traducción En Lenguaje Actual*, ya que pone los nombres de estos reyes, y simplifica la lectura del pasaje bíblico.

«Israel era como una leona: vivía entre los leones y cuidaba de sus cachorros» (Ez. 19:2, TLA).

«Uno de ellos fue Joacaz, y ella lo vio crecer hasta convertirse en un león; y el que antes fue cachorro aprendió a devorar gente» (Ez. 19:3, TLA).

«Las naciones oyeron hablar de él, le pusieron una trampa y lo atraparon; le pusieron un gancho en la nariz, y se lo llevaron a Egipto» (Ez. 19:4, TLA).

«Israel perdió toda esperanza de volver a ver a su cachorro; crió entonces a Joaquín, otro de sus cachorros, hasta convertirlo en león» (Ez. 19:5, TLA).

«Y este león andaba entre leones, muy seguro de sí mismo, y aprendió a devorar gente» (Ez. 19:6, TLA).

«Hacía destrozos en los palacios y dejaba en ruinas las ciudades; con sus feroces rugidos hacía temblar a todo el mundo» (Ez. 19:7, TLA).

«Las naciones vecinas se juntaron con la intención de apresarlo; le tendieron una trampa, y Joaquín cayó en ella» (Ez. 19:8, TLA).

«Le pusieron un gancho en la nariz, y se lo llevaron al rey de Babilonia. Lo encerraron en una jaula, y no volvieron a oírse sus rugidos en las montañas de Israel» (Ez. 19:9, TLA).

Jesús comparó a Herodes Antipas con un zorro (Lc. 13:32-33); y Jesús se comparó a sí mismo con una gallina que guarda debajo de sus alas a los polluelos (Lc. 13:32-33).

Varios personajes bíblicos poseen nombres que significan animales: Raquel = oveja y cordero; Lea = vaca salvaje; Séfora = pajarita; Caleb = perro; Débora = abeja; Jael = cabra salvaje; Oreb = cuervo; Zeeb = lobo (estos fueron dos reyes madianitas que enfrentó Gedeón); Ariel = León de Dios; Hulda = comadreja y topo; Jonás = paloma; Dorcas = gacela; Nahas Amonita, de «Nâjâsh» = serpiente. ¡Cosa muy interesante la asociación de nombres de animales con personas!

En uno de mis sermones dije: «Dios tiene un ministerio para todas aquellas ovejas que como Raquel oyen su voz y le siguen; que como la pajarita Séfora, levantarán alas como águila; como la abeja Débora harán huir al enemigo; y cual gacela Dorcas estarán llenas de gracia y prontitud para servir. ¿Estamos dispuestos para servir?».

Tomando en cuenta este principio bíblico de aplicar, donde a seres humanos se les compara con animales, he podido ver que en muchos mamíferos y aves bíblicas, se encierran detalles de los cuales se pueden desprender muchas enseñanzas. Y de esos pasajes bíblicos que así se indica, reflexiono como predicador.

Primero, decidí preparar un sermón sobre el león, acercándome a la Biblia y aplicándolo al creyente. Y luego de exponerlo ante un auditorio en vivo, le di forma, luego expuse las ideas varias veces más, y el resultado está aquí para beneficio del lector.

Introducción

Segundo, mastiqué nuevas ideas, y utilicé algunas ilustraciones sobre el águila. Hace muchos años escribí un libro publicado por la Editorial Portavoz, titulado: *El Águila, Símbolo de Excelencia Cristiana*. El cual ha gustado mucho a los lectores.

En este sermón rescato al águila de los mitos tejidos alrededor de esta ave, como el mito de que vuela sobre las tormentas, el mito de que llega a la edad de 70 años y que se rompe el pico, se arranca el plumaje, se golpea las garras, hasta sangrar y esperar por su nueva transformación. Todo eso suena muy bien, pero son exageraciones no científicas.

Tercero, me puse a pensar sobre el búfalo, y de igual manera con Biblia en mano, presenté sus características y aplicaciones. Sé que en este sermón el Espíritu Santo revelará algo a tu corazón.

Cuarto, reflexioné sobre el ciervo o venado. Y tomando aquellos pasajes que hablan de «pies de ciervas» y «ligeros como ciervos», formulé ideas que espero que sean de mucha bendición al lector.

Quinto, estando en Puerto Rico para celebrar un evento con mi amigo el Dr. Danny Ríos Quiles, hospedado en la casa de mi hermana la Dra. Myrtha Silva Bermúdez, temprano una mañana me dio por leer en la Biblia sobre el asno, y nació este sermón.

Sexto, de manera espontánea me fluyeron ideas para reflexionar sobre la gacela bíblica. Y de esta desprendo enseñanzas que son aplicables al creyente en su vida espiritual.

Séptimo, el sermón sobre la paloma y el cuervo, ya lo había predicado hace varios años, lo retoqué y lo anexé a la serie. Su contenido y exposición presenta al hombre y a la mujer sin Dios en la figura del cuervo; y el hombre y la mujer con Dios en la figura de la paloma.

Octavo, me vino a la cabeza este pasaje bíblico: «Soy semejante al pelícano del desierto; Soy como el búho de las soledades; velo, y soy como el pájaro solitario sobre el tejado» (Sal. 102:6-7, RVR 1960). Ya por muchos años había intentado conquistar este pasaje, pero no se me rendía totalmente. Ahora, se rindió sin trabas ni resistencia.

Noveno, los sermones del buey, del avestruz, el gallo, el gorrión, la golondrina, la cigüeña y la tórtola, vinieron como un torrente inspiracional en un par de días. Masticaba la palabra escrita de Dios y saboreaba la misma.

Décimo, hablando con el Obispo Modesto Hernández y con el ministro Néstor Vega, les hablé de este proyecto literario. Les hablé sobre el listado de animales y aves que presentaba y aplicaba. Y allí nos dimos cuenta que este libro no estaría completo sin la oveja. Y me sumergí en la Biblia y nadé hasta la orilla con la oveja.

Pero un día después, me dije a mí mismo: «Escribir de las ovejas y olvidar las cabras, no es justo. Tengo que elaborar un sermón sobre estos rumiantes». Y así lo hice. Luego, después de haber predicado el sermón dominical, de momento vino a mi mente el caballo, y volví a sumergirme en la Biblia, y nació otro sermón. Siguió el del camello. Luego el del perro. Ya pensé que había terminado, y dos amigos me dijeron: «No dejes la serpiente fuera». Y dediqué un día a este sermón. Pero además, pensé en las zorras, el gran pez de Jonás, los mulos, los lobos, los osos, leopardos, los chacales y los peces.

Hablaba con el Rvdo. José Guillermo De La Rosa, y me sugirió escribir sobre el chacal, y sobre tres insectos: la hormiga, la abeja y la araña. La sugerencia de los peces vino del ministro Néstor. Y en México escribí mientras ministraba con el Centro Internacional de Oración (CIO) y sus pastores Ramiro y Elizabeth, al hacer un trueque de ideas con ellos, los sermones de los conejos, las langostas y las ranas, me aterrizaron en la mente.

Luego pensé en las moscas, los piojos, las pulgas, las vacas, las avispas, los hipopótamos, los cerdos, la gallina, la polilla y el gusano. Ya para terminar definitivamente, volví a hablar con el ministro Néstor Vega, y me dijo: «Pastor Kittim, ¿y qué del leviatán, al cual se le dedica el capítulo 41 del libro de Job?». Y de nuevo a trabajar.

Tanto el behomot (Job 40:15-24) como el leviatán (Job 40:15-24), se han prestado para debates, conflictos y documentales con animales prehistóricos. Muchos los identifican con los grandes «monstruos marinos» de Génesis 1:2 donde se lee: «Y creó Dios los grandes monstruos marinos, y todo ser viviente que se mueve, que las aguas produjeron según su género, y toda ave alada según su especie. Y vio Dios que era bueno».

Para estos intérpretes textuales, analistas y científicos, el behomot y el leviatán son de la familia de los dinosaurios y se extinguieron en una creación pre-adámica o desaparecieron en la época del diluvio.

Yo analizo ambas bestias o llamados monstruos marinos, dejando ver que un lenguaje literal se entremezcla con un lenguaje poético y hasta mitológico, y que se descubre en estas dos criaturas al hipopótamo y al cocodrilo, descritos en la óptica del libro de Job, que era demostrar a Job por parte de Dios, la incapacidad del conocimiento y la debilidad de él.

No elaboré ningún sermón del «unicornio» como traduce Reina-Valera 1909, ya que según Reina-Valera 1960 se refiere al buey salvaje y al búfalo. En ese sentido hablo del «unicornio» al referirme en dichos sermones.

Los últimos sermones elaborados han sido el de las hienas, el de las codornices, de los halcones, de los escorpiones, de nuevo de los peces, los jabalíes, los buitres, la carcoma, los mosquitos, la perdiz, el dragón-Satanás con la bestia-Anticristo del Apocalipsis, la misteriosa ave llamada fénix, las sanguijuelas, la yegua, el Cordero-Mesías, las comadrejas y los topos.

Y ya para cerrar el libro, me vino a la mente tratar Proverbios 30:29 del cual consideré a la araña (RV-60). Pero el término hebreo también traduce lagartijas. Preparé otro sermón sobre las grullas. Y finalmente, pensé en las víboras y, aunque tenía un sermón sobre las serpientes, me centré en hablar del veneno de las víboras.

¡Por fin, terminé esta asignación homilética! ¡Un total de 70 sermones! Me han apodado el «Apasionado de la Homilética» y espero que esta colección de homilías de testimonio. ¡Otra aventura homilética en la cual me envolví!

En este libro utilizo muchas fábulas de los animales de Esopo con sus moralejas. De igual manera varias ilustraciones de «La culpa es de la Vaca». Y eso le da un toque especial a este escrito.

El resultado de esto es «Un safari bíblico de homilías de mamíferos, peces, aves, insectos, reptiles y un anfibio». Deseo que el lector sepa que este no es un libro únicamente de estudios sobre mamíferos y aves de la Biblia. Por eso puede que usted piense en algún animal que aquí no aparece, y diga: «A Kittim, se le olvidó escribir sobre este animal». Este libro no es una serie de estudios de todos los animales de la Biblia. Es una colección de sermones sobre muchos animales que se pueden aplicar a la vida del creyente. Creo que es un libro único en su género, y una herramienta homilética, práctica, devocional y motivacional.

En la Biblia encontramos dos animales hablando, razonando como seres humanos, la serpiente en el Edén y la asna o burra de Balaam. Leemos de unos cuervos actuando al ser mensajeros de alimentos para el profeta Elías. Y vemos a un gran pez llevando al profeta Jonás como si fuese un vehículo de transporte:

1. La serpiente habló: Esta, con argumentos, convenció a Eva, y esta a su vez convenció a Adán para que comiera del árbol del bien y del mal. Fue usada como médium por el Maligno.

2. La burra habló: Esta cuestionó a Balaam, y le amonestó por haberla golpeado tres veces con un palo. Fue usada por Dios mismo, cuando el ángel de Jehová se le atravesó en el camino al desobediente profeta.

3. Los cuervos actuaron: Vemos como los cuervos con acciones humanas le traían «pan y carne» al profeta Elías por la mañana y por la tarde, durante tres años. Jehová Dios le estaba proveyendo milagrosamente.

4. El gran pez actuó: Este se tragó a Jonás y por tres días lo tuvo guardado en su vientre, hasta que recibió indicaciones de vomitar en tierra al profeta galileo. Aquí vemos a Jehová Dios tratando con la desobediencia del profeta fugitivo.

El profeta Isaías presenta el estado milenial de los animales, donde los que son depredadores y otros son presas, con una naturaleza cambiada, retornarán a la naturaleza original de los animales en la creación:

«Morará el lobo con el cordero, y el leopardo con el cabrito se acostará; el becerro y el león y la bestia doméstica andarán juntos, y un niño los pastoreará. La vaca y la osa pacerán, sus crías se echarán juntas; y el león como el buey comerá paja. Y el niño de pecho jugará sobre la cueva del áspid, y el recién destetado extenderá su mano sobre la caverna de la víbora. No harán mal, ni dañarán en todo mi santo monte; porque la tierra será llena del conocimiento de Jehová, como las aguas cubren el mar» (Is. 11:6-9).

Desde ya, les pido a los predicadores, pastores, líderes, lectores, que al hacer uso de este material, por favor no se olviden de darme algún crédito por el trabajo presentado. Muchos predicadores comienzan diciendo: «Fulano dijo esto». Luego de un tiempo dicen: «Alguien dijo esto». Y al final ya dicen: «Dios me ha revelado esto». ¡Espero que este no sea el caso con usted!

Téngase en cuenta que mayormente empleo el texto de Reina Valera revisión de 1960. Cuando no se indique con siglas sobreentiéndase que es el texto utilizado. Pero uso otras versiones que al final del libro, se identifican con las siglas de los nombres de las mismas.

Un consejo que les quiero dar a los predicadores o maestros, es que prescindan de algunos datos de las notas sermonarias, cuyo fin es el de ofrecer una perspectiva más amplia para arrojar luz en el enfoque del pasaje tratado. Un sermón escrito al momento de ser expuesto exige que la exposición y el expositor se sincronicen para la entrega del mismo. Escribo mis sermones, pero no leo los sermones, los expongo.

Ya terminada esta introducción tuvieron lugar dos acontecimientos, que debido a su importancia personal, he creído oportuno hacer mención de los mismos y que hasta cierto modo afilaron algo de este escrito.

Los sermones titulados «Rugiendo como leones» y «Fortalecidos como búfalos», los expuse durante la Convención «Legacy» 2016 del Distrito Multicultural de la Florida de las Asambleas de Dios (FMD), con el motivo del Centenario de haber llegado el Rvdo. Juan León Lugo Caraballo a Puerto Rico con la experiencia pentecostal (1916-2016), e invitado por mis amigos el Supt. Saturnino «Nino» González, el Vice. Supt. Edward Rodríguez, el Secretario Ramón Rojas, el Tesorero Jimiro Feliciano y el Presbítero General Abner Adorno. ¡Gracias doy al FMD!

Recibí una invitación de mis amigos los pastores Dr. Víctor y Dra. Hattie Tiburcio, quienes presiden la cadena televisiva de «Aliento Visión TV Network», para visitar en Kentucky, USA, el «Museo de la Creación» y estar en la inauguración del «Encuentro con El Arca» con las mismas dimensiones descritas en el libro del Génesis de 5: 10 pies de largo con 85 pies de ancho y con 51 pies de alto, que es el equivalente a un edificio de 7 pisos.

Tiene 30 parejas de animales fabricados con la forma de muchos animales actuales y otros con parecido a dinosaurios pequeños; jaulas con audios de aves y, además, con algunos personajes bíblicos robóticos. Además de un zoológico con animales vivos.

El arca de Noé fue una nave flotante, un ingenio del desarrollo humano, con medidas dadas directamente por Dios (Gen. 6:14-16). Fue, en mi opinión personal, el primer crucero familiar y un zoológico flotante. Y es muy probable que muchas personas, fuera de la familia de Noé, fueran empleadas para este proyecto de la ingeniería. Esto demuestra la capacidad tecnológica tenida por Noé.

En el «Museo de la Creación» me fascinó la visita a la «Exposición de los Insectos», ya que yo había elaborado varios sermones sobre insectos y allí confirmé algunas cosas. Esa visita que realicé a dicho museo me entusiasmó mucho por la temática sobre animales de este libro.

¡Mi gente!, ahora le invito a viajar conmigo acompañándome en este safari de fauna bíblica, viendo y observando a varios mamíferos, aves, peces, insectos y un anfibio, para aprender muchos principios espirituales y motivacionales de cada uno de los mismos.

Dr. Kittim Silva Bermúdez
Río Grande, Puerto Rico
Junio de 2016

Primera parte
Mamíferos

El búfalo, el león, el ciervo,
el asno, la gacela, el buey, el pollino, la oveja,
la cabra, el caballo, el camello, el perro,
la zorra, el mulo, el lobo, el oso, el leopardo,
el chacal, el conejo, las vacas, el «behemot»,
el cerdo, el jabalí, los gusanos, las hienas,
la yegua, la comadreja, el topo, el cordero
y los seres vivientes.

01
Fortalecidos como búfalos

Salmo 92:10, RVR1960

«Pero tú aumentarás mis fuerzas como las del búfalo;
seré ungido con aceite fresco».

Introducción

El búfalo es originario de la India, y de ahí fue traído al área del Mediterráneo, incluyendo Palestina. Es de la familia del toro salvaje, con mucho pelo y posee cuernos virados hacia atrás.

El bisonte americano no es un búfalo, pero se le dio ese nombre porque a muchos se les parecían a los búfalos europeos. Y los traductores bíblicos encontraron más apropiado el uso del término búfalo.

El famoso Búfalo Bill, amigo de los hombres blancos ganó fama matando a los bisontes, pero se veía como un enemigo por los nativos americanos. Durante las guerras contra los indios, los mataba, al igual que otros, para dejar a estos sin alimentos, y así tener ventajas militares.

En el mes de mayo del 2016, el Presidente Barack Hussein Obama II, proclamó al bisonte como el mamífero emblemático de los EE.UU. Fue llamado «búfalo» erróneamente por los colonizadores que llegaron a Norte América. Es propio de esta región. ¡Pero difícilmente, ese nombre de «búfalo» se le podrá quitar al bisonte con su joroba y cara grande que le da ese aspecto temerario del viejo oeste!

En Reina Valera 1909 aparece la traducción de «unicornio» y «unicornios» en varios pasajes (Nm. 23:22; 24:8; Dt. 33:17; Job. 39:9, 10; Sal. 29:6; 92:10; Is. 34:7); los cuales Reina Valera 1960 los traduce como «búfalo» y «búfalos».

La alusión bíblica al toro salvaje parece referirse al búfalo. Y así lo entienden hoy día los traductores bíblicos. Por tanto en esta exposición nos referimos a esta clase de búfalo. Es un animal rumiante que vuelve a masticar el alimento semi-digerido. Desde luego el búfalo palestino y africano comparten similitudes con el bisonte («bison» en inglés) norteamericano. Para los nativos americanos el bisonte blanco y el lobo blanco gozaban de una mística muy significativa para ellos.

El pasaje bíblico lee: «Pero tú aumentarás mis fuerzas como las del búfalo; seré ungido con aceite fresco» (Salmo 92:10, RVR1960). El salmista en su oración pide una acción divina sobre su vida con un aumento de fuerzas comparadas con el búfalo. Pero en añadidura el salmista ve una acción divina sobre él siendo ungido con aceite fresco. Dos cosas hace Dios en el creyente: le da más fuerzas y le renueva con una unción fresca.

1. El búfalo es salvaje

En Job 39:9-12 se lee: «¿Querrá el búfalo servirte a ti, o quedar en tu pesebre? ¿Atarás tú al búfalo con coyunda para el surco? ¿Labrará los valles en pos de ti? ¿Confiarás tú en él, por ser grande su fuerza, y le fiarás tu labor? ¿Te fiarás de él para que recoja tu semilla, y la junte en tu era?».

La Traducción En Lenguaje Actual dice: «¿Tú crees que un toro salvaje estará dispuesto a servirte y a dormir en tus establos? ¿Tú crees que si lo amarras podrás hacer que te siga, y que no se aparte del surco hasta que cultives tus campos? ¿Puedes confiar en su fuerza y echar sobre sus lomos todo el peso de tu trabajo? ¿Puedes hacer que el toro junte todo tu grano y lo lleve hasta el molino?» (Job 39:9-12).

La naturaleza del búfalo no es servil, no es dócil, es de una naturaleza salvaje. No quiere que se le ponga el yugo para arar. No se puede contar con su ayuda para la cosecha. Y como esos búfalos o toros salvajes, así éramos nosotros sin Cristo. Hasta que la fuerza de su amor y la soga de su llamado nos doblegó, y nos hizo que aceptáramos llevar su yugo sobre nosotros.

Dijo San Agustín de Hipona: «¡Admirable profundidad de tus Escrituras! Su apariencia externa parece acariciar a los que son como niños; pero ¡qué admirable profundidad, Dios mío, es maravilloso! Un temor sagrado me causa fijar la vista en ella, pero es un temor y un temblor de respeto y amor. Odio de todo corazón a sus enemigos. ¡Por qué no los pasas a filo de tu espada 'de doble filo', para que no tengan más enemigos! Me gustaría verles morir a sí mismos, para que viviesen para ti» (Alfonso Ropero, *Lo Mejor de Agustín de Hipona*, en *Lo Mejor de Los Padres Apostólicos*, tomo 21-2, Editorial CLIE, p. 424).

Y ahora, nosotros, como nuevas criaturas, le servimos a Jesucristo, y estamos en el establo de su voluntad. Hoy llevamos su carga con mucho regocijo, y recogemos del grano del mundo para el molino de la Iglesia.

Mateo 11:28-3 lee: «Venid a mí todos los que estáis trabajados y cargados, y yo os haré descansar. Llevad mi yugo sobre vosotros, y aprended de mí, que soy manso y humilde de corazón; y hallaréis descanso para vuestras almas; porque mi yugo es fácil, y ligera mi carga».

Los bueyes se enyugan amarrándoles sogas o tiras de cuero a los cuernos con el yugo de madera que tiene forma curvada para acomodarse en el cuello de cada buey. Se enyuga primero bajo entrenamiento a un buey viejo con uno más joven. Y así el segundo aprende del primero. Luego se enyugan dos bueyes del mismo tamaño. Bueyes jóvenes deben enyugarse con bueyes viejos. Aprenden de estos la paciencia, la constancia, la perseverancia y la responsabilidad.

El creyente se tiene que enyugar voluntariamente bajo el peso del yugo de Jesucristo, y así aprender de este a andar, a obedecer y a cumplir con el llamado de una vida de sujeción y obediencia. El yugo de Jesucristo se lleva con gozo y entrega total.

El yugo de Jesucristo produce descanso, es fácil y de ligera carga. Con ese yugo las cargas de la vida son más fáciles de llevar, y enyugados al Maestro aprendemos muchas cosas.

El yugo del mundo es de carga pesada, produce angustia, dolor, sufrimiento y nos esclaviza. Solo a causa de la unción ese yugo se pudrirá y así el alma abatida y cansada de la carga del mundo hallará liberación.

«Acontecerá en aquel tiempo que su carga será quitada de tu hombro, y su yugo de tu cerviz, y el yugo se pudrirá a causa de la unción» (Is. 10:27, RVR 1960).

Pero cuando engordamos en la gracia del Señor Jesucristo y en el poder del Espíritu ese yugo se romperá: «En aquel día esa carga se te quitará de los hombros, y a causa de la gordura se romperá el yugo que llevas en el cuello» (Is. 10:27, NVI).

Al principio el yugo de Cristo produce aflicción, pero luego produce satisfacción. El predicador londinense C. H. Spurgeon, que sufrió mucho a causa de la enfermedad de la gota y el reumatismo, supo lo que era vivir enyugado a Jesucristo y dijo: «Cuando Dios me ha parecido más cruel, es cuando ha sido más amable. Si hay algo en este mundo por lo cual le bendeciría más que por cualquier otra cosa, es por el dolor y la aflicción».

Dios vio el juicio que traería sobre las naciones ilustrándolo con búfalos, toros y becerros: «Y con ellos caerán búfalos, y toros con becerros; y su tierra se embriagará de sangre, y su polvo se engrasará de grosura» (Is. 34:7).

La unción del aceite fresco produce un mayor deseo de servir en la obra del Señor Jesucristo, de una entrega sin reservas al llamado cristiano y de una vida dedicada al trabajo de arar abriendo surcos con el evangelio en los campos del mundo.

2. El búfalo es gregario

El búfalo convive y se mueve en manadas. El periodo de gestación en la hembra es de 300 a 340 días y solo pare una cría. Su longevidad es de 25 a 29 años. El búfalo busca la unidad. Pueden agruparse de 10 a 20 búfalos. Y conviven también juntos los machos o en harenes. Los búfalos viejos tienden a ser más solitarios y por ende se exponen más al peligro. La mucha experiencia no te debe llevar a la auto-confianza y a buscar estar solo.

El creyente búfalo es suma dondequiera que está. Muchas personas suman a nuestras vidas y otros restan a nuestra vida. Toda relación con alguien, con otra persona, con segundos o terceros, que no sea suma espiritual a la vida de uno, debe descartarse. Hay relaciones saludables y hay relaciones tóxicas.

A quien te conectes determinará a lo que te conectas y con quien te conectas. Buenas conexiones conectan a un brillante futuro y a un glorioso destino. Jesucristo pondrá en tu camino a gente de iglesia que te ayudará a conectarte con su propósito.

La vida en manada fortalece espiritualmente. Los búfalos se sienten seguros y protegidos de los enemigos al estar congregados como una familia. Si el enemigo los encuentra aislados, a pesar de su gran fuerza, estos enemigos que son débiles se unen para hacerse fuertes y así hacer débil al búfalo.

Los enemigos del búfalo son el tigre, los leones y las serpientes. Y los leones son persistentes al perseguirlos, tan pronto uno de los búfalos se aleja de la manada, lo persiguen hasta cansarlo, y todos los leones atacando suman fuerzas para doblegarlo. Cuando los búfalos son pequeños, se hacen muy vulnerables a la mordida de una serpiente. Pero ya grandes, esa mordida no les hace daño.

El búfalo por lo general evita la confrontación con los leones. Prefiere alejarse de estos. Pero ante el acoso y persecución de los leones, los búfalos confrontan, patean y acornean a los leones. Una madre búfalo es capaz de regresar para defender a su cría, aun exponiendo su propia vida. Muchas veces los búfalos guardan luto por alguno que ha muerto. Y con determinación enfrentan a los leones y otros depredadores en su momento de duelo.

El creyente búfalo debe evitar toda confrontación, conflictos, discusiones, pero ante la ofensiva tiene derecho a defenderse. Debe ser humilde, pero eso no implica que deba dejarse humillar por nadie.

El creyente búfalo no se aleja de la manada. Se congrega regularmente junto a los hermanos de la fe, crece y se alimenta con otros. Eso le dará seguridad y protección frente a los depredadores de la fe.

Somos llamados a ser parte de una comunidad religiosa. Tenemos que desarrollar la costumbre de reunirnos regularmente en la casa de Dios. Especialmente, aquellos y aquellas que tienen ministerios evangelísticos y como músicos y cantantes. Estos son los que más quieren promover la adoración a Dios, pero por otro lado se comportan como exilados de sus congregaciones locales. Muchos, cuando llegan a ser pastores, se tornan exigentes con la asistencia congregacional, pero cuando se ponían el uniforme de ovejas, no fueron practicantes de la vida redil.

«No dejemos de reunirnos, como hacen algunos. Al contrario, animémonos cada vez más a seguir confiando en Dios, y más aún cuando ya vemos que se acerca el día en que el Señor juzgará a todo el mundo» (Heb. 10:25, TLA).

La unción del aceite fresco produce un sentido de unidad cristiana. La unción nos mueve a unirnos y no a desunirnos, a trabajar para el bienestar común. El que tiene esa unción fresca no se aleja de los demás. Cuando falta la unción fresca se hace presente la desunión.

3. El búfalo es fuerte

El búfalo sabe que sus fuerzas se las ha dado el Creador. No le teme a ningún animal, ni a ningún ser humano. Así que el creyente-búfalo siempre ora a Dios, pidiéndole que le aumente sus fuerzas como al búfalo. Siéntete como búfalo espiritual. **¡Despierta ese búfalo fuerte dentro de ti! ¡Pero busca también la unción de aceite fresco!**

Dios comparó su poder para liberar al pueblo hebreo de Egipto con las fuerzas del búfalo: «Dios los ha sacado de Egipto; tiene fuerzas como de búfalo» (Núm. 23:22, RV-60). «Con una fuerza mayor que la del búfalo, Dios liberó de Egipto a su pueblo» (Núm. 23:22, TLA).

Con las astas del búfalo, Dios comparó la agresividad de las tribus de Efraín y Manasés: «Como el primogénito de su toro es su gloria, y sus astas como astas de búfalo; Con ellas acorneará a los pueblos juntos hasta los fines de la tierra; ellos son los diez millares de Efraín, y ellos son los millares de Manasés» (Dt. 33:17).

Entre los animales rumiantes el búfalo es muy fuerte. En el mundo, el creyente lleno de fe y de esperanza, sabe que es fuerte como un búfalo. Isaías 40:29 declaró: «Él da fuerzas al fatigado, y al que no tiene fuerzas, aumenta el vigor» (LBLA). Pero esa fortaleza viene de Dios.

Pablo de Tarso a pesar de sentirse algo cansado, quizá sin muchas fuerzas, podía manejar sus sentimientos y declarar: «Por tanto no desfallecemos, antes bien, aunque nuestro hombre exterior va decayendo, sin embargo, nuestro hombre interior se renueva de día en día» (2 Cor. 4:16, LBLA). **¡Despierta ese búfalo fuerte dentro de ti! ¡Pero busca también la unción de aceite fresco!**

Moisés fue un búfalo que murió lleno de fuerzas, que nunca perdió la visión: «Era Moisés de edad de ciento veinte años cuando murió; sus ojos nunca se oscurecieron, ni perdió su vigor» (Dt. 34:7).

Caleb fue un búfalo lleno de fuerzas, a pesar de ser un octogenario y de haber vivido dos generaciones: «Ahora bien, Jehová me ha hecho vivir, como él dijo, estos cuarenta y cinco años, desde el tiempo que Jehová habló estas palabras a Moisés, cuando Israel andaba por el desierto; y ahora, he aquí, hoy soy de edad de ochenta y cinco años. Todavía estoy tan fuerte como el día que Moisés me envió; cual era mi fuerza entonces, tal es ahora mi fuerza para la guerra, y para salir y para entrar. Dame, pues, ahora este monte, del cual habló Jehová aquel día; porque tú oíste en aquel día que los anaceos están allí, y que hay ciudades grandes y fortificadas. Quizá Jehová estará conmigo, y los echaré, como Jehová ha dicho» (Jos. 14:10-12).

Los búfalos cuando se mueven en manada y corren, sus enemigos se espantan ante el ruido de estos que de lejos se escucha. Pero el búfalo ante un trueno se detiene. Cuando Dios truena, el creyente se tiene que detener para escuchar la voz de Dios, para luego seguir hacia su destino. **¡Despierta ese búfalo fuerte dentro de ti! ¡Pero busca también la unción de aceite fresco!**

La unción del aceite fresco nos hidrata espiritualmente. Cada día se tiene que buscar una nueva y fresca unción. Muchos se quedan con unciones viejas y no se renuevan espiritualmente como creyentes.

4. El búfalo se refresca

Se habla del búfalo de agua o búfalo de río. Los cuernos encorvados hacia adentro, le sirven como palas para sacar del fondo del lago o río el fango húmedo y arrojárselo sobre su lomo.

El búfalo se sumerge en el río para refrescarse. Eso le da nuevo vigor. Así es el creyente-búfalo que busca estar sumergido en el río de la presencia del Espíritu Santo.

El creyente-búfalo se sumerge y nada en el río de Dios. En ese río recupera energías, se siente limpio, se hidrata de la presencia. ¡Sumérgete en el río de Dios! En Ez. 47:3-7 se nos presentan cuatro niveles en el río de Dios, cada nivel tenía una medida de 500 metros de longitud o mil quinientos pies y no de profundidad:

«Y salió el varón hacia el oriente, llevando un cordel en su mano; y midió mil codos, y me hizo pasar por las aguas hasta los tobillos. Midió otros mil, y me hizo pasar por las aguas hasta las rodillas. Midió luego otros mil, y me hizo pasar por las aguas hasta los lomos. Midió otros mil, y era ya un río que yo no podía pasar, porque las aguas habían crecido de manera que el río no se podía pasar sino a nado. Y me dijo: ¿Has visto, hijo de hombre? Después me llevó, y me hizo volver por la ribera del río. Y volviendo yo, vi que en la ribera del río había muchísimos árboles a uno y otro lado» (Ez. 47:3-7).

El primer nivel del río es el de la obediencia; el agua llegaba a los pies: «El hombre se dirigió hacia el este. Tomó una cuerda y midió quinientos metros; luego me ordenó cruzar la corriente. El agua me llegaba a los tobillos» (Ez. 47:3, TLA).

Esa medida de quinientos metros es de mil quinientos pies. Nosotros como creyentes debemos comenzar dando los primeros pasos. Nuestros pies y tobillos se deben mojar en obediencia a nuestro Señor Jesucristo. La rebelión y desobediencia se vencen con la obediencia. Esto es hablar del andar en Cristo y del caminar de la nueva vida. Muévete en ese primer nivel de obediencia en Jesucristo. **¡Moja tus pies en el río de Dios!**

El segundo nivel del río es el del sometimiento; el agua le llegaba a las rodillas: «Enseguida midió otros quinientos metros, y nuevamente me ordenó cruzar la corriente. Ahora el agua me llegaba a las rodillas» (Ez. 47:4, TLA).

De nuevo en la visión el profeta fue ordenado que cruzara la corriente, era una distancia de quinientos metros o mil quinientos pies. Esta vez el agua del río le llegaba al profeta hasta las rodillas. Y las rodillas en la imaginería cristiana son representativas de una vida de oración. Decía el evangelista mexicano Antonio Sánchez conocido como «La Polvorita», que tuve el privilegio de conocer junto a mi amigo el Supt. José Inmar Valle: «Sin fe, no hay café. Sin rodillas, no hay tortillas».

Este es el nivel de profundizar en una vida de oración. La oración devocional comienza como una acción tomada de orar, que al repetirse se hace hábito y al mantenerse y cultivarse el hábito llega a ser una costumbre. Se forma la costumbre de orar, orando habitualmente. Muévete en ese segundo nivel de sometimiento en Jesucristo. **¡Moja tus rodillas en el río de Dios!**

«Del mismo modo, y puesto que nuestra confianza en Dios es débil, el Espíritu Santo nos ayuda. Porque no sabemos cómo debemos orar a Dios, pero el Espíritu mismo ruega por nosotros, y lo hace de modo tan especial que no hay palabras para expresarlo» (Rom. 8:26, TLA)

«No se preocupen por nada. Más bien, oren y pídanle a Dios todo lo que necesiten, y sean agradecidos. Así Dios les dará su paz, esa paz que la gente de este mundo no alcanza a comprender, pero que protege el corazón y el entendimiento de los que ya son de Cristo» (Fil. 4:6-7, TLA).

«Dediquen siempre tiempo a la oración, y den gracias a Dios. Oren también por nosotros, y pídanle a Dios que podamos anunciar libremente el mensaje y explicar el plan secreto de Cristo. Precisamente por anunciarlo estoy ahora preso» (Col. 4:2-3, TLA).

El tercer nivel del río es el de la sujeción; el agua le llegaba a la cintura: «... El hombre midió otros quinientos metros, y otra vez me hizo cruzar la corriente. Para entonces el agua me llegaba a la cintura» (Ez. 47:4, TLA).

De nuevo el hombre de aquella visión midió otros quinientos metros o mil quinientos pies. Ahora el agua del río le llegaba al profeta Ezequiel hasta la cintura y representa la sujeción. Solo aquellos que se sujetan a una autoridad superior, tendrán a otros sujetos a su autoridad. La bendición llega con la sujeción de un subalterno espiritual a una autoridad espiritual.

Muchos están resentidos cuando llegan a ser autoridad espiritual, porque ellos mismos nunca se sujetaron a ninguna autoridad espiritual. Se les hace más fácil someterse a una autoridad impuesta por el mundo (patrón, gobierno, profesional, policía, gerente, maestro), que someterse a una autoridad puesta por Dios (pastor, maestro, líder, presbítero, obispo) para su vida. Y eso indica que en su corazón hay un grado de rebeldía espiritual.

La sujeción a la autoridad espiritual, a quién o a quienes la representan, exige de parte de quien debe sujetarse un alto grado de fidelidad y lealtad, que se expresa con respeto a esa autoridad. A una autoridad espiritual no se le cuestiona se le somete.

El Señor Jesucristo le reveló a Pedro que este estaría bajo sujeción: «Cuando eras joven, te vestías e ibas a donde querías. Pero te aseguro que, cuando seas viejo, extenderás los brazos y otra persona te vestirá, y te llevará a donde no quieras ir» (Jn. 21:18, TLA).

A todos nos llegará ese nivel de estar bajo la autoridad de otros, la de no hacer nuestra voluntad, sino hacer la voluntad de aquel que ha sido comisionado para dirigirnos y gobernarnos. Muévete en ese tercer nivel de sujeción a Jesucristo. **¡Moja tu cintura en el río de Dios!**

El cuarto nivel es superación; el agua le rebasaba el nivel de andar: «Midió quinientos metros más, y la corriente era ya un río muy hondo que no pude cruzar a pie. La única manera de cruzarlo era nadando» (Ez. 47:5, TLA).

De nuevo el hombre midió otros quinientos metros o mil quinientos pies de longitud. El profeta llegó a este nivel con el agua hasta el cuello. Cuando como creyentes o líderes llegamos a este nivel, ya de dos mil metros o seis mil pies de largo, no se puede andar, a este nivel se debe nadar mucho.

Cada nivel tiene sus retos, tiene su profundidad, exige meterse de un nivel llano a un nivel profundo. Exige avanzar del presente al futuro, del ahora al después, de esto hacia aquello. Ser pastor de una pequeña congregación, no exige tanto como el ser pastor de una crecida congregación. Pero hay congregaciones pequeñas que consumen más energías a un pastor que una congregación grande. ¡No dejes que la congregación vacíe tus energías!

¡Si no nadas en el río, te hundes y te ahogas! No te conformes con estar en el río del Espíritu Santo, conquista el río. Disfruta su nivel de profundidad. Nada mucho en el río de la presencia de Dios. Flota en sus corrientes y pasa de una orilla a la otra.

Este es un tiempo para nadar en las alabanzas, nadar en la adoración, nadar en la oración. Es un tiempo «kairós» para amar a Jesucristo y servirle de todo corazón. En este nivel nada importa más que tener una relación de «tú a tú» con Jesucristo. Ese «tú a tú» se necesita mucho y traerá muchos beneficios espirituales. Muévete en ese cuarto nivel de superación en Jesucristo. **¡Nada en el río de Dios!**

El Salmo 92:10 dice: «Seré ungido con aceite fresco». En el Salmo 23:5 se da un complemento a lo ya dicho: «Tú preparas mesa delante de mí en presencia de mis enemigos; has ungido mi cabeza con aceite; mi copa está rebosando» (LBLA).

Una vida de unción con aceite fresco, reanima, aviva, llena, y pone al creyente en una posición ventajosa. La unción es la manifestación de la persona de Jesucristo con la presencia del Espíritu Santo. La verdadera unción es más una relación con el Espíritu Santo que una función con el Espíritu Santo.

Leí la siguiente fábula en la página social Better Life Coching Blog, escrita por Darren Poke:

> Un día, en las llanuras de África, un búfalo joven llamado Walter se acercó a su papá y le preguntó si había algo a lo que él debería tener miedo.
>
> –Solamente de los leones hijo mío, respondió su papá.
>
> –Oh sí, he escuchado sobre leones. Si alguna vez veo uno, viro y correré lo más rápido que pueda, dijo Walter.
>
> –No, eso es lo peor que puedes hacer, dijo el búfalo grande.
>
> –¿Por qué? Ellos meten miedo y van a intentar matarme, repuso Walter.
>
> El papá sonrió y le explicó: –Walter, si corres, los leones te perseguirán y te atraparán. Y cuando lo hagan, saltarán sobre tu espalda desprotegida y te doblegarán.

–¿Qué debo hacer?, preguntó Walter.

–Si alguna vez ves un león, ponte firme sobre la tierra para mostrarle que no estás asustado. Si él no se mueve lejos, muéstrale tus cuernos afilados y pisa el suelo con tus pezuñas. Si eso no funciona, muévete lentamente hacia él. Si eso no funciona, a la carga y lo golpeas con todo lo que tienes.

–Es una locura, da demasiado miedo hacerlo. ¿Qué pasa si él ataca mi regreso?, dijo el búfalo joven asustado.

–Mira a tu alrededor, Walter. ¿Qué ves?

Walter miró a su alrededor y vio el resto de su manada. Había cerca de 200 bestias enormes todas armadas con afilados cuernos y enormes hombros.

–Si alguna vez tienes miedo, sabe que estamos aquí. Si estás con pánico y corres de miedo, no podemos ayudarte, pero si atacas, vamos a estar justo detrás de ti.

–El búfalo joven respiró profundamente y asintió con la cabeza. Gracias papá, creo que entiendo.

Todos tenemos leones en nuestros mundos. Hay aspectos de la vida que nos asustan y nos dan ganas de correr, pero si lo hacemos, nos perseguirán y se apoderarán de nuestras vidas. Nuestros pensamientos serán dominados por las cosas a las que le tenemos miedo, y nuestras acciones se volverán tímidas y cautelosas, no permitiéndonos alcanzar nuestro máximo potencial (Darren Poke).

Conclusión

Así que a vencer el miedo y los temores. Despierta a ese búfalo que ha estado dormido y escondido dentro de ti, y transfórmate en ese monarca fuerte y vencedor. Al búfalo se le apoda «bestia del trueno» por su ruido y poder.

02
Rugiendo como leones

Amós 3:8, TLA

«Si el león ruge, todo el mundo tiembla de miedo.
Si nuestro Dios habla, todo profeta tiene que hablar».

Introducción

En la Biblia se emplea la figura del león en sus aspectos positivos y en sus aspectos negativos. El nombre científico del león es *panthera leo*. En hebreo el nombre para león es *aryé* en hebreo antiguo o *avi* en hebreo moderno. Ariel significa león de Dios, y se aplica también a Jerusalén como león de Dios. En latín león es *leo*. En griego se lee *leon*. Y el nombre del legendario rey y héroe griego espartano Leónidas tenía el sufijo de león. Él fue en sus combates contra los persas como un león de guerra.

Una reconocida pastora y predicadora de New York en los años 60 hasta los 90, se llamaba Leoncia «Leo» Rosado. En New York ella conoció y ministró con el pionero mexicano y padre de concilios Francisco Olazabal. Ella junto a su esposo fundaron en el año 1957 la «Damascus Youth Crusade» y el Concilio de Iglesias Cristianas Damasco. El día 6 de octubre del 2006, ella falleció. Los dos predicadores en el funeral de «Mamá Leo» fueron el Dr. John Jiménez y el Dr. Kittim Silva Bermúdez. Leo Rosado rugió en muchos púlpitos, y fue famosa por el sermón de «Las Siete Palabras».

El pionero de pentecostés en Puerto Rico se llamó Juan León Lugo Caraballo. Yo lo llamo El León Pentecostal. Él comenzó su trabajo misionero en ese archipiélago de islas del Caribe, rugiendo como un león con un mensaje pentecostal en el pueblo de Ponce en el año 1916.

En el año 2016 se celebró el Centenario Pentecostal en ese rincón del Océano Atlántico y el mar Caribe. En la historia pentecostal puertorriqueña tenemos a dos leones de Dios. Pero dondequiera que se planta una congregación pentecostal, es porque ha rugido un león o una leona de Jesucristo. Y por toda Latinoamérica tenemos rugiendo con el evangelio a muchos leones de Jesucristo.

1. El valor del león

«El león.... que sin miedo reina en la selva» (Prov. 30:30, TLA). La traducción en Reina Valera cita: «El león, fuerte entre todos los animales, que no vuelve atrás por nada».

En algunas versiones inglesas se cita: «A lion which is strongest among beasts, and turneth not away for any» (Prov. 30:30, KJV). «The lion, mighty among beasts, which turneth not away for any» (Prov. 30:30, DARBY).

Algunas versiones hispanas citan: «El león, poderoso entre las fieras, que no retrocede ante ninguna» (Prov. 30:30, LBLA). «El león, el animal más terrible, que no huye ante nada, ni ante nadie» (Prov. 30:30, DHH). «El león, fuerte entre todos los animales, que no vuelve atrás por nadie» (Prov. 30:30, JBS).

A Israel se le compara con una manada de leones lista para atacar: «Es como una manada de leones, lista para atacar a su presa. Israel no descansará hasta ver vencido a su enemigo» (Nm. 23:24, TLA).

Los leones y leonas de Jesucristo no se dejan vencer por nada, ni nadie, se comparan a leones en pie de ataque y determinados a vencer al enemigo. Dentro de estos leones y leonas hay un espíritu de victoria.

A Israel, Dios la vio como un león descansando después de atacar: «Como un león que descansa después de atacar. Así eres tú, Israel. ¡Nadie se atreverá a molestarte! A los que te hagan bien, bien les irá. Pero a los que te hagan mal, mal les irá» (Nm. 24:9, TLA).

Recuerdo una ilustración que leí sobre tres leones y deseo compartirla: En la selva vivían tres leones. Un día el mono, el representante electo por los animales, convocó a una reunión para pedirles una toma de decisión:

Todos nosotros sabemos que el león es el rey de los animales, pero hay una gran duda en la selva: existen tres leones y los tres son muy fuertes. ¿A cuál de ellos debemos rendir obediencia? ¿Cuál de ellos deberá ser nuestro Rey?

Los leones supieron de la reunión y comentaron entre sí: Es verdad, la preocupación de los animales tiene mucho sentido. Una selva no puede tener tres reyes. Luchar entre nosotros no queremos, ya que somos muy amigos.

Necesitamos saber cuál será el elegido, se dijeron los animales, pero, ¿cómo descubrir a quién? Otra vez los animales se reunieron y después de mucho deliberar, llegaron a una decisión y se la comunicaron a los tres leones: Encontramos una solución muy simple para el problema, y hemos decidido que ustedes tres van a escalar la «Montaña Difícil». El que llegue primero a la cima será consagrado nuestro Rey.

La «Montaña Difícil» era la más alta de toda la selva. El desafío fue aceptado y todos los animales se reunieron para asistir a la gran escalada. El primer león intentó escalar y no pudo llegar. El segundo león empezó con todas las ganas a escalar, pero, tampoco lo logró. El tercer león tampoco lo pudo conseguir y bajó derrotado.

Los animales estaban impacientes y curiosos: Si los tres han sido derrotados, ¿cómo elegiremos al Rey de la selva? En ese momento, un águila, grande en edad y en sabiduría, pidió la palabra: ¡Yo sé quién debe ser el rey de la selva!

Todos los animales hicieron silencio, y la miraron con gran expectativa: «¿Cómo?». Preguntaron todos. «Es simple», dijo el águila. Yo estaba volando bien cerca de ellos y cuando volvían derrotados en su escalada por la «Montaña Difícil» escuché lo que cada uno dijo a la Montaña.

El primer león dijo: ¡Montaña, me has vencido! El segundo león dijo: ¡Montaña, me has vencido! El tercer león dijo: ¡Montaña, me has vencido, por ahora! Porque ya llegaste a tu tamaño final, y yo todavía estoy creciendo.

La diferencia, completó el águila, es que el tercer león tuvo una actitud de vencedor cuando sintió la derrota en aquel momento, pero no desistió y quien piensa así, esa persona es más grande que su problema. Él es el rey de sí mismo, está preparado para ser rey de los demás.

Los animales aplaudieron con entusiasmo al tercer león que fue coronado como el «Rey de la Selva». Solo aquel que no se rinde a pesar de la derrota presente, un día tendrá un futuro glorioso.

Jesucristo, el Rey de la Gloria, llama a hombres y mujeres esforzados para confiarle su reino aquí en la tierra. No es tarea fácil, pero tampoco difícil si uno ha sido llamado. Pero exige esfuerzo y carácter humano; repito, esfuerzo y carácter, porque muchos se esfuerzan sin carácter, y otros tienen carácter sin esfuerzo. ¡Se debe tener mucha verticalidad para con Dios y horizontalidad hacia nuestros semejantes!

Creyentes con mentalidad de leones, que hayan aprendido a dominar sus temores y a encarcelar su miedo, entenderán su destino como leones que reinarán sobre la selva de su vida. ¡Eres el rey de tu selva, no el esclavo de tu selva! ¡Has sido destinado por Jesucristo para reinar y no para ser esclavo! Descubre el propósito de Dios para tu vida y cúmplelo.

San Agustín dijo de Pablo de Tarso: «Pues él fue un verdadero león, un león rojo, el gran león de Dios». Y eso era cierto, Pablo fue el león rojo por la sangre de Jesucristo que rugió a los gentiles con un mensaje de gracia, y rugió las doctrinas cristianas en sus epístolas paulinas.

El león lucha hasta la muerte. En un documental en «Youtube» se presenta a un león luchando contra un búfalo, donde ni uno ni el otro se rinden. Al final, ya sin fuerzas, el león seguía con sus mandíbulas agarrado del búfalo y otro búfalo le dio las corneadas finales.

2. La melena del león

«El león con su gran melena… reina en la selva» (Prov. 30:30, TLA). Quisiera dar énfasis a esta expresión «el león con su gran melena». En los cachorros en su desarrollo no se distinguen los machos de las hembras. Pero un día, el tiempo revelará a los machos como leones con melena. Y muchos cachorros-leones están en el proceso de ver crecer su melena. ¡Cachorro tu melena está creciendo!

El león no es el animal más grande de la selva, lo es el elefante y el rinoceronte. No es el animal más rápido de la selva, lo es el sheeta, la gacela y el avestruz. No es el animal más fuerte de la selva, lo es el búfalo. No es el félido más grande de la selva, lo es el tigre de bengala. Es más, el león es como el cuarto felino en tamaño. Pero ningún otro es llamado «rey de la selva». Se le llama el «rey de la selva» porque no vuelve atrás y no le teme a sus enemigos.

El creyente león sabe que su poder viene de Jesucristo. El débil en Cristo es fuerte. El necio en Cristo es sabio. El que no tiene nada en Cristo lo tiene todo. Jesucristo no ha llamado ni a los más fuertes ni a los más sabios, sino a aquellos y aquellas que buscan hacer su voluntad.

Esa melena del león lo hace lucir más grande que cualquier otro félido. La melena le da al león ese porte de grandeza. Y parece ser que cuanto más grande es la melena, mayor es su nivel de autoridad sobre otros leones. Esa melena le hace lucir imponente como el «Rey de la Selva». Además, esa melena demuestra que es digno de este título. Y aunque la leona no tenga melena, a ella se le respeta en su reinado en la selva.

El creyente con mentalidad de león lo demuestra en su apariencia. Esa melena es símbolo de su género y de su valor. La melena es su cobertura. Jesucristo es nuestra cobertura. La melena es identificación. Nuestra identidad está en Cristo Jesús.

«De modo que si alguno está en Cristo, nueva criatura es; las cosas viejas pasaron; he aquí que todas son hechas nuevas» (2 Cor. 5:17).

La falta de melena en la leona, demuestra que ella está bajo su autoridad. En el orden de Dios la mujer casada alcanza bendición al estar en sumisión bajo la cabeza del marido.

«Porque el varón no debe cubrirse la cabeza, pues él es imagen y gloria de Dios; pero la mujer es gloria del varón. Porque el varón no procede de la mujer, sino la mujer del varón, y tampoco el varón fue creado por causa de la mujer, sino la mujer por causa del varón» (1 Cor. 11:7-9).

Tú, como león de Jesucristo, también tienes la melena de tu testimonio. En la selva de la sociedad todos observan la melena de tu testimonio. No seas un león sin melena.

Tú, como león de Jesucristo, también tienes la melena de tu servicio. Hombres, mujeres y jóvenes que sirven a Jesucristo y sirven a otros, se distinguen en lo que hacen, dicen y cómo sirven. Hay mayor bendición en servir, que en ser servidos, como lo enseñó el Gran Maestro de Nazaret.

Pero aquellos que son leones deben cuidarse de que su melena no los llene de orgullo, de auto-suficiencia, de vanidad, de sentirse que son más de lo que son en realidad. Si tienes una alta posición no te llenes de orgullo. Si tienes una congregación grande, no te enorgullezcas contra tu institución. ¡Debemos vaciarnos diariamente de nosotros mismos, de muchas cosas dentro de nosotros, para poder ser llenos todos los días del Espíritu Santo!

Sansón «Melena», como dicen en Puerto Rico (para referirse a aquellos que presumen de su fuerza física), es un tema cantado por los «Príncipes de la Salsa» Bobby Cruz y Richie Ray. Sansón fue el león de la tribu de Dan. Él deshonró su llamado, cambió el propósito de Dios sobre él, y arruinó su destino.

Aquel león que rugía contra los filisteos, no podía quedarse sin su melena. Pero dejó que una hiena como Dalila (significa «coqueta, veleidosa») jugara con su carácter, y sedujo a aquel león hasta que se dejó cortar la melena por un filisteo. ¡Jugó con la unción y el carisma en su vida!

Sansón sabía que vacío del Espíritu Santo, él como león de Dios se debilitaría. Tuvo que admitir ante aquella bella bestia del mal, aquel huracán del fracaso, aquel terremoto de la destrucción, aquella tormenta de la derrota, aquel tornado del engaño, que sin la presencia de Dios en su vida, el resultado sería: «Y me debilitaré...».

Aquella «fuerza» que muchas veces se manifestó en él como león de Dios, lo abandonó un día. Levantó un legado, pero no dejó un legado. ¡No es haber comenzado bien el mejor legado, es haber terminado bien! Aquel legado murió con Sansón. El pecado hará que la «fuerza» espiritual que tenemos ahora se aparte de nosotros. Nos apartamos del pecado o el pecado nos apartará de

Dios. Sepamos que un día ese poder del Espíritu Santo que nos hace fuertes, si quebrantamos el pacto con Dios, nos dejará solos.

Todos nos podemos debilitar. Nos debilitamos si dejamos de orar, de leer la Palabra, de asistir habitualmente y frecuentemente al templo, de compartir más con los hermanos en la fe, de buscar más el rostro de nuestro Señor Jesucristo, de trabajar en la obra del Señor, de reconocer nuestras faltas, de someternos a los líderes puestos por Dios. Usted y yo conocemos a algún Sansón «Melena» que se debilitó en algún momento o en alguna área de su vida.

La debilidad espiritual que han vivido otros hermanos en la fe, nos puede pasar a nosotros. Dijo Pablo de Tarso: «Si alguno se cree que está firme, vele que no caiga».

Sansón conocía lo que lo hacía a él diferente a los otros hombres. Sin Dios en su vida, sin la llenura del Espíritu Santo, fuera del pacto divino, Sansón tuvo que admitir, «y seré como todos los hombres». Hombres y mujeres llenos de Dios no pueden ser como «todos los hombres» y todas las mujeres.

¡Somos diferentes! Nos parecemos a ellos, pero no hablamos como ellos, ni actuamos como ellos, no hacemos lo que ellos hacen, no somos como ellos. Esa gran diferencia entre ellos y nosotros es la presencia de Dios vaciada en nuestras vidas.

Es triste volver a ser «como todos los hombres». Somos los «transformers» de Jesucristo. Ellos mismos, los del mundo, se sorprenderían de vernos como ellos. El pecador se sorprende cuando ve a uno o a una que fueron «santos» tratando de ser ahora como ellos; fiesteando como ellos; emborrachándose y drogándose como ellos; fornicando como ellos; diciendo los chistes rojos, amarillos y anaranjados que ellos dicen; pareciéndose a ellos. Es como un león comportándose como hiena o como gato montés.

¡Cuántos siervos y siervas de Dios se hacen «como todos los hombres»! Se comportan como gatitos de casa, cuando son leones de caza. ¡Renuncian a su posición en Cristo, para rebajarse a una posición con el mundo! Se transforman en ciudadanos del mundo. ¡No somos del mundo! (1 Jn. 3:1).

3. El hambre del león

«Si el león ruge en la selva, es porque está hambriento; si gruñe en su cueva, es porque atrapó un animal» (Amós 3:4, TLA). «¿Cazarás tú la presa para el león? ¿Saciarás el hambre de los leoncillos cuando están echados en las cuevas, o se están en sus guaridas para acechar?» (Job 38:39-40, RVR).

El león duerme de 18 a 20 horas diarias. En la selva su longevidad es de 8 años y en cautividad puede vivir sobre 14 años. Su tiempo preferido para cazar es por las tardes o las noches, aunque caza a cualquier hora. Los leones viven en manadas, son muy sociales, cuidan los unos de los otros. El macho es el que patrulla y cuida del territorio. Son sumamente ágiles y pueden correr hasta 50 millas por hora, aunque en muy breve tiempo. ¡Es un súper-depredador!

Mayormente las hembras son las que crían y cazan. La leona es más trabajadora y es la gran cazadora que enseña a sus cachorros a cazar. Sabe que mientras ella enseña y busca alimentos, el león la cuida y protege el territorio. Pero el león muchas veces realiza las cazas mayores.

Cuando se termina la caza, el león ruge y se otorga el derecho de comer primero, luego los demás leones de la manada pueden tener su banquete. Es un «primus inter pares», un primero entre iguales, recordándonos los privilegios que les corresponden a muchos por ser «jefes». Su tiempo favorito de cazar es en las noches, porque los felinos tienen una visión ocho veces superior a cualquier otro mamífero. Poseen una especie de visión infrarroja. Los animales en la sabana no ven a los leones durante la noche, pero los leones los ven a ellos.

El rey Ezequías, con una enfermedad terminal, compuso una oración, y en la misma utilizó la figura del león para describir su condición y dolores: «Esperé con paciencia toda la noche, pero me sentía como si unos leones me estuvieran despedazando. De repente, mi vida se había acabado» (Is. 38:13, NTV).

No es de extrañar que los creyentes leones cacen más en los cultos de noche que durante el día. Cazar exige tiempo, paciencia, disciplina, rapidez, determinación y efectividad. Cuando se toma la presa no se puede soltar. Cuando atrapes una bendición, una oportunidad y un privilegio, no los sueltes.

Cuando ya los cachorros han crecido, y han aprendido los principios de cómo cazar, y dan muestras de haber sido discipulados, de que pueden cuidarse a sí mismos, el padre león los corre de la manada y la madre leona le da la libertad para ejercer dominio con derecho y libertad. Y así un día tendrán su propia manada. Pero no dejarán la manada hasta que hayan sido entrenados.

«Los leoncillos rugen tras la presa, y para buscar de Dios su comida» (Sal. 104:21). «¿Cazarás tú la presa para el león? ¿Saciarás el hambre de los leoncillos, cuando están echados en las cuevas, o se están en sus guaridas para acechar?» (Job 38:39-40).

El creyente-león se deja enseñar. Aprende de los leones de experiencia. No se va de la manada hasta que no está listo o lista para sobrevivir en la selva. No dejes que tus impulsos humanos, tus reacciones emocionales y la falta de desobediencia, te lleven a tomar decisiones de las cuales un día te lamentarás. ¡Aprende a ser paciente en la manada de Dios! ¡Tu tiempo te llegará, pero no te apresures para el mismo!

Un día, ya grandes los machos y con la melena ya crecida, regresarán a retar al león pariente. Como leones espirituales debemos prepararnos para esos retos que nos pondrán esos leones jóvenes.

Leemos: «Si el león ruge en la selva, es porque está hambriento...» (Amós 3:4, TLA). El león ruge en la selva cuando tiene hambre y como señal de aviso a sus enemigos. El rugido es su alarma de seguridad.

«En cuanto el sol se pone, llega la oscuridad. Es la hora en que rondan todos los animales del bosque. A esa hora rugen los leones, y te reclaman su comida. Pero en cuanto sale el sol corren de nuevo a sus cuevas, y allí se quedan dormidos» (Sal. 104:20-22, TLA).

Jesucristo está buscando leones espirituales que rujan con hambre por la Palabra de Dios en su espíritu y en su alma. ¡Leones que amen la Biblia! Tristemente, tenemos a muchos llamados leones, maullando como gatos y gatitos, por leche simple. En vez de rugir, solo se les escucha diciendo: «miau, miau, miau, miau». No funcionan dentro del diseño divino para el cual han sido creados y destinados.

Tristemente, tenemos a muchos leones rugiendo sin razones, para discutir, para demostrar que tienen la razón cuando no la tienen, para promover discordias y disensiones. No rujas para alejar a otros que te aman y te aprecian.

Los leones espirituales en nuestras congregaciones rugen cuando ayunan, porque tienen hambre de la presencia del Espíritu Santo en sus vidas. Cuando ayunamos, al cuerpo físico le da hambre y sed, pero espiritualmente, se nos abre el apetito por las cosas eternas de Dios y nos da sed del agua del Espíritu Santo. Cuando se cierra la boca de afuera, se abre la boca de adentro.

El león es paciente, cauteloso, se agacha, se queda como piedra, se encorva y poco a poco se va acercando a la presa. Espera el momento para lanzarse al ataque de su presa. Hay bendiciones que se deben atrapar con paciencia y esperando. El león es determinado y decidido al perseguir a su presa. No se quiere quedar sin su almuerzo y sin su cena. No te apresures antes de tiempo, porque arruinarás lo que está destinado para ti.

El creyente león abre su boca para agarrar el mensaje de Dios que se le predica. ¡Creyente!, devora la Palabra. Aliméntate de la Palabra. Disfruta la Palabra. Gózate en la Palabra. Déjate marcar por la Biblia.

El león «... si gruñe en su cueva, es porque atrapó un animal» (Amós 3:4, TLA). Los leones de Jesucristo gruñen cuando atrapan bendiciones. Celebran con acción de gracias las victorias obtenidas. Dan testimonio de lo que han alcanzado. ¡León de Jesucristo!, gruñe en la cueva.

Jacob bendijo a cada una de las tribus levantadas en sus hombros. A la tribu de Judá le dio una revelación: «Cachorro de león, Judá; de la presa subiste, hijo bosque y tiene a sus críos; ellos crecen y se hacen fuertes, y luego se van para no volver» (Job 39:1-4, TLA).

Son muchas las familias de la fe, donde la creyente-cierva es la que dirige a la manada espiritualmente. Hogares donde una madre cuida, provee y gobierna sobre sus cervatillos o corcinos.

Habacuc 3:19 declaró que Dios era su fortaleza: «.... El cual hace mis pies como de ciervas, y en mis alturas me hace andar... ». La cierva, al igual que los ciervos, tiene una doble pezuña, que los habilita con sus fuertes y largas patas para pararse y saltar sobre una roca, y no resbalar. Y en terrenos planos o montañosos, saltan con una increíble velocidad.

Los ciervos y ciervas poseen cuerpos muy flexibles, que han sido diseñados con un destino que los cervatillos entienden al imitar a sus padres. Los creyentes cervatillos tienen que aprender a madurar y a ejercitar la fe, emulando a sus padres y madres.

«Quien hace mis pies como de ciervas, y me hace estar firme sobre mis alturas» (Sal. 18:33). El creyente de este pasaje leído se comparó a sí mismo con una cierva firme en las alturas. No hay lugares de alturas, como cuando estamos en comunión con el Espíritu Santo por medio de la oración, la adoración, las alabanzas y el ayuno. Son alturas que el creyente ciervo disfruta, se extasía, se goza y se siente espiritualmente complacido y satisfecho en la persona de Jesucristo.

Esos «pies como de cierva» no se los hace el creyente, Dios se los hace a él y a ella. Una vida de relación, más que de religión, con la persona de Jesucristo lleva al creyente a un nivel de transformación espiritual.

«¡Tú me das fuerzas para correr con la velocidad de un venado! Cuando ando por las altas montañas, tú no me dejas caer» (2 Sam. 22:34, TLA).

A Cristo se le compara en el libro del Cantar de los Cantares con un venado, un corzo, un cervatillo o un cabrito:

> «Mi amado es semejante al corzo, o al cervatillo. Helo aquí, está tras nuestra pared, mirando por las ventanas, atisbando por las celosías» (Ct. 2:9).
>
> «Regresa a mí, amado mío, mientras sopla todavía la brisa de la tarde, y las sombras van cayendo. ¡Corre como un venado! ¡Corre como cabrito por las colinas que nos separan!» (Ct. 2:17, TLA).
>
> «¡Date prisa, amado mío! ¡Corre como venado! ¡Corre como un cervatillo! Ya están cubiertas las colinas con hierbas aromáticas» (Ct. 8:14, TLA).

Agobiado por la sed, llegó un ciervo a un manantial. Después de beber, vio su reflejo en el agua. Al contemplar su hermosa cornamenta, se sintió

03
Ligeros como ciervos

Habacuc 3:19, RVR 1960

«Jehová el Señor es mi fortaleza, el cual hace mis pies como de ciervas, y en mis alturas me hace andar. Al jefe de los cantores, sobre mis instrumentos de cuerdas».

Introducción

El profeta Habacuc se vio a sí mismo con pies de siervas y andando sobre las alturas de Dios. Y todo creyente debe hacerle eco a Habacuc. En el cristianismo la figura del ciervo fue representativa y prefiguraba el bautismo cristiano. La pintura de los ciervos mirando hacia la cruz, señalan a los creyentes que buscan la gracia en el sacrificio de la cruz del Calvario.

Hoy día los ciervos o venados oriundos de esa región de Palestina, no existen, pero en la época bíblica abundaban. Ahora se han introducido los mismos con sus ancestros de Irán.

1. El andar de la cierva

«¡Tú me das fuerzas para correr con la velocidad de un venado! Cuando ando por las altas montañas, tú no me dejas caer» (Sal. 18:33, TLA).

Las manadas de ciervos son matriarcales. La hembra es la que agrupa y dirige a los cervatillos. El macho es más solitario. La madre es responsable de la crianza de los cervatillos. Cuando un venado cumple cinco años y le crecen las astas, entonces es un ciervo.

«¿Sabes cuándo nacen las cabras montesas? ¿Has visto nacer a los venados y cuánto tardan en nacer? Al llegar el momento, la madre se encorva en el evangelio de Jesucristo, con el pronto retorno de Jesucristo para levantar a la Iglesia. **¡Ruge, león de Jesucristo! ¡Qué ruja el león dentro de ti!**

Quiero oír a leones y leonas rugiendo por un matrimonio estable, seguro, pacífico, lleno de respeto, perdonador, saturado de amor y con ventanas de comprensión. **¡Ruge león de Jesucristo! ¡Qué ruja el león dentro de ti!**

Quiero oír a leones y leonas rugiendo por congregaciones unidas, respeto a los pastores, desprendimiento financiero, consagración espiritual y compromiso de vida de manada. **¡Ruge león de Jesucristo! ¡Qué ruja el león dentro de ti!**

Quiero oír a leones y leonas rugiendo llenos de la presencia del Espíritu Santo. Rugiendo bajo la nube de la gloria de Dios. Rugiendo ungidos por el Señor Jesucristo. **¡Ruge león de Jesucristo! ¡Qué ruja el león dentro de ti!**

Espero que te sientas como un león despierto o como una leona despierta en Jesucristo. Los sentimientos del miedo, del temor, de la inseguridad, no deben dominar tu vida, sino que tú con la ayuda de Jesucristo y del Espíritu Santo, los debes dominar. **¡Despierta león y leona! ¡Levántate león y leona! ¡Qué ruja el león o la leona dentro de ti!**

Conclusión

Aunque otros te vean como un gato impotente, cuando te mires en el espejo de la Palabra de Dios, te verás como un león lleno de potencia. León de Jesucristo, levántate y ruge como león. El tiempo para cazar las bendiciones y atrapar las unciones te ha llegado. ¡Deja ya de maullar! **¡Ruge león de Jesucristo! ¡Ruge leona de Jesucristo!** Que en toda la selva o en la sabana se escuche tu rugido de rey y de reina.

1 Pedro 5:8 lee: «Estén siempre atentos y listos para lo que venga, pues su enemigo, el diablo, anda buscando a quien destruir. ¡Hasta parece un león hambriento!» (TLA).

Juan vio a Jesucristo primero como león: «Y uno de los ancianos me dijo: No llores. He aquí que el León de la tribu de Judá, la raíz de David, ha vencido para abrir el libro y desatar sus siete sellos» (Apoc. 5:5).

Para luego ver al «León de la tribu de Judá» transformado en un «Cordero como inmolado»: «Y miré, y vi que en medio del trono y de los cuatro seres vivientes, y en medio de los ancianos, estaba en pie un Cordero como inmolado, que tenía siete cuernos, y siete ojos, los cuales son los siete espíritus de Dios enviados por toda la tierra» (Apoc. 5:6).

Jesús es el León que nos defiende del león de este mundo. Cuando el diablo ruge como león, aunque no es el verdadero león, sino que el verdadero lo es él «León de la tribu de Judá» (Apoc. 5:5), Jesucristo como león ruge y defiende a su Iglesia. El que se mete contra la Iglesia, se tiene que enfrentar al poderoso «León de la tribu de Judá» que defiende la Iglesia. Eres un león bajo protección divina.

Quiero oír leones y leonas en nuestras congregaciones rugiendo con sus alabanzas. Que nada, ni nadie os intimide para no alabar al Padre, al Hijo y al Espíritu Santo. Ruge con alabanzas. **¡Ruge león de Jesucristo! ¡Qué ese león ruja dentro de ti!**

Quiero oír leones y leonas en nuestras congregaciones rugiendo con sus oraciones. En las reuniones de oración, se les escuchará rugiendo por las necesidades de otros, rugiendo por sus familias, rugiendo por sus matrimonios, rugiendo por milagros en otras vidas y en la suya propia. **¡Ruge, león de Jesucristo! ¡Que ese león ruja dentro de ti!**

Quiero oír leones y leonas en nuestras congregaciones rugiendo con cánticos en la adoración. Rugiendo alto con cánticos viejos y cánticos nuevos. Rugiendo cantando para Dios desde lo más profundo del alma. **¡Ruge, león de Jesucristo! ¡Qué ruja el león dentro de ti!**

Quiero oír leones y leonas rugiendo con buenos consejos delante de la familia; que sean ejemplos para los hijos, enseñándoles a descubrir lo que el Señor Jesucristo ha diseñado para cada uno de ellos. **¡Ruge, león de Jesucristo! ¡Qué ruja el león dentro de ti!**

Quiero oír leones y leonas rugiendo por la protección de sus territorios; rugiendo por los valores bíblicos en la familia de hoy; rugiendo para que en sus vidas y la de los suyos se haga la voluntad del Padre Celestial. **¡Ruge, león de Jesucristo! ¡Qué ruja el león dentro de ti!**

Quiero oír rugiendo como leones y leonas a pastores, misioneros, evangelistas, maestros, estudiantes de la Biblia y líderes, con la sana doctrina, con el

4. El rugido del león

«Si el león ruge, todo el mundo tiembla de miedo. Si nuestro Dios habla, todo profeta tiene que hablar» (Amós 3:8, TLA). ¡Ruge como león y no maúlles como gato! ¡Deja ya de maullar y comienza a rugir!

Los líderes siempre podemos contar con los fieles, con los leales, con aquellos y aquellas a quienes nada, ni nadie, moverán de nuestro lado, y no los alejarán de su posición. ¡Esos leones ya están realizados! En esos leones ha muerto la ambición, ha muerto el celo, ha muerto la grandeza y ha muerto la fama. Son leones que quieren servir en el número de la posición donde están.

Me imagino cuando el Espíritu Santo ayudó a Gedeón separando los 300 valientes. Él contaría: «... 49 ... 125 ... 257... 298 y 300». A ese último, el trescientos, quizá alguien le preguntaría: «¿Qué número te tocó a ti?». Él le contestaría: «Soy el trescientos de Gedeón. Pero lo prefiero a ser un dos, si no soy llamado para serlo». ¿Cómo se llamaron cada uno de los «trescientos» valientes de Gedeón? No se sabe, pero sí sabemos que la grandeza de cada uno estuvo en ser de los «trescientos». Ellos fueron «Trescientos Gedeones» con el espíritu de Gedeón.

Los del espíritu de los trescientos, verdaderos leones, se sienten felices de estar al lado del líder que es un león, de ser su sombra, de ayudarlos, no necesitan grandeza humana. Para ellos y ellas es el privilegio de ser colas de león, donde su líder es cabeza de león. No quieren ser cabezas de conejos. Desean ser un buen tercero, un buen décimo o un buen trescientos o un buen quinientos. Sea el turno que les toque, serán los mejores leones sirviendo a la sombra de un gran líder.

«Porque el Espíritu de Dios no nos hace cobardes. Al contrario, nos da poder para amar a los demás, y nos fortalece para que podamos vivir una buena vida cristiana» (2 Tim. 1:7, TLA).

«Pues Dios no nos ha dado un espíritu de temor y timidez, sino de poder, amor y autodisciplina» (2 Tim. 1:7, NTV).

«Entonces los de Judá gritaron con fuerza; y así que ellos alzaron el grito, Dios desbarató a Jeroboam y a todo Israel delante de Abías y de Judá» (2 Cr. 13:15).

Interesante es saber que «Dios desbarató a Jeroboam y a todo Israel delante de Abías y de Judá». Lo que era un gran problema para Abías y Judá, se transformó en la gran oportunidad para Jehová Dios de intervenir favorablemente a su favor. Jesucristo está desbaratando muchas cosas en contra de ti. Solo toca el «shofar» y grita. Ruge como un león de Dios. Todos esos revoluces y revuelos que te hacen, Jesucristo los va a desbaratar.

mío. Se encorvó, se echó como león, así como león viejo: ¿quién lo despertará?» (Gén. 49:9).

A Judá como cabeza tribal, Jacob lo describió en una doble etapa como cachorro y como león viejo. Lo vio cazando y lo vio echado a dormir. Y antes de ser un león viejo fuimos un «cachorro joven». Cazábamos como león joven y, ahora, al paso de los años, nos cansamos como «león viejo». Las etapas de la vida son inevitables. Pero, ni lo uno, ni lo otro, le cambiará al león su naturaleza.

El león viejo se cansa, busca el descanso, se protege en la sombra, se aleja de las grandes aventuras. Ya la adrenalina de león joven ha disminuido en sus reacciones y acciones. Y llegará el día cuando un joven león lo enfrentará, lo acosará y lo hará separarse de la manada. Su posición de «Rey de la Selva» será titular y no funcional. Pero nadie le podrá quitar que ha sido el «Rey de la Selva». Entonces el «león viejo» entenderá que su tiempo ha llegado y solo se tendrá que enfrentar a su destino, consciente de que cumplió el propósito del Creador. Así que león viejo prepárate para cuando seas retado por los leones jóvenes. ¡Mantén tu dignidad de león!

En Job 4:11-12 se nos dice: «Los rugidos del león, y los bramidos del rugiente, y los dientes de los leoncillos son quebrantados. El león viejo perece por falta de presa, y los hijos de la leona se dispersan».

Todo león joven, un día si el buen Dios lo permite, llegará a ser un león viejo. Así que ahora león joven, aprende mucho, todo lo que puedas del león viejo. Respeta al león viejo y considéralo, tú también llegarás a ser un león viejo, y un león joven tomará tu lugar. Ese legado de experiencias que tienes te ayudará para que sigas siendo «el rey de la selva». León viejo comparte tu legado al león joven.

Había un león que no era enojoso, ni cruel ni violento, sino tratable y justo como una buena criatura, que llegó a ser el rey. Bajo su reinado se celebró una reunión general de los animales para disculparse y recibir mutua satisfacción: el lobo dio la paz al cordero, la pantera al camello, el tigre al ciervo, la zorra a la liebre, etc. La tímida liebre dijo entonces: –He anhelado ardorosamente ver llegar este día, a fin de que los débiles seamos respetados con justicia por los más fuertes. E inmediatamente corrió lo mejor que pudo.

Moraleja: Cuando en un Estado se practica la justicia, los humildes pueden vivir tranquilos..., pero no deben atenerse (*Fábulas de Esopo*).

orgulloso, pero quedó descontento por sus piernas débiles y finas. Sumido aún en estos pensamientos, apareció un león que comenzó a perseguirle. Echó a correr y le ganó una gran distancia, pues la fuerza de los ciervos está en sus piernas y la del león en su corazón.

Mientras el campo fue llano, el ciervo guardó la distancia que le salvaba; pero al entrar en el bosque sus cuernos se engancharon a las ramas y, no pudiendo escapar, fue atrapado por el león.

A punto de morir, exclamó para sí mismo: –¡Desdichado! Mis pies, que pensaba me traicionaban, eran los que me salvaban, y mis cuernos, en los que ponía toda mi confianza, son los que me pierden.

Moraleja: Muchas veces, a quienes creemos más indiferentes, son quienes nos dan la mano en las congojas, mientras que los que nos adulan, ni siquiera se asoman (*Fábulas de Esopo*, Editado por Ronald Quintana P., 2011).

2. El bramar del ciervo

Para entender el bramar del ciervo o venado del Salmo 42, uno tiene que leer el mismo. Le invito a una relectura de este hermoso salmo:

> «Así como un venado sediento desea el agua de un arroyo, así también yo, Dios mío, busco estar cerca de ti» (Sal. 42:1, TLA).
>
> «Tú eres el Dios de la vida, y anhelo estar contigo. Quiero ir a tu templo y cara a cara adorarte solo a ti» (Sal. 42:2, TLA).
>
> «Día y noche me he bebido mis lágrimas; mis enemigos no dejan de decirme: ¡Ahora sí, tu Dios te abandonó!» (Sal. 42:3, TLA).
>
> «Cuando me acuerdo de esto, me invade el sufrimiento; recuerdo cuando iba camino hacia tu templo guiando multitudes; recuerdo las grandes fiestas, y los gritos de alegría cuando tu pueblo te alababa» (Sal. 42:4, TLA).
>
> «¡Pero no hay razón para que me inquiete! ¡No hay razón para que me preocupe! ¡Pondré mi confianza en Dios mi salvador! ¡Solo a él alabaré!» (Sal. 42:5, TLA).
>
> «Me siento muy angustiado, y por eso pienso en ti. Las olas de tristeza que has mandado sobre mí, son como un mar agitado; son como violentas cascadas que descienden de los cerros, de los montes Hermón y Mizar, y se estrellan en el río Jordán» (Sal. 42:6-7, TLA).
>
> «Te ruego, Dios de mi vida, que de día me muestres tu amor, y que por la noche tu canto me acompañe» (Sal. 42:8, TLA).

«Tú eres mi protector, ¿por qué te olvidaste de mí? ¿Por qué debo andar triste y perseguido por mis enemigos?» (Sal. 42:9, TLA).

«Sus burlas me hieren profundamente, pues no dejan de decirme: "¡Ahora sí, tu Dios te abandonó!"» (Sal. 42:10, TLA).

«¡Pero no hay razón para que me inquiete! ¡No hay razón para que me preocupe! ¡Pondré mi confianza en Dios mi salvador! ¡Solo a él alabaré!» (Sal. 42:11, TLA).

El macho durante el celo o apareamiento, se dedica a muchos combates, al extremo de estar buscando rivalidades con otros machos, descuidando su alimentación.

Creyente-ciervo debes alejarte de los conflictos, de las discusiones, de las peleas, y de toda conversación que no te edifique. Creyente-ciervo debes alimentarte bien de la Palabra de Dios, leyéndola y estudiándola habitualmente y, en la práctica, aplicando sus principios a tu diario vivir.

El ciervo gusta de pasar los inviernos en las montañas, y en los veranos desciende a los valles, buscando siempre lugares de seguridad. Arriba o abajo, en el templo o en el trabajo, el creyente-ciervo siempre busca la bendición de Dios. ¡Busca tu cuarto de oración!

Hablaba con mi amigo el Dr. David Traverso, profesor del Union Theological Seminary en New York, que caza venados o ciervos, y me dijo: «El cazador de venados debe vestirse con ropa de camuflaje que se confunda con el medio ambiente del venado. Debe ponerse un líquido que el buen olfato del venado no lo detecte. Y debe ocupar un lugar seguro, arriba en una torre, o desde un lugar de buena vigilancia. Esperará largas horas en el silencio de la noche hasta que la oportunidad, disfrazada de venado, se le presente, entonces todo debe ser rápido y calculado».

El creyente ciervo se aleja de todo lugar inseguro, de toda zona de tentaciones, donde espiritualmente pueda exponerse o ponerse en peligro espiritual. Y qué lugar más seguro que la vida en manada en alguna congregación. El no ser parte de la manada va en contra de la naturaleza de un ciervo-creyente. La verdadera naturaleza espiritual nos impele a estar en las reuniones en el templo, sean cultos, oraciones, conciertos o estudios bíblicos. La vida de redil fortalece, consuela, apoya y nos ayuda a madurar en la fe.

Yacía un ciervo enfermo en una esquina de su terreno de pastos. Llegaron entonces sus amigos en gran número a preguntar por su salud, y mientras hablaban, cada visitante mordisqueaba parte del pasto del ciervo. Al final, el pobre ciervo murió, no por su enfermedad, sino porque ya no tenía de donde comer.

Moraleja: Más vale estar solo que mal acompañado (*Fábulas de Esopo*, Editado por Ronald Quintana P., 2011).

Los ciervos y ciervas rumian lo que comen. Poseen un estómago constituido por cuatro cámaras, que les permite volver a someter a un proceso de subir y bajar el alimento que ya han digerido. Es decir, rumiar es eructar un alimento ya procesado con los líquidos gástricos, subirlo a la boca, mezclarlo con nuevo pasto y volverlo a ingerir.

En Génesis 24:63 leemos: «Y había salido Isaac a meditar al campo, a la hora de la tarde; y alzando sus ojos miró, y he aquí los camellos que venían». Esto es un ejemplo de rumiar algo.

Isaac meditaba en el campo cuando el Espíritu Santo le mostró la caravana donde venía su futuro, un futuro llamado Rebeca. La práctica de la meditación que no es muy cultivada por muchos pentecostales es una manera de orar, de poner la mente en Dios, de que nuestra alma-espíritu se conecte con el espíritu de Dios. Gracias a la meditación se cumple en nuestras vidas esa máxima de «orar sin cesar».

En 1 Tes. 5:16-24 se nos declara: «Estad siempre gozosos. Orad sin cesar. Dad gracias en todo, porque esta es la voluntad de Dios para con vosotros en Cristo Jesús. No apaguéis al Espíritu. No menospreciéis las profecías. Examinadlo todo; retened lo bueno. Absteneos de toda especie de mal. Y el mismo Dios de paz os santifique por completo; y todo vuestro ser, espíritu, alma y cuerpo, sea guardado irreprensible para la venida de nuestro Señor Jesucristo. Fiel es el que os llama, el cual también lo hará».

La Palabra de Dios leída, enseñada o predicada, debe rumiarse a toda hora. Los sermones deben rumiarse al escucharse de nuevo sus grabaciones, leer sus notas o digerirlos con otras personas. En hebreo «rumiar» y «meditar» tienen las mismas raíces. Cuando meditamos la Biblia, textos bíblicos, pensamientos acerca de lo divino, rumiamos.

«Nunca se apartará de tu boca este libro de la ley, sino que de día y de noche meditarás en él, para que guardes y hagas conforme a todo lo que en él está escrito; porque entonces harás prosperar tu camino, y todo te saldrá bien» (Jos. 1:8).

«Dios, Dios mío eres tú; de madrugada te buscaré; mi alma tiene sed de ti, mi carne te anhela, en tierra seca y árida donde no hay agua, para ver tu poder y tu gloria, así como te he mirado en el santuario. Porque mejor es tu misericordia que la vida; mis labios te alabarán. Así te bendeciré en mi vida; en tu nombre alzaré mis manos» (Sal, 63:1-4).

«Bienaventurados los perfectos de camino, los que andan en la ley de Jehová. Bienaventurados los que guardan sus testimonios, y con todo el corazón le buscan» (Sal. 119:1-2).

En el rostro de los ciervos, por lo general, hay una glándula que segrega una fuerte substancia de nombre feromona para marcar territorio o repeler a otros animales. El creyente-ciervo marca territorios espirituales en su congregación, su hogar, su familia, su matrimonio, en su trabajo, vida personal y dondequiera que va.

El ciervo brama porque desea que las corrientes de agua fluyan, que le sacien su sed, que le refresquen por dentro. El creyente-ciervo desea llenarse más del Espíritu Santo en su vida. Busca llenarse más de esa «Agua Viva» que salta para la vida eterna.

«El que cree en mí, como dice la Escritura, de su interior correrán ríos de agua viva. Esto dijo del Espíritu que habían de recibir los que creyesen en él; pues aún no había venido el Espíritu Santo, porque Jesús no había sido aún glorificado» (Jn. 7:38-39).

«Como el ciervo brama por las corrientes de las aguas, así clama por ti, oh Dios, el alma mía. Mi alma tiene sed de Dios, del Dios vivo; ¿Cuándo vendré, y me presentaré delante de Dios? Fueron mis lágrimas mi pan de día y de noche, mientras me dicen todos los días: ¿Dónde está tu Dios?» (Sal. 42:1-3).

La Traducción en Lenguaje Actual rinde la porción bíblica anterior: «Así como un venado sediento desea el agua de un arroyo, así también yo, Dios mío, busco estar cerca de ti. Tú eres el Dios de la vida, y anhelo estar contigo. Quiero ir a tu templo y cara a cara adorarte solo a ti. Día y noche me he bebido mis lágrimas; mis enemigos no dejan de decirme: ¡Ahora sí, tu Dios te abandonó!».

«Brama ciervo y cierva de las alturas», por la presencia del Espíritu Santo en tu vida, en tu matrimonio, en tu familia y en todo lo que hagas. Sin esa presencia jamás podrás vivir una vida plena espiritual. Sin esa lluvia que te llegue del cielo, tendrás sequías espirituales, las cisternas estarán vacías y los arroyos secos.

«Brama ciervo y cierva de las alturas», para que la gracia y la misericordia de Jesucristo siempre te acompañen y se manifiesten sobre ti y sobre los tuyos. Dios te quiere dar lo que no te mereces, eso es gracia; y no te quiere dar lo que te mereces, eso es misericordia.

«Brama ciervo y cierva de las alturas», por milagros y sanidades para ti, para los tuyos, para tus hermanos en la fe, y para todos aquellos que creen y esperan alguna acción divina sobre sus vidas. ¡La Iglesia Pentecostal no cree en la cesación de los dones, es una Iglesia que proclama la continuación de los dones y milagros del Espíritu Santo! No somos la iglesia que este reconocido expositor John McArthur menciona en su libro «Fuego Extraño». Él habla de los dones que cesaron con la época apostólica y nosotros hablamos de los dones que todavía continúan activos y manifestados en la Iglesia. Somos la continuación de la Iglesia que se menciona en el libro de «Hechos» y estamos escribiendo «Hechos 29». Ese es nuestro legado pentecostal. Lo hemos recibido. Lo conservamos. Lo transmitimos. **¡Recordamos nuestro pasado, celebramos nuestro presente y anticipamos nuestro futuro!**

«Brama ciervo y cierva de las alturas», de gozo y alegría, celebrando las promesas y bendiciones de Dios sobre ti y todos los que te rodean. Tu dolor se volverá gozo. Tus tristezas se volverán alegrías. Tus necesidades se volverán abundancias.

Conclusión

Te invito a que andes sobre las alturas que el Señor Jesucristo ha preparado para ti. Bebe del agua de la fuente del Espíritu Santo. Disfruta tu vida en Dios. Llénate de su presencia y deja que tus pies sean como los de un ciervo o cierva.

04
Señalados como asnos

Job 39:5-8, RVR 1960

«¿Quién echó libre al asno montés, y quién soltó sus ataduras? Al cual yo puse casa en la soledad, y sus moradas en lugares estériles. Se burla de la multitud de la ciudad; no oye las voces del arriero. Lo oculto de los montes es su pasto, y anda buscando toda cosa verde».

Introducción

La figura del asno o el burro (lenguaje más vulgar) es muy apropiada para darnos algunas lecciones espirituales como creyentes. Todavía cuando uno visita el Medio Oriente, verá muchos asnos o burros. Los asnos blancos eran y son muy cotizados: «Vosotros los que cabalgáis en asnas blancas, los que presidís el juicio, y vosotros los que viajáis, hablad» (Jue. 5:10).

1. La libertad del asno

«¿Quién echó libre al asno montés, y quién soltó sus ataduras? Al cual yo puse casa en la soledad, y sus moradas en lugares estériles. Se burla de la multitud de la ciudad; no oye las voces del arriero. Lo oculto de los montes es su pasto, y anda buscando toda cosa verde» (Job 39:5-8).

La Traducción En Lenguaje Actual aclara más el sentido del pasaje citado: «Yo soy quien hizo libres a los burros salvajes; yo soy quien les dio el desierto para que vivan allí. Son tan libres que no hacen caso de los ruidos de la ciudad, ni de los gritos de los arrieros. Y así, andan por los cerros en busca de pastos verdes» (Job 39:5-8).

Este pasaje habla sobre el asno montés de vida salvaje y libre, que vivía antiguamente en los desiertos de Palestina. Y que de manera terca no obedecía al arriero. Y solo se interesaba en comer pasto verde.

Si algo se aplicara es que el asno montés nos recuerda a nuestra condición libertina sin Jesucristo. Representa el estado natural del ser humano que no ha experimentado la gracia de Dios, y que vive en su libertinaje espiritual.

El asno nos recuerda cuando nosotros no oíamos las voces de los arrieros de Dios. Como el asno queremos comer «pasto» y andamos buscando «toda cosa verde». El pasto verde habla de un mensaje vivo, con sabor presente, visible a los ojos del alma. No queremos comer del pasto seco, sin calorías que ofrece el mundo. Queremos comer del pasto verde de los predios del Señor Jesucristo.

Al llegar Jesús a nuestras vidas, nos domesticó, y nos hizo servidores de Él. Con corazones agradecidos trabajamos para Él y a favor de todos los perdidos. ¡Ríndele todo a Él y ríndete todo a Él!

En 1 Sam. 9:3-4 se nos presenta un cuadro donde Saúl salió a buscar las asnas o burras perdidas de la manada de su padre Cis:

> «Y se habían perdido las asnas de Cis, padre de Saúl; por lo que dijo Cis a Saúl su hijo: Toma ahora contigo alguno de los criados, y levántate, y ve a buscar las asnas. Y él pasó el monte de Efraín, y de allí a la tierra de Salisa, y no las hallaron. Pasaron luego por la tierra de Saalim, y tampoco. Después pasaron por la tierra de Benjamín, y no las encontraron» (1 Sam. 9:3-4).

Aquellas asnas perdidas fueron el medio utilizado por la providencia divina para llevar a Saúl al encuentro con el profeta Samuel quién lo conectó con su destino de rey para Israel. Dios usará a personas y usará cosas para llevarnos a su propósito.

Saúl solo servía para buscar asnas o burras perdidas. Salió para buscar burras perdidas y se encontró con un llamado y con una investidura para ser el primer rey de Israel. Quizá estás buscando burras como Saúl, pero Jesucristo te puede llevar a un destino glorioso.

Samuel le declaró a Saúl por revelación divina, que no se inquietara, las asnas habían sido encontradas. Obedece a Dios primero, y Dios se encargará de buscar aquello que se ha perdido:

> «Hoy, después que te hayas apartado de mí, hallarás dos hombres junto al sepulcro de Raquel, en el territorio de Benjamín, en Selsa, los cuales te dirán: Las asnas que habías ido a buscar se han hallado; tu padre ha dejado

ya de inquietarse por las asnas, y está afligido por vosotros, diciendo: ¿Qué haré acerca de mi hijo?» (1 Sam. 10:2).

El asno montés o salvaje vivía en manadas. Y Dios dijo eso de la tribu de Efraín, que vivió una etapa de coqueteo idólatra con Asiria. «Porque ellos subieron a Asiria, como asno montés para sí solo; Efraín con salario alquiló amantes» (Oseas 8:9).

Este pasaje presenta al hombre en su estado natural, vacío de Dios, enajenado espiritualmente, que no ha encontrado el propósito divino para su vida. El gran vacío del ser humano es la gran ausencia de Dios en su vida: «El hombre vano se hará entendido, cuando un pollino de asno montés nazca hombre» (Job 11:12).

2. La asna de Balaam que habló

Debo comenzar diciendo que Balaam (su nombre significa «un peregrino, o señor del pueblo») iba montado sobre un asna y no sobre una mula. Popularmente muchos dicen erróneamente: «La mula que le habló a Balaam». Una asna o una burra es lo mismo. Y deseo decir que esta es la historia de «Dos Burros y Un Ángel». La historia podría comenzar: «Habíase una vez dos burros y un ángel, y la burra le preguntó al burro... ».

El ángel de Jehová se puso como adversario de Balaam: «Y la ira de Dios se encendió porque él iba; y el ángel de Jehová se puso en el camino por adversario suyo. Iba, pues, él montado sobre su asna, y con él dos criados suyos» (Nm. 22:22).

Muchas veces Dios mismo se atravesará en el camino de algún creyente, para que este desista de realizar su propia voluntad. Cuando Dios se atraviesa tenemos que detenernos. ¡No debemos pasar, ni seguir adelante! **¡Conoce cuando es Dios quien se atraviesa en tu camino!**

a) La visión de la burra. «Y el ángel de Jehová pasó más allá, y se puso en una angostura donde no había camino para apartarse, ni a derecha ni a izquierda. Y viendo la asna al ángel de Jehová, se echó debajo de Balaam; y Balaam se enojó y azotó al asna con un palo» (Nm. 22:26-27).

El ángel de Jehová, en un estrecho se le metió en el paso a Balaam que iba montado en la asna. Balaam no tuvo la visión de aquel ser angelical, pero aquella burra si tuvo la visión espiritual. La burra fue más «espiritual» que aquel profeta burro.

La asna al ver al ángel de Jehová, se postró, se echó abajo. Y eso disgustó a Balaam, quien se comportó como un burro, y golpeó con un palo a la burra. El inteligente se hizo burro. **¿Conoces cuándo es Dios quien se atraviesa en tu camino?**

b) La pregunta de la burra al burro. «Entonces Jehová abrió la boca al asna, la cual dijo a Balaam: ¿Qué te he hecho, que me has azotado estas tres veces?» (Nm. 22:28).

Dios hizo inteligente y racional a aquella burra, y esta le preguntó a aquel burro humano por qué le golpeó tres veces. Balaam enojado le había dado tres veces con un palo a la burra. Y esos ministerios burros, golpean cuando no entienden lo espiritual. **¿Conoces cuándo es Dios quien se atraviesa en tu camino?**

c) La respuesta del burro a la burra. «Y Balaam respondió al asna: Porque te has burlado de mí. ¡Ojalá tuviera espada en mi mano, que ahora te mataría!» (Nm. 22:29).

El burro Balaam le contestó a la burra, que él había sentido que esta lo había relajado, que jugó con él. Es más, le expresó que le vino el pensamiento de matarla. Y de haber tenido una espada, la hubiera utilizado contra la burra. Se sintió burlado, y no razonó aquel comportamiento de la burra. Balaam había hecho la burrada, no la burra. **¡Conoce cuando es Dios quien se atraviesa en tu camino!**

d) La amonestación de la burra al burro. «Y la asna dijo a Balaam: ¿No soy yo tu asna? Sobre mí has cabalgado desde que tú me tienes hasta este día; ¿he acostumbrado a hacerlo así contigo? Y él respondió: No» (Nm. 22:30).

Flavio Josefo en «Antigüedades de los Judíos» comparte la historia de este profeta: «Balaam quedó perplejo por la voz de la burra, que era la voz de un hombre; entonces se le apareció claramente el ángel y le reprochó los golpes que había aplicado a la burra y le informó que el animal no había cometido ninguna falta y que él había ido a interrumpirle el viaje que era contrario a la voluntad de Dios».

La asna se reconoció a sí misma como la burra de Balaam. Le recordó que ella como burra lo había cargado por muchos años, hasta ese día. Y le preguntó, si antes ella como burra se había comportado así, con esa burrada. Y aquel profeta burro, le contestó: «No». **¿Conoces cuándo es Dios quien se atraviesa en tu camino?**

En 2 Pedro 2:15-16 leemos: «Andan perdidos, pues han dejado de obedecer a Dios para seguir el ejemplo de Balaam hijo de Beor, que quiso ganar dinero haciendo lo malo. Pero precisamente por hacer lo malo, una burra lo regañó: le habló con voz humana, y no lo dejó seguir haciendo esas tonterías» (TLA).

Un asno se subió al techo de una casa y brincando allá arriba, resquebrajó el techado. Corrió el dueño tras de él y lo bajó de inmediato, castigándole severamente con un leño. Dijo entonces el asno: –¿Por qué me castigas, si yo vi ayer al mono hacer exactamente lo mismo y todos reían felizmente, como si les estuviera dando un gran espectáculo?

Moraleja: Trabaja siempre para lo que te has preparado, no hagas lo que no es de tu campo (*Fábulas de Esopo*).

3. La inactividad del asno

En el libro de Job 1:13-14 leemos: «Un día, mientras los hijos y las hijas de Job celebraban una fiesta en casa del hermano mayor, llegó un mensajero a decirle a Job: '¡Unos bandidos de la región de Sabá nos atacaron y robaron los animales! Nosotros estábamos arando con los bueyes, mientras los burros se alimentaban por allí cerca'» (TLA).

Aquí se nos enfatiza: «Nosotros estábamos arando con los bueyes, mientras los burros se alimentaban por allí cerca». La Nueva Versión Internacional rinde: «Sus bueyes estaban arando y los burros comiendo a su lado».

Se nos habla de dos clases de creyentes, los creyentes que trabajan arando como bueyes y aquellos creyentes que como asnos solo se alimentan espiritualmente comiendo y cerca del trabajo, pero no trabajan arando.

Un hombre quiso comprar un asno, y acordó con su dueño que él debería probar al animal antes de comprarlo. Entonces llevó al asno a su casa y lo puso en donde guarda la paja junto con sus otros asnos. El nuevo animal se separó de todos los demás e inmediatamente se fue junto al que era el más ocioso y el mayor comedor de todos ellos. Viendo esto, el hombre puso un cabestro sobre él y lo condujo de regreso a su dueño. Siendo preguntado cómo, en un tiempo tan corto, él podría haber hecho un proceso de calificación, él contestó: No necesito mayor tiempo; sé que él será exactamente igual a aquel que él eligió para su compañía.

Moraleja: Según con quien te relaciones, así te juzgarán (*Fábulas de Esopo*, 2011).

Jacob bendijo a las doce tribus y le profetizó a Isacar: «Tú, Isacar, eres fuerte como un burro acostado entre dos corrales. Cuando veas que tu tierra es buena y agradable para descansar, con mucho gusto aceptarás hacer trabajo de esclavos» (Gén. 49:14-15, TLA).

4. La profecía del asno

El profeta en el lente del futuro vio como señal del Mesías, a este sentado sobre un pollino de asna, acompañado por su madre asna: «Decid a la hija de Sión: He aquí, tu Rey viene a ti, manso, y sentado sobre una asna, sobre un pollino, hijo de animal de carga» (Mt. 21:5).

Juan aclara sobre este pasaje al citar al profeta: «No temas, hija de Sión; he aquí tu Rey viene, montado sobre un pollino de asna» (Jn. 12:15). El énfasis es que el Mesías se sentaría no sobre la madre, sino sobre el hijo pollino.

Jesús envió a dos discípulos a Betfagé, para tomar prestados a una asna con un pollino. Él no vino a separar la familia, sino a unirla: «Diciéndoles: Id a la aldea que está enfrente de vosotros, y luego hallaréis una asna atada, y un pollino con ella; desatadla, y traédmelos» (Mt. 21:2).

Jesús tomó muchas cosas prestadas como los cinco panes y los pescados del niño, el aposento alto para su cena pascual. Pero lo prestado lo utilizó para hacer milagros. ¿Qué le puedes prestar al Gran Maestro?

Los discípulos obedecieron, y sobre la asna y el pollino pusieron sus mantos. De igual manera, nosotros debemos desprendernos de nuestros mantos de justicia propia, de orgullo, de grandeza humana, y ponerlos al servicio del gran Rey.

«Y los discípulos fueron, e hicieron como Jesús les mandó; y trajeron la asna y el pollino, y pusieron sobre ellos sus mantos; y él se sentó encima» (Mt. 21:6-7).

Ese asnillo o burrito fue domado por el poder del Maestro. De igual manera nuestra voluntad que es como un burro sin domar, Jesús la doblega con el peso de su amor: «Y halló Jesús un asnillo, y montó sobre él, como está escrito» (Jn. 12:14).

Jesucristo se sienta como domador divino sobre nuestros sentimientos revolcados, se sienta sobre nuestras emociones descontroladas, se sienta para someter a ese pollino de nuestra voluntad que relincha.

Todos éramos unos burros perdidos, o unos burros atados, Jesús nos encontró y nos utilizó para su gloria y honra.

Se juntaron el león y el asno para cazar animales salvajes. El león utilizaba su fuerza y el asno las coces de sus pies. Una vez que acumularon cierto número de piezas, el león las dividió en tres partes y le dijo al asno: La primera me pertenece por ser el rey; la segunda también es mía por ser tu socio, y sobre la tercera, mejor te vas largando si no quieres que te vaya como a las presas.

Moraleja: Para que no te pase lo del asno, cuando te asocies, hazlo con socios de igual poder que tú, no con otros todopoderosos (*Fábulas de Esopo*).

Conclusión

El asno llegó a representar al cristiano. Un descubrimiento arqueológico en el año 1956, reveló un bajo relieve a manera de burla realizado por algún soldado romano, mostrando a un cristiano con cabeza de asno, de espalda, crucificado, y a otro cristiano que lo mira en la cruz.

05
Veloces como gacelas

Cantares 2:9, RVR 1960

«Mi amado es semejante al corzo, o al cervatillo.
Helo aquí, está tras nuestra pared, mirando por las ventanas,
atisbando por las celosías».

Introducción

En la bendición patriarcal de Jacob a los príncipes jefes de las doce tribus, bendijo a Neftalí y declarándole: «Neftalí, cierva suelta, que pronunciará dichos hermosos» (Gén. 49:21). Las gacelas son de la familia rumiante, es decir, de animales que ingieren pasto, lo semi-digieren y lo vuelven a subir a la boca para volver a masticarlo e ingerirlo.

1. La gacela representa la intimidad

En el libro del Cantar de los Cantares, el amado describe la feminidad y hermosura de la amada, al referirse a sus dos pechos como gacelas gemelas. De igual manera es el Amado-Cristo que expresa su atención a la Amada-Iglesia, la cual de sus pechos da de amamantar a sus hijos espirituales con la doctrina y el calor maternal, que los nutrirá en su camino al desarrollo y crecimiento en la gracia divina.

«Tus dos pechos, como gemelos de gacela, que se apacientan entre lirios» (Cant. 4:5). «Tus dos pechos, como gemelos de gacela» (Cant. 7:4).

En el libro de Proverbios se señalan las caricias de la amada: «Como cierva amada y graciosa gacela. Sus caricias te satisfagan en todo tiempo, y en su amor recréate siempre» (Prov. 5:19).

La creyente-gacela que está casada, debe tener la hermosura externa y mantener la hermosura interna. A los ojos de su amado, debe mantenerse siempre atractiva y amorosa. Pero en esa gacela, él debe encontrar la plena satisfacción, el disfrute total, pues solo en las caricias de ella, él puede quedar satisfecho.

La gacela es hermosa de ojos, que son muy brillantes, y de una boca puntiaguda que la hace lucir muy hermosa. El nombre «gacela» viene del idioma persa «ghazal», y abarca los significados de «elegante» y «rápida». Es un símbolo de Israel al que se refiere como «Eretz Hatzvi» o la «Tierra de la Gacela».

El macho al igual que la hembra posee cuernos, siendo los del macho de mayor tamaño. Al mirarlos de frente se parecen al instrumento musical de la lira. Y de ahí que este animal sea asociado con la música.

2. La gacela representa la valentía

Se describe la valentía que Asael hermano de Joab y Abisai, y primo de David, tenía en combate. La rapidez de Asael es comparada con la agilidad de la gacela:

«La batalla fue muy reñida aquel día, y Abner y los hombres de Israel fueron vencidos por los siervos de David. Estaban allí los tres hijos de Sarvia: Joab, Abisai y Asael. Este Asael era ligero de pies como una gacela del campo. Y siguió Asael tras de Abner, sin apartarse, ni a derecha ni a izquierda» (2 Sam. 2:17-19).

El grave error que le costó la vida al valiente Asael, fue perseguir a un general como Abner para tratar de matarlo. A los generales se les respeta aunque sean de otro ejército. A un general lo debe ajusticiar otro general. **¡Mucho cuidado con meterte contra un general espiritual!**

Las gacelas son sumamente veloces. Corren a velocidades de 97 km/h, y pueden mantener una velocidad estable de 56 km/h en un tiempo largo. Esa capacidad inusual en otros animales, les permite huir de sus depredadores naturales. **¡Corre gacela ungida!**

Una anécdota de África que cita Adolfo Agüero Esgaib en su libro «Hasta el final: porque rendirse no es una opción»:

Las gacelas cuando se levantan en la mañana saben que deben correr más que el más veloz de los leones. Deben ser más ligeras que el león para que nos las alcance, porque si alcanza a alguna será el último día de su vida y la comida del león. Pero el león cada mañana sabe que debe correr más rápido que la más lenta de las gacelas y alcanzarla para no morirse de hambre. El león y la gacela cada uno deben acostarse para soñar que deben esforzarse para ese día que tendrá.

El creyente gacela es rápido para realizar las misiones asignadas por Dios. La unción del Espíritu Santo lo mueve a actuar en el reino de Dios. Corre gacela de Jesucristo a la meta del soberano llamamiento en Cristo Jesús. **¡Corre gacela ungida!**

«Hermanos, yo mismo no pretendo haberlo ya alcanzado; pero una cosa hago: olvidando ciertamente lo que queda atrás, y extendiéndome a lo que está delante, prosigo a la meta, al premio del supremo llamamiento de Dios en Cristo Jesús. Así que, todos los que somos perfectos, esto mismo sintamos; y si otra cosa sentís, esto también os lo revelará Dios. Pero en aquello a que hemos llegado, sigamos una misma regla, sintamos una misma cosa» (Fil. 3:13-16).

Las gacelas viven en manadas. Duermen poco, por lo general una hora al día, y hacen su tiempo en pequeños intervalos de unos cinco minutos. Siempre se mantienen en alerta de sus enemigos, quienes al igual que los humanos gustan de disfrutar de su rica carne. El rey Salomón apetecía la carne de gacelas.

Los creyentes gacelas siempre están despiertos. No se duermen espiritualmente. El enemigo anda al acecho de gacelas dormidas. Son como las vírgenes prudentes, con sus lámparas encendidas y con aceite de reserva, esperando al novio que llegue a la medianoche (Mt. 251-13).

«Tengan cuidado de cómo se comportan. Vivan como gente que piensa lo que hace, y no como tontos. Aprovechen cada oportunidad que tengan de hacer el bien, porque estamos viviendo tiempos muy malos» (Ef. 5:15-16, TLA).

Es posible que con lo relatado en el Salmo 22:19-21 se tenga en mente la imagen de la gacela: «Mas tú, Jehová, no te alejes; fortaleza mía, apresúrate a socorrerme. Libra de la espada mi alma, del poder del perro mi vida. Sálvame de la boca del león, y líbrame de los cuernos de los búfalos» (Sal. 22:19-21).

3. La gacela representa el discipulado

«En el puerto de Jope vivía una seguidora de Jesús llamada Tabita. Su nombre griego era Dorcas, que significa «Gacela». Tabita siempre servía a los demás y ayudaba mucho a los pobres» (Hch. 9:36, TLA).

Jope se conoce como Jaffa (árabe) o Yaffo (hebreo). David y Salomón tenían allí un puerto muy importante en el mar Mediterráneo. De este puerto zarpó el profeta Jonás al huir de su misión a Nínive, para huir a Tarsis o Tartesos en España.

Las clases de gacelas conocidas en Israel son la «Gacela de la Montaña» del noreste del país; la «Gacela Dorcas» del sureste del país y la «Gacela Arava» que vive en el Arava.

El nombre Dorcas en griego es «Dorkas» y en arameo es «Tabitha» y significa «gacela». Bien la podemos llamar la «gacela» de Jesús. El texto de Reina Valera la describe como «una discípula». La Traducción En Lenguaje Actual, la describe como «una seguidora de Jesús».

Luego se le caracteriza como una que «siempre servía a los demás y ayudaba mucho a los pobres» (TLA). La versión Reina-Valera traduce: «... Esta abundaba en buenas obras y en limosnas que hacía». Fundó entre las mujeres un ministerio femenil. Entre las mujeres fue una líder. Se destacó por su servicio y en buenas obras siempre se excedía.

Lo que Dorcas hacía hablaba más alto que todo lo que podía decir. Las palabras deben traducirse en buenas acciones y en buenas obras. Prediquemos más con hechos que con dichos.

«Por esos días Tabita se enfermó y murió. Entonces, de acuerdo con la costumbre, lavaron su cuerpo y lo pusieron en un cuarto del piso superior de la casa» (Hch. 9:37, TLA).

Esa «gacela» de Jesús enfermó, y de una enfermedad desconocida falleció. Fue lavada con el ritual aplicado a los difuntos hebreos y puesta en velatorio. Aún las personas buenas como Dorcas, también tienen que morir.

«Pedro estaba en Lida, ciudad cercana al puerto de Jope. Cuando los seguidores de Jesús que vivían en Jope lo supieron, enseguida enviaron a dos hombres con este mensaje urgente: Por favor, venga usted tan pronto como pueda» (Hch. 9:38, TLA).

Pedro no estaba muy lejos de Jope, estaba en Lida. Al enterarse de su muerte, los seguidores de Jesús en Jope, se lo notificaron mediante dos mensajeros al apóstol Pedro.

Todo indica que la «gacela de Jesús», era muy apreciada en la comunidad de fe. Esta «gacela» poseía la hermosura de su relación con Dios. Y al morir ella, eso causó tristeza.

«De inmediato, Pedro se fue a Jope con ellos. Al llegar, lo llevaron a donde estaba el cuerpo de Tabita. Muchas viudas se acercaron llorosas a Pedro, y todas le mostraban los vestidos y los mantos que Tabita les había hecho cuando aún vivía» (Hch. 9:39, TLA).

El predicador y pastor Julio Ruíz ha dicho: «Después de entregar el corazón, lo primero que hay que darle al Señor son nuestras manos y nuestros pies para que él los use, pues como alguien dijo: El Señor no tiene más manos y más pies en la tierra que los nuestros».

Pedro respondió inmediatamente a la solicitud hecha, y llegó a la casa donde estaba la «gacela de Jesús». Allí le mostraron «los vestidos y los mantos» cosidos por ella. Ese era el testimonio de su trabajo entre los santos.

Nuestras obras para el bien de otro ser humano, aún después de muertos testificarán por nosotros. Ese será nuestro legado, lo que permanecerá y lo que se dirá de nosotros. ¡Haz bien y no mires a quién!», dice un antiguo adagio.

«Pedro mandó que toda la gente saliera del lugar. Luego se arrodilló y oró al Señor. Después de eso, se dio vuelta hacia donde estaba el cuerpo de Tabita y le ordenó: '¡Tabita, levántate!'. Ella abrió los ojos, miró a Pedro y se sentó» (Hch. 9:40, TLA).

Pedro ordenó a todos los presentes bajarla de aquel aposento alto, y allí le habló al alma-espíritu que estaba ausente de aquel cadáver: ¡Tabita, levántate!». Y así, todos esos y esas que son creyentes-gacelas deben levantarse de la mortandad.

«Pedro le dio la mano para ayudarla a ponerse de pie; luego llamó a los seguidores de Jesús y a las viudas, y les presentó a Tabita viva» (Hch. 9:41, TLA). El apóstol le tomó la mano y la ayudó a incorporarse. Y ya levantada se la presentó a todos como la «Tabita viva».

«Todos los que vivían en Jope se enteraron de esto, y muchos creyeron en el Señor Jesús» (Hch. 9:42, TLA). Este extraordinario milagro sacudió a Jope. El impacto fue tal, que una gran cosecha de almas vino a los pies del Señor Jesucristo. Eran milagros para impactar y no para entretener.

Conclusión

El creyente gacela siempre será bendecido, porque ha sabido bendecir a otros. Tu hermosura espiritual se verá en tu rostro y tus acciones rápidas en tus pies para Dios.

06
Trabajadores como bueyes

1 Corintios 9:9-10, RVR1960

«Porque en la ley de Moisés está escrito: No pondrás bozal al buey que trilla. ¿Tiene Dios cuidado de los bueyes, o lo dice enteramente por nosotros? Pues por nosotros se escribió; porque con esperanza debe arar el que ara, y el que trilla, con esperanza de recibir del fruto».

Introducción

El buey es un toro castrado, que ya no será usado como semental, sino que al ser castrado se pone más fuerte y más dócil para el trabajo de la agricultura o para halar carretas con cargas. Pero los animales castrados no podían ser utilizados para los sacrificios en Israel (Lev. 22:23-24; Dt. 17:1), y es muy posible que los toros no fueran castrados. La ley prohibía arar con la yunta de un buey y un asno: «No ararás con buey y con asno juntamente» (Dt. 22:10). Los bueyes, al igual que otros rumiantes, poseen cuatro cámaras en el estómago, que les permite rumiar, es decir, volver a masticar lo que se tragaron.

El término «unicornio» (Reina-Valera) se traduce en la Septuaginta del término «monokerös» en griego y procede del hebreo «reem». Nada sugiere que el «reem» se refiera a un animal unicornio. Era un animal, indómito, fuerte y no podía servir para la agricultura (Nm. 23:22; 24:8; Dt. 33:17; Job. 39:9; 10; Sal. 29:6; 92:10; Is. 34:7). Dios comparó con los cuernos del unicornio a sus enemigos, a los cuales escuchó por los cuernos del unicornio. Es muy probable que el «reem» haya sido un buey salvaje, según bajos relieves asirios.

1. La fidelidad del buey

«El buey conoce a su dueño, y el asno el pesebre de su señor; Israel no entiende, mi pueblo no tiene conocimiento» (Is. 1:3).

Las figuras del buey y el asno o «el buey y la mula» como se refieren algunos, contextualizadas en este pasaje, son introducidas en el pesebre junto a algunas ovejas en la historia y mística de la natividad celebrada por la iglesia tradicional. La introducción de estos animales se le atribuye a san Francisco de Asís, que pidió permiso al Papa Honorio III para exhibir un pesebre real en la cueva del pueblo de Greccio. El llamado «santo» le pidió a su amigo Giovanni Di Vellita: «Quiero ver a Jesús recostado en el pesebre entre el buey y el asno».

En el tan controvertido apócrifo condenado por la Iglesia Católica y conocido como *El evangelio armenio de la infancia*, se transmite la tradición de los reyes magos (Gaspar, Melchor y Baltasar), vinculados como hermanos y que según la leyenda reinaban en Persia, India y Arabia:

«Y, al mismo tiempo, un ángel se apresuró a ir al país de los persas, para prevenir a los reyes magos, y para ordenarles que fuesen a adorar al niño recién nacido. Y ellos, después de haber sido guiados por una estrella durante nueve meses, llegaron a su destino en el punto y hora en que la Virgen acababa de ser madre. Porque, en aquella época, el reino de los persas dominaba, por su poder y por sus victorias, sobre todos los reyes que eran tres hermanos: el primero, Melkon, que imperaba sobre los persas; el segundo, Baltasar, que prevalecía sobre los indios; y el tercero, Gaspar, que poseía el país de los árabes».

«El primer rey, Melkon, aportaba, como presentes, mirra, áloe, muselina, púrpura, cintas de lino, y también los libros escritos y sellados por el dedo de Dios. El segundo rey, Gaspar, aportaba, en honor del niño, nardo, cinamomo, canela e incienso. Y el tercer rey, Baltasar, traía consigo oro, plata, piedras preciosas, perlas finas y zafiros de gran precio».

Al finalizar el siglo XIII, el Obispo de Génova, Jacobus de Voragine (1228-1298), que era además un cronista recogió en su libro «La leyenda Dorada» la narración de los llamados Magos de Oriente, y le anexó los nombres dados a estos a partir del siglo VI. Alude a los mismos con las siguientes palabras:

«El primero de los magos se llamaba Melchor, era un anciano de cabellos blancos y larga barba. Obsequió con oro al Señor como su rey, porque el oro significa la realeza de Cristo. El segundo, llamado Gaspar, joven, sin barba, rojo de tez, rindió a Jesús, a través del incienso, el homenaje a su divinidad. El tercero, de rostro negro, luciendo toda la barba, se llamaba Baltasar; la mirra en sus manos recordaba que el Hijo debía morir».

De ahí es que en el pesebre de la natividad (en realidad el pesebre era una piedra con una excavación para comer los animales) esas figuras aparecen junto a José, María, el niño Jesús y uno o dos ángeles. El pesebre se fue completando con los años, pasando de ser una cueva en el Medio Oriente a ser un establo europeo.

En la imaginería bíblica el buey y el asno llegan a conectarse con su dueño. Y de igual manera el creyente también conoce y busca al Señor Jesucristo dondequiera que este esté presente mediante su Espíritu Santo. Es por esa razón que el buey el asno ingresaron en el pesebre navideño.

En la apocalíptica de Ezequiel los cuatro seres vivientes cuatrifacéticos tienen cara de buey. En la apocalíptica de Juan los cuatro seres vivientes monofacéticos, uno de ellos tiene cara de becerro.

«Y el aspecto de sus caras era cara de hombre, y cara de león al lado derecho de los cuatro, y cara de buey a la izquierda en los cuatro; asimismo había en los cuatro cara de águila» (Ez.1:10).

«El primer ser viviente era semejante a un león; el segundo era semejante a un becerro; el tercero tenía rostro como de hombre; y el cuarto era semejante a un águila volando» (Apoc. 4:7).

El creyente buey es fiel a su Amo y Dueño, llamado Jesús de Nazaret. Como resultado será fiel a sus autoridades espirituales y fiel al pesebre donde ha sido asignado.

En el cuerno de un buey se posó un mosquito. Luego, de permanecer allí largo rato, al irse en su vuelo preguntó al buey si se alegraba de que por fin se marchase. El buey le respondió: –Ni supe que habías venido. Tampoco notaré cuando te vayas.

Moraleja: Pasar por la vida, sin darle nada a la vida, es ser insignificante (*Fábulas de Esopo*, Editado por Ronald Quintana P., 2011).

2. El servicio del buey

El buey se capa y de esa manera disminuyen en él los deseos de apareamiento o de entrar en celo con las hembras. Ahora, castrado goza de más salud y tiene más fuerzas, dedicándose con ahínco y muchas energías al trabajo asignado. Puede halar el doble de su peso en terrenos escabrosos y con alguna inclinación. Dos bueyes del mismo tamaño, pueden duplicar un quinto más del doble de sus fuerzas.

«Porque en la ley de Moisés está escrito: No pondrás bozal al buey que trilla. ¿Tiene Dios cuidado de los bueyes, o lo dice enteramente por nosotros? Pues por nosotros se escribió; porque con esperanza debe arar el que ara, y el que trilla, con esperanza de recibir del fruto» (1 Cor. 9:9-10).

La ley disponía para el buey que trillaba, que comiera de lo que trillaba. Ponerle bozal para que no participara de su trabajo, iba contra la ley de Dios. De igual manera los que ministran la palabra de Dios, se reservan el derecho de vivir de la misma. Aquí se justifica el darles ofrendas a los predicadores y maestros de la palabra, y salarios a los ministros dedicados al ministerio o a una congregación.

La oficialidad o gobierno de una congregación local, es responsable de hacer provisión dentro del presupuesto de las entradas y salidas de la misma, para incluir el salario y beneficios del pastor que los pastorea (administrando, dirigiendo, sirviendo, aconsejando, visitando a los enfermos y retraídos) y alimenta con la enseñanza y proclamación de la Palabra de Dios. Si la práctica es que los diezmos se le dan al pastor, la oficialidad debe enfatizar la entrada de los diezmos para que el siervo de Dios viva al costo de la vida.

«Viendo a un buey trabajando, una becerra que solo descansaba y comía, se condolió de su suerte, alegrándose de la de ella. Pero llegó el día de una solemnidad religiosa, y mientras al buey se le hacía a un lado, cogieron a la becerra para sacrificarla. Viendo lo sucedido, el buey sonriendo dijo: –Mira becerra, ya sabes por qué tú no tenías que trabajar: ¡es que estabas reservada para el sacrificio!».

Moraleja: «No te ufanes de la ociosidad, pues nunca sabes que mal trae oculto» (*Fábulas de Esopo*, Editado por Ronald Quintana P., 2011).

3. La sujeción del buey

«Bueno le es al hombre llevar el yugo desde su juventud» (Lam. 3:27). Aquí el yugo del hombre puede representar su matrimonio o su dedicación al trabajo. Espiritualmente, es bueno estar enyugado a Cristo desde muy joven. Así se rinde una labor mayor para Él. **¡Enyúgate a Jesucristo!**

«Venid a mí todos los que estáis trabajados y cargados, y yo os haré descansar. Llevad mi yugo sobre vosotros, y aprended de mí, que soy manso y humilde de corazón; y hallaréis descanso para vuestras almas; porque mi yugo es fácil, y ligera mi carga» (Mt. 11: 28-30).

Jesús invitó a los trabajados y cargados a descansar en Él. Les ordenó tomar el yugo de Él, aprendiendo a ser mansos y humildes de corazón. Y así el alma espiritual descansará. Con Jesucristo enyugado al creyente, su yugo será fácil y su carga liviana. Estar enyugado a Cristo es compartir con Él. **¡Enyúgate a Jesucristo!**

El creyente-buey vive con su voluntad enyugada a la voluntad del Buey-Mesías. Muere a sus deseos egoístas para vivir a los deseos de su Dueño. La carga de Jesús es siempre liviana y muy ligera. Él nos ayudará a llevarla. **¡Enyúgate a Jesucristo!**

«Pastaban juntos siempre tres bueyes. Un león quería devorarlos, pero el estar juntos los tres bueyes le impedían hacerlo, pues el luchar contra los tres a la vez lo ponía en desventaja. Entonces con astucia recurrió a enojarlos entre sí con pérfidas patrañas, separando a unos de los otros. Y así, al no estar ya unidos, los devoró tranquilamente, uno a uno».

Moraleja: «Si permites que deshagan tu unidad con los tuyos, más fácil será que te dañen» (*Fábulas de Esopo*, Editado por Ronald Quintana P., 2011).

4. El sudor del buey

En Isaías 10:27 leemos: «Acontecerá en aquel tiempo que su carga será quitada de tu hombro, y su yugo de tu cerviz, y el yugo se pudrirá a causa de la unción».

La Nueva Versión Internacional dice: «En aquel día esa carga se te quitará de los hombros, y a causa de la gordura se romperá el yugo que llevas en el cuello» (NVI).

EL profeta, por el Espíritu Santo, veía tiempos de liberación para el pueblo de Dios, que estaba esclavo y atado por enemigos a los asirios. Llegaría el día que a causa de la unción aquel yugo que los ataba en Siria se pudriría y el pueblo sería libre como nación.

La grasa preserva la madera, pero este no es el caso del pasaje bíblico. Una vez enyugados el búfalo así como el buey tenemos que tener en cuenta que algo le puede ocurrir a ese yugo de madera si el boyero no lo examina con frecuencia. El búfalo y el buey sudan mucho, y a causa de ese sudar, con el tiempo, se va mojando el yugo de madera. Llegará el día que por ese sudor continúo y convertido en aceite, el yugo de madera se pudrirá. Cuando se suda se excreta sal y aceite. La unción del Espíritu Santo pudre muchos yugos de malos hábitos, yugos de carnalidades y yugos de debilidades. Pero debemos sudar trabajando y sirviendo como búfalos del reino.

Por otro lado, un buey que engorda, que su cuello se le llena de grasa, puede que termine haciendo presión con su cuello sobre el yugo y lo rompa. Y una imagen así parece ser la que el profeta deseaba transmitir.

Conclusión

Somos llamados a ser bueyes que trillen en los campos del Señor Jesucristo. A llevar siempre su yugo como testimonio de nuestro servicio a Él y a los demás. ¡Trillemos para Él!

07
Domados como pollinos

Mateo 21:7, RVR 1960

«Y trajeron la asna y el pollino, y pusieron sobre ellos sus mantos; y él se sentó encima».

Introducción

La tradición de la entrada triunfal es relatada en los evangelios sinópticos, donde se le da la debida importancia, y marca el inicio de la semana de la pasión. Es decir, la última semana del ministerio terrenal de Jesús de Nazaret.

El evangelista Juan también menciona brevemente la entrada triunfal. Comenta que a causa de la resurrección de Lázaro, los fariseos y los jefes de los sacerdotes hicieron un complot para matarlo; eran dos días antes de la entrada triunfal. Aquel milagro de vida fue la causa para que una gran multitud recibiera a Jesús de Nazaret con honores mesiánicos.

«Gran multitud de los judíos supieron entonces que él estaba allí, y vinieron, no solamente por causa de Jesús, sino también para ver a Lázaro, a quien había resucitado de los muertos. Pero los principales sacerdotes acordaron dar muerte también a Lázaro, porque a causa de él muchos de los judíos se apartaban y creían en Jesús» (Jn. 12:9-11).

«Y daba testimonio la gente que estaba con él cuando llamó a Lázaro del sepulcro, y le resucitó de los muertos. Por lo cual también había venido la gente a recibirle, porque habían oído que él había hecho esta señal. Pero los fariseos dijeron entre sí: Ya veis que no conseguís nada. Mirad, el mundo se va tras él» (Jn. 12:17-19).

1. El lugar del pollino

«Diciéndoles: Id a la aldea que está enfrente de vosotros, y luego hallaréis una asna atada, y un pollino con ella; desatadla, y traédmelos» (Mt. 21:2).

Esa era la aldea de Betfagé, muy cercana a Betania y no muy distante de Getsemaní (la cual he visitado varias veces y actualmente el padre Rafael de los Franciscanos, muy amigo mío, es su custodio). Los detalles dados por el Maestro fueron precisos con el dónde, el cómo y el por qué. En Marcos 11:1 leemos: «Cuando se acercaban a Jerusalén, junto a Betfagé y a Betania, frente al monte de los Olivos, Jesús envió dos de sus discípulos».

Los discípulos tenían que prestar mucha atención a la palabra dicha por el Señor Jesucristo. El problema de muchos creyentes es que oyen las ordenes, pero no obedecen, hacen lo que quieren, y cómo lo quieren. Son dueños y señores de su voluntad.

Aquel pollino estaba atado junto a una asna. Había quizá muchos pollinos y muchas asnas, pero aquellos dos estaban atados juntos. Estaban en el mismo lugar. Esa compañía, esa unidad, esa comunión, el Señor Jesucristo la honra.

2. La necesidad del pollino

«Y si alguien os dijere algo, decid: El Señor los necesita; y luego los enviará» (Mt. 21:3).

¿Quién era el dueño de aquella asna y de aquel pollino? No lo sabemos. Pero el Señor Jesucristo sí lo sabía. Él conoce lo que nos pertenece, y sabe de aquello que somos dueños. ¿Y cuántas cosas tenemos que el Señor Jesucristo necesita tomarnos prestadas?

En Marcos 11:3 leemos: «Y si alguien os dijere: ¿Por qué hacéis eso? decid que el Señor lo necesita, y que luego lo devolverá». Al llegar al lugar vieron al pollino, atado, pero otros los vieron también a ellos. Leemos: «Fueron, y hallaron el pollino atado afuera a la puerta, en el recodo del camino, y lo desataron. Y unos de los que estaban allí les dijeron: ¿Qué hacéis desatando el pollino? Ellos entonces les dijeron cómo Jesús les había mandado; y los dejaron» (Mc. 11:4-6).

El relato de Lucas 19:33, describe a aquellos preguntones como los dueños del pollino: «Y cuando desataban el pollino, sus dueños les dijeron: ¿Por qué desatáis el pollino?».

Los dos discípulos le contestaron: «Ellos dijeron: Porque el Señor lo necesita». Eso es todo, ¿cuántas cosas tenemos que el Señor Jesucristo necesita? La pregunta sería entonces, ¿Qué tengo yo, de qué soy dueño yo? ¿Qué necesita Jesucristo al servicio de su reino?

Muchos tienen la juventud «del pollino», pero no se la prestan al Señor. Otros tienen el tiempo «del pollino», pero no se lo prestan al Señor. Algunos tienen talentos, vocaciones, trabajos, capacidades, recursos «del pollino», pero no se los prestan al Señor.

Jesús el Galileo mandó a buscar prestados aquellos dos animales. Lo que se pide prestado es para usarlo cuando se necesita, pero al terminarse su función se debe devolver. Hoy día tenemos un problema muy serio con aquellos y aquellas que toman dinero y cosas prestadas, pero luego sufren de amnesia auto-impuesta, y se olvidan de que lo que pidieron prestado, lo tienen que devolver.

Aun más, los dones impartidos por el Espíritu Santo, y los ministerios dados por el Señor Jesucristo son como aquella «asna» y aquel «pollino» que son prestados. Y al «Dueño» de los mismos tendremos que darle cuentas un día. Los dones no son nuestros, son manifestaciones del Espíritu Santo en los creyentes para impartirlos a otros.

3. La compañía del pollino

«Y trajeron la asna y el pollino, y pusieron sobre ellos sus mantos...» (Mateo 21:7). Esta acción daba un cumplimiento profético: «Todo esto aconteció para que se cumpliese lo dicho por el profeta, cuando dijo: Decid a la hija de Sión: He aquí tu Rey, viene a ti, manso, y sentado sobre un asna, sobre un pollino, hijo de animal de carga» (Mt. 21:4, 5).

Las tradiciones en los evangelios de Marcos y Lucas omiten este vínculo profético. Pero Juan recoge esta tradición. Y la razón es obvia, el pueblo judío necesitaba la evidencia de un cumplimiento profético y Mateo lo presentó. La iglesia de igual manera descansaba sobre la profecía mesiánica y Juan lo demuestra.

La bendición que Jacob dio a su hijo Judá, se conecta con esta profecía del pollino: «Atando a la vid su pollino, y a la cepa el hijo de su asna, lavó en el vino su vestido, y en la sangre de uvas su manto» (Gén. 49:11).

Por otro lado, la tradición cristiana, ha conectado al asno con el pesebre (ya que en el nacimiento de Jesús no se menciona, ni al buey ni al asno). La tradición bíblica conecta al asno con la Natividad. Y también conecta al asno con el inicio de la pasión: «El buey conoce a su dueño, y el asno el pesebre de su señor; Israel no entiende, mi pueblo no tiene conocimiento» (Is. 1:3).

Asna y pollino, la mamá con el hijo, fueron traídos juntos al Maestro. Él no los separó. Jesús pensó en aquella asna-mamá, a la cual no la quería alejar de su hijo. Pero también pensó en aquel pollino-hijo, que no lo quiso alejar de su mamá. Para la asna estar separada de su hijo, hubiese sido muy triste. Para el pollino estar separado de la madre, hubiese sido doloroso.

El Gran Maestro no vino para separar familias, ni separar matrimonios ni separar a ovejas de los pastores. Su mensaje de la unidad es como la campana que anuncia las horas.

Jesús demostró el respeto por la maternidad y por la crianza. Aquella asna parece que era mamá y papa (ma-pa) de aquella criatura. Es triste ver como hoy día, muchos separan a los hijos de las madres. El ver a hijos crecer sin un padre presente, que origina familias distorsionadas y disfuncionales. Ese vínculo biológico y psicológico es terapéutico en el desarrollo humano.

Los filisteos querían librarse de las plagas de tumores y ratones, y los sacerdotes les instruyeron para que separaran dos vacas de los becerros: «Haced, pues, ahora un carro nuevo, y tomad luego dos vacas que críen, a las cuales no haya sido puesto yugo, y uncid las vacas al carro, y haced volver sus becerros de detrás de ellas a casa» (1 Sam. 6:7).

Aquellas vacas nunca habían sido enyugadas, tampoco habían jalado carretas, también tenían becerros en estado de lactancia y la naturaleza animal maternal no se separa de sus crías, y los becerros van buscando a la madre. Pero para cargar el arca se tenían que separar. Una antigua práctica religiosa era separar a los becerros de sus madres para que sus balidos fueran escuchados por los dioses. ¡La primera señal milagrosa! Además esas vacas que nunca habían tenido yugo, tendrían el yugo para jalar la carroza con el arca de Jehová ¡La segunda señal milagrosa!

Luego aquellas vacas seguirían el camino de Bet-semes: «Y las vacas se encaminaron por el camino de Bet-semes, y seguían camino recto, andando y bramando, sin apartarse, ni a derecha ni a izquierda; y los príncipes de los filisteos fueron tras ellas hasta el límite de Bet-semes» (1 Sam. 6:12). Ese andar era recto, bramando ('mugiendo por sus becerros', TLA) hasta llegar a su destino final. ¡La tercera señal milagrosa!

Pero Jesús de Nazaret no separó al pollino de la asna. Los mandó a buscar juntos. Y los mantuvo con Él unidos. ¿Cuál es su voluntad? La de mantenernos unidos. A pesar de las diferencias, no nos separemos. A pesar de la edad, no nos separemos. A pesar del carácter, no nos separemos. A pesar de ser distintos, no nos separemos. Debemos estar siempre unidos, y juntos caminar con Jesucristo, como aquella asna y aquel pollino. En Hechos 2:1 leemos: «Cuando llegó el día de Pentecostés, estaban todos unánimes juntos».

Interesante que alguien proveyó el asna con el pollino, pero los dos discípulos que fueron a buscarlos y a traerlos, tuvieron que desprenderse de sus mantos y ponérselos encima a la asna y al pollino. Siempre ante la presencia del Amado, es un quitar y un dar para Él. ¡Todos tenemos algo que podemos dar al Maestro!

La asna no cargaría al Maestro, sino el pollino, pero los dos serían tratados iguales. El evangelio de Jesucristo mide a todos por igual. La gracia de Jesucristo trata a todos por igual. El amor de Jesucristo alcanza a todos por igual.

4. El montador del pollino

Se afirma: «... Él se sentó encima» (Mt. 21:7). El grande no era el pollino, ni tampoco la grande era la asna, sino el grande era el que montaba al pollino, el «Rey de reyes y el Señor de señores». Era la procesión para Jesucristo, no era la procesión de la asna y el pollino, aunque son ambos reconocidos. Aquel que montó aquel pollino, un día aparecerá montado sobre un caballo apocalíptico de color blanco.

Muchos pollinos-creyentes se creen que las entradas triunfales son para ellos, que las hojas de palmeras y los mantos los arrojan al suelo a causa de ellos. La realidad es que no son para ellos, sino para el que los monta a ellos. ¡El Gran Rey!

Hace algún tiempo estaba en una reunión con Reinhald Bonnke, donde le escuché decir estas palabras: «Me tocó estar en una conversación con expertos en carreras de caballos. Hablaban de caballos y jinetes». Finalmente, me preguntaron: «¿Y cuál es tu caballo favorito?». Le dije: «Voy a hablar sobre el caballo blanco del Apocalipsis». Me preguntaron: «¿Qué caballo es ese, no le habíamos oído mencionar? ¿Quién es el jockey?». Yo les respondí: «El jinete es el mejor y se llama Jesucristo».

Dice Juan el Apocalíptico: «Entonces vi el cielo abierto; y he aquí un caballo blanco, y el que lo montaba se llamaba Fiel y Verdadero, y con justicia juzga y pelea» (Apoc. 19:11).

En Marcos 11:2 leemos: «Y les dijo: Id a la aldea que está enfrente de vosotros, y luego que entréis en ella, hallaréis un pollino atado, en el cual ningún hombre ha montado; desatadlo y traedlo».

El Señor Jesucristo con su presencia domó y domesticó aquel pollino. ¡Cuánto desea Él hacer lo mismo con nosotros! Jesucristo se tiene que sentar sobre el pollino de muchas voluntades. Seres humanos indomables de sus malos hábitos. ¡Deja que Jesús se siente en ti como su pollino! Personas indomables en sus pasiones. ¡Deja que Jesús se siente en ti como su pollino!

Criaturas indomables de sus deseos desenfrenados. ¡Deja que Jesús se siente en ti como su pollino!

Jesucristo se tiene que sentar sobre el pollino de muchos religiosos, que solo cargan tradiciones, cargan dogmas, cargan culturas religiosas; pero no han dejado que el Maestro se les siente sobre su lomo, para que lo lleven cargado de gracia, cargado de amor y cargado de perdón.

Jesucristo se tiene que montar sobre el pollino de muchas familias. Debemos volver al tiempo de las bancas familiares. Cuando las familias llegaban juntos a la casa de Dios. Y adoraban juntos. El Altar Familiar debe volver a incorporarse en los programas de la congregación. ¡Cuánto disfruta el Señor Jesucristo, cuando ve a la familia rendida a Él, como el domador por excelencia!

La grandeza no está en lo que tenemos y en lo que somos, la grandeza está en el Señor Jesucristo que toma lo que tenemos, y toma lo que somos, y lo trasforma en el pollino de su entrada triunfal.

A los 19 años de edad yo era un pollino indomable, que no se dejaba montar, pero un día, el Rey me mandó a buscar; llegué hasta donde Él; y allí fui domado hasta el día de hoy. ¡Solo sirvo para que Él monte su voluntad sobre la silla de mi voluntad. ¡Si Jesús también te ha domesticado como un pollino, grita un fuerte amén!

5. El desfile del pollino

«Y la multitud, que era muy numerosa, tendía sus mantos en el camino; y otros cortaban ramas de los árboles, y las tendían en el camino» (Mt. 21:8). Interesante, que aquella gran multitud, movidos por la euforia del momento y en aquel contexto cultural, tomaban sus mantos, arrancaban ramas de los árboles (el texto no dice palmeras), vestían el camino del Señor.

Y de esa manera entronizaban en sus corazones a aquel que no vino a establecer un reino terrenal, sino celestial; no vino para manifestar un reino natural, sino sobrenatural; no vino para entrar en el palacio de Herodes, sino para entrar en el palacio del templo del Padre Celestial. No vino para levantar un ejército de soldados revolucionarios, mercenarios de su egoísmo, sino para enlistar a un ejército de soldados con el arco del amor y las flechas de la compasión.

En Mateo 21:9 leemos: «Y la gente que iba delante y la que iba detrás aclamaba, diciendo: ¡Hosanna al Hijo de David! ¡Bendito el que viene en el nombre del Señor! ¡Hosanna en las alturas!». Marcos 11:10 en su relato vincula el reino de David con Jesús: «¡Bendito el reino de nuestro padre David que viene! ¡Hosanna en las alturas!». Esa palabra significa: «¡Ayúdanos!».

«¡Ayúdanos!». Esa debe ser nuestra oración cuando no sepamos qué hacer. «¡Ayúdanos!». Esa debe ser nuestra conformidad cuando no veamos ninguna salida. «¡Ayúdanos!». Esa debe ser nuestra actitud ante las cosas inverosímiles de la vida.

A Jesús lo aclamaban como el «Hijo de David», porque veían en Él el cumplimiento mesiánico de un rey de la descendencia de David. Pero también veían a un Mesías que venía representando al Señor Dios. Con aquel doble «hosanna», reconocían esa dualidad en el Maestro de Galilea.

Cuando Jesús realizó el milagro de los panes y los peces, la multitud lo quiso proclamar como rey: «Pero entendiendo Jesús que iban a venir para apoderarse de él y hacerle rey, volvió a retirarse al monte él solo» (Jn. 6:15).

A la entrada de la ciudad de Jerusalén, se produjo una gran conmoción: «Cuando entró él en Jerusalén, toda la ciudad se conmovió, diciendo: ¿Quién es este? Y la gente decía: Este es Jesús el profeta, de Nazaret de Galilea» (Mt. 21:10-11).

La expresión «se conmovió» se lee en griego «seio», de ahí viene el término «seísmo», es decir, un terremoto. Y eso fue Jesús de Nazaret, un terremoto que agrietó muchos corazones. Lo llamaron «el profeta de Nazaret de Galilea». Todo era específico acerca de Él. Su función era la de profeta; su aldea la de Nazaret y su región la de la Galilea.

Marcos 11:11 es resumido y descriptivo al describir lo que Jesús realizó en Jerusalén: «Y entró Jesús en Jerusalén, y en el templo; y habiendo mirado alrededor todas las cosas, como ya anochecía, se fue a Betania con los doce».

Me gusta esa declaración, «…y habiendo mirado alrededor todas las cosas». Jesús está siempre mirando lo que se hace, cómo se hace, por qué se hace, y quién lo hace. ¡Él es muy observador de lo que está «alrededor»! ¡Se fija en todo!

Tengamos mucho cuidado que el Maestro no nos sorprenda haciendo lo indebido, diciendo lo incorrecto y yendo al lugar equivocado. Al ojo humano nos podemos esconder, pero a la vista de Jesucristo jamás podremos hacerlo. ¡Lo ve todo y escudriña todo!

Conclusión

¿Dónde nos encontramos nosotros en esta historia? ¿Estamos como los que prestaron la asna y el pollino? ¿Estamos en los dos discípulos que hicieron el encargo de Jesús? ¿Estamos en los que arrojaron los mantos y las ramas de árboles? ¿Estamos delante o detrás del pollino, la asna y el Maestro sentado, gritando y alabándole a Él? ¿Dónde estamos?

08
Pastoreados como ovejas

Juan 10:11-15, TLA

«Yo soy el buen pastor. El buen pastor está dispuesto a morir por sus ovejas. El que recibe un salario por cuidar a las ovejas, huye cuando ve que se acerca el lobo. Deja a las ovejas solas, porque él no es el pastor y las ovejas no son suyas. Por eso, cuando el lobo llega y ataca a las ovejas, ellas huyen por todos lados. Y es que a ese no le interesan las ovejas, solo busca el dinero; por eso huye. Así como Dios mi Padre me conoce, yo lo conozco a él; y de igual manera, yo conozco a mis seguidores y ellos me conocen a mí. Yo soy su buen pastor, y ellos son mis ovejas. Así como el buen pastor está dispuesto a morir para salvar a sus ovejas, también yo estoy dispuesto a morir para salvar a mis seguidores».

Introducción

La oveja de Palestina es diferente a las ovejas de otros países. Posee largas orejas, al macho solo le crecen los cuernos encorvados hacia atrás llamados «shofar». Y aún hoy día, son usados en los servicios religiosos judíos. Aunque los judíos mesiánicos prefieren el cuerno del ibex, un cuadrúpedo o cabra montés que se ve mucho en el manantial de Engadi.

La carne de cordero es la favorita en Palestina y muy disfrutada entre judíos y árabes. Las colas anchas de estas ovejas palestinas son un plato muy apetecible al ser fritas.

Cuando las ovejas son recién nacidas se las llama corderitos. Cuando jóvenes son llamados corderos. A la oveja macho ya desarrollada se le llama carnero y tiene sus cuernos.

En el Antiguo Testamento los corderos al igual que los cabritos eran preferidos para los sacrificios a Dios por los patriarcas, los profetas, en el Tabernáculo y el templo. Los corderos de las ovejas eran las ofrendas que satisfacían más a Jehová.

La sangre del cordero agradaba a Dios y marcó la protección de la plaga diez y última con la muerte de los primogénitos en Egipto y la protección de los primogénitos hebreos. La sangre fue puesta sobre el dintel de las casas, y el consumo del cordero marcó la liberación de Egipto como una fecha memorable judía y otra fecha memorable cristiana, por la noche pascual con la cena que Jesús tuvo con sus discípulos en el Cenáculo.

Juan el Bautista dijo señalando a Jesús: «El siguiente día vio Juan a Jesús que venía a él, y dijo: He aquí el Cordero de Dios, que quita el pecado del mundo» (Jn 1:29). El cordero pascual era tipo del Mesías que vendría, y así lo señalaba su sacrificio. Jesús murió a la hora del sacrificio pascual.

El escudo de Puerto Rico es el más antiguo de las Américas, otorgado el año 1511 por el Rey Fernando II de Aragón. En la liturgia católica se reza: «Cordero de Dios, que quita el pecado del mundo». El escudo de Puerto Rico tiene en el centro a un cordero, conocido como el *Agnus Dei* o Cordero de Dios con una bandera símbolo del evangelio, sentado sobre un libro con los siete sellos apocalípticos (Apoc. 5:1, 6-7).

En la apocalíptica de Juan, Jesucristo aparece como un Cordero inmolado con siete cuernos y siete ojos (Apoc. 5:6). Pero antes de ser «Cordero», uno de los veinticuatro ancianos lo presentó como «el León de la tribu de Judá» (Apoc. 5:5). Luego, ese Cordero aparece vivo abriendo los siete sellos del libro (Apoc. 5:7). El cordero es un macho de la oveja, menor de un año.

La Nueva Traducción Viviente dice así en Isaías 53:7: «Fue oprimido y tratado con crueldad, sin embargo, no dijo ni una sola palabra. Como cordero fue llevado al matadero. Y como oveja, en silencio ante sus trasquiladores, no abrió su boca» (Is. 53:7).

El cordero o la oveja están tranquilos en el matadero, diferentes a otros animales. Pero su muerte por degollación o de un disparo con una pistola especial, es dolorosa para la oveja o cordero. Aunque los carniceros judíos al degollar a las ovejas lo hacen tan bien que el sufrimiento es mínimo.

En la Biblia la oveja se menciona 298 veces. El carnero se menciona 168 veces. El cordero se menciona 180 veces. El pastor se menciona 124 veces (desde ya les diré que este mensaje requerirá tres sermones para ser predicado).

1. El pastor y la oveja del Salmo 23

El Salmo 23 es probablemente el salmo más conocido, repetido y rezado en los funerales cristianos. En las tarjetas funerales muchas veces aparece al dorso de la mención de la persona fallecida. Pero la verdad es que es un salmo no para muertos, sino un salmo para vivos.

Recuerdo la ilustración del joven que leyó el Salmo 23 con una excelente pronunciación ante un auditorio de una iglesia. Al final todos se pusieron de pie y aplaudieron.

Luego un anciano comenzó a leer el Salmo 23. Su lectura era entrecortada, con una mala pronunciación, cometió varios errores. Al final lloraron todos y cayeron de rodillas.

El joven sorprendido dijo al anciano: «¿Cómo es que leyendo tan mal has tenido tan buenos resultados?».

El anciano le contestó: «Joven, tu conocías muy bien el Salmo 23. Pero yo conozco mejor que tú al Pastor del Salmo».

No es conocer de memoria el Salmo 23, y quizá leerlo como todo un locutor de radio o televisión, declamarlo como todo un poeta profesional, debemos conocer bien al Pastor del cual habla el salmista del Salmo 23. Con ese Pastor tenemos que andar y hablar con Él.

a) El pastor de la oveja: «Jehová es mi pastor; nada me faltará» (Sal. 23:1). «El SEÑOR es mi pastor; tengo todo lo que necesito» (NTV**)**.

El salmista estaba seguro con su Pastor Celestial, sabiendo que este le supliría todo lo que le faltaba, y con el cual siempre tendría todo lo que él como oveja necesitaba.

b) El descanso de la oveja: «En lugares de delicados pastos me hará descansar; junto a aguas de reposo me pastoreará» (Sal. 23:2). «Me haces descansar en verdes pastos, y para calmar mi sed me llevas a tranquilas aguas» (TLA).

La oveja busca pastos verdes, es decir, hierba con vida. En Palestina no se ven muchos pastos verdes, pero sí unas plantas que aunque pequeñas y algo amarillentas son un buen alimento.

La oveja busca la tranquilidad del manantial. Es un animal de una naturaleza tan tranquila, que a veces se le confunde con un animal tonto. Y toda oveja del rebaño del Buen Pastor, lo que anhela es el reposo y la tranquilidad del alma.

c) La guía de la oveja: «Confortará mi alma; me guiará por sendas de justicia por amor de su nombre» (Sal. 23:3). «Me das nuevas fuerzas y me guías por el mejor camino, porque así eres tú» (TLA).

Como ovejas, nuestra alma es fortalecida por ese Pastor del Cielo. Los senderos por donde nos lleva como ovejas son de justicia. Su camino es siempre el mejor. Y eso demuestra quién es Él para nosotros, sus ovejas.

d) La protección a la oveja: «Aunque ande en valle de sombra de muerte, no temeré mal alguno, porque tú estarás conmigo; tu vara y tu cayado me infundirán aliento» (Sal. 23:4). «Puedo cruzar lugares peligrosos y no tener miedo de nada, porque tú eres mi pastor y siempre estás a mi lado; me guías por el buen camino y me llenas de confianza» (TLA).

Tarde o temprano, como ovejas del redil del Señor Jesucristo tendremos que cruzar por ese valle de la muerte, donde el peligro nos acecha y los asaltantes llamados temores y armados con cuchillos de miedos nos vigilan para atracarnos. Los fantasmas vestidos de enfermedades nos asedian.

Pero con solo mirar y ver al Pastor de nuestras almas con una vara para protegernos de los enemigos y con un cayado para jalarnos en lugar seguro, nos sentimos protegidos, aunque las figuras grotescas de la noche se muevan con amenazas.

Muchas veces las ovejas con los corderos tienen que cruzar arroyos, el pastor las anima a cruzar, pero Él siempre está vigilando para socorrer a las que se expongan al peligro.

Es posible que la referencia bíblica a continuación, tenga como contexto a las ovejas y al pastor: «Cuando pasares por las aguas, yo seré contigo; y los ríos, no te anegarán» (Is. 4-3:2).

e) La provisión y atención para la oveja: «Aderezas mesa delante de mí en presencia de mis angustiadores; unges mi cabeza con aceite; mi copa está rebosando» (Sal. 23:5). «Aunque se enojen mis enemigos, tú me ofreces un banquete y me llenas de felicidad; ¡me das un trato especial!» (TLA).

Jesucristo nos tiene un futuro ampliamente preparado como ovejas de Él. Su mesa es la del banquete. Pero también tiene su cuerno con aceite para ungirnos de su presencia. Para la oveja el aceite era protector y sanador. Y esa copa de gozo y alegría la llenará hasta que se derrame. Todo lo que Él da es en abundancia. Nos da más de lo que pedimos. Nos da más de lo que necesitamos. El extra espiritual o «ñapa» siempre está añadida.

f) La seguridad de la oveja: «Ciertamente el bien y la misericordia me seguirán todos los días de mi vida, y en la casa de Jehová moraré por largos días» (Sal. 23:6). «Estoy completamente seguro de que tu bondad y tu amor me acompañarán mientras yo viva, y de que para siempre viviré donde tú vives» (TLA).

El «bien y la misericordia» en la imaginaria son como perros pastores que siguen al pastor y ayudan al mismo en su tarea pastoril. Todo lo bueno y aun aquellas cosas que no me merezco, ese Pastor de mis valles, Pastor de mis tristezas, Pastor de mis pruebas, Pastor de mis desilusiones, Pastor de mis desánimos, me lo dará. Sus atributos divinos de bondad y amor me los extiende como su oveja. En esta vida o en la que viene sé que estaré siempre bendecido y cuidado por ese Pastor del Salmo 23.

2. Las ovejas de Ezequiel 34:1-11

En Ezequiel 34:1-11, Jehová Dios se pronunció contra los gobernantes de Israel y les aconsejó cuidar al pueblo como los pastores cuidan a las ovejas. Pero actuaban como pastores aprovechados de las ovejas y descuidados con las ovejas que los necesitaban.

«Ezequiel, dales a los gobernantes de los israelitas el siguiente mensaje de mi parte: '¡Ay de ustedes, malos gobernantes! Ustedes debieran cuidar a los israelitas, como cuidan los pastores a sus ovejas, ¡pero solo se cuidan a sí mismos!; en vez de cuidar a las ovejas, se beben la leche, se hacen vestidos con la lana, y hasta matan a las ovejas más gordas. No apoyan a las ovejas débiles, ni curan a las ovejas enfermas ni les ponen vendas a las ovejas heridas. Tampoco van tras las ovejas que se pierden, ni tras las que se apartan del camino. Al contrario, las golpean y las maltratan'. Mi pueblo es como un rebaño de ovejas. Andan por los cerros como ovejas sin pastor. Corren grave peligro, pero a nadie le importa» (Ez. 34:2-6, TLA).

Luego en Ezequiel 34:12-31, Jehová Dios se presenta al pueblo como el Buen Pastor de Israel, que irá en busca de las ovejas perdidas, aquellas que pisotean el pasto que no se comieron y que con sus patas ensucian el agua.

«Y a ustedes, pueblo mío, quiero decirles que seré justo, tanto con los débiles como con los fuertes. Algunos de ustedes son como las ovejas, otros son como los carneros y otros son como los chivos. Algunos de ustedes no se conforman con comerse el mejor pasto, sino que pisotean el pasto que no se comieron. A otros les gusta beber el agua clara, pero con las patas revuelven toda el agua. Y así, los más débiles tienen que comerse el pasto pisoteado y beberse el agua revuelta» (Ez. 34:17-19, TLA).

a) La oveja engordada: «Coméis la grosura, y os vestís de la lana; la engordada degolláis, mas no apacentáis a las ovejas» (Ez. 34:3).

La oveja engordada es aquella que espiritualmente come mucho pasto de predicaciones, enseñanzas, conciertos y testimonios. Pero solo aumenta de peso en el conocimiento y en las experiencias. Algunas ovejas solo se quedan engordadas en los rediles, ahí funcionan bien, pero afuera en el campo no brindan servicios.

A muchas ovejas que están engordadas (buenos recursos económicos, posiciones sociales, profesiones y empresas) algunos pastores oportunistas las ven para degollarlas, quitarles la lana de sus ofrendas, comerse su carne, pero nunca realmente las han pastoreado, porque su interés con esas ovejas es otro. Estos pastores por lo general son pastores de prosperidad exagerada y de cuentos religiosos. Juegan con los versículos bíblicos para esquilar o trasquilar financieramente a las ovejas.

«No fortalecisteis las débiles, ni curasteis la enferma; no vendasteis la perniquebrada, no volvisteis al redil la descarriada, ni buscasteis la perdida, sino que os habéis enseñoreado de ellas con dureza y con violencia» (Ez. 34:4).

b) La oveja débil: «No fortalecisteis las débiles...» (Ez. 34:4).

Es aquella que no es cuidada por culpa del pastor, que no le presta la debida atención, o que es una descuidada en darse atención a sí misma. Es la oveja que pide oración, pero como oveja no ora por sí misma. Busca que la visiten, pero ella se descuida con su presencia en el redil. Es débil porque no se alimenta pudiéndolo hacer.

Puede también aludirse a la oveja que da alumbramiento: «Como pastor apacentará su rebaño; en su brazo cogerá los corderos, y en su seno los llevará» (Is. 40:11).

c) La oveja enferma: «... ni curasteis la enferma...» (Ez. 34:4).

Es aquella que ha sido descuidada por el pastor o los ministerios de apoyo pastoral o se ha descuidado él o ella misma como oveja. No toma medidas preventivas. Muchas ovejas se dejan enfermar por otras ovejas. Se dañan como ovejas. No se han dejado ungir con el aceite del Espíritu Santo. Han dejado que las moscas le infecten los oídos y que los parásitos le infecten los ojos.

Fred H. Wight autor del libro *Usos y costumbres de las tierras bíblicas*, dijo: «El pastor está siempre vigilando a los miembros de su rebaño que necesitan atención personal. Algunas veces el corderito sufre por los fuertes rayos del sol o su cuerpo pudo haber sido rasguñado por algún arbusto espinoso. El remedio más común usado en estas ovejas es el aceite de [semillas] uva del que lleva una cantidad en el cuerno de un carnero».

d) La oveja perniquebrada: «... no vendasteis la perniquebrada...» (Ez. 34:4).

Es la oveja que sufre por alguna caída que le ha fracturado su pata. Quizá el mismo pastor por descuido o coraje la ha perniquebrado. Un accidente imprevisto o al ser empujada por otra oveja se perniquebró. ¡Es triste ver a tantas ovejas golpeadas por otras ovejas! ¡Pero es más doloroso ver a ovejas maltratadas por los mismos pastores! No las pastorean como a ovejas, las pastorean como a vacas, como a reses. Los pastores que así actúan no tienen corazón pastoral formado dentro de ellos.

e) La oveja descarriada: «... no volvisteis al redil la descarriada...» (Ez. 34:4).

Es la oveja que estaba en el redil, se descuidó y se alejó del mismo, enteniéndose en cosas sin importancia. También se molestó con el pastor y otras ovejas, y se alejó enojada del rebaño, sin darse cuenta que está descarriada. Quizá el deseo de aventuras fuera del rebaño, buscando otros pastos sola, la lleva al descarrío.

Aquellos creyentes que se van de un redil por alguien, nunca entraron verdaderamente al redil por el Señor Jesucristo. No conocen la vida de la crucifixión. ¡Son ovejas ñoñas como el «Ñoño» del «Chavo del Ocho»!

«Todos nosotros nos descarriamos como ovejas, cada cual se apartó por su camino; mas Jehová cargó en él el pecado de todos nosotros» (Is. 53:6).

f) La oveja perdida: «... ni buscasteis la perdida, sino que os habéis enseñoreado de ellas con dureza y con violencia» (Ez. 34:4).

Es la que se desorientó totalmente. Tomó otro camino o sendero que pensó que estaba bien, y se encuentra de momento sin rebaño y sin pastor. Es la oveja que se quiere pastorear a sí misma. Hace de su hogar su redil y no tiene ningún pastor. Pero esta es la oveja confusa, entretenida, que se ha extraviado.

«Cual oveja perdida me he extraviado; ven en busca de tu siervo, porque no he olvidado tus mandamientos» (Sal. 119:176, NVI).

Lucas 15:3-5 menciona la parábola de la oveja perdida o extraviada. Se narra que un hombre o pastor tenía cien ovejas. Se le perdió una, dejó las noventa y nueve en el redil y se fue a buscar la extraviada. Al encontrarla la toma y la pone en sus hombros muy gozoso. Luego invita a sus amigos a gozarse con él porque encontró la oveja perdida.

La aplicación espiritual que Jesús dio es: «De la misma manera, hay más alegría allá en el cielo por una de estas personas que se vuelve a Dios, que por noventa y nueve personas buenas que no necesitan volverse a él» (Lc. 15:7, TLA).

El pastor se debe gozar cuando un creyente que se ha perdido del redil o se ha extraviado de la fe, se le encuentra y regresa a la vida de redil. Debemos celebrar por todos esos descarriados que terminaron sus vacaciones en el mundo y han regresado a hombros del Buen Pastor.

Fred H. Wight en su libro *Usos y costumbres de las tierras bíblicas* nos ofrece esta descripción del encuentro de la oveja perdida con su pastor: «El pastor oriental pasará horas, si es necesario, atravesando el desierto y las faldas de las montañas, en busca de una oveja que se ha descarriado y perdido. Después de pasar horas de ansiedad buscándola, finalmente la encontrará en algún hoyo sin agua del desierto, o en alguna hondonada en la montaña. La criatura exhausta será llevada en los hombros de su fuerte pastor».

g) La oveja fuerte: «Yo buscaré la perdida, y haré volver al redil la descarriada; vendaré la perniquebrada, y fortaleceré la débil; mas a la engordada y a la fuerte destruiré; las apacentaré con justicia» (Ez. 34:16).

Es la oveja que tiene más fuerza que otras ovejas. Si no sabe canalizar sus fuerzas y ponerlas al servicio de otras ovejas, puede transformarse en una oveja «bully» o abusadora. Esta critica, denigra, menosprecia, empuja y maltrata a otras ovejas del redil. Siempre está buscando conflictos, discusiones, chismes, y es muy carnal en su conducta y balidos.

h) La oveja flaca: «Por tanto, así les dice Jehová el Señor: He aquí yo, yo juzgaré entre la oveja engordada y la oveja flaca» (Ez. 34:20).

La oveja flaca es aquella que no come buen pasto. Es más, se conforma con comer poco pasto y se alimenta del pasto dejado por otras ovejas. No come regularmente el pasto verde de la Biblia. Tampoco se alimenta del pasto de la lectura de libros cristianos para ayudarse a engordar. Se siente orgullosa de ser flaca. Y aunque otros la vean flaca, esta oveja se ve a sí misma muy bien. Se considera a sí misma como la «Súper Oveja» (**SO**). Por lo general esta oveja se alimenta de lo que quiere y donde quiere, pero no en un redil al que debe pertenecer y por un pastor que le debe alimentar.

A la oveja flaca le atrae la música más que la ministración de la Palabra. Asiste más a conciertos o congresos que a las reuniones del redil. Esta clase de oveja se siente muy bien con su peso y con su apariencia.

3. Los pastores de Zacarías 11:15-17

Dios por intermedio del profeta Zacarías compara a los malos dirigentes con un pastor irresponsable y otro pastor inútil. Y nosotros, también podemos aplicar este pasaje a pastores de congregaciones.

a) El pastor irresponsable: «Entonces el SEÑOR me dijo: 'Ve nuevamente e interpreta el papel de pastor irresponsable. Así ilustrarás que le daré a esta nación un pastor que no cuidará de las que están muriendo, ni protegerá a las pequeñas ni sanará a las heridas ni alimentará a las sanas. Al contrario, este pastor se comerá la carne de las ovejas más gordas y les arrancará las pezuñas'» (Zac. 11:15-16, NTV).

Este pastor «**no cuidará de las que están muriendo**». Ve a la oveja muriéndose espiritualmente y no busca la manera de atenderla debidamente para que cobre vida. La deja morir porque no le da buen cuidado.

Este pastor «**ni protegerá a las pequeñas**». Su ministerio no se enfoca a las necesidades de los niños y de los jóvenes. Es golpeante es su pastoral hacia este grupo congregacional. Su dogmática y legalismo produce muchas deserciones en lugar de retenciones. No actualiza sus métodos y estrategias pastorales. Desea implementar cambios en la congregación, pero él o ella no buscan cambios para ellos.

Este pastor «**ni sanará a las heridas**». Estas necesitan del consejo espiritual. De una pastoral que cure las heridas del alma. Un pastor que escuche a sus ovejas, que les seque sus lágrimas, que les acompañe en su dolor. En esa prueba de su oveja le sanará con aceite y vino.

«Se le acercó y le alivió las heridas con vino y aceite de oliva, y se las vendó. Luego subió al hombre en su propio burro y lo llevó hasta un alojamiento, donde cuidó de él» (Lc. 10:34, NTV).

Este pastor «**ni alimentará a las sanas**». No les predica la Biblia en el contexto de las necesidades de su auditorio. El pasto de la predicación es mediocre. Llega al púlpito sin una buena preparación. En la mucha gritería esconde su falta de preparación.

Lo que hará con las ovejas: «Al contrario, este pastor se comerá la carne de las ovejas más gordas y les arrancará las pezuñas». Este tipo de pastoral toma ventajas de las ovejas. Las utiliza para su propio beneficio pastoral. Se las come y les arranca las uñas.

b) El pastor inútil: «¡Ay del pastor inútil que abandona su rebaño! ¡Que la espada le hiera el brazo, y el puñal le saque el ojo derecho! ¡Que del brazo quede tullido, y del ojo derecho, ciego!» (Zac. 11:17, NVI).

Esta clase de pastor «**abandona su rebaño**». Pastorea hoy y mañana renuncia. No se ve a sí mismo pastoreando por muchos años. Ante cualquier rechazo a sus propuestas, conflictos internos o familiares o pruebas ministeriales, entrega la congregación y se va. Es de pastorados breves o muy cortos.

Zacarías le pronosticó al pastor inútil incapacidad con el brazo tullido e incapacidad con el ojo derecho ciego. Es un pastor que no actúa y es un pastor que no tiene visión completa.

4. Las ovejas y el buen pastor de Juan 10

El capítulo 10 del evangelio de Juan, nos presenta el discurso de Jesús sobre el ejemplo del pastor de las ovejas (Jn. 10:1-6), y su ejemplo como el Buen Pastor (Jn. 10:7-21). Interesante es que Juan 10:6 se adelanta en decir: «Esta alegoría les dijo Jesús; pero ellos no entendieron qué era lo que les decía». Aquel auditorio inmediato del Maestro, sus discípulos, no entendieron este mensaje. Yo espero, que usted sí lo pueda entender.

a) El ladrón de ovejas (Juan 10:1-6)

Aquí se presenta un contraste entre el verdadero pastor y el que roba ovejas. Las motivaciones de ambos son muy diferentes. El entrar por la puerta de las ovejas los identifica.

El ladrón no entra por la puerta: «De cierto, de cierto os digo: El que no entra por la puerta en el redil de las ovejas, sino que sube por otra parte, ese es ladrón y salteador» (Jn. 10:1).

Son muchos los llamados al ministerio pastoral y son muchos los que se llaman a sí mismos pastores y ministros. Esos son los que buscan atajos ministeriales. No estudian para ministros de manera formal y compran los títulos académicos. Reciben ordenaciones al ministerio compradas, con coberturas ilegítimas o con un 'click' por internet. ¡Quien te ordena como ministro, pone sobre ti su dignidad! ¡Legitimiza tu ordenación! Para ellos y ellas, especialmente los de tradición pentecostal, donde muchos andan siempre buscando títulos. Tener un título es más importante para muchos que servir con un título.

El pastor entra por la puerta: «Mas el que entra por la puerta, el pastor de las ovejas es» (Jn. 10:2). «A este abre el portero, y las ovejas oyen su voz; y a sus ovejas llama por su nombre, y las saca» (Jn.10:3).

El pastor verdadero entra por la puerta verdadera. Es pastor porque tiene un pastorado aprobado. A ese pastor verdadero las ovejas sí oyen su voz. Y está acreditado para ponerles nombres.

«Y cuando ha sacado fuera todas las propias, va delante de ellas; y las ovejas le siguen, porque conocen su voz» (Jn 10:4).

Solo sacará fuera las ovejas que son propias. No andará sonsacando y enamorando ovejas ajenas que son de otros pastores. Será muy ético en los tratos y asuntos pastorales. Siempre irá delante de las ovejas y aunque vaya detrás, las ovejas conocen su voz. Hay pastores a los que las ovejas no conocen su voz, porque no son sus pastores comisionados.

«Mas al extraño no seguirán, sino huirán de él, porque no conocen la voz de los extraños» (Jn. 10:5).

La oveja tímida, miedosa, sospechosa, no sigue al pastor o al ministerio desconocido y sin compromiso para con él o ella como oveja del redil. Simplemente, porque desconoce su voz. No puede identificar su predicación. No ha escuchado sus oraciones. No es su pastor, aunque esté vestido de pastor y hable como pastor.

Muchos abrazan el pastorado por motivaciones equivocadas, ven en el mismo una fuente de trabajo fácil. Se arriman al pastorado en busca de beneficios propios. Pastorear es para ellos un trabajo cómodo y sin mucha presión. Muchos de estos, sin llamados pastorales genuinos, terminan matando sus propios rebaños. Hoy día muchas ovejas están en un matadero espiritual por la falta de verdaderos pastores.

Espiritualmente, para llegar a ser un buen pastor, se debe ser primero una buena oveja. El nombre de Raquel, la amada de Jacob, en hebreo es «Rahel» o «Rajel», y significa «oveja» o «cordero». Y su nombre no solo era oveja, su oficio era pastora. Solo aquellos que en el rebaño de Jesucristo han sido buenas ovejas, podrán ser buenos pastores. A muchas mujeres ovejas Dios las ha transformado en mujeres pastoras.

b) El Buen Pastor (Juan 10:7-21)

Estos versículos describen a Jesús como ese buen pastor, cuyas características lo acreditan como tal en la protección y cuidado de las ovejas creyentes. Demostró durante tres años y medio de ministerio, ser el mejor pastor aunque no tuvo las mejores ovejas.

Es probable que Jesús al expresarse como el «buen pastor», hubiera tenido como referencia contextual el Salmo 78:70-72 donde se declara: «Eligió a David su siervo, y lo tomó de las majadas de las ovejas; de detrás de las paridas lo trajo, para que apacentase a Jacob su pueblo, y a Israel su heredad. Y los apacentó conforme a la integridad de su corazón, los pastoreó con la pericia de sus manos».

Jesús es la puerta de las ovejas: «Volvió, pues, Jesús a decirles: De cierto, de cierto os digo: Yo soy la puerta de las ovejas» (Jn. 10:7).

A la entrada del redil, mayormente levantado con ramas, maderas, piedras, se ubicaba el pastor durante las noches para cuidar que las ovejas no salieran, ni los animales depredadores entraran. El pastor era la puerta para esas ovejas.

En Belén y otras partes del Medio Oriente, las cuevas ofrecían albergues como redil, establos, y en ocasiones como posadas para los peregrinos o transeúntes. Como fue el caso de José y su esposa María, betlemitas, que al buscar posada, como el mesón estaba lleno, tuvieron que utilizar una de estas cuevas-redil.

«Y dio a luz a su hijo primogénito, y lo envolvió en pañales, y lo acostó en un pesebre, porque no había lugar para ellos en el mesón» (Lc. 2:7). Lo acostó en el depósito de piedra donde comían los animales.

«Yo soy la puerta; el que por mí entrare, será salvo; y entrará, y saldrá, y hallará pastos» (Jn. 10:9).

El pastor en los rediles de Palestina, antes y ahora, como yo mismo he visto en Belén, se ubica a la entrada del redil cuando entran las ovejas Y cuando van a salir las ovejas nuevamente está a la entrada del redil. En ese sentido es como una puerta. En muchas congregaciones, al finalizar los cultos o reuniones, el pastor se ubica en la puerta de salida, para despedir al rebaño del redil. Y desde la puerta ofrece la bendición pastoral.

Jesús se auto nombró a sí mismo como «la puerta de las ovejas», pues la oveja, para entrar al redil, lo hacía a través de Él, y para salir la oveja del redil lo hacía también a través de Él. El Buen Pastor es la voluntad para las ovejas.

Jesús dio la vida por las ovejas: «Yo soy el Buen Pastor; el buen pastor da su vida por las ovejas» (Jn. 10:11).

En la época de Jesucristo había ladrones de ovejas. Estos acechaban a los pastores, y en un descuido se apropiaban de las mismas, las hurtaban y luego las mataban para consumo propio.

«El ladrón no viene sino para hurtar y matar y destruir; yo he venido para que tengan vida, y para que la tengan en abundancia» (Jn. 10:10).

Sin embargo, Él, que era un buen pastor, estaba dispuesto a morir, dando su vida, por defender a las ovejas. No moriría por una oveja, moriría por todas las ovejas. Jesús como el Buen Pastor vino para dar vida en abundancia a las ovejas. Vida ahora y vida en la eternidad.

Jacob fue un pastor que pasó pruebas cuidando el rebaño asignado: «Estos veinte años he estado contigo; tus ovejas y tus cabras nunca abortaron, ni yo comí carnero de tus ovejas. Nunca te traje lo arrebatado por las fieras: yo pagaba el daño; lo hurtado así de día como de noche, a mí me lo cobrabas. De día me consumía el calor, y de noche la helada, y el sueño huía de mis ojos» (Gén. 31:38-40).

En Amós 3:12 se nos presenta a un pastor luchando por rescatar de la boca del león a una oveja: «Así dice el Señor: 'Como el pastor arrebata de las fauces del león si acaso dos patas o un pedazo de oreja, así serán rescatados los israelitas, los que en Samaria se reclinan en el borde de la cama y en divanes de Damasco'» (NVI).

Jesús conoce a las ovejas: «Yo soy el buen pastor; y conozco mis ovejas, y las mías me conocen» (Jn. 10:14).

Los pastores en el Medio Oriente y en otros lugares conocen sus ovejas, y por las características de cada una, le ponen nombres. A una la puede llamar la Flaca, a otra la Gorda, a otra la Marcada, a otra la Negra, a otra la Blanca, a otra la Dormilona, a otra la Reguetona, a otra la Llorona. A otras, el ovejero les pone nombres propios según sus comportamientos.

Y las ovejas que son de un pastor, conocen a su pastor. Es más, se pueden mezclar varios rebaños de ovejas, y a la hora en que cada pastor se reúne con sus ovejas, las puede silbar o llamar con algún sonido, y estas se le agrupan alrededor.

Según un estudio publicado en la revista *Nature* por Keith Kendrick, profesor de la Universidad de Greshman de Londres, se dice:

«Las ovejas pueden distinguir entre las diferentes expresiones de otros animales, pudiendo detectar los cambios en los rostros; también descubrió que pueden reconocer y distinguir entre al menos 50 individuos diferentes y recordar acontecimientos e imágenes durante un periodo de hasta dos años. Las ovejas no olvidan fácilmente, lo que hace que puedan recordar y revivir una situación traumática durante mucho tiempo». Según este estudio «las ovejas pueden ser capaces, al igual que los hombres, de usar el mismo sistema para recordar y responder emocionalmente a las imágenes de individuos ausentes».

Jesús tiene otras ovejas fuera del redil: «También tengo otras ovejas que no son de este redil; aquéllas también debo traer, y oirán mi voz; y habrá un rebaño, y un pastor» (Jn. 10:16).

La Iglesia de Jesucristo es una, su Redil es uno. Es la Iglesia Universal. Eso implica que un grupo denominacional, conciliar, no afiliado o apostólico, no puede reclamar que son la única iglesia o redil. Esa compañía de la iglesia «católica» es así denominada en el Credo Apostólico. La verdadera iglesia «católica» (no la institucional Latina de Roma, Ortodoxa de Grecia y otras) debe verse como aquella constituida universalmente por las doctrinas del evangelio de Jesucristo y en conformidad con la teología paulina.

Esas ovejas fuera del redil deben oír su voz, se les debe predicar. Hay que ver a las ovejas sin redil como un futuro rebaño. En el cielo no habrá muchos rebaños, sino «un rebaño». Y no habrá muchos pastores, sino «un pastor» que es el Buen Pastor, Jesucristo.

5. El equipo del pastor

El pastor siempre tendrá sus herramientas para realizar su trabajo pastoral, y las mismas lo identifican y le ayudan a realizar un excelente trabajo:

a) El cayado. La curvatura superior es para rescatar y separar las ovejas (Sal. 23:4). Pero muchas veces el cayado no tiene forma de bastón, pero sí debe ser como de 6 pies de altura. También es símbolo de su oficio. La imagen del pastor con su cayado en medio de las ovejas es un cuadro popular. Aun el dulce de la navidad que es un bastón con líneas rojas y blancas tiene su origen en el bastón pastoril.

b) La vara. Se emplea para defender a las ovejas y apoyarse al caminar en subidas o lugares difíciles (Sal. 23:4). Sobre la parte superior se ponían clavos o una cabeza de metal. He ascendido siete veces el monte Sinaí, unos 3.000 metros o 9.000 pies de altura, y sé cuánto ayuda tener una vara para apoyarse. Es símbolo de su autoridad, de firmeza y de dirigir. De ahí evolucionó el cetro empleado antiguamente por reyes o líderes.

c) El zurrón. Era un saco de piel para guardar queso, pan, frutas secas o aceitunas. Era la «lonchera» (*lunch box* en inglés) de trabajo del pastor (1 Sam. 17:17-18). También podía servir como almacenaje de municiones, así David lo utilizó para poner las cinco piedras lisas del arroyo, y con una de aquellas piedras mató al gigante Goliat (1 Sam. 17:40).

d) La honda. Se utiliza para defender a distancia a las ovejas o para llamar la atención de alguna oveja distraída. Y también para llamar la atención de las ovejas. El pastor debe practicar mucho con la honda, como David cuando le tocó matar al león, al oso (1 Sam. 17:36) y un día, en el valle de Ela (1 Sam. 17:2) derribó al gigante Goliat y le cortó la cabeza (1 Sam. 17:40.49).

e) La flauta. Es un instrumento para que el pastor se entretenga a sí mismo, para acompañar con música sus oraciones y meditaciones mientras trabaja. Son de dos tubos. Y con esa flauta el pastor alegra y tranquiliza a sus ovejas. David tocaba el arpa. ¿Y cuántas ovejas necesitan escuchar a su pastor tocándole música al oído con la flauta o el arpa?

6. La visión del pastor a las ovejas (Génesis 30:34-46)

«Labán estuvo de acuerdo, pero ese mismo día apartó la mayoría de los carneros de piel manchada, de las cabras moteadas y manchadas, y de los corderos de color oscuro, y los puso al cuidado de sus hijos. Luego envió esos rebaños a unos cincuenta kilómetros de distancia de donde estaba Jacob. Mientras tanto, Jacob se quedó cuidando el resto de los rebaños de Labán» (Gén. 30:34-36, TLA).

Ante la actitud de su suegro Labán, Jacob empleó una estrategia espiritual y de fe. Jacob ponía las varas en el abrevadero cuando las ovejas estaban en celo, separando las débiles de las fuertes. Según las varas que veían las ovejas en eso se transformaban. Según la visión de varas que un pastor presente a sus ovejas (fe, oración, compromiso, sueños, visiones, prosperidad, discipulado, poder, avivamiento, proyectos, evangelismo, misiones), en eso se transformarán las ovejas.

«Pero cortó unas ramas de álamo, almendro y plátano, y les quitó la corteza, de modo que podían verse en ellas unas rayas blancas. Luego de pelar las ramas, las puso frente a todos los bebederos, para que las ovejas las vieran cuando vinieran a beber. Y así, cuando las ovejas en celo venían a beber, se apareaban frente a las ramas y tenían crías con piel rayada y manchada. Jacob ponía estas crías aparte, y el resto del rebaño lo ponía frente a los animales rayados y de color oscuro que había dejado Labán. Y así fue formando sus rebaños, sin mezclarlos con los de Labán» (Gén. 30:37-40, TLA).

Lo que un pastor le muestra o le declara a sus ovejas, en eso las ovejas pueden llegar a transformarse. Si le muestra la vara de la unción, las ovejas buscarán la unción. Si les muestra la vara de la prosperidad, las ovejas buscarán la prosperidad. Si les muestra a las ovejas la vara de la santidad, las ovejas vivirán vidas santas. Si les muestra la vara empresarial, muchas ovejas se superarán en lo empresarial. Si les muestra la vara de la educación, muchas ovejas se educarán.

«Cuando los animales más fuertes estaban en celo, Jacob les ponía las ramas para que se aparearan frente a ellas, pero las quitaba cuando se apareaban los animales más débiles. De ese modo, los animales débiles le quedaban a

Labán, y los fuertes le quedaban a Jacob. Fue así como Jacob llegó a ser muy rico, pues tenía grandes rebaños, y también esclavos y esclavas, camellos y burros» (Gén. 30:41-43, TLA).

Con las ovejas fuertes el pastor o el ovejero deben tratar y trabajar diferente. Se deben apartar las fuertes de las débiles. Hay un discipulado para las ovejas fuertes y otro discipulado para las ovejas más débiles. El discipulado no es para todas las ovejas el mismo. A muchos creyentes se les debe formar como líderes y a otros creyentes se les debe formar como seguidores. Jesús tuvo discípulos y tuvo líderes. A sus discípulos les abrió el corazón como nunca lo abrió a sus seguidores.

7. Pastores conformes al corazón de Dios (Jr. 3-15)

«Yo os daré pastores según mi corazón, que os apacienten con ciencia y con inteligencia» (Jr. 3:15, RVR, 1960). «Les daré pastores que cumplan mi voluntad, para que los guíen con sabiduría y entendimiento» (NVI).

Israel tenía necesidad de tener líderes que le pudieran gobernar bien, y Dios prometió que se los daría conforme a su corazón para que cumplieran su voluntad. La iglesia de Jesucristo necesita de pastores que sean formados en el molde del corazón de Dios y que sean voluntad de Dios para un rebaño. Hablar de Dios para un rebaño. Hablar de Dios y decir «según mi corazón», es afirmar «según mi voluntad».

La pastoral demanda pastores que posean conocimiento. El pastor debe superarse en lo teológico, lo académico, lo sociológico, lo psicológico y lo tecnológico. Hoy nos toca pastorear a la Generación Milenio, que son unos «tecnófilos». Vivimos ya en el futuro con las redes sociales, y un pastor no puede quedarse como una estatua de sal porque ha mirado a su pasado como la mujer de Lot. Debemos mirar del futuro al presente. Regístrate en las redes sociales, ten un correo electrónico, ten una tableta.

La pastoral requiere de pastores que posean entendimiento. El pastor del siglo XXI debe pensar inteligentemente. Debe discernir entre lo bueno y lo malo, tomar las decisiones correctas. No decidir algo, es ya haberlo decidido. Y todo esto por medio peso, como se cantaba antiguamente. A eso se le llama sabiduría. Un pastor según el corazón de Dios, es un pastor puesto por Dios y que hace la voluntad de Dios.

Conclusión

Ser oveja, y de oveja llegar a transformarse en un pastor, es un milagro que conlleva grandes privilegios. Ser oveja y continuar siendo oveja, es un privilegio con responsabilidades. Pero ser pastor para luego transformarse en oveja, es un proceso doloroso y difícil. Muchos se quedan mitad pastor y mitad oveja, cabeza de pastor y cuerpo de oveja. ¡**Un pastoroveja**! Solo un milagro de Jesucristo lo puede cambiar.

09
Separados como cabras

Mateo 25:31-34, RVR 1960

«Cuando el Hijo del Hombre venga en su gloria, y todos los santos ángeles con él, entonces se sentará en su trono de gloria, y serán reunidas delante de él todas las naciones; y apartará los unos de los otros, como aparta el pastor las ovejas de los cabritos. Y pondrá las ovejas a su derecha, y los cabritos a su izquierda. Entonces el Rey dirá a los de su derecha: Venid, benditos de mi Padre, heredad el reino preparado para vosotros desde la fundación del mundo».

Introducción

En el mensaje apocalíptico de Mateo 25, Jesús reveló un cuadro de los eventos futuros del «éscaton». Y tomó la imagen de la separación de las ovejas a la derecha y las cabras a la izquierda, como señal de las naciones escogidas y las naciones rechazadas en su venida.

No era directamente una ilustración de la iglesia y el mundo, aunque bien pudiera aplicarse. Notemos que se refiere a las naciones rechazadas como «cabritos», y a las naciones aceptadas como ovejas. Es una manera de señalar en las naciones «cabritos» la inmadurez espiritual y el desfavor a la nación de Israel o pueblo judío.

En la iglesia hay ovejas, es decir, creyentes. En el mundo hay cabras, es decir, incrédulos. Las ovejas representan los salvados. Las cabras representan los perdidos. Y en ese contexto debe realizarse la exégesis a Mateo 25:31-34. Pero por otro lado, el redil de Jesucristo tiene también ovejas con cabras.

1. Las características de las cabras

Las cabras del Medio Oriente o Palestina son generalmente negras y las ovejas blancas, lo cual las hace fácilmente distinguibles. Pero excepcionalmente se pueden encontrar ovejas negras y cabras blancas o blancas y negras. Estas cabras como las ovejas tienen orejas largas y colgantes.

En las congregaciones no todos los miembros somos iguales. Unos se distinguen de otros y otros son muy parecidos. Pero todos somos parte del mismo rebaño, bajo un mismo pastor.

Las cabras comen, a ser posible, las hojas de los árboles, mientras que las ovejas comen hierba del suelo. Unas se levantan para alcanzar el alimento y otras se inclinan para tomarlo. Pero eso puede cambiar de acuerdo al alimento presentado. Y como dato curioso las cabras pueden encaramarse a árboles asequibles y sostenerse sobre sus ramas.

Una viña se encontraba exuberante en los días de la cosecha con hojas y uvas. Una cabra que pasaba por allí mordisqueó sus zarcillos y tiernas hojas. La viña le reclamó: ¿Por qué me maltratas sin causa y comes mis hojas? ¿No ves que hay zacate suficiente? Pero no tendré que esperar demasiado para mi venganza, pues si sigues comiendo mis hojas y me maltratas hasta la raíz, yo proveeré el vino que echarán sobre ti cuando seas la víctima del sacrificio.

Moraleja: Los maltratos hechos con intención, tarde o temprano regresan a quien los hizo, muchas veces bajo otra vestidura (*Fábulas de Esopo*, Editado por Ronald Quintana P., 2011).

Los gustos espirituales en el rebaño varían. Cabras y ovejas tienen gustos diferentes, pero lo importante es que coman correctamente. Son rumiantes con cuatro cavidades o espacios en el estómago, que les permite subir a la boca lo comido, masticarlo e ingerirlo nuevamente.

Y como las cabras y las ovejas en el rebaño de Jesucristo, debemos rumiar el mensaje que proviene de la Biblia, sea en prédicas o enseñanzas. Debemos tomar notas, grabaciones, filmaciones, y volver a repetir los mismos mensajes o repetírselos a otras personas cercanas a nosotros.

Por lo general los cabritos y los corderitos comparten en los juegos y de manera social. Pero luego los padres se encargan de enseñarles a ellos las diferencias como ovejas o cabras.

Las cabras como las ovejas son muy pacíficas. A las cabras les gustan los peñascos, los peligros, las alturas. Contrario a las ovejas que prefieren los lugares bajos. Las cabras por naturaleza son más reacias a obedecer que las ovejas, y eso nos las hace ver como una representación de los mundanos versus los creyentes.

Las cabras y las ovejas poseen ojos laterales, más que frontales, así con un ligero mover de las cabezas tienen una amplia visión lateral. Además poseen un extraordinario olfato, que les ayuda a cuidarse de los depredadores. Su oído es muy agudo y les ayuda activar preventivamente sus movimientos.

En los rituales del tabernáculo y del templo de Jerusalén, tanto las ovejas como las cabras eran utilizadas para los sacrificios que se le presentan a Dios por causa del pecado humano.

Los creyentes como las cabras y ovejas deben tener una buena visión espiritual. Deben discernir con el oído y el olfato espiritual las malicias espirituales y todo aquello que atente contra su naturaleza espiritual.

Las cabras son muy juguetonas, alegres y mantienen muy activo al pastor de ovejas, que por lo general son niños, jóvenes o mujeres. En el rebaño congregacional siempre hay espacio para actividades sociales que promuevan el gozo y la alegría entre las cabras y las ovejas.

Tanto las ovejas como las cabras conocen la voz del pastor. Aunque muchas veces las cabras responden algo más lentas que las ovejas al llamado del pastor. La convivencia entre las cabras y ovejas en un mismo rebaño, es generalmente tranquilo y muy ajustado a pesar de sus diferencias naturales.

¡Cuánta unidad se necesita en los rebaños de las congregaciones! Donde los intereses personales no se pongan por encima de los principios y los valores, que deben unirnos como pueblo de Dios. La Iglesia es una congregación de redimidos, no un club de aficionados.

Una cabra y un asno comían al mismo tiempo en el establo. La cabra empezó a envidiar al asno porque creía que él estaba mejor alimentado, y le dijo: Entre la noria y la carga, tu vida sí que es un tormento inacabable. Finge un ataque y déjate caer en un foso para que te den unas vacaciones. Tomó el asno el consejo, y dejándose caer se lastimó todo el cuerpo. Viéndolo el amo, llamó al veterinario y le pidió un remedio para el pobre. Prescribió el curandero que necesitaba una infusión con el pulmón de una cabra, pues era muy efectivo para devolver el vigor. Para lo cual degollaron a la cabra y así curar al asno.

Moraleja: En todo plan de maldad, la víctima principal siempre es su propio creador (*Fábulas de Esopo*, Editado por Ronald Quintana P., 2011).

2. Las aportaciones de las cabras

Las pieles de cabras fueron utilizadas en el tabernáculo de Moisés. Los abrigos de piel de cabra son más cotizados que los de piel de ovejas. La razón es que son impermeables. De la piel de cabras se hacen buenos artículos de cuero como odres, zurrones y bolsos. Los abrigos y chalecos de piel de oveja con la lana son muy llamativos.

En Cantares 1:5 leemos: «¡Mujeres de Jerusalén! Yo soy morena, sí, como las tiendas de Quedar. Y soy también hermosa, como las cortinas de Salomón» (TLA).

Esa expresión «morena», preferida entre los traductores hispanos, debe entenderse del hebreo como «negra». Lógicamente en muchos lugares de Estados Unidos, como en la ciudad de New York, usan esta connotación los hispanos para referirse a los afroamericanos. La mayoría de las versiones inglesas utilizan «black» (Darby, American Standard Bible, Kings James Version) y «dark» (Good News Bible; New International Bible).

Y quien escribe, todavía en el presente, en mis 30 viajes a Israel, veo las tiendas del desierto de los beduinos (morador del desierto) levantadas con pieles negras de cabras o con pieles de camellos. Lo cual les da mayor visibilidad en el desierto y resisten más los embates de la naturaleza.

El zurrón del pastor era hecho de piel de cabras por su resistencia. Allí el pastor palestino llevaba alimentos. David, posiblemente en su zurrón de piel de cabra, que con una correa se cargaba a la espalda o a la cintura, llevó grano tostado, diez panes y diez quesos que Isaí su padre le envió al jefe del ejército de Saúl (1 Sam. 17:17-18). David luego en ese zurrón vacío escogió cinco piedras lisas del arroyo, y con una de ellas desplomó al gigantesco Goliat.

La leche de cabras y de ovejas es empleada en dulces y otros productos. Los cabritos eran y son los preferidos y más baratos del diario vivir. Los corderos eran y son para ocasiones especiales.

Manoa, el padre de Sansón, invitó al ángel que se le apareció y le declaró el nacimiento de Sansón, bajo la condición que este fuera criado nazareno, a comer cabrito.

«Entonces Manoa dijo al ángel de Jehová: Te ruego nos permitas detenerte, y te prepararemos un cabrito» (Jue. 13:15).

La narración de la parábola del hijo pródigo, con la extraña reacción de su hermano, hace mención del cabrito.

Y su hijo mayor estaba en el campo; y cuando vino, y llegó cerca de la casa, oyó la música y las danzas; y llamando a uno de los criados, le preguntó qué era aquello. Él le dijo: Tu hermano ha venido; y tu padre ha hecho matar el becerro gordo, por haberle recibido bueno y sano. Entonces se enojó, y no quería entrar. Salió por tanto su padre, y le rogaba que entrase. Mas él, respondiendo, dijo al padre: He aquí, tantos años te sirvo, no habiéndote desobedecido jamás, y nunca me has dado ni un cabrito para gozarme con mis amigos. Pero cuando vino este tu hijo, que ha consumido tus bienes con rameras, has hecho matar para él el becerro gordo» (Lc. 15:25-30).

El hermano del pródigo exageró al decir, «y nunca me has dado ni un cabrito para gozarme con mis amigos». La comida del cabrito era un plato muy común. Pero él veía como algo sin sentido el hacer fiesta con «el becerro gordo», por un derrochador y mal hijo como lo fue su hermano menor: «Y has hecho matar para él el becerro gordo».

Dos machos cabríos se utilizaban en el Día de la Expiación o Yom Kippur, uno muriendo por los pecados y al otro, cargando los pecados, se le soltaría libre para que viviese. Pero alguna tradición incorporada enseñó o dogmatizó que fuera llevado y despeñado por alguna ladera o aprisco del desierto. Quizá así para evitar su regreso. Tipo del Mesías representado en la redención humana. La ofrenda de cabritos o corderos era parte del ritual hebreo o judío. Aunque la predilección era por el cordero.

«Para el perdón de su propio pecado, y por el pecado de su familia, Aarón me presentará un ternero. Por el pecado de los israelitas, me presentará dos chivos y un carnero, que los israelitas mismos le entregarán. Quemará el carnero en mi honor. Luego le indicaré cuál de los chivos me ofrecerá, y cuál enviará al demonio Azazel, que habita en el desierto. El chivo que me ofrezca a mí, me lo presentará a la entrada del santuario, como ofrenda para el perdón de pecados. El chivo para Azazel lo dejará con vida y lo mandará al desierto» (Lev. 16:5-10, TLA).

Se ha hecho una mala interpretación al llamar al segundo «macho cabrío o chivo para Azazel». Se nos dice: «El chivo para Azazel lo dejará con vida y lo mandará al desierto». Y eso indica que se soltaba al desierto donde según la tradición vivía el demonio llamado Azazel. De ahí, que por la mala exégesis, a los chivos se les asocie con los cultos satánicos demoniacos.

¿Qué aplicar? A muchos les igualan su espiritualidad con las cabras espirituales en contraste con las ovejas espirituales. Y hasta ven en ellos o en ellas actitudes carnales, que los llegan a demonizar. Y en realidad, en el rebaño del Señor Jesucristo, hablando espiritualmente, todos tenemos algo de oveja y algo de cabras. Como en el caso del hermano del hijo pródigo, que dentro de él, en su orgullo y rechazo por su hermano fracasado, él tenía a otro pródigo.

Llamaba un cabrero a sus cabras para llevarlas al establo. Una de ellas, al pasar por un rico pasto se detuvo, y el cabrero le lanzó una piedra, pero con tan mala suerte que le rompió un cuerno. Entonces el cabrero le suplicó a la cabra que no se lo contara al patrón, a lo que la cabra respondió: ¡Quisiera yo quedarme callada, mas no podría. Bien claro está a la vista mi cuerno roto!

Moraleja: Nunca niegues lo que bien se ve (*Fábulas de Esopo*, Editado por Ronald Quintana P., 2011).

3. Las aplicaciones de las cabras

Las cabras fueron símbolo del Imperio Greco-Macedonio. Los macedonios utilizaban gorros de cabras con cuernos. Era su emblema monetario. Alejandro «Magno», El Grande, se le prefigura como «un macho cabrío», unicornio en el capítulo 8 del libro del profeta Daniel.

> «Mientras yo consideraba esto, he aquí un macho cabrío que venía del lado del poniente sobre la faz de toda la tierra, sin tocar tierra; y aquel macho cabrío tenía un cuerno notable entre sus ojos. Y vino hasta el carnero de dos cuernos, que yo había visto en la ribera del río, y corrió contra él con la furia de su fuerza. Y lo vi que llegó junto al carnero, y se levantó contra él y lo hirió, y le quebró sus dos cuernos, y el carnero no tenía fuerzas para pararse delante de él; lo derribó, por tanto, en tierra, y lo pisoteó, y no hubo quien librase al carnero de su poder. Y el macho cabrío se engrandeció sobremanera; pero estando en su mayor fuerza, aquel gran cuerno fue quebrado, y en su lugar salieron otros cuatro cuernos notables hacia los cuatro vientos del cielo» (Daniel 8:5-8).

En los montes de Judá, al sur de Israel, está el manantial de Engadi, cuyo nombre significa «lugar de las cabras». Allí, en las inmediaciones, en alguna cueva de doble entrada y bóvedas, en un redil de ovejas y cabras, estaba David o quizá luego entró. Pero se dice que entró Saúl a defecar o para hacer sus necesidades, y allí David le cortó parte de su manto como señal del encuentro silencioso con él.

> «Entonces David subió de allí y habitó en los lugares fuertes de En-gadi» (1 Sam. 23:29).

> «Saúl tomó entonces a los tres mil mejores soldados de su ejército, y se fue al lugar conocido como Cerro de las cabras montesas, para buscar a David. Llegó a un lugar donde había una cueva. Allí los pastores acostumbraban a

encerrar sus ovejas, y allí también estaban escondidos David y su gente. Saúl entró en la cueva para hacer sus necesidades» (1 Sam. 24:2-3, TLA).

«Entonces los hombres de David le dijeron: ¿Te acuerdas que Dios te prometió que te vengarías de tu enemigo, y que le harías lo que quisieras? Pues bien, ¡ahora es cuando debes hacerlo! Pero David les respondió: ¡Que Dios me libre de hacerle algo a mi señor el rey! ¡Nunca le haré daño, pues Dios mismo lo eligió como rey! ¡Sobre su cabeza se derramó aceite, como señal de la elección de Dios! Y aunque David les prohibió a sus hombres atacar a Saúl, él mismo se acercó en silencio a donde estaba Saúl, y cortó un pedazo de la orilla de su manto. Sin embargo, más tarde pensó que no debía haberlo hecho. En cuanto Saúl terminó, se levantó y salió de la cueva para seguir su camino» (1 Sam. 24:2, 4-7, TLA).

David nos enseña que aún a aquellas autoridades que se han transformado en nuestros enemigos, incendiados por el celo de la ignorancia, si tenemos la oportunidad de vengarnos o hacerles daño, no lo hagamos. Demostremos a estos, que aun con razones de venganza, no somos como ellos. Somos de los que dejamos todo en las manos del Señor Jesucristo. Y esperamos en Dios quien dice: «Mía es la venganza».

Los ungidos son perseguidos, pero los ungidos no persiguen a quienes los han perseguido. El trato mal o maltrato que otros nos dan, nunca se lo devolveremos a ellos o a ellas. Nuestro mensaje y ejemplo será siempre de perdón. ¡Nunca nos rebajaremos al nivel de nuestros enemigos! ¡Nuestros enemigos deben levantar en alto sus cabezas para mirarnos a nosotros!

4. La cabra que puso fin a una batalla

En el libro de los jueces se hace mención de una heroica mujer llamada Jael, esposa de Heber, que con una estaca dio muerte a Sísara que era el capitán del ejército del rey Jabín de Hazor en las alturas del Golán.

«Y Sísara huyó a pie a la tienda de Jael, mujer de Heber ceneo; porque había paz entre Jabín, rey de Hazor, y la casa de Heber ceneo. Y saliendo Jael a recibir a Sísara, le dijo: Ven, señor mío, ven a mí, no tengas temor. Y él vino a ella hacia la tienda, y ella le cubrió con una manta. Y él le dijo: Te ruego me des de beber un poco de agua, pues tengo sed. Y ella abrió un odre de leche y le dio de beber, y le volvió a cubrir. Y él le dijo: Estate a la puerta de la tienda; y si alguien viniere, y te preguntare, diciendo: ¿Hay aquí alguno?, tú responderás que no. Pero Jael mujer de Heber tomó una estaca de la tienda, y poniendo un mazo en su mano, se le acercó calladamente y le metió la estaca por las sienes, y la enclavó en la tierra, pues él estaba cargado de sueño y cansado; y así murió» (Jue. 4:17-21).

«Y siguiendo Barac a Sísara, Jael salió a recibirlo, y le dijo: Ven, y te mostraré al varón que tú buscas. Y él entró donde ella estaba, y he aquí que Sísara yacía muerto con la estaca por la sien» (Jue. 4:22).

Jael se había casado con Heber ceneo, al cual el registro bíblico lo conecta como suegro y cuñado de Moisés:

«Y Heber ceneo, de los hijos de Hobab suegro de Moisés, se había apartado de los ceneos, y había plantado sus tiendas en el valle de Zaanaim, que está junto a Cedes» (Jue. 4:11).

«Entonces dijo Moisés a Hobab, hijo de Ragüel madianita, su suegro: Nosotros partimos para el lugar del cual Jehová ha dicho: Yo os lo daré. Ven con nosotros, y te haremos bien; porque Jehová ha prometido el bien a Israel» (Nm. 10:29).

Ambos pasajes presentan una ambigüedad. ¿Era Hobab el cuñado de Moisés o era el suegro de Moisés? Es probable que el nombre completo de Ragüel, que también es Jetro (Ex. 3:1) haya sido Hobab Ragüel o Ragüel Hobab. Y que a su hijo se le conociera únicamente como Hobab.

El nombre de Jael significa «cabra salvaje». Y esta mujer, ofreciéndole hospitalidad a Sísara, sintiéndose este protegido, fue asesinado por la astucia de ella que con una estaca y un mazo se la atravesó por la sien. ¡Fue una cabra salvaje cumpliendo el destino de Dios! Las mujeres eran las que mayormente levantaban las carpas. Así se cumplió en Jael la profecía de Débora a Barac:

«Ella dijo: Iré contigo; mas no será tuya la gloria de la jornada que emprendes, porque en mano de mujer venderá Jehová a Sísara. Y levantándose Débora, fue con Barac a Cedes» (Jue. 4:9).

Conclusión

Las ovejas son el rebaño preferido del pastor. Pero las cabras también son necesarias para el pastor. En el rebaño de Jesucristo, Él, como el Buen Pastor, sabrá qué hacer con las cabras. Mientras tanto, seamos un solo rebaño, aunque Él sabe que somos dos rebaños.

10
Valientes como caballos

Job 39:19-25, RVR 1960

«¿Diste tú al caballo la fuerza? ¿Vestiste tú su cuello de crines ondulantes? ¿Le intimidarás tú como a langosta? El resoplido de su nariz es formidable. Escarba la tierra, se alegra en su fuerza, sale al encuentro de las armas; hace burla del espanto, y no teme, ni vuelve el rostro delante de la espada. Contra él suenan la aljaba, el hierro de la lanza y de la jabalina; y él con ímpetu y furor escarba la tierra, sin importarle el sonido de la trompeta; antes como que dice entre los clarines: ¡Ea! Y desde lejos huele la batalla, el grito de los capitanes, y el vocerío».

Introducción

José el patriarca hizo trueque con el trigo por los caballos y ganados de ovejas, vacas y asnos, que tenían los hijos de Jacob:

«Y José dijo: Dad vuestros ganados y yo os daré por vuestros ganados, si se ha acabado el dinero. Y ellos trajeron sus ganados a José, y José les dio alimentos por caballos, y por el ganado de las ovejas, y por el ganado de las vacas, y por asnos; y les sustentó de pan por todos sus ganados aquel año» (Gén. 47:16-17).

Los caballos y carros de guerra, eran utilizados hace milenios. En Egipto los carros con caballos de guerra, fueron utilizados por los faraones como Ramsés II, que les facilitó muchas conquistas militares.

«Y he aquí, yo endureceré el corazón de los egipcios para que los sigan; y yo me glorificaré en Faraón y en todo su ejército, en sus carros y en su caballería; y sabrán los egipcios que yo soy Jehová, cuando me glorifique en Faraón, en sus carros y en su gente de a caballo» (Ex. 14:17-18).

El pueblo hebreo inicialmente no empleaba caballos para la guerra, porque la ley se lo prohibía, ya que de esa manera pondrían su confianza en los caballos, y no pondrían la confianza en Jehová Dios (Sal. 20:7; 33:16; 147:10).

Jehová Dios amonestó al pueblo en relación a los caballos de guerra de los enemigos: «Cuando salgas a la guerra contra tus enemigos, si vieres caballos y carros, y un pueblo más grande que tú, no tengas temor de ellos, porque Jehová tu Dios está contigo, el cual te sacó de tierra de Egipto» (Dt. 20:1).

El profeta Zacarías dijo: «Entonces respondió y me habló diciendo: Esta es palabra de Jehová a Zorobabel, que dice: No con ejército, ni con fuerza, sino con mi Espíritu, ha dicho Jehová de los ejércitos» (Zac. 4:6).

Para la época del rey David los caballos fueron introducidos como armas de guerra. Absalón se hizo con muchos caballos. Salomón tenía grandes caballerizas. Cuando se visita el Tel Meguido, uno puede ver donde estaban las famosas caballerizas del rey Salomón.

Apocalipsis 6:1-7, presenta en los primeros cuatro sellos quitados del libro celestial con siete sellos, cuatro caballos que salen con jinetes: Este galopar de los cuatro caballos y jinetes del Apocalipsis representan condiciones y etapas de la Tribulación escatológica. El caballo blanco con un jinete con arco y sin flecha señala la paz de los primeros tres años y medio de la Tribulación. Los otros tres caballos representan la segunda mitad de la Tribulación o Semana Septuaginta de Daniel. Es decir, la Gran Tribulación del Apocalipsis: el caballo rojo con el jinete con la espada, la guerra; el caballo negro con el jinete con la balanza, el hambre; y caballo amarillo o color cloro a la muerte y hades.

Apocalipsis 19:11-16, nos presenta la Segunda Venida de Jesucristo, al final de la Gran Tribulación. Lo vemos como un jinete llamado «Fiel y Verdadero» montado sobre un caballo blanco. Para mí este es el más hermoso de todos los caballos. Aquel jinete tenía ojos parecidos a llamas de fuego, con muchas diademas en la cabeza, su ropa estaba teñida en sangre, llevaba el nombre de «El Verbo de Dios». Tenía en su boca una espada afilada. En la túnica o vestido y en el muslo estaba escrito: «Rey de Reyes y Señor de Señores».

En este pasaje apocalíptico, Jesús es presentado con su nombre «Jesucristo». Y con tres títulos: «Fiel y Verdadero» (su testimonio mesiánico), «El Verbo de Dios» (su procedencia eterna) y «Rey de Reyes y Señor de Señores» (su entronamiento universal).

1. La fuerza del caballo

La palabra «ímpetu» en el Diccionario de la Real Academia Española significa: «capacidad para mover algo o alguien que tenga peso o haga resistencia». Y eso hace un caballo, mueve y carga a un jinete sobre él.

«¿Diste tú al caballo la fuerza? ¿Vestiste tú su cuello de crines ondulantes? ¿Le intimidarás tú como a langosta? El resoplido de su nariz es formidable. Escarba la tierra, se alegra en su fuerza, sale al encuentro de las armas» (Job 39:19-21).

La Traducción En Lenguaje Actual, lee: «¿Eres tú quien le dio al caballo su fuerza y sus largas crines? ¿Eres tú quien lo hace saltar como si fuera un saltamontes, y que asuste a la gente con su orgulloso resoplido?».

Aquí se presenta y destaca la fuerza del caballo de guerra, como algo que le ha dado Dios. Nuestras fuerzas espirituales vienen de arriba, nos la da el poder del Espíritu Santo.

Los «crines ondulantes» del caballo, son la vestidura que Dios les ha dado, y le hacen resaltar la hermosura de los mismos. El creyente con el fruto del Espíritu Santo hermosea su andar y su conducta:

> «En cambio, el Espíritu de Dios nos hace amar a los demás, estar siempre alegres y vivir en paz con todos. Nos hace ser pacientes y amables, y tratar bien a los demás, tener confianza en Dios, ser humildes, y saber controlar nuestros malos deseos. No hay ley que esté en contra de todo esto. Y los que somos de Jesucristo ya hemos hecho morir en su cruz nuestro egoísmo y nuestros malos deseos» (Gal. 5:22-24, TLA).

Cuando el caballo resopla su nariz y mueve su cabeza, es un animal de una hermosura sin igual. Al escarbar en la tierra se prepara para actuar, y si va a la guerra siempre está listo para combatir.

> «Una palabra final: sean fuertes en el Señor y en su gran poder. Pónganse toda la armadura de Dios para poder mantenerse firmes contra todas las estrategias del diablo. Pues no luchamos contra enemigos de carne y hueso, sino contra gobernadores malignos y autoridades del mundo invisible, contra fuerzas poderosas de este mundo tenebroso y contra espíritus malignos de los lugares celestiales. Por lo tanto, pónganse todas las piezas de la armadura de Dios para poder resistir al enemigo en el tiempo del mal. Así, después de la batalla, todavía seguirán de pie, firmes. Defiendan su posición, poniéndose el cinturón de la verdad y la coraza de la justicia de Dios. Pónganse como calzado la paz que proviene de la Buena Noticia a fin de estar completamente preparados. Además de todo eso, levanten el escudo de la fe para detener las flechas encendidas del diablo. Pónganse la salvación como casco y tomen la espada del Espíritu, la cual es la palabra de Dios» (Ef. 6:10-17, NTV).

2. La valentía del caballo

La palabra «valentía» en el Diccionario de la Real Academia Española significa: «acción material o inmaterial esforzada y vigorosa que parece exceder a las fuerzas naturales».

Se nos dice del caballo de combate: «Hace burla del espanto, y no teme, ni vuelve el rostro delante de la espada. Contra él suenan la aljaba, el hierro de la lanza y de la jabalina» (Job 39:22-23).

En la Traducción En Lenguaje Actual se rinde el versículo 22, así: «No tiene miedo de nada, sino que ataca de frente» (Job 39:22, TLA). El caballo, ante los depredadores, si es salvaje, su instinto lo hace reaccionar, y huye o se defiende. Ante un peligro se asusta, pero se defiende si es necesario, pateando con sus coces o corriendo a gran velocidad. La curiosidad los describe. Los caballos duermen lo mismo echados, que de pie, a pequeños intervalos.

El caballo de guerra, antes de lanzarse al combate rasca la tierra con sus coces, jala con fuerza las bridas, pero se somete a su jinete. Hasta que este no suelta las bridas, no se lanza al ataque, que será fiero y mortal.

Tanto al perro como al caballo, se les consideran los mejores amigos del amo o de quien los cuida. Entre el caballo y su montador se desarrolla un fuerte vínculo emocional. Todos recordamos famosos caballos de las series televisivas como: El Zorro y su caballo Tornado; Cisco Kid y su caballo Diablo, con su amigo Pancho y su caballo Loco; Hopalong Cassidy y su caballo Topper; Roy Rogers y su caballo Trigger; el Llanero Solitario y su caballo Silver, con su amigo Toro (en inglés Tonto) y su caballo Scout; Gene Autry y su caballo Champion; Annie Oakley y su caballo Target.

Puerto Rico tuvo al famoso caballo Camarero que ganó 56 victorias corridas en el año 1955. Ganó la triple corona en Puerto Rico y en el hemisferio en el año 1954. Ganó siete carreras clásicas. De 77 carreras ganó 73. «Camarero en punta», fue un refrán de victoria.

A un caballo de guerra nada lo espanta. El temor no es su marca debido al entrenamiento recibido. Los ruidos de las armas de guerra no lo amedrentan. Y nosotros como creyentes no debemos temer a nadie, ni a nada. En el mundo espiritual somos caballos de guerra, que no retrocedemos, sino que avanzamos en medio de la batalla.

Un soldado, durante una guerra, alimentó con cebada a su caballo, su compañero de esfuerzos y peligros. Pero, acabada la guerra, el caballo fue empleado en trabajos serviles y para transportar pesados bultos, siendo alimentado únicamente con paja. Al anunciarse una nueva guerra, y al son de la trompeta, el dueño del caballo lo aparejó, se armó y montó encima. Pero el caballo exhausto se caía a cada momento. Por fin dijo a su amo: –Vete mejor entre los infantes, puesto que de caballo que era me has convertido en asno. ¿Cómo quieres hacer ahora de un asno un caballo?

Moraleja: En los tiempos de bienestar, debemos prepararnos para las épocas críticas (*Fábulas de Esopo*, 2011).

3. El ímpetu del caballo

La palabra «ímpetu» en el Diccionario de la Real Academia Española significa: «ardor con que se actúa».

«Y él, con ímpetu y furor, escarba la tierra, sin importarle el sonido de la trompeta; antes, como que dice entre los clarines: ¡Ea! Y desde lejos huele la batalla, el grito de los capitanes, y el vocerío» (Job 39:24-25).

La Traducción En Lenguaje Actual presenta este pasaje de la Biblia: «El ruido de las armas resuena en sus oídos; oye a lo lejos la trompeta, y al oír las órdenes de ataque, resopla y corre a todo galope sin que nadie pueda detenerlo» (Job 39:23-25, TLA).

El caballo de guerra. El sonido del combate no lo detiene, ni los clarines de la batalla. Puede oler la batalla y escuchar a aquellos que combaten. Pero siempre está listo para enfrentar su destino.

El profeta Eliseo, cuando Elías su padre espiritual, su mentor y su autoridad espiritual fue levantado al cielo en un torbellino, lo comparó con un carro de batalla y con una caballería de guerra, y exclamó: «Viéndolo Eliseo, clamaba: ¡Padre mío, padre mío, carro de Israel y su gente de a caballo! Y nunca más le vio; y tomando sus vestidos, los rompió en dos partes» (2 R. 2:12).

Lo que ha sido un padre espiritual para nosotros, también lo seremos nosotros como padre espiritual para un hijo espiritual, que nos verá como «carro de Israel y su gente de a caballo».

«Estaba Eliseo enfermo de la enfermedad de que murió. Y descendió a él Joás, rey de Israel, y llorando delante de él, dijo: ¡Padre mío, padre mío, carro de Israel y su gente de a caballo!» (2 R. 13:14).

Conclusión

Seamos como caballos de combate en la guerra espiritual, siempre listos para salir a la batalla.

11
Cargados como camellos

Mateo 19:23-26, RVR 1960

«Entonces Jesús dijo a sus discípulos: De cierto os digo, que difícilmente entrará un rico en el reino de los cielos. Otra vez os digo, que es más fácil pasar un camello por el ojo de una aguja, que entrar un rico en el reino de Dios. Sus discípulos, oyendo esto, se asombraron en gran manera, diciendo: ¿Quién, pues, podrá ser salvo? Y mirándolos Jesús, les dijo: Para los hombres esto es imposible; mas para Dios todo es posible».

Introducción

El camello del Medio Oriente es en realidad el dromedario de una joroba. El camello batriano posee dos jorobas. Pero a ambos se les llama camellos. El dromedario procede de Arabia y el camello procede de Asia. El dromedario es más agresivo, más alto y más rápido que el camello.

«¿Cómo puedes decir: No soy inmunda, nunca anduve tras los baales? Mira tu proceder en el valle, conoce lo que has hecho, dromedaria ligera que tuerce su camino» (Jer. 2:23).

Aprendí en mis muchos viajes al Medio Oriente de varios guías, en el Desierto de Sahara en Egipto, el Desierto del Neguev en Beersheva y el Desierto Wadi Rum en Jordania, que los camellos son conocidos como: «El Submarino del Desierto» y «El Buque del Desierto». La razón son sus acolchonadas patas al andar sobre la arena del desierto. Andan como si fueran flotando sobre el desierto, y además la gran resistencia al cruzar desiertos, sin beber agua por muchos días y sin consumir alimento de manera igual.

He tenido la oportunidad de montar muchas horas y en varias ocasiones los camellos en el monte Sinaí en Egipto, en el desierto del Neguev en Israel y en el desierto Wadi Rum en Jordania.

Un conductor de camellos, después de completar la carga de su camello, le preguntó que le gustaría más: subir la colina o bajarla. La pobre bestia contestó, con muy buena razón: ¿Por qué me lo preguntas? ¿Es que el camino plano por el desierto está cerrado?

Moraleja: Burlarse del débil, creyéndole ignorante, no es una noble actitud. (*Fábulas de Esopo*, 2011).

La piel de camello es muy buena para hacer abrigos. Los gorros marrón o amarillos de piel de camellos son una pieza de gran protección en las noches frías del desierto del Sinaí (yo poseo dos de los mismos adquiridos en el monte Sinaí).

1. Los camellos cargados de Jacob

a) **Los camellos cargados que llevaba el criado de Abraham**: «Y el criado tomó diez camellos de los camellos de su señor, y se fue, tomando toda clase de regalos escogidos de su señor; y puesto en camino, llegó a Mesopotamia, a la ciudad de Nahor. E hizo arrodillar los camellos fuera de la ciudad, junto a un pozo de agua, a la hora de la tarde, la hora en que salen las doncellas por agua» (Génesis 24:10-11).

Todos esos regalos puestos en los camellos llevados por el criado más viejo de Abraham, serían para la futura esposa, la seleccionada, aquella que la providencia divina pondría en su camino.

Eran «regalos escogidos de su señor». Isaac no los había escogido, Abraham los escogió por él, para su futura esposa.

«Y dijo: Oh Jehová, Dios de mi señor Abraham, dame, te ruego, el tener hoy buen encuentro, y haz misericordia con mi señor Abraham. He aquí yo estoy junto a la fuente de agua, y las hijas de los varones de esta ciudad salen por agua. Sea, pues, que la doncella a quien yo dijere: Baja tu cántaro, te ruego, para que yo beba, y ella respondiere: Bebe, y también daré de beber a tus camellos; que sea esta la que tú has destinado para tu siervo Isaac; y en esto conoceré que habrás hecho misericordia con mi señor» (Génesis 24:12-14).

Aquel criado de confianza y de años de experiencia, oró a Dios y puso una señal de confirmación para saber cuál sería la doncella favorecida y aceptada ante Dios primero y luego por él.

«Y aconteció que antes que él acabase de hablar, he aquí Rebeca, que había nacido a Betuel, hijo de Milca, mujer de Nahor, hermano de Abraham, la cual salía con su cántaro sobre su hombro» (Génesis 24:15).

Rebeca (significa «una cuerda con nudo corredizo»), la sobrina de Abraham venía con un «cántaro sobre su hombro», que era donde las mujeres lo cargaban, los hombres lo cargaban sobre la cabeza.

La mujer samaritana también llevaba su cántaro vacío, cuando tuvo el milagroso encuentro con Jesús de Nazaret junto al Pozo de Jacob, y quedó tan impactada en aquella conversación donde se le reveló el Mesías, con lo que le reveló de su vida personal, que ella dejó el cántaro y se fue a la ciudad, para ser una evangelista de la buena noticia.

«Entonces la mujer dejó su cántaro, y fue a la ciudad, y dijo a los hombres: Venid, ved a un hombre que me ha dicho todo cuanto he hecho. ¿No será este el Cristo? Entonces salieron de la ciudad, y vinieron a él» (Juan 4:28-30).

El criado de Abraham llamado Eliezer, obedeciendo a este cargó diez camellos y se dirigió hacia Mesopotamia, para buscar esposa de Isaac:

> «Y el criado tomó diez camellos de los camellos de su señor, y se fue, tomando toda clase de regalos escogidos de su señor; y puesto en camino, llegó a Mesopotamia, a la ciudad de Nahor» (Gén. 24:10).

El criado de Abraham, al igual que Jesús, le pidió de beber a Rebeca de su cántaro. Y ella le dio a beber de su cántaro con prontitud. Y luego se ofreció para darle de beber a los diez camellos.

> «Entonces el criado corrió hacia ella, y dijo: Te ruego que me des a beber un poco de agua de tu cántaro. Ella respondió: Bebe, señor mío; y se dio prisa a bajar su cántaro sobre su mano, y le dio a beber. Y cuando acabó de darle de beber, dijo: También para tus camellos sacaré agua, hasta que acaben de beber. Y se dio prisa, y vació su cántaro en la pila, y corrió otra vez al pozo para sacar agua, y sacó para todos sus camellos» (Génesis 24:17-20).

Un camello puede beber agua cada cinco días, puede estar 10 días o más en el desierto sin beber agua. En la joroba o jorobas mantiene grasa y líquido para no deshidratarse y sustentarse. A un camello le puede llevar aproximadamente 13 minutos ingerir 180 litros o 47 galones de agua.

Es decir, que a Rebeca le llevó sobre 2:30 horas dar de beber a todos esos camellos. Pero el tiempo invertido, redundaría en bendiciones para su vida, su futuro y el destino de su descendencia. El tiempo invertido por Rebeca dando agua a muchos camellos fue una inversión de tiempo. Si quieres que el Espíritu Santo te conecte con un destino favorable, aprende a ser paciente y servicial con los diez camellos que se te presenten en tu vida.

«Entonces le pregunté, y dije: ¿De quién eres hija? Y ella respondió: Hija de Betuel hijo de Nahor, que le dio a luz Milca. Entonces le puse un pendiente en su nariz, y brazaletes en sus brazos» (Génesis 24:47).

Con ese «pendiente en su nariz, y brazaletes en sus brazos», el criado de Abraham le extendía a Rebeca el futuro compromiso con Isaac. Pero una negociación tribal se llevaría a efecto entre el criado con el padre de Rebeca, su hermano mayor y su madre.

b) Los camellos descargados que venían con Rebeca: «Y venía Isaac del pozo del Viviente-que-me-ve; porque él habitaba en el Neguev. Y había salido Isaac a meditar al campo, a la hora de la tarde; y alzando sus ojos miró, y he aquí los camellos que venían. Rebeca también alzó sus ojos, y vio a Isaac, y descendió del camello; porque había preguntado al criado: ¿Quién es este varón que viene por el campo hacia nosotros? Y el criado había respondido: Este es mi señor. Ella entonces tomó el velo, y se cubrió. Entonces el criado contó a Isaac todo lo que había hecho. Y la trajo Isaac a la tienda de su madre Sara, y tomó a Rebeca por mujer, y la amó; y se consoló Isaac después de la muerte de su madre» (Génesis 24:62-67).

Los camellos cargados que llegaron a la casa de Labán, habían regresado vacíos, ya que eran la dote aceptada por la familia de Rebeca (Gén. 24:53).

Obligado por su dueño a bailar, un camello comentó: –¡Qué cosa! No solo carezco de gracia andando, sino que bailando soy peor aún.

Moraleja: Usa siempre cada cosa para el propósito con el que fue creado. (*Fábulas de Esopo*, Editado por Ronald Quintana P., 2011).

2. Los camellos y las bendiciones futuras

a) La reina de Saba trajo camellos cargados: «Cuando la reina de Saba escuchó hablar de lo famoso que era Salomón, y que su sabiduría se debía al gran poder de Dios, decidió ir a visitarlo. Ella quería hacerle preguntas difíciles para ver si era tan sabio como decían. Llegó a Jerusalén acompañada de sus consejeros y con camellos cargados de perfumes, y gran cantidad de oro y piedras preciosas. Cuando se encontró con Salomón, ella le hizo todas las preguntas que había preparado. ¡Y Salomón las contestó todas! No hubo nada que el rey no pudiera explicarle» (1 Re. 10:1-3, TLA).

Esta reina morena o negra del sur, vino hasta Jerusalén para entrevistarse con el sabio rey Salomón, pero no llegó con las manos vacías. Trajo «camellos cargados de perfumes, y gran cantidad de oro y piedras preciosas».

De igual manera nosotros debemos traer al Gran Rey, Jesucristo, nuestros camellos cargados de «perfumes» de alabanzas, de «oro» de adoración y de «piedras preciosas» de agradecimiento.

Alguien me dijo: «Pastor, usted sabe bien que el diezmo es de la ley y no de la gracia». Le miré a los ojos, me sonreí, y le contesté: «Puede que tenga razón tu lógico argumento. Pues entonces dale al Señor Jesucristo el 20% o el doble de tus diezmos, porque la gracia es superior a la ley, y te lo da todo».

b) Las futuras bendiciones traídas en camellos: «Multitud de camellos te cubrirán; dromedarios de Madián y de Efa; vendrán todos los de Saba; traerán oro e incienso, y publicarán alabanzas de Jehová» (Is. 60:6).

Dios te traerá camellos y dromedarios cargados de «oro» de bendiciones y de «incienso» de oraciones. Pero no te olvides de dar publicidad con alabanzas al Dios que te bendice y te bendecirá. De muchos lugares te llegarán las bendiciones.

Al infante Jesús los sabios del oriente, llegando a la casa donde estaban José, María y el niño, le trajeron «oro, incienso y mirra». La tradición los presenta viajando montados sobre camellos y al llegar hasta el recién nacido, en la llamada Nochebuena, se les ve desmontando de sus tres camellos. Su número y el de los camellos se sugiere por los regalos. Luego la tradición incorporó el lugar de origen y etnia racial en cada uno de ellos, para hacerlos representantes de toda la humanidad. Y así también completaron con ellos el pesebre.

«Después de escuchar al rey, los sabios salieron hacia Belén. Delante de ellos iba la misma estrella que habían visto en su país. Finalmente, la estrella se detuvo sobre la casa donde estaba el niño. Cuando entraron en la casa, vieron al niño con María, su madre, y se arrodillaron para adorarlo. Abrieron los cofres que llevaban y le regalaron al niño oro, incienso y mirra» (Mt. 2:9.11, TLA).

3. Los camellos y los ojos de agujas

«Otra vez os digo, que es más fácil pasar un camello por el ojo de una aguja, que entrar un rico en el reino de Dios» (Mt. 19:24).

La expresión «pasar un camello por el ojo de una aguja», parece ser un refrán en boga en la época de Jesús, para referirse a algo muy difícil o imposible. Y hasta quizá sea un refrán propio de Jesús de Nazaret. En las antiguas y gigantescas puertas de Jerusalén ubicadas en las entradas, había en cada una otra puerta pequeña, por la cual solo podía pasar una persona o camello y se le señalaba como el «ojo de una aguja».

Otra posibilidad semántica es la palabra aramea «gamla» que se traduce «camello» o «soga gruesa», dependiendo del contexto. Y en ese contexto sería: «Es más fácil pasar una soga por el ojo de una aguja, que un rico entrar en el reino de Dios».

En el Talmud se habla de «un elefante pasando por el ojo de una aguja». Más recientemente algunos guías en Israel, se refieren al «ojo de la aguja» como las aperturas altas en forma de aguja en las murallas, desde donde los arqueros arrojaban las flechas.

En griego se lee «kamelos», y para muchos era una soga que no se podía meter por el ojo de una aguja, como pasa un hilo. Al visitar el monte Sinaí, es común escuchar a los beduinos que los alquilan para el ascenso o descenso decir: «Kamelo, kamelo, kamelo».

Esta figura empleada por el Maestro de la Galilea, es una hipérbole y debe ser tratada como tal, y se explica en relación con el rico que ama más sus riquezas que las riquezas espirituales.

De igual manera se puede aplicar a todos aquellos que no están dispuestos a soltar sus cargas del mundo, aquello que los ata, para seguir livianamente el llamado espiritual que el Salvador les hace para abrazar el regalo de la salvación. La falta por muchos a la renuncia de muchas cosas, es como tratar de meter un camello en el ojo de una aguja.

4. Los camellos y algunas aplicaciones espirituales

Primero, la resistencia del camello. Los camellos saben que cruzar los desiertos es su proceso a un propósito. Han sido diseñados para esta gran tarea y así cumplir con el destino señalado por la creación. De igual manera el ser humano fue diseñado con un propósito que le exige un proceso para cumplirlo.

Segundo, la fuerza del camello. Los camellos saben que tienen que llevar grandes y pesadas cargas. El creyente tiene cargas que llevar como pruebas, tribulaciones, tentaciones, responsabilidades, enfermedades, luchas, necesidades… llevar su propia cruz… Y lo hará por amor a Jesucristo.

Tercero, el esfuerzo del camello. Los camellos deben sobre esforzarse para levantar y bajar la pesada carga. No es fácil, pero es un deber. Si subir la carga es mucho trabajo, es más trabajo aún, el poder bajar la carga.

Aun cuando el camello se acostumbra a ciertas cargas llevando a seres humanos, como los del monte Sinaí en Egipto o el Desierto de Wadi Rum en Jordania, tienen que hacer un tremendo esfuerzo en acoplarse a un jinete de un peso no acostumbrado.

Y los pastores, ministros, líderes y creyentes, somos como camellos cargando a veces pesadas cargas en el trato o convivencia con otros, pero tenemos que cargar esto o aquello por el tiempo que sea necesario.

Cuarto, las rodillas del camello. Los camellos cuando se bajan, caen primero de sus dos rodillas al frente y se levantan de sus dos rodillas traseras. A Santiago, llamado «El Justo», medio hermano de Jesús, se le conocía como «Rodillas de Camello» por su hábito de orar.

Como creyentes debemos tener rodillas de camello, orando para levantarnos y orando para descansar; orando antes de trabajar y orando después de trabajar. La oración es la fuerza motriz espiritual que mueve a la Iglesia.

Cuando los humanos vieron por primera vez al camello, se asustaron, y atemorizados por su gran tamaño emprendieron la huida. Pero pasado el tiempo y viendo que era inofensivo, se envalentonaron y se acercaron a él. Luego viendo poco a poco que el animal no conocía la cólera, llegaron a domesticarle hasta el punto de colocarle una brida, dándoselo a los niños para conducirlo.

Moraleja: Es natural que lo desconocido lo tratemos siempre con recelo y prudencia. Después de varias observaciones podremos tener un juicio mejor (*Fábulas de Esopo*, 2011).

Conclusión

Mucho más se podría decir y aplicar sobre el camello con el creyente. El Señor Jesucristo espera que le traigamos los camellos cargados de Saba, Madián y Efa. El resto se lo dejo a su imaginación.

12
Rechazados como perros

Mateo 15:26-28, RVR 1960

«Respondiendo él, dijo: No está bien tomar el pan de los hijos, y echarlo a los perrillos. Y ella dijo: Sí, Señor; pero aun los perrillos comen de las migajas que caen de la mesa de sus amos. Entonces respondiendo Jesús, dijo: Oh mujer, grande es tu fe; hágase contigo como quieres. Y su hija fue sanada desde aquella hora».

Introducción

Entre los semitas el perro era despreciado. Aun hoy día, los perros son considerados inmundos entre los musulmanes y los judíos ortodoxos. En las sinagogas y mezquitas no se les permite el acceso. Si los musulmanes los poseen, los perros no pueden entrar en las casas, tienen que quedarse afuera. Pero los gatos pueden estar en las inmediaciones de las mezquitas, como yo mismo lo he comprobado en mis muchos viajes al Medio Oriente.

1. Los perros representativos

a) Los perros que ladraron. En el día de la plaga undécima de Dios sobre los egipcios, con la muerte de los primogénitos, Moisés declaró a Faraón, que los primogénitos hebreos, ni los primogénitos de sus animales morirían. Los perros no ladrarían en los campamentos hebreos:

«Y para demostrarles que es Dios quien distingue entre ustedes y los israelitas, de nosotros no morirá ni uno solo de nuestros hijos mayores, ni tampoco una sola de las primeras crías de nuestros animales. Es más, ni siquiera un perro nos ladrará» (Ex. 11:7, TLA).

Y cuántos perros, hablando espiritualmente, nos gustaría que no ladraran en nuestras congregaciones, cuando Dios quiere hacer un milagro o desea manifestar su gloria en medio de su pueblo o quiere extendernos el manto de su protección.

b) Los perros guardianes. En Isaías leemos del descuido de los dirigentes de Israel para con el pueblo: «Ustedes, jefes de mi pueblo, deberían protegerlo como perros guardianes; pero parecen estar ciegos, no se dan cuenta de nada; parecen estar mudos, no hacen, ni dicen nada; les gusta mucho dormir, se pasan la vida durmiendo y soñando» (Is. 56:10, TLA).

En las congregaciones y familias tenemos a muchos que son como perros que ladran para avisar de los peligros; ladran para ahuyentar a personas extrañas. En los concilios o ministerios tenemos a esos líderes que ladran para cuidar la doctrina, la dogmática y la institución. Y en las Juntas tenemos aquellos y aquellas que ladran cuidando la misma. ¡Y hacen mucha falta!

Pero tenemos a otros que ladran para ahuyentar a gente buena, para intimidar a aquellos que desean servir en la obra. Que ladran para proteger su propio patio. Que con sus ladridos hacen mucho daño. Y de poder morderían a cualquiera. Muerden a visionarios. Muerden a soñadores. Muerden a emprendedores. Muerden a ungidos del Espíritu Santo.

c) Los perros hambrientos. En Isaías se describe el abuso económico de los dirigentes políticos para con el pueblo o constituyentes:

«Ustedes, jefes de mi pueblo, son como perros hambrientos que nunca se llenan. Son gente que no entiende nada, cada uno va por su camino, siempre detrás de sus ganancias» (Is. 56:11, TLA).

2. Los perros representan insulto

a) El gigante Goliat y David: «Y dijo el filisteo a David: ¿Soy yo perro, para que vengas a mí con palos? Y maldijo a David por sus dioses» (1 Sam. 17:43).

Goliat cuando vio a David con la vara y el cayado, se sintió despreciado. Era un hombre de guerra, un paladín filisteo, la última arma destructiva filistea, y delante tenía a un joven pastor con palos, allí en el valle de Ela que he visitado en Israel.

¡Dios lo estaba humillando! A Goliat le envió a un guerrero que no parecía guerrero. Pero que estaba fuertemente armado con una honda y un zurrón con cinco piedras lisas meticulosamente escogidas del arroyo. Eran sus armas para ese combate y no aquellos «palos» que le vio el gigante. El arma secreta de David era invisible, lo era el poder de Dios que teledirigiría aquel pequeño misil rocoso, para dar en la frente bien protegida del filisteo.

b) El general Abner de Israel: «Y se enojó Abner en gran manera por las palabras de Is-boset, y dijo: ¿Soy yo cabeza de perro que pertenezca a Judá? Yo he hecho hoy misericordia con la casa de Saúl tu padre, con sus hermanos y con sus amigos, y no te he entregado en mano de David; ¿y tú me haces hoy cargo del pecado de esta mujer?» (2 Sam. 3:8).

Abner, ante la falsa acusación de Is-boset, rey de Israel, que no valoró a su subalterno principal, su general heroico, hizo que este se sintiera como «cabeza de perro».

Is-boset acusó a Abner de haber fornicado con Rizpá, mujer de Saúl: «Y había tenido Saúl una concubina que se llamaba Rizpá, hija de Ajá; y dijo Is-boset a Abner: ¿Por qué te has llegado a la concubina de mi padre?» (2 Sam. 3:7).

3. Los perros son figura de baja estima

«Y vino Mefi-boset, hijo de Jonatán hijo de Saúl, a David, y se postró sobre su rostro e hizo reverencia. Y dijo David: Mefi-boset. Y él respondió: He aquí tu siervo. Y le dijo David: No tengas temor, porque yo a la verdad haré contigo misericordia por amor de Jonatán tu padre, y te devolveré todas las tierras de Saúl tu padre; y tú comerás siempre a mi mesa. Y él inclinándose, dijo: ¿Quién es tu siervo, para que mires a un perro muerto como yo?» (2 Sam. 9:6-8).

El príncipe Mefi-boset, que vivía escondido en el Lodebar, con temor de ser descubierto, y quizá ser muerto por ser nieto del difunto Saúl, fue localizado por el rey David.

Mefi-boset ante David, con una baja estima, un sentimiento de auto-rechazo, vestido con una túnica de temores, le expresó un interrogante a David: «¿Quién es tu siervo, para que mires a un perro muerto como yo?». Él se veía como un perro rechazado y peor aún, un perro muerto. ¡Era un muerto en vida! Y son muchos los muertos en vida que están por ahí.

Pero David que tenía alta su estima, ayudó a Mefi-boset con una estima por el suelo. Jóvenes con juventud, pero con baja estima. Mujeres hermosas, que se sienten feas, por la baja estima. Empresarios exitosos, que se sienten fracasados, tienen baja estima. Pastores bendecidos también con baja estima. Si sufres de baja estima, acércate a alguien de alta estima para que te motive.

4. El nombre Caleb significa «perro»

Caleb Ben Jefone y Oseas Ben Nun (Josué llamado por Moisés), fueron dos de los doce espías que fueron a explorar a Canaán (Nm. 13:1-14), y llegaron a Hebrón, y de allí trajeron un racimo de uvas, granadas e higos (Nm. 13:21-24). El nombre de Caleb en hebreo «Kaleb» significa «perro», «impetuoso» o «temerario». Se le conocía también como «el quenezeo» (Nm. 32:12; Jos. 14:6.14). (*Gran Diccionario Enciclopédico de la Biblia*, Editor Alfonso Ropero Berzosa, Editorial CLIE, 2013).

A la edad de 85 años reclamó la promesa territorial que le correspondía a él y sus descendientes:

> «Ahora bien, Jehová me ha hecho vivir, como él dijo, estos cuarenta y cinco años, desde el tiempo que Jehová habló estas palabras a Moisés, cuando Israel andaba por el desierto; y ahora, he aquí, hoy soy de edad de ochenta y cinco años. Todavía estoy tan fuerte como el día que Moisés me envió; cual era mi fuerza entonces, tal es ahora mi fuerza para la guerra, y para salir y para entrar. Dame, pues, ahora este monte, del cual habló Jehová aquel día; porque tú oíste en aquel día que los anaceos están allí, y que hay ciudades grandes y fortificadas. Quizá Jehová estará conmigo, y los echaré, como Jehová ha dicho» (Jos. 14:10-12).

Caleb fue el perro hebreo, fuerte, valiente, decidido, que a un ya viejo ladraba, y estaba dispuesto a morder a sus enemigos, aunque fueran los cuatro gigantes de Quiriat-arba (Nm. 13:22): «Mas el nombre de Hebrón fue antes Quiriat-arba; porque Arba fue un hombre grande entre los anaceos. Y la tierra descansó de la guerra» (Jos. 14:15).

5. Los perrillos representan esperanza

a) La mujer que quería migajas de perrillos: «Entonces ella vino y se postró ante él, diciendo: ¡Señor, socórreme! Respondiendo él, dijo: No está bien tomar el pan de los hijos, y echarlo a los perrillos. Y ella dijo: Sí, Señor; pero aun los perrillos comen de las migajas que caen de la mesa de sus amos. Entonces respondiendo Jesús, dijo: Oh mujer, grande es tu fe; hágase contigo como quieres. Y su hija fue sanada desde aquella hora» (Mt. 15:25-28).

Una mujer cananea (Mt. 15:22) o sirofenicia, llegó rogando al Maestro por su hija atormentada, pero al no responderle Jesús, sus discípulos le dijeron a este que la despachara (Mt. 15:23).

Ella no tomó negativamente el rechazo o despido de los discípulos, ni el silencio del Maestro, como una puerta cerrada, como un favor no concedido, su necesidad la hacía mirar más allá de cualquier «no».

Tampoco aceptó que a ella no se le pudiese dar el pan de los hijos, comparándola con «perrillos». Él no la llamó «perra», ni «perrilla». El Gran Maestro siempre fue muy respetuoso al tratar con gente buena.

«Y ella dijo: Sí, Señor; pero aun los perrillos comen de las migajas que caen de la mesa de sus amos. Entonces respondiendo Jesús, dijo: Oh mujer, grande es tu fe; hágase contigo como quieres. Y su hija fue sanada desde aquella hora» (Mt. 15:27-28).

A ella no le importó el argumento de los «perrillos», que le recordaba como los judíos, los llamados «ovejas», veían la clase gentil como una clase de perros. Una opinión social de discriminación, no le cortaría su milagro. Y ella estuvo dispuesta a comerse las libres «migajas» que se caían de la mesa. Y Jesús al ver esa fe tan grande, la honró con el milagro de un pan completo.

b) El perro con esperanza: «Aún hay esperanza para todo aquel que está entre los vivos; porque mejor es perro vivo que león muerto» (Ecl. 9:4).

Entre el león, rey de la selva y un perro rechazado, se prefería mil veces al león. Pero el sabio dijo que era mejor un perro vivo, que un león muerto. Si estamos con vida, todavía tenemos esperanza.

5. Los perros que lamen heridas

«Había también un mendigo llamado Lázaro, que estaba echado a la puerta de aquél, lleno de llagas, y ansiaba saciarse de las migajas que caían de la mesa del rico; y aun los perros venían y le lamían las llagas» (Lc. 16:20-21).

Esta referencia de los perros al lamer las llagas de aquel hombre, lo puedo ver de dos maneras:

a) La acción positiva. Los perros al lamer las heridas de Lázaro, el mendigo, el abandonado, el deambulante, le traían alivio. Un fuerte sentimiento atrae a los animales a personas significativas y lo expresan al lamer alguna herida.

b) La acción negativa. Los perros lamiendo sus llagas, le causaban muchas molestias, que indefenso para protegerse, estaba a la merced de los mismos.

Sea como sea hay tiempos de ministrar a aquellos que han sido heridos, y hay tiempos de dejarles su espacio, para que se recuperen a sí mismos. La misión de la iglesia es la de llevar salud a los heridos, curar a los llagados y levantar a los caídos.

7. El perro y lo que representa espiritualmente

a) Los perros que no hacen caso del evangelio: «No deis lo santo a los perros, ni echéis vuestras perlas delante de los cerdos, no sea que las pisoteen, y se vuelvan y os despedacen» (Mt. 7:6).

En la Traducción En Lenguaje Actual se dice: «No den a los perros las cosas que pertenecen a Dios, ni echen delante de los cerdos lo que para ustedes es más valioso. Los cerdos no sabrán apreciar su valor, y los perros pueden morderlos a ustedes».

b) Los perros que son malos obreros: «Guardaos de los perros, guardaos de los malos obreros, guardaos de los mutiladores del cuerpo. Porque nosotros somos la circuncisión, los que en espíritu servimos a Dios y nos gloriamos en Cristo Jesús, no teniendo confianza en la carne» (Fil. 3:2-3).

La Traducción En Lenguaje Actual en Filipenses. 3:2-4, lee: «¡Cuídense de esa gente despreciable y malvada, que los quiere circuncidar! Los verdaderos circuncidados somos nosotros, los que guiados por el Espíritu adoramos a Dios y estamos orgullosos de pertenecer a Jesucristo. Nosotros no creemos que podamos hacer nada para salvarnos. Si la salvación dependiera de la circuncisión, yo podría sentirme más orgulloso que cualquiera».

Los perros eran los malos obreros, que predicaban la circuncisión. Cuando Pablo de Tarso hablaba de la circuncisión, lo hacía en términos espirituales, para enfatizar esa salvación que no dependía de la circuncisión, sino de la guía del Espíritu Santo.

c) Los perros excluidos de la nueva Jerusalén: «Mas los perros estarán fuera, y los hechiceros, los fornicadores, los homicidas, los idólatras, y todo aquel que ama y hace mentira» (Apoc. 22:15).

En la Nueva Traducción Viviente de la Biblia se pone claro el sentido de este pasaje: «Fuera de la ciudad están los perros: los que practican la brujería, los que cometen inmoralidades sexuales, los asesinos, los que rinden culto a ídolos, y todos a los que les encanta vivir una mentira» (Apoc. 22:15).

Aquí la palabra «perros» («kyon» en griego) es alusivo a quienes practicaban la prostitución femenina y masculina en los santuarios paganos. Y ahora puede ser alusivo a cualquiera que practica cualquier clase de perversión sexual y pretende profesar el culto a Dios.

Este pasaje del Apocalipsis parece estar contextualizado en Deuteronomio 23:17-18 que lee: «No haya ramera de entre las hijas de Israel, ni haya sodomita de entre los hijos de Israel. No traerás la paga de una ramera, ni el precio de un perro a la casa de Jehová tu Dios por ningún voto; porque abominación es a Jehová tu Dios tanto lo uno como lo otro».

8. El perro puede representar a varias clases de creyentes

Hace milenios los perros fueron domesticados y entrenados para realizar diferentes funciones y servicios al ser humano. La fidelidad y lealtad hacia sus dueños los destaca entre todos los mamíferos.

a) El perro «ovejero». Este perro ayuda a los pastores de ovejas a realizar su labor pastoral. Sus funciones: Reúne a las ovejas. Regresa al grupo a las ovejas que se entretienen y se alejan del grupo o se quedan retrasadas. Ladran cuando ven al lobo o coyote acercándose o vigilando a las ovejas.

b) El perro «chihuahua». Estos son perros de poco tamaño. Pero actúan y se sienten como que son grandes perros. Atacan y se enfrentan a perros mayores, y muchas veces salen muy lastimados. Así hay creyentes que se creen ser más de lo que en realidad son.

c) El perro «yorkie». Su nombre verdadero es **«Yorkshire Terrier»**. Mi esposa Rosa y mi hija Aimee Rebeka, poseen dos Yorkies llamados Julio César y Leónidas. Son perros pequeños y muy cariñosos. Exigen demasiado cuidado, les gusta estar siempre metiéndose a la habitación del dueño o la dueña. Muchos creyentes son así, les gusta que los consientan mucho y se meten sin permiso a la oficina del pastor.

d) El perro «german shepperd». Son perros de origen alemán. Adolfo Hitler tenía una German Shepperd llamada «Blondie», estuvo con él hasta el final. Todos recordamos al famoso «Rin Tin Tin», una estrella de televisión en los 1950 y posteriormente con diferentes German Shepperds.

Estos perros tienen un testimonio muy antiguo de pastorear. Hoy día, nada los relaciona con esa historia pastoril en muchos lugares. Son muchos los creyentes que viven de un pasado que no es ya presente.

Los «German Shepperds» han sido promovidos históricamente como «Perros Policías». Hacen muy bien su trabajo. Conozco a «Samantha», una «German Shepperd», muy hermosa que pertenece a mis amigos los pastores Tony y Ligia Padilla. Y en las congregaciones tenemos que dar gracias a Dios, por esos hermanos y hermanas que son policías espirituales.

e) El perro «pittbull». En los «Little Rascals» salía «Pete» un **«American Pittbull Terrier»** como estrella del cine. Si se cría bien al «Pittbull», no es peligroso. Pero cuando se le maltrata y abusa, se vuelve muy peligroso y hace daño. A muchos creyentes se les ha dañado espiritualmente, y algunos se vuelven «Bullies Espirituales», aplicando el mismo daño a otros creyentes.

f) El perro «collie». La famosa y hermosa «Lassie» es bien recordada con su amiguito de televisión. Muchas veces se vio envuelta en aventuras por causa de su pequeño «jefe». Y como «Lassie», hay creyentes siempre metiéndose en líos por causa de alguien a quien aman, respetan y obedecen.

g) El perro «poodle». Es el aparentemente rico de la familia de los perros. Se le tiene que llevar para la «manicura», se le ponen lazos, no se les deja estar cerca de otros perros para que ninguna «pulga del mundo» se les pegue. Se ven muy orgullosos y separatistas. Su ladrido es muy fino.

h) El perro «bulldog». Tiene un porte de mafioso. Es demasiado serio. Intimida con su rostro, con sus ojos, sus mandíbulas algo caídas y con un ronco ladrido. Por naturaleza rechaza y es rechazado. Pero muchos son nobles y cariñosos, si se les busca la vuelta. A muchos creyentes no se les puede prejuiciar por su apariencia, hay que darles la oportunidad de darse a querer y de querer.

i) El perro «bóxer». Parece un boxeador. Y su nombre le sienta muy bien. Se le asocia con el «Bulldog», y a ambos con el juego de azar, cervezas y cigarros. Si se le enseña bien es muy pacífico, leal a su amo. Si se le molesta mucho es mejor alejarse de su lado. Sabe molestar cuando se le molesta.

j) El perro «labrador». Estos hermosos perros, que no intimidan a nadie, que su presencia se disfruta al verlos en los aeropuertos, son altamente valiosos. Su trabajo es olfatear lo que se trae por contrabando o escondido, desde frutas, carnes, hasta diferentes tipos de drogas. Su olfato y entrenamiento, la manera tan elegante como realizan su trabajo, hace de ellos unos excelentes «detectives».

Mi sobrino Rolando supervisa la Unidad de Oficiales Caninos de Puerto Rico y me ha enseñado tanto de estos caninos y de los «German Shepperds» en su función de descubrir narcóticos, frutas y armas de fuego, que uno se queda asombrado. En las congregaciones tenemos a creyentes que con el don de sabiduría y el don de discernimiento, descubren aquellas manchas ocultas en las personas.

k) El perro «cazador». Se incluyen algunas clases, desde el «Sabueso», «El Pointer», «El Cobrador». Deben ser de buen instinto, de mucha osadía que enfrente toda adversidad, poseer mucha fuerza, tener un excelente olfato, dado a mucho ladrar, extremadamente valiente y de tamaño que imponga respeto.

Los creyentes cazadores son determinados, incansables, sacan fuerzas de donde nos las tienen, olfatean las bendiciones, no se dejan intimidar por los gigantes que se le presentan.

l) El perro «guía». Es entrenado para ayudar a minusválidos, como los no videntes. Saben cuando andar y cuando parar. Entre ellos y su amo, se desarrolla una simbiosis conectada por la lealtad de los perros y el cariño de sus dueños.

El perro «sato». Este es el perro mezclado de razas. No tiene «pedigrí» de pureza. En él se notan rasgos mestizos. Se le apoda como el **«Perro Callejero».** Realicé algunas visitas al Faro «A Colón», monumento y museo dedicado a Cristóbal Colón, donde se tienen sus restos, que conmemoró los 500 años del Descubrimiento y Evangelización de América, levantado en Santo Domingo, República Dominicana (1992). Allí dentro, pude ver una estatua en bronce donada por un escultor puertorriqueño, y se le nombra **«El Perro Sato».**

Muchos perros satos, que no son de raza, se han criado solos en las calles. Otros perros de raza han sido abandonados por antiguos dueños, y tienen que aprender a vivir en las calles y a pelear si es necesario. Gustan de andar en pandillas y siempre tienen un «jefe». Los atrapadores de perros, siempre andan al acecho para meterlos en «la perrera».

Me recuerdan a todos aquellos que viven en el mundo sin dueño y sin amo. No tienen identidad completa. Son abusados y maltratados por sus homólogos y por otros que no gustan de ellos. Jesús es la esperanza y el cambio que el mundo necesita.

«Si los perros ladran, Sancho, es señal de que cabalgamos». Una expresión registrada por el poeta Rubén Darío, y atribuida a Sancho Panza el escudero de Don Quijote de la Mancha. Un proverbio turco muy antiguo dice: «Los perros ladran, pero la caravana avanza».

Olfgang Von Goethe, publicó en el año 1808, el poema titulado 'Ladran' (Kläffer), y él mismo lee:

En busca de fortuna y de placeres
Más siempre atrás nos ladran,
Ladran con fuerza…
Quisieran los perros del potrero
Por siempre acompañarnos
Pero sus estridentes ladridos
Solo son señal de que cabalgamos.

La realidad es que ese refrán, no se encuentra en el clásico *Don Quijote de la Mancha* escrito por Miguel de Cervantes Saavedra. Sí se encuentra en un contexto que dio nacimiento al proverbio.

En el Libro I Cap. IX de *Don Quijote de la Mancha* solo se registra: «Medianoche era por filo, poco más a menos, cuando don Quijote y Sancho dejaron el monte y entraron en el Toboso. Estaba el pueblo en un sosegado silencio, porque todos sus vecinos dormían y reposaban a pierna tendida, como suele decirse. Era la noche entreclara, puesto que quisiera Sancho que fuera del todo oscura, por hallar en su oscuridad disculpa de su sandez. No se oía en todo el lugar, sino ladridos de perros, que atronaban los oídos de don Quijote y turbaban el corazón de Sancho».

Conclusión

«Penetró una zorra en un rebaño de corderos, y arrimando a su pecho a un pequeño corderillo, fingió acariciarle. Llegó un perro de los que cuidaban el rebaño y le preguntó: –¿Qué estás haciendo? –Le acaricio y juego con él –contestó con cara de inocencia–. –¡Pues suéltalo enseguida, si no quieres conocer mis mejores caricias!».

Moraleja: «Al no preparado lo delatan sus actos. Estudia y aprende con gusto y tendrás éxito en tu vida» (*Fábulas de Esopo*, 2011).

13
Cuidándonos de las zorras

Cantares 2:15, RVR 1960

«Cazadnos las zorras, las zorras pequeñas, que echan a perder las viñas; porque nuestras viñas están en cierne».

Introducción

En las Sagradas Escrituras la figura de las zorras se emplea de manera negativa, a manera de tener cuidado, de cuidarse de los falsos profetas, de no hacerle caso a aquellos que se quieren burlar de uno, de saber que tienen guaridas, y de estar prevenidos del daño que nos puedan hacer.

El término hebreo «shû'āl» se traduce en ocasiones como «zorro» o «chacal». Y de ahí la opción de los traductores bíblicos. Un ejemplo es Ezequiel 13:3-4. Unas versiones traducen «zorras» (RV-60, LBL, DHH). Otras versiones traducen «chacal» (NVI, NTV, TLA).

El zorro es considerado un mamífero muy astuto, y su mención se aplica a individuos que operan y hablan con mucha astucia. En la Palestina abunda el zorro rojo. El nombre de zorro o zorra se usa intercambiablemente para referirse a ambos.

La serie televisiva «El Zorro» fue muy popular en los años 50 y 90. Y aun, todavía versiones posteriores han sido bien recibidas. Los chicos y chicas se fascinaban cuando el personaje de El Zorro, con agilidad, movía la espada y hacia la 'Z' de «El Zorro».

1. Las zorras que atacan las viñas

«Las zorras pequeñas causan daño a nuestras viñas. ¡Ayúdennos a atraparlas, pues nuestras viñas están en flor!» (Ct. 2:15, TLA).

Las viñas, aunque con referencia literal, figurativamente pueden representar áreas en nuestras vidas como:

a) La viña del matrimonio. Esas zorras quieren devorar del matrimonio las frutas de amor, de comprensión, de perdón. Si se dejan meterse en el matrimonio arruinarán muchas cosas.

b) La viña de la familia. Esas zorras atacan las plantas de valores, principios, respeto familiar, consideraciones mutuas. La familia se debe moldear conforme a la tradición hebrea-cristiana. En un mundo sin Dios, se puede vivir con Dios.

c) La viña del trabajo. Cuando se meten esas zorras, somos una cosa en el trabajo y otra en la casa. Allí, trabajando podemos ser ilustraciones a colores del evangelio de Jesucristo. ¡Nunca se avergüence de dar testimonio de Jesucristo, para que Jesucristo no tenga que avergonzarse de usted! ¡Hónrelo a Él, y Él lo honrará a usted!

«Si alguno se avergüenza de mí y de mis enseñanzas, entonces yo, el Hijo del Hombre, me avergonzaré de esa persona cuando venga con todo mi poder, y con el poder de mi Padre y de los santos ángeles» (Lc. 9:26, TLA).

«Delante de esta gente malvada que rechaza a Dios, no se avergüencen de mí ni de mis palabras. Si lo hacen, yo, el Hijo del Hombre, me avergonzaré de ustedes cuando venga con el poder de mi Padre y con sus ángeles» (Mc. 8:38, TLA).

d) La viña del ministerio. Esas zorras se comen la integridad ministerial. Se predican sermones que no se creen, ni se viven, por quien los expone. El altar de Dios se ha llenado de muchos actores religiosos, que merecen un buen premio de «Óscar» por «Mejor Actor Religioso» y «Mejor Actriz Religiosa».

Aunque el agua de la Palabra de Dios sale siempre limpia, algunos vasos que la comparten podrían estar sucios. La Palabra de Dios no se puede ensuciar, es anti-suciedad. Mucha gente no cree a causa de aquellos que predican algo que no creen.

e) La viña de la Congregación. Cuando las zorras se meten en las congregaciones, ya no se respeta a los pastores. El humo contaminado del mundo mina a la Congregación. Aunque somos iglesia, no parecemos iglesia. Tenemos que aprender a ser más iglesia. En el mundo se está haciendo difícil identificar a la iglesia. La iglesia no se parece a la iglesia. En algunas congregaciones el mundo se está pareciendo a la iglesia (dejo ver la diferencia entre Iglesia e iglesia).

Pongamos trampas para que las zorras, que trabajan sigilosamente, no se infiltren en nuestras viñas. ¡Levantemos vallados! Atemos a las zorras por las colas como hizo Sansón, y pongámosle teas de fuego en sus colas: «Y fue Sansón y cazó trescientas zorras, y tomó teas, y juntó cola con cola, y puso una tea entre cada dos colas. Después, encendiendo las teas, soltó las zorras en los sembrados de los filisteos, y quemó las mieses amontonadas y en pie, viñas y olivares» (Jue. 15:4-5).

2. Las zorras que son profetas falsos

«Así ha dicho Jehová el Señor: ¡Ay de los profetas insensatos, que andan en pos de su propio espíritu, y nada han visto! Como zorras en los desiertos fueron tus profetas, oh Israel» (Ez. 13:3-4).

a) Aquí se habla de «profetas insensatos»: La Traducción En Lenguaje Actual, los describe como: «¡Pobres profetas, qué tontos son ustedes!». Muchos juegan con el don de profeta o profetisa. Ese don es el muñeco o la muñeca de muchos.

b) Aquí se habla de profetas «que andan en pos de su propio espíritu». La Traducción En Lenguaje Actual, dice: «Yo no les he dado ningún mensaje». Son muchos los profetas que andan declarando cosas que el Espíritu Santo nunca reveló a su espíritu. Andan relajando con Dios.

c) Aquí se habla de profetas que «nada han visto»: La Traducción En Lenguaje Actual, dice así: «Ustedes inventan sus mensajes». ¿Cuántos mensajes inventados se nos están dando? ¡Son profetas del entretenimiento!

En Ezequiel 13:6-7 se nos dice: «Todo lo que ustedes anuncian es mentira; es solo producto de su imaginación. Aseguran que hablan de mi parte, pero eso es mentira: yo nunca les he pedido que hablen por mí. ¿Y todavía esperan que se cumplan sus palabras? (TLA).

En Ezequiel 13:10 se añade: «Todo esto les sucederá por haber engañado a mi pueblo; por haberle asegurado que todo estaba bien, cuando en realidad todo estaba mal. Sus mentiras son como una pared de piedras pegadas con yeso. ¡Y esa pared se vendrá abajo!» (TLA).

A esos profetas los comparó Dios con las «zorras en los desiertos». Estos animales cuando no tienen comida, escarban entre las piedras en busca de algo. Estos profetas no tenían ningún mensaje de parte de Dios para el pueblo.

3. Las zorras burlonas de Nehemías

«Cuando oyó Sanbalat que nosotros edificábamos el muro, se enojó y se enfureció en gran manera, e hizo escarnio de los judíos. Y habló delante de sus hermanos y del ejército de Samaria, y dijo: ¿Qué hacen estos débiles judíos? ¿Se les permitirá volver a ofrecer sus sacrificios? ¿Acabarán en un día? ¿Resucitarán de los montones del polvo las piedras que fueron quemadas? Y estaba junto a él Tobías amonita, el cual dijo: Lo que ellos edifican del muro de piedra, si subiere una zorra lo derribará» (Neh. 4:1-3).

Sanbalat ante el avance del muro que Nehemías edificaba, se burló de él y de los judíos que trabajaban. Les dijo que ese muro estaba tan mal hecho, que aun una zorra lo podía echar abajo. La verdadera zorra era Sanbalat.

Un águila y una zorra que eran muy amigas decidieron vivir juntas con la idea de que eso reforzaría su amistad. Entonces el águila escogió un árbol muy elevado para poner allí sus huevos, mientras que la zorra soltó a sus hijos bajo unas zarzas sobre la tierra al pie del mismo árbol.

Un día que la zorra salió a buscar su comida, el águila, que estaba hambrienta cayó sobre las zarzas, se llevó a los zorruelos, y entonces ella y sus crías se regocijaron con un banquete. Regresó la zorra y más le dolió el no poder vengarse, que saber de la muerte de sus pequeños; ¿Cómo podría ella, siendo un animal terrestre, sin poder volar, perseguir a uno que vuela? Tuvo que conformarse con el usual consuelo de los débiles e impotentes: maldecir desde lejos a su enemigo.

Mas no pasó mucho tiempo para que el águila recibiera el pago de su traición contra la amistad. Se encontraban en el campo unos pastores sacrificando una cabra; cayó el águila sobre ella y se llevó una víscera que aún conservaba fuego, colocándola en su nido. Vino un fuerte viento y transmitió el fuego a las pajas, ardiendo también sus pequeños aguiluchos, que por pequeños aún no sabían volar, los cuales se vinieron al suelo. Corrió entonces la zorra, y tranquilamente devoró a todos los aguiluchos ante los ojos de su enemiga.

Moraleja: Nunca traiciones la amistad sincera, pues si lo hicieras, tarde o temprano del cielo llegará el castigo (*Fábulas de Esopo*, Editado por Ronald Quintana P., 2011).

4. Las zorras tienen guaridas

A Jesús de continuo se le sumaban seguidores, y muchos de ellos deseaban ser sus discípulos. Y a continuación veremos como Él les respondía ante las excusas presentadas.

a) El llamado de Jesús no garantiza comodidad: «Yendo ellos, uno le dijo en el camino: Señor, te seguiré adondequiera que vayas. Y le dijo Jesús: Las zorras tienen guaridas, y las aves de los cielos nidos; mas el Hijo del Hombre no tiene dónde recostar la cabeza» (Lc. 9:57-58).

Este primer aplicante se comprometió a seguir al Maestro «adondequiera» que él fuera. Jesús lo confrontó no con una expectativa positiva, sino con una realidad. ¡No le garantizaba comodidad, porque ni aún Él la tenía! Y no se podía comparar con las zorras que tenían guarida y las aves nidos, Él no era propietario de nada.

b) El llamado de Jesús es sin demoras: «Y dijo a otro: Sígueme. Él le dijo: Señor, déjame que primero vaya y entierre a mi padre. Jesús le dijo: Deja que los muertos entierren a sus muertos; y tú ve, y anuncia el reino de Dios» (Lc. 9:59-60).

Al segundo aplicante lo invitó a seguirlo. Este pidió licencia sabática. Tenía que enterrar a su padre. Los judíos hacían dos ceremonias funerarias: La primera cuando fallecía la persona, y era enterrarlo rápidamente, en una procesión con las plañideras llorando. La segunda ceremonia era al cumplirse el año, cuando ya los huesos estaban libres de la descomposición y listos para el osario, que se preparaba con el tamaño del fémur de una de las piernas.

Es probable, que Jesús en su respuesta al peticionario, se refiera a la segunda ceremonia. Y por eso le dijo: «Deja que los muertos entierren a sus muertos; y tú ve, y anuncia el reino de Dios».

c) El llamado de Jesús es con prontitud: «Entonces también dijo otro: Te seguiré, Señor; pero déjame que me despida primero de los que están en mi casa. Y Jesús le dijo: Ninguno que poniendo su mano en el arado mira hacia atrás, es apto para el reino de Dios» (Lc. 9:61-62).

Un tercer aplicante demostró la voluntad de seguirlo, pero pidió permiso para irse a despedir de la familia. Jesús, quizá viendo en él un futuro descarriado, le exhortó: «Ninguno que poniendo su mano en el arado mira hacia atrás, es apto para el reino de Dios».

5. El zorro que atacó a Jesucristo

«Él les contestó: –Vayan y díganle a ese zorro: 'Mira, hoy y mañana seguiré expulsando demonios y sanando a la gente, y al tercer día terminaré lo que debo hacer'. Tengo que seguir adelante hoy, mañana y pasado mañana, porque no puede ser que muera un profeta fuera de Jerusalén» (Lc. 13:32-33, NVI).

«Unos fariseos de los buenos, simpatizantes del ministerio de Jesús, le sobreavisaron que dejara ese lugar, Herodes lo quería matar» (Lc. 13:31). Muchos fariseos fueron amigos y simpatizantes del ministerio mesiánico de Jesús de Nazaret.

Y Jesús reaccionó y llamó a Herodes Antipas, hijo de Herodes El Grande, diciendo: «Vayan y díganle a ese zorro…». ¿Por qué comparó a Herodes con un zorro y no con otro animal? Era la manera cultural de referirse en los días de Jesús a una persona que la gente no quería. Alguien que se comportaba con mucha astucia. Y llamarlo zorro era ponerlo por debajo de un león, de un leopardo o pantera.

Este era Herodes «Antipas». El reino de Herodes «El Grande», después de su muerte fue dividido en tetrarquías, repartidas entre sus hijos. A Herodes Antipas le tocó la tetrarquía de la Galilea con la Perea, escenario del ministerio de Jesús de Nazaret.

César Augusto, emperador romano, lo puso en la posición en el 4 a.C. Y en el año 17 d.C. edificó la ciudad romana de Tiberias (nombre que permanece hasta hoy y le da nombre al lago de Tiberiades) en honor a César Tiberio, construyendo esta capital sobre una parte de un cementerio judío. Los judíos de la época de Jesús no pasaban por Tiberias o Tiberiades, al igual que por Samaria. Ni el mismo Jesús, visitó esa ciudad que era inmunda.

Es el mismo Herodes que se casó con Herodías, la esposa de su hermano Herodes Filipo, al que reprendió Juan El Bautista, y que le costó su cabeza. Referirse Jesús a Herodes como «esa zorra», era una manera despectiva de compararlo no con las buenas cualidades de este animal, sino compararlo con la clasificación que la ley le daba como animal inmundo.

Y Jesús envió un mensaje claro para Herodes Antipas, porque ya tenía una agenda establecida para los próximos tres días: «Que hoy y mañana estaré expulsando demonios y curando a los enfermos, y que el tercer día ya habré terminado». Debemos tener siempre una agenda, para saber que haremos hoy, mañana y pasado mañana.

En el juicio de la pasión de Jesús de Nazaret, este fue el mismo Herodes que lo interrogó (Lc. 23:6-9). Se nos dice en el relato lucanino: «Cuando Herodes vio a Jesús, se puso muy contento, porque hacía tiempo que quería conocerlo.

Había oído hablar mucho de él, y esperaba verlo hacer un milagro. Le hizo muchas preguntas, pero Jesús no respondió nada» (Lc. 23:8-9, TLA).

Mi amigo, el pastor y autor, el Dr. Vladimir Rivas, comenta: «Viendo la reacción de Herodes, nos damos cuenta que se alegra de ver a Jesús y esto es un poco desconcertante, porque también hay gente hoy día que se alegran y se entusiasman cuando conocen a Jesús, pero luego se desmotivan y no cambian su manera de actuar, no se convencen ante la verdad» (*La Grandeza Oculta de Ser Segundo*, Editorial COMPAZ, 2015, p. 55).

Cansado y viejo el rey león, se quedó enfermo en su cueva, y los demás animales, excepto la zorra, lo fueron a visitar. Aprovechando la ocasión de la visita, acusó el lobo a la zorra expresando lo siguiente: «'Ella no tiene por nuestra alteza ningún respeto, y por eso ni siquiera se ha acercado a saludar o preguntar por su salud'.

En ese preciso instante llegó la zorra, justo a tiempo para oír lo dicho por el lobo. Entonces el león, furioso al verla, lanzó un feroz grito contra la zorra; pero ella, pidió la palabra para justificarse, y dijo: 'Dime, de entre todas las visitas que aquí tenéis, ¿quién te ha dado tan especial servicio como el que he hecho yo, que busqué por todas partes médicos que con su sabiduría te recetaran un remedio ideal para curarte, encontrándolo por fin?'.

–¿Y cuál es ese remedio?, dímelo inmediatamente. Ordenó el león. 'Debes sacrificar a un lobo y ponerte su piel como abrigo', respondió la zorra. Inmediatamente el lobo fue condenado a muerte, y la zorra, riéndose exclamó: 'Al patrón no hay que llevarlo hacia el rencor, sino hacia la benevolencia'».

Moraleja: Quien tiende trampas para los inocentes, es el primero en caer en ellas (*Fábulas de Esopo*, 2011).

Conclusión

Tenemos que cuidarnos de las zorras que son dañinas. Estas llegan para destruir nuestras viñas y acabar con nuestros sembrados. ¡Ojo a la zorra!

14
Desatendidos como mulos

Salmo 32:9, RVR 1960

«No seáis como el caballo, o como el mulo, sin entendimiento, que han de ser sujetados con cabestro y con freno, porque si no, no se acercan a ti».

Salmo 32:9, TLA

«Los mulos y los caballos son tercos y no quieren aprender; para acercarse a ellos y poderlos controlar, hay que ponerles rienda y freno. ¡No seas tú como ellos!».

Introducción

Los mulos son híbridos, resultado embriónico del cruce entre un asno o burro con una yegua o una asna o burra y con un caballo. Y por lo tanto no llegan a reproducirse. El nombre latino de «mulus» se refiere a dos especies distintas. Son de menor tamaño que los caballos, menos rápidos. Pero se caracterizan por la gran fuerza y resistencia que logran tener por ese cruce contra natura.

El término mulo proviene del latín «mulus» y originalmente era usado para referirse a cualquier descendiente de dos especies diferentes. La mula o mulo de una yegua y un burro, es de mayor tamaño, tiene más fuerza y es preferida para la crianza. Al cruce de un caballo y una burra se le conoce como «burdégano».

En la antigüedad eran muy cotizados, al igual que en tiempos modernos. Tal parece que su uso es introducido bajo el reinado de David. A Absalón, el hijo rebelde de David, se le enredó su largo cabello en un arbusto, huyendo de Joab y su ejército, montado sobre un mulo (2 Sam. 18:9). Al rey Salomón por orden del anciano rey, lo montaron sobre una mula del rey David, para que el sacerdote Sadoc lo ungiera como rey (1 R. 1:38).

1. La aplicación de los mulos sin entendimiento

a) Los mulos no tienen entendimiento: «No seáis como el caballo, o como el mulo, sin entendimiento...» (RVR, 1960). La Traducción En Lenguaje Actual rinde: «Los mulos y los caballos son tercos y no quieren aprender...».

¿Cuántos mulos y mulas conocemos muchas veces y tratamos con ellos? Las personas sin entendimiento, son tercas, no quieren aprender, no son enseñables. Prefieren quedarse en lo mismo de siempre, aquello que para ellos es manejable, y que no representa ninguna amenaza para su seguridad emocional y su estabilidad religiosa.

b) Los mulos deben ser sujetos para que obedezcan: «... Que han de ser sujetados con cabestro y con freno....». La Palabra de Dios nos sujeta como riendas o cabestros. El Espíritu Santo nos conduce a la obediencia, lo cual nos ayuda a vivir una vida de negación y servicio cristiano.

c) Los mulos no buscan acercarse: «... Porque si no, no se acercan a ti». Somos una comunidad cristiana, donde Cristo se ha encarnado en su Iglesia. Como creyentes somos gregarios. No estamos lejos los unos de los otros. Creemos que Cristo está encarnado en las acciones de servicio de la Iglesia.

Una mosca sentada en el palo de una carreta, se dirigió a la mula que la jalaba, diciéndole: –¡Qué lenta que es usted! ¿Por qué no va más rápido? A ver si no la pincho en su cuello con mi picadura. La mula de transporte contestó: –No me interesan sus amenazas; solo pongo atención al que se sienta más arriba de donde está usted, y es quién acelera mi paso con su fusta, o me contiene con las riendas. Váyase lejos, por lo tanto, con su insolencia, ya que sé bien cuando debo ir rápida, y cuando debo ir lenta.

Moraleja: Si conoces tus deberes y sabes hacer bien tu trabajo, no hagas caso a distracciones o insinuaciones ajenas (*Fábulas de Esopo*, 2011).

2. Muchas veces nos sentimos como mulos sin entendimiento

El Salmo 73 es la inspiración que le llegó al músico Asaf. En el mismo él descubre su ser interior, y manifiesta un desahogo emocional. Yo lo llamo el Salmo de la Catarsis Espiritual.

a) El estado del salmista: «Se llenó de amargura mi alma, y en mi corazón sentía punzadas» (Sal. 73:21).

El salmista estaba atravesando por una gran depresión en su vida. En su alma sentía la llenura de la amargura. Cuando uno se llena de amargura, la alegría y el gozo se vacían de uno.

Pero además, el salmista sentía punzadas. Es como si su corazón hubiera latido fuera del ritmo habitual (sístole y diástoles). La amargura es la carcoma del alma. Debe ser tratada o terminará destruyendo el alma. La amargura que se cocina en la mente puede traer reacciones cardíacas.

b) La actitud del salmista: «Tan torpe era yo, que no entendía; era como una bestia delante de ti» (Sal. 73:22).

Se puede decir que se sentía torpe, un poco irracional, como un mulo sin entendimiento. La Traducción En Lenguaje Actual rinde: «He sido muy testarudo; me he portado mal contigo, ¡me he portado como una bestia!».

c) La seguridad del salmista: «Con todo, yo siempre estuve contigo; me tomaste de la mano derecha» (Sal. 73:23).

Eso era lo importante en su vida interior. Estaba seguro que estaba con Dios. Aún más, se sintió tomado por la mano derecha, figura de la buena conducta y la obediencia.

«¿Y no tendré yo piedad de Nínive, aquella gran ciudad donde hay más de ciento veinte mil personas que no saben discernir entre su mano derecha y su mano izquierda, y muchos animales?» (Jon. 4:11).

d) La esperanza del salmista: «Me has guiado según tu consejo, y después me recibirás en gloria» (Sal. 73:24).

Eso es todo lo que el salmista necesitaba en esa crisis de su vida. Dios lo tenía que guiar. Y en nuestras crisis el Señor Jesucristo debe darnos el consejo. Sabemos que algún día, Él personalmente nos recibirá en la gloria. Pero mientras tanto, disfrutaremos su gloria aquí en la tierra.

e) La esperanza del salmista: «¿A quién tengo yo en los cielos sino a ti? Y fuera de ti nada deseo en la tierra» (Sal. 73:25).

Puede que en la tierra nos fallen muchos, nos falle la pareja, nos fallen los hijos, nos falle la familia, nos fallen los amigos, nos fallen los líderes religiosos, nos falle el sistema social y nos fallen las estructuras políticas.

Pero de algo estamos más que seguros, y es que Jesucristo y el Espíritu Santo, jamás nos fallarán. Para el mundo la devaluación, el desempleo, los precios en aumento, el mal manejo económico de la nación, es crisis, para la Iglesia es Cristo. Jesucristo es el mejor aliado y el mejor amigo que un alma rendida pueda tener.

f) La confianza del salmista: «Mi carne y mi corazón desfallecen; mas la roca de mi corazón y mi porción es Dios para siempre» (Sal. 73:26).

Aquí el salmista habla de su entero ser. Su corazón estaba seguro en Dios. Lo que necesitaba su alma se lo daba Dios. Dios es nuestra riqueza y nuestra porción. En Él nos apoyamos y nos sustentamos.

La Traducción En Lenguaje Actual, rinde de manera muy gráfica este pasaje: «Ya casi no tengo fuerzas, pero a ti siempre te tendré; ¡mi única fuerza eres tú!».

Conclusión

Sin Jesucristo somos nada, espiritualmente no tenemos nada. Con Jesucristo somos y lo tenemos todo. Con Él vivimos, con Él morimos, y como dijo el apóstol, somos del Señor.

«Pues si vivimos, para el Señor vivimos; y si morimos, para el Señor morimos. Así pues, sea que vivamos, o que muramos, del Señor somos. Porque Cristo para esto murió y resucitó, y volvió a vivir, para ser Señor así de los muertos como de los que viven» (Rom. 14:8-9).

15
Rapaces como lobos

Mateo 7:15-16.18-20, RVR 1960

«*Guardaos de los falsos profetas, que vienen a vosotros con vestidos de ovejas, pero por dentro son lobos rapaces. Por sus frutos los conoceréis. ¿Acaso se recogen uvas de los espinos, o higos de los abrojos?*
No puede el buen árbol dar malos frutos, ni el árbol malo dar frutos buenos. Todo árbol que no da buen fruto, es cortado y echado en el fuego. Así que, por sus frutos los conoceréis».

Introducción

Dice A. Cabezón Martín: «El lobo palestino es un poco menor que el europeo o asiático, no puede arrastrar un carnero, ni matar a una persona… El lobo palestino no caza en manadas, sino que es solitario, porque encuentra presas fáciles… Aunque pertenece a la familia de los cánidos, no ladra, sino que aúlla…» (*Gran Diccionario Enciclopédico de la Biblia*, Editor Alfonso Ropero, Editorial CLIE, 2013).

Los lobos pueden llegar a vivir entre 6 a 12 años. Marcan territorios con la orina y con glándulas en la planta de las patas. Su territorio oscila entre alrededor de los 300 kilómetros cuadrados. Adapta muy bien la temperatura de su cuerpo, gracias a unos vasos sanguíneos en la planta de las patas para que el frío invernal no les afecte. Los expertos en genética animal, los creacionistas y los evolucionistas, están de acuerdo que de una pareja de lobos se desarrollaron todas las especies de perros en el mundo.

1. El lobo es un depredador natural de las ovejas

En su instinto el lobo localiza a la oveja, ya que es su presa favorita. Este depredador sigue a la presa, no le quita los ojos de encima, emplea su olfato extraordinario, y solo espera la oportunidad para lanzarse al ataque.

No necesita estar en manada para realizar sus ataques. El lobo palestino es por lo general solitario. Así que en cualquier lugar puede estar un lobo, acechando a su próximo almuerzo o su próxima cena.

El lobo es noctámbulo. Durante el día duerme unas catorce horas, y aprovecha las noches para realizar sus misiones depredadoras. Y eso ocurre con mucha frecuencia. Pero si tiene que cambiar su rutina lo hace.

Jacob en su profecía las doce tribus, comparó a Benjamín con un lobo. Es su escudo hasta el día de hoy: «Benjamín es lobo arrebatador. A la mañana comerá la presa, y a la tarde repartirá los despojos» (Gén. 49:27).

2. Jesús habló de los pastores que no cuidan a las ovejas del lobo

El Gran Maestro dijo: «¡Cuídense de los profetas mentirosos, que dicen que hablan de parte de Dios! Se presentan ante ustedes tan inofensivos como una oveja, pero en realidad son tan peligrosos como un lobo feroz» (Mt. 7:1,5, TLA).

Al profeta falso o mentiroso, que pretende hablar de parte de Dios, cuando el Espíritu Santo no le ha dado licencia para hacerlo, se le compara con un lobo peligroso y feroz.

Jesús le dio a los discípulos, y nos lo da a nosotros, un examen para identificar a los que tienen mentalidad de lobos, y es muy sencillo:

«Ustedes los podrán reconocer, pues no hacen nada bueno. Son como las espinas, que solo te hieren. El árbol bueno solo produce frutos buenos y el árbol malo solo produce frutos malos. El árbol que no da buenos frutos se corta y se quema. Así que ustedes reconocerán a esos mentirosos por el mal que hacen» (Mt. 7:16-20, TLA).

En esos lobos que aparentan ser ovejas, no busquemos los carismas porque en ellos son hojas; busquemos el fruto de su carácter, de su integridad, de su sujeción, de su espiritualidad y de su sinceridad. ¡No nos impresionemos con las muchas hojas, busquemos frutos!

Cierto día, teniendo el pastor necesidad de ir al pueblo, dejó sus ovejas confiadamente junto al lobo y se marchó. El lobo, al ver llegado el momento oportuno, se lanzó sobre el rebaño y devoró casi todo. Cuando regresó el pastor y vio todo lo sucedido exclamó: «Bien merecido lo tengo; porque ¿de dónde saqué confiar las ovejas a un lobo?».

Moraleja: Nunca dejes tus valores al alcance de los codiciosos, no importa su inocente apariencia (*Fábulas de Esopo*, 2011).

Puedo recordar la letra y música de un antiguo bolero del cantante mexicano Javier Solís: «Sombras nada más entre tu vida y mi vida, sombras nada más entre tu amor y mi amor». Yo puedo parafrasear y cantar así: «Hojas nada más, hojas nada más entre el lobo y la oveja. Son hojas nada más».

«El que recibe un salario por cuidar a las ovejas, huye cuando ve que se acerca el lobo. Deja a las ovejas solas, porque él no es el pastor y las ovejas no son suyas. Por eso, cuando el lobo llega y ataca a las ovejas, ellas huyen por todos lados» (Jn. 10:12, TLA).

El que no es el verdadero pastor, dijo el Señor Jesucristo, ve al lobo llegar y se va a buscar su propia protección. No siente, ni sufre, no le importa mucho, no se preocupa demasiado, a fin de cuentas no quiere arriesgar su vida por unas ovejas que no le pertenecen. Si no le conviene cambia de pastorado, porque es su trabajo, no su llamado. Pastorea por un salario.

El que tiene corazón de pastor, su corazón palpita por sus ovejas. Y ese corazón de pastor lo tiene que formar el «Buen Pastor», de quien se habla poéticamente en el Salmo 23:1-6, y al que Jesús de Nazaret ilustró con su propia vida en Juan 10:7-21. En muchas ovejas se ha transformado el milagro de que han llegado a ser pastores.

Y aún, el pastor también debe transformarse en oveja. Cada pastor debe tener un pastor. Pastoreamos y somos pastoreados. Damos pasto y comemos pasto. Cuidamos a las ovejas en el redil, pero somos cuidados en el redil. El fracaso de muchos pastores es que no dan cuentas a una autoridad espiritual por encima de ellos. Y algunos se ponen coberturas postizas, de simple adorno religioso. Pero no se le someten, ni obedecen ni buscan el consejo o dirección espiritual de esas coberturas.

Y otros tienen coberturas espirituales para todo. La cobertura de unción, la cobertura de autoridad espiritual, la cobertura de revelación, la cobertura conciliar, la cobertura de crecimiento, la cobertura apostólica. ¡Son coberturas postizas! Al final no tienen ninguna. Ellos mismos son su propia cobertura.

3. Pablo de Tarso sobreavisó de la llegada de los lobos a la iglesia

«Cuando yo muera, vendrán otros que, como si fueran lobos feroces, atacarán a todos los de la iglesia» (Hch. 20:29, TLA).

Pablo de Tarso sabía que llegaría el día de dejar el rebaño. Él se preparó para ese día de tener que separarse de su amado redil. Sabía que tenía que morir o alejarse del mismo.

Todos debemos prepararnos para nuestra partida de la tierra al cielo. Un día nuestra misión terminará. Pero debemos asegurarnos de que los lobos no vengan, se disfracen de ovejas y se coman a muchas ovejas.

Con la salida de Pablo de Tarso, el rebaño que tenía sería atacado por aquellos con una actitud de lobos rapaces. La iglesia de Jesucristo nunca ha estado libre de los depredadores de la doctrina y de la fe de esta. Son como lobos de presa buscando hacer daño al rebaño del Señor.

Un refrán popular dice: «Cuando el gato se va, los ratones hacen fiesta». Yo diría: «Cuando el pastor se va, los lobos quieren hacer trizas a las ovejas». Y las ovejas deben ser enseñadas a cuidarse y protegerse de las mañas de los lobos.

Encontró un pastor un joven lobo y se lo llevó. Enseguida le enseñó como robar ovejas de los rebaños vecinos. Y el lobo, ya crecido y mostrándose como un excelente alumno, dijo al pastor: –Puesto que me has enseñado muy bien a robar, pon buena atención en tu vigilancia, o perderás parte de tu rebaño también.

Moraleja: Quien enseña a hacer el mal, tiene que cuidarse de sus propios discípulos (*Fábulas de Esopo*).

Estos lobos humanos se introducen con falsas revelaciones y enseñanzas propias, de manera muy sutil, con el fin de atrapar y dentellar a esas ovejas pasivas, mansas, no reaccionarias al peligro, que se dejan seducir fácilmente. ¡Oveja, no vea al lobo como amigo, aunque le sonría y le mueva la cola!

El lobo espiritual ataca cuando tiene la oportunidad, o cuando el creyente oveja se descuida o el pastor de las ovejas las desatiende. Las tácticas del lobo espiritual son sigilosas, calculadas, engañosas.

Pero lo más triste, es cuando una oveja importante en el rebaño, que es maestra de otras ovejas, que es líder de otras ovejas, que se le pone como cabeza guía de ovejas, sufre la horrible transformación de oveja en lobo o loba. La mayoría de los lobos o lobas espirituales son mutaciones dentro del rebaño. ¡Parecen ovejas, pero son lobos! ¡Tienen balidos de ovejas por un tiempo, pero luego aúllan como lobos, difamando, atacando, destruyendo testimonios y promoviendo divisiones!

Cuidado con esos lobos que están aullando dentro del rebaño. Esos lobos blancos que se camuflan o visten como ovejas. Parecen que son ovejas, pero no lo son. Actúan como ovejas, pero son lobos. Tienen ojos como ovejas, pero su mirada es de lobos y su boca es de lobos. No saben berrear, saben aullar.

Pensó un día un lobo cambiar su apariencia para así facilitar la obtención de su comida. Se metió entonces en una piel de oveja y se fue a pastar con el rebaño, despistando totalmente al pastor. Al atardecer, para su protección, fue llevado junto con todo el rebaño al encierro, quedando la puerta asegurada. Pero en la noche, buscando el pastor su provisión de carne para el día siguiente, tomó al lobo creyendo que era un cordero y lo sacrificó al instante.

Moraleja: Según hagamos el engaño, así recibiremos el daño (*Fábulas de Esopo*, 2011).

Conclusión

Oremos para que el Señor Jesucristo, y el Espíritu Santo, nos ayuden a descubrir a los lobos y lobas disfrazados de ovejas antes de que ataquen. Ovejas no jueguen con los lobos.

16
Agresivos como osos

Proverbios 28:15, RVR 1960

«*León rugiente y oso hambriento es el príncipe impío sobre el pueblo pobre*».

Introducción

El oso ya no existe en Israel. Los nombres hebreos son «dob» y «aram» y significan «andar lentamente». Pero las Sagradas Escrituras los mencionan en dos eventos con David y con Eliseo.

El oso en las visiones de Daniel, representa la dualición Medo-Persa, de Darío y Ciro; las costillas son las naciones principales derrotadas y sometidas por los medo-persas; un costado más alto era la preponderancia de Persia sobre Media.

«La segunda bestia que vi se parecía a un oso. Se levantaba sobre uno de sus costados, y entre sus fauces tenía tres costillas. A esta bestia se le dijo: '¡Levántate y come carne hasta que te hartes!'» (Dan. 7:5, NVI).

En la visión de Juan el Apocalipta, la bestia-Anticristo, tiene patas de oso. Y es parte de la composición de la bestia escatológica. Cuyos ejércitos tendrán la fuerza militar aplastante de los medos-persas.

«La bestia parecía un leopardo, pero tenía patas como de oso y fauces como de león. El dragón le confirió a la bestia su poder, su trono y gran autoridad» (Apoc. 13:2, NVI).

1. David testificó de cómo mataba a un oso

«Dijo Saúl a David: –No podrás tú ir contra aquel filisteo, para pelear con él; porque tú eres muchacho, y él un hombre de guerra desde su juventud. David respondió a Saúl: –Tu siervo era pastor de las ovejas de su padre; y cuando venía un león, o un oso, y tomaba algún cordero de la manada, salía yo tras él, y lo hería, y lo libraba de su boca; y si se levantaba contra mí, yo le echaba mano de la quijada, y lo hería y lo mataba. Fuese león, fuese oso, tu siervo lo mataba; y este filisteo incircunciso será como uno de ellos, porque ha provocado al ejército del Dios viviente. Añadió David: –Jehová, que me ha librado de las garras del león y de las garras del oso, él también me librará de la mano de este filisteo. Y dijo Saúl a David: –Ve, y que Jehová esté contigo» (1 Sam. 17:33-37).

El rey Saúl subestimó al joven pastor David. Lo llamó «muchacho». No lo vio como un hombre para enfrentar aquel problema filisteo llamado Goliat. Y muchos ungidos antes de estar en la palestra pública han sido subestimados y poco valorizados.

El joven pastor, sacó su «resumen», su «curriculum vitae», su «portafolio de experiencias». Y le testificó que si un oso le llevaba un cordero, él se le iba detrás: «Y lo hería, y lo libraba de su boca; y si se levantaba contra mí, yo le echaba mano de la quijada, y lo hería y lo mataba».

En el campo, Jehová Dios, sin David saberlo, lo había entrenado con «el león» y con «el oso». Creyente y líder, esa prueba que estás atravesando, es un campo de entrenamiento, donde el Señor Jesucristo, está dejando al Espíritu Santo que te entrene para algo grande.

También profetizó que si Dios lo libró del león y lo libró del oso, también lo libraría de ese «filisteo incircunciso». En la Biblia a los únicos que se les llama incircuncisos es a los filisteos. Los semitas y aun los egipcios practicaban la circuncisión como raza semita. Pero no era una circuncisión de pacto como lo hacían los hebreos delante de Dios.

2. Eliseo maldijo a unos muchachos, y dos osos los mataron

«Después subió de allí a Bet-el; y subiendo por el camino, salieron unos muchachos de la ciudad, y se burlaban de él, diciendo: ¡Calvo, sube! ¡Calvo, sube! Y mirando él atrás, los vio, y los maldijo en el nombre de Jehová. Y salieron dos osos del monte, y despedazaron de ellos a cuarenta y dos muchachos. De allí fue al monte Carmelo, y de allí volvió a Samaria» (2 R. 2:23-25).

Eliseo, del Jordán donde Elías se fue al cielo, subió a Bet-el. Una pandilla de cuarenta y dos muchachos, sin respeto, hicieron un coro para insultar y molestar al profeta de Dios. Le gritaban a coro: «Calvo, sube! ¡Calvo, sube!».

Llamarlo «calvo», era una expresión baja, para ridiculizarlo, para menospreciarlo. Era tratarlo como si fuera un leproso, que se tenía que rapar la cabeza. Era rechazarlo como profeta auténtico de Dios.

Y aunque era «calvo», esa realidad no le daba a aquellos «títeres de la burla» o «tigres de abuso», derecho a faltar al respeto a una autoridad espiritual. El problema no era que Eliseo fuera «calvo», el problema es que esos muchachos se estaban metiendo en lo que no les incumbía. Uno no se mofa de las faltas o defectos de otra persona.

Es muy probable que esos muchachos también estuviesen molestando a los cachorros de aquellos dos osos. Se dice de la osa cuando tiene cachorros: «Mejor es encontrarse con una osa a la cual han robado sus cachorros, que con un fatuo en su necedad» (Prov. 17:12).

Diógenes, el filósofo cínico, insultado por un hombre que era calvo, replicó: ¡Los dioses me libren de responderte con insultos! ¡Al contrario, alabo los cabellos que han abandonado ese cráneo pelado!

Moraleja: Si regalamos un insulto, no esperemos de regreso un regalo menor. (*Fábulas de Esopo*, 2011).

Decirle «sube», era como mofarse de Eliseo. Ridiculizarlo como si no pudiera subir. Tratarlo como si fuera un viejo incapaz. El énfasis de «sube», también se conecta con Elías que subió al cielo en un torbellino. Y tal parece que le decían a Eliseo: «¿Por qué tú también no te vas al cielo?».

«Y aconteció que yendo ellos y hablando, he aquí un carro de fuego con caballos de fuego apartó a los dos; y Elías subió al cielo en un torbellino» (2 Re. 2:11).

Posiblemente, el profeta se sintió atemorizado frente a esa banda de «cuarenta y dos» gritones y mofadores, que lo perseguían. Eliseo continuó, y al mirar para atrás los veía detrás de él. Y eso hizo que hablara mal contra ellos. Y los maldijo. Bajo la ley se podía maldecir.

Cerca del monte por donde estaban ellos, salieron dos osos. Leemos: «... Y despedazaron de ellos a cuarenta y dos muchachos...». El que se diga «y despedazaron de ellos...», indica que eran muchos más. ¡Eran una turba amenazante! Y Dios mismo, aunque no se menciona su nombre, activó a esos dos osos.

El Dios que ayudó a David contra el león y el oso; es el mismo Dios que envió osos para proteger a Eliseo. Esto deja ver que en la época del Antiguo Testamento existían osos en la Palestina.

3. Aplicaciones sobre el oso a la luz de la Biblia

a) Dios comparó al necio con una osa con cachorros: «El necio que cree tener la razón es más peligroso que una osa que defiende a sus cachorros» (Prov. 17:12, TLA).

Una persona que es porfiada, que siempre quiere ganar todos sus argumentos, aun a expensas de perder amigos, de ser rechazada por otras personas, es como una osa peleando por sus cachorros. Que herirá a otros en su enojo. ¡Será una persona muy peligrosa!

b) Dios se comparó a bestias salvajes e incluyó a la osa: «Por eso voy a tratarte con la misma furia de un león. Me esconderé en el camino y te atacaré como un leopardo. ¡Te atacaré como una osa que ha perdido a sus cachorros! Te desgarraré el pecho, y allí mismo te haré pedazos; te devoraré como un león, ¡como una fiera salvaje! Israel, yo soy tu única ayuda, ¡pero ahora voy a destruirte!» (Os. 13:7-9, TLA).

El trato de Dios sería de quebrantamiento para su pueblo. Los tenía que despedazar, para que entendiera Israel, que su única ayuda era Dios.

c) Dios comparó el día de su llegada para su pueblo con un oso: «Ese día sabrán lo que sienten los que huyen de un león y se encuentran con un oso. Ese día sabrán lo que sienten los que entran en su casa y los muerde una serpiente al apoyarse en la pared» (Am. 5:19, TLA).

Él los quería estremecer. Los quería hacer reflexionar. Antes de Dios manifestar su día sobre nuestras vidas, nos sentiremos como los que huyen de un león, los que se encuentran con un oso o como el que siente mordido por una serpiente, al poner la mano sobre la pared.

Conclusión

Habiendo encontrado un león y un oso al mismo tiempo a un cervatillo, se retaron en combate a ver cuál de los dos se quedaba con la presa. Una zorra que por allí pasaba, viéndolos extenuados por la lucha y con el cervatillo al medio, se apoderó de este y corrió pasando tranquilamente entre ellos.

Y tanto el oso como el león, agotados y sin fuerzas para levantarse, murmuraron: –¡Desdichados nosotros! ¡Tanto esfuerzo y tanta lucha hicimos para que todo quedara para la zorra!

Moraleja: Por empeñarnos en no querer compartir, podemos perderlo todo. (*Fábulas de Esopo*, 2011).

17
Manchados como leopardos

Jeremías 13:23, TLA

«Nadie puede cambiar el color de su piel, ni puede el leopardo quitarse sus manchas; ¡tampoco ustedes pueden hacer lo bueno, pues solo saben hacer lo malo!».

Introducción

El nombre leopardo del latín es una combinación del griego «leo» (león) y de «pardos» (pantera). Antiguamente se creía que el leopardo era un animal híbrido de la unión del león con la pantera. Su nombre científico es «panthera pardus».

Los leopardos se confunden mucho con los guepardos (los segundos animales más veloces del planeta tierra). Son cazadores noctámbulos. Duermen en el día sobre ramas de árboles o se apropian de cuevas ajenas. Cazan en manadas. Durante el día el macho leopardo es más activo que el macho león.

1. El leopardo y sus manchas

«¿Mudará el etíope su piel, y el leopardo sus manchas? Así también, ¿podréis vosotros hacer bien, estando habituados a hacer mal?» (Jer. 13:23).

Primero, lo que no se puede cambiar. El etíope no puede cambiar su piel, no puede dejar de ser negro. Nació negro como otros seres humanos han nacido caucásicos o asiáticos, trigueños o albinos. Muchos antropólogos creen que entre las razas humanas caucásica o blanca, mongoloide o amarilla, cobriza de las Américas y negra, la negra tiene los genes más fuertes.

En la época de la conquista del oeste y sur de los Estados Unidos o de la expansión territorial, se hablaba de la lucha de «caras pálidas» contra «pieles rojas» o indios, los negros no contaban porque eran esclavos.

Cuando aceptemos por dentro lo que somos, no nos rechazaremos por fuera. Yo soy quién soy y eso no lo cambian mis circunstancias. Verlo de otra manera produciría auto-rechazo y aceptar la discriminación por otros. Cuando soy rechazado puedo ser discriminado. Esa discriminación se basa en criterios propios alimentados por una cultura mayor que socialmente es separatista.

El etíope es «negro» y eso basta. La Traducción En Lenguaje Actual aclara mucho el pasaje citado: «Nadie puede cambiar el color de su piel». Lo no cambiable, debe ser aceptable. El peor rechazo de un ser humano, no es de otra persona hacia él o ella, sino de él o ella hacia sí mismo. Al famoso líder de los derechos civiles en los Estados Unidos de América, Malcom X, se le apodó «El Príncipe Negro». Enseñó a sus seguidores que «negro era belleza» («Black is beauty»).

Malcolm X dijo estas palabras: «No hay nada mejor que la adversidad. Cada derrota, cada angustia, cada pérdida, contienen su propia semilla, su propia lección sobre cómo mejorar tu rendimiento la próxima vez».

Segundo, el leopardo no puede dejar de tener manchas. Es leopardo y por sus manchas visibles se distingue de otros felinos como el león y la pantera (esta tiene manchas negras que en su piel negra no se ven fácilmente).

En la apocalíptica de Daniel, el leopardo representa a Grecia y a Alejandro «Magno». El Imperio Greco-Macedonio bajo Alejandro El Grande realizó conquistas muy ligeras. Las manchas del leopardo en este imperio representan las naciones conquistadas y sometidas por Alejandro.

«Ante mis propios ojos vi aparecer otra bestia, la cual se parecía a un leopardo, aunque en el lomo tenía cuatro alas, como las de un ave. Esta bestia tenía cuatro cabezas, y recibió autoridad para gobernar» (Dan. 7:6, NVI).

En el libro del Apocalipsis, la bestia del capítulo, una amalgamación de las bestias de Daniel 7, tiene cuerpo de leopardo, y sus manchas hablan de las naciones sometidas por el Anticristo escatológico.

«La bestia parecía un leopardo, pero tenía patas como de oso y fauces como de león. El dragón le confirió a la bestia su poder, su trono y gran autoridad» (Apoc. 13:2, NVI).

En la vida hay muchas cosas que deben ser aceptadas, como la estatura, la raza, la etnia, el país de origen, los progenitores, nacer con algún impedimento o carecer de algo.

Reinhold Niebuhr en el año 1943, escribió la famosa **«Oración por la Serenidad»**:

> Dios, dame la serenidad de aceptar las cosas que no puedo cambiar;
> Valor para cambiar las cosas que puedo; y sabiduría para conocer la diferencia.
> Viviendo un día a la vez;
> Disfrutando un momento a la vez;
> Aceptando dificultades como el camino a la paz;
> Aceptando, como hizo Él, este mundo pecador tal como es, no como yo lo querría;
> Confiando que Él hará bien todas las cosas si yo me rindo a Su voluntad;
> Que yo sea razonablemente feliz en esta vida y supremamente feliz con Él para siempre en la próxima. Amén».

Es una oración que nos invita a mantener un estado de paz, de quietud, de estar serenos, de no dejar que la desesperación nos asalte. Es parte de los «Doce Pasos de Alcohólicos Anónimos» y otros grupos de recuperación.

La parte más reconocida universalmente de esta oración, que ha cruzado fronteras religiosas y políticas, es: «Dios, dame la serenidad de aceptar las cosas que no puedo cambiar; valor para cambiar las cosas que puedo; y sabiduría para conocer la diferencia».

2. El leopardo y su adaptabilidad

En la época bíblica había abundancia de leones y leopardos, hoy día están extintos en la Palestina.

«Ven conmigo desde el Líbano, oh esposa mía; Ven conmigo desde el Líbano. Mira desde la cumbre de Amana, desde la cumbre de Senir y de Hermón, desde las guaridas de los leones, desde los montes de los leopardos» (Ct. 4:8).

El leopardo posee un gran tamaño junto al tigre y al león. Se adapta a cualquier hábitat incluyendo selvas, sabanas, montañas y suelos rocosos. Sin embargo, al desierto no se acomoda. El medio ambiente natural, no le molesta, siempre y cuando consiga sus presas.

Desarrolla tácticas para eludir y cuidarse de enemigos potenciales, como lo son el león y las hienas, que cuando el menú de estos se agota y tienen hambre, están dispuestos a cambiarlo por el plato del leopardo.

El perseguidor se vuelve perseguido, el depredador se vuelve presa, el fuerte se vuelve débil. Y la vida es así para todos nosotros. Hoy nos damos a respetar y mañana no nos respetan. Nuestros alumnos se transforman en nuestros pastores. Nuestros oyentes ocupan el púlpito y nosotros las sillas.

3. El leopardo y su rapidez

«Sus caballos y sus jinetes vienen galopando desde muy lejos; son más veloces que los leopardos y más feroces que los lobos nocturnos; se lanzan sobre sus enemigos como el águila sobre su presa» (Hab. 1:8, TLA).

El contexto para interpretar este pasaje está en Habacuc 1: 6-7, que se refiere a los babilonios:

«Sus caballos y sus jinetes vienen galopando desde muy lejos; son más veloces que los leopardos y más feroces que los lobos nocturnos; se lanzan sobre sus enemigos como el águila sobre su presa» (Hab. 1:8, TLA).

La rapidez y la velocidad de los leopardos como depredadores es algo que los caracteriza. En la Biblia el leopardo es figura, por su avance rápido, de las conquistas de Babilonia, como en el pasaje ya citado, y de Grecia como en el libro del profeta Daniel.

«Después apareció la tercera de estas extrañas bestias y se parecía a un leopardo. Tenía cuatro alas de ave sobre la espalda y cuatro cabezas. A esta bestia se le dio gran autoridad» (Dan. 7:6, NTV).

4. El leopardo es figura milenial con el Mesías Jesús

«Morará el lobo con el cordero, y el leopardo con el cabrito se acostará; el becerro y el león y la bestia doméstica andarán juntos, y un niño los pastoreará» (Is. 11:6).

Aquí vemos a dos depredadores con sus presas favoritas, como el lobo y el cordero, el león y el becerro; con la ignorancia del niño, que los pastorea a todos, sean bestias o animales domésticos.

Este cuadro mesiánico es un emblema de paz, armonía y unidad. El reino del Mesías trae paz y convivencia entre los opuestos y diferentes. Es la imagen de la utopía mesiánica.

Jesús de Nazaret habló de paz y unidad entre sus discípulos, su Iglesia, de la cual somos parte espiritual.

«Yo les he dado a mis seguidores el mismo poder que tú me diste, con el propósito de que se mantengan unidos. Para eso deberán permanecer unidos a mí, como yo estoy unido a ti. Así la unidad entre ellos será perfecta, y los de este mundo entenderán que tú me enviaste, y que los amas tanto como me amas tú» (Jn. 17:22-23, TLA).

La comunidad de la diáspora espiritual, es «sal» y «luz» de este mundo como el pueblo del «reino de Dios». Estamos retados a ser la contestación de la oración de nuestro Señor Jesucristo, reflejando la unidad como «cuerpo» de redimidos:

«No te pido solo por estos discípulos, sino también por todos los que creerán en mí por el mensaje de ellos. Te pido que todos sean uno, así como tú y yo somos uno, es decir, como tú estás en mí, Padre, y yo estoy en ti. Y que ellos estén en nosotros, para que el mundo crea que tú me enviaste» (Juan 17:20-21, NTV).

Esa unidad de los que han creído en Jesucristo no es únicamente institucional, organizacional, o eventual, es espiritual. Jesús no dijo «que algunos sean uno», sino que dijo «que todos sean uno»; no dijo «espero que sean», sino que dijo «sean». La verdadera unidad es juntarnos para estar unidos y permanecer unidos.

Conclusión

Recordemos siempre que debemos aceptarnos y aceptar a otros por lo que son, más que por lo que tienen. Si podemos cambiar o mejorar algo, hagámoslo, si no podemos, aceptémoslo.

18
Aullando como chacales

Isaías 35:6-9, TLA

«Los que no pueden andar saltarán como venados, y los que no pueden hablar gritarán de alegría. En medio del árido desierto brotará agua en abundancia; en medio de la tierra seca habrá muchos lagos y manantiales; crecerán cañas y juncos donde ahora habitan los chacales, en pleno desierto habrá un sendero al que llamarán 'Camino Sagrado'. No pasarán por ese camino, ni los impuros ni los necios; no se acercarán a él, ni los leones ni otras fieras. Ese camino es para los israelitas, que han estado prisioneros».

Introducción

Los chacales son carnívoros de animales vivos, pero también comen carroñas. Sus patas tienen huesos largos y sus plantas son anchas, lo que les ayuda a correr hasta 16 kilómetros o 10 millas por hora. Viven en gregaria. Practican la monogamia, y una pareja dirige a las otras. Marcan territorios y los supervisan.

1. La comparación de Job con los chacales

«He venido a ser hermano de chacales, y compañero de avestruces. Mi piel se ha ennegrecido y se me cae, y mis huesos arden de calor. Se ha cambiado mi arpa en luto, y mi flauta en voz de lamentadores» (Job 30:29-31).

Job, ante su terrible enfermedad, con una piel ennegrecida, y llagas cayéndosele, se sintió como hermano de los chacales y compañero de los avestruces. El arpa para él solo podía tocar notas de duelo en un tono fúnebre. La flauta era la voz de los que se lamentaban de su condición deteriorada.

La Nueva Traducción Viviente rinde el pasaje anterior: «Pero me consideran hermano de los chacales y compañero de los búhos». Job, en su enfermedad, se sentía rechazado como los chacales y como los búhos. Una ilustración de su estado anímico.

Ante la aflicción humana, el luto en la familia, como vivió Job con todos sus hijos, ver el cuerpo ennegrecerse por la invasión de una enfermedad, los chacales del dolor son nuestros hermanos y los avestruces del desprecio son nuestros compañeros.

Siempre recuerdo el programa televisivo de «Sábado Gigante» conducido por Don Francisco, el reconocido judío chileno, con el segmento de «El Chacal». Cuando uno de los participantes no lo hacía bien con su talento, y no era del agrado de «El Chacal», este le tocaba la trompeta y el público gritaba: «¡Fuera! A los leones». Y «El Chacal» sacaba al participante y le echaba a los leones. ¡Haga las cosas bien para que no lo echen a los chacales!

2. Israel se sintió como el chacal del desierto

«No podemos escapar de la constante humillación; tenemos la vergüenza dibujada en el rostro. Lo único que oímos son los insultos de los burlones; lo único que vemos es a nuestros enemigos vengativos. Todo esto ocurrió aunque nunca te hemos olvidado, ni desobedecimos tu pacto. Nuestro corazón no te abandonó, ni nos hemos extraviado de tu camino. Sin embargo, nos aplastaste en el desierto, donde vive el chacal; nos cubriste de oscuridad y muerte» (Sal. 44:15-19, NTV).

Israel se sentía como una nación o pueblo humillado, lleno de vergüenza, objeto de insultos. Pero nunca se olvidó del pacto de Dios. No se olvidó de Dios y no abandonó los caminos de Dios.

Aunque aquel pueblo se sentía aplastado por Dios en el desierto, allí donde vive el chacal. La oscuridad y la muerte era su compañía. Y muchas veces nos sentimos aplastados por el abandono divino, aunque Jesucristo nunca nos abandona, pero las pruebas nos hacen sordos a su voz y las tribulaciones nos hacen ciegos a su presencia.

Es probable que las zorras atrapadas por Sansón y que utilizó contra los sembrados de los filisteos, sean chacales ya que eran abundantes en esa franja ocupada por los filisteos: «Y fue Sansón y cazó trescientas zorras, y tomó teas, y juntó cola con cola, y puso una tea entre cada dos colas. Después, encendiendo las teas, soltó las zorras en los sembrados de los filisteos, y quemó las mieses amontonadas y en pie, viñas y olivares» (Jue. 15:4-5).

3. El salmista vio a sus enemigos como comida de chacales

«Me aferro a ti; tu fuerte mano derecha me mantiene seguro. Pero los que traman destruirme acabarán arruinados; descenderán a las profundidades de la tierra. Morirán a espada y se convertirán en comida de chacales» (Sal. 63:8-10, NTV).

Es la oración de uno que ha sufrido, que se ha sentido abandonado, que se ve a sí mismo en peligro de ruina por causa de los adversarios. Pero siempre confiado a Dios, quien con su mano derecha le daba la seguridad. Y el salmista veía sus detractores como presas de chacales.

Todos tus enemigos serán comida de los chacales. A los chacales les gusta comer chamorra. Y el mundo sin Dios es chamorra del pecado, que huele mal, que se pudre a sí mismo.

«Un hombre caminaba apresuradamente por la noche cuando tropezó con otro que se alumbraba con un farol. En el momento de ir a increparlo, se dio cuenta de que era ciego. –¿Por qué demonios vas con un farol si eres incapaz de ver nada? –preguntó el hombre apresurado. –Para que puedan verme y no tropiecen conmigo los tontos como tú –replicó el ciego» (*La culpa es de la vaca II*, Jaime Lopera y Marta Inés Bernal).

4. El castigo de Babilonia comparado con chacales aullando

«Babilonia nunca volverá a ser habitada, ni acamparán los árabes en su territorio ni los pastores alimentarán allí a sus ovejas. Allí solo vivirán los gatos monteses y los avestruces; las lechuzas llenarán las casas, y las cabras brincarán de un lado a otro. Los chacales aullarán en los castillos y los lobos llenarán los palacios. ¡Babilonia, te llegó la hora, pronto serás castigada!» (Is. 13:20-22, TLA).

El profeta Isaías vio a Babilonia destruida. Los árabes no levantarían sus tiendas allá. Ni los pastores llevarían a ella sus ovejas. No sería la ciudad atractiva. Serían las ruinas rechazadas.

En sus ruinas solo estarían los gatos monteses, los avestruces, las lechuzas dentro de las habitaciones vacías, los chacales aullarían adentro y los lobos estarían en manadas por el lugar de los palacios.

El profeta Isaías parece celebrar el futuro de la devastación de la nación león: «¡Babilonia, te llegó la hora, pronto serás castigada!». Y Juan el Apocalipta también ve la destrucción de la Babilonia escatológica:

«Después de esto vi a otro ángel descender del cielo con gran poder; y la tierra fue alumbrada con su gloria. Y clamó con voz potente, diciendo: Ha caído, ha caído la gran Babilonia, y se ha hecho habitación de demonios y guarida de todo espíritu inmundo, y albergue de toda ave inmunda y aborrecible. Porque todas las naciones han bebido del vino del furor de su fornicación; y los reyes de la tierra han fornicado con ella, y los mercaderes de la tierra se han enriquecido de la potencia de sus deleites. Y oí otra voz del cielo, que decía: Salid de ella, pueblo mío, para que no seáis partícipes de sus pecados, ni recibáis parte de sus plagas; porque sus pecados han llegado hasta el cielo, y Dios se ha acordado de sus maldades» (Apoc. 18:1-5).

5. Isaías vio a Israel viviendo en la utopía del milenio

«Los que no pueden andar saltarán como venados, y los que no pueden hablar gritarán de alegría. En medio del árido desierto brotará agua en abundancia; en medio de la tierra seca habrá muchos lagos y manantiales; crecerán cañas y juncos donde ahora habitan los chacales, en pleno desierto habrá un sendero al que llamarán «Camino Sagrado». No pasarán por ese camino, ni los impuros ni los necios; no se acercarán a él, ni los leones ni otras fieras. Ese camino es para los israelitas, que han estado prisioneros» (Is. 35:6-9, TLA).

El gran profeta Isaías miró en el telescopio del futuro, y comparó la utopía milenial, el nuevo orden de Jesucristo, con creyentes saltando como venados, con gente gritando llenos de alegría. Con el desierto brotando agua abundante, con lagos en tierra secas, con cañas y juncos en donde se mueven los chacales.

Y un nuevo camino llamado «Camino Sagrado». En el cual no andará gente impura, ni gente necia. Los leones y las fieras estarán alejados de este camino, ya que será seguro para la gente que camina. Ese camino es por donde transitarán los israelitas de la diáspora.

El profeta vio un nuevo amanecer para Israel como nación. Hoy, uno visita a Israel, y ve como este cuadro profético es una realidad del desarrollo urbano; las carreteras de este país, los milagros tecnológicos que se experimentan hacen de este país pequeño una gran nación.

Israel camina con seguridad y libertad de culto, por ese «Camino Sagrado». Guardar el sábado como día libre, guardar las fiestas de La Pascua, Las Enramadas o Tabernáculos, Purim, Yom Kippur o Hannukak, son días festivos para la nación de Israel.

Para la Iglesia ese «Camino Sagrado» es Jesucristo. Por él no transitan los leones de la destrucción, ni las bestias del fracaso. Los chacales aúllan allá afuera en el mundo, pero no en ese camino.

6. Israel oyó que Dios haría cosa nueva con su pueblo

«Y ahora, Dios le dice a su pueblo: «No recuerden, ni piensen más en las cosas del pasado. Yo voy a hacer algo nuevo, y ya he empezado a hacerlo. Estoy abriendo un camino en el desierto y haré brotar ríos en la tierra seca. Los chacales y los avestruces, y todos los animales salvajes entonarán cantos en mi honor. Haré brotar agua en el desierto y le daré de beber a mi pueblo elegido. Yo mismo lo he creado para que me adore» (Is. 43:18-21, TLA).

Nuevamente, Dios habla por intermedio del profeta Isaías. Llama al pueblo a no seguir recordando y pensando en las cosas del pasado. El ser humano tiene la tendencia a vivir amarrado y alumbrado por su pasado.

Dios le trajo palabra de esperanza: «Yo voy a hacer algo nuevo, y ya he empezado a hacerlo». El futuro será la luz que alumbraría su oscuro pasado. El mañana alegre ocultaría el ayer de tristezas.

Luego le declara: «Estoy abriendo un camino en el desierto y haré brotar ríos en la tierra seca». Una profecía cumplida en el moderno Israel. Basta viajar por las pavimentadas carreteras del desierto de Judea o Samaria, y ver los regadíos en el desierto con el sistema de goteo para la agricultura.

Los que eran enemigos naturales del hombre y la mujer, ahora serían un coro para Dios: «Los chacales y los avestruces, y todos los animales salvajes entonarán cantos en mi honor».

El propósito divino se cumpliría en su pueblo de una manera u otra: «Haré brotar agua en el desierto y le daré de beber a mi pueblo elegido. Yo mismo lo he creado para que me adore».

A Israel, esa fuente que brotó espiritualmente en el desierto, se le manifestó en la persona del Mesías Jesús de la Galilea, de cuyo interior brotaron fuentes de agua viva, para saciar la sed espiritual.

7. Dios vio como ejemplo a los chacales

«Hasta los chacales ofrecen el pecho y dan leche a sus cachorros, pero Jerusalén ya no tiene sentimientos; ¡es como los avestruces del desierto!» (Lam. 4:3, NVI).

Aquí el profeta, presumiblemente Jeremías, inspirado por el Espíritu Santo, vio a las hembras de los chacales dando leche a sus cachorros. Eso contrastaba con los sentimientos encontrados en los habitantes de Jerusalén, sitiados por Babilonia, muriendo de hambre y actuando peor que los animales como los chacales y sin importarle nada como a los avestruces.

Según estadísticas rendidas en los EE.UU. en el año 2012 se abortaron 699,202 niños y niñas sin el derecho a nacer. Desde el año 1970 al 2012 se tuvo un total 51, 923,070 abortos (información tomada de Centers for Disease Control and Prevention de EE.UU.). ¡Somos una nación abortista! Triste, muy triste, cómo hoy vemos a madres optando por la muerte de su futura generación, amparados bajo la ley del aborto. Verdaderos seres irracionales ante el orden de la creación divina. Egoístas que nacieron, pero no dejan a su hijo o hija nacer, privándole del derecho a nacer, del derecho a ser habitantes de este planeta, del derecho a crecer y a tener hijos como sus padres. Y peor, estas madres y padres abortistas, matan a generaciones de nietos y biznietos.

8. Miqueas se sintió como un chacal con aullidos

«Entonces yo dije: Samaria y mi pueblo Judá han sido heridos de muerte. La muerte también amenaza a Jerusalén, capital de Judá. Por eso lloro y estoy triste; por eso ando desnudo y descalzo; por eso chillo como avestruz, por eso lanzo aullidos como chacal» (Miq. 1:8-9, TLA).

Miqueas, ante el cuadro de la desolación de Samaria y Judá, a quienes veía como un solo pueblo, a pesar de sus diferencias políticas, veía la muerte rondando sobre Jerusalén. El profeta lloraba, estaba triste, andaba desnudo y no tenía calzado. Chillaba como un avestruz y aullaba como un chacal.

El dolor y la tragedia de su gente, de su pueblo, estaba encarnado en sus propias entrañas. Los profetas comparten el dolor humano, se descalzan ante la necesidad de otros, se desnudan por el sufrimiento ajeno. En sus oraciones aúllan como chacales y en su desesperación chillan como avestruces.

Conclusión

A todos nos llegará ese momento de ser como chacales en los palacios, aullar como chacales ante la prueba y la desesperación, pero también nos llegará ese tiempo de entonar alabanzas a Dios.

19
Seguros como conejos

Proverbios 30:26, RVR 1960

«Los conejos, pueblo nada esforzado, y ponen su casa en la piedra».

Introducción

La versión Reina-Valera rinde «conejos». La Biblia Peshita traduce: «conejos». Para el proverbista, los conejos, siendo pequeños, son un ejemplo de sabiduría (Prov. 30:4. Las liebres son más ligeras que los conejos, tienen orejas y patas más largas.

Los traductores bíblicos chocan entre sí al traducir el término hebreo como «conejos» o «tejones». Otros están de acuerdo que es una referencia al animal llamado «damán». Y esta última es la posición más aceptada, ya que son los damanes los que hacen casa en las hendiduras de las rocas.

El término «saphan» (significa «conejo de las rocas») puede referirse a los damanes o tejones que abundan en Engadi. Mientras uno de ellos vigila, los demás cazan. A la señal de peligro huyen desbandados. Los conejos no existen en la Palestina, aunque sí las liebres.

«En lo alto de las montañas viven las cabras salvajes, y las rocas forman un refugio para los damanes» (Sal. 104:18, NTV). En Engadi, el desierto de Judea, en el Monte Carmelo, en el Golán, he visto a unos mamíferos roedores conocidos como «damán de las rocas» o «conejo de las rocas». Estos pueden vivir juntos en comunidades de cientos, y siempre tienen un macho dominante que los dirige.

Para san Jerónimo, el termino hebreo «shāphān» puede ser alusivo a un animal con un parecido al puerco espín. Es de un tamaño comparable al mismo.

Su hábitat son las áreas rocosas y se mete en agujeros. En la Palestina lo han apodado «oso-rata» y parece una mutación de ambos cuadrúpedos.

Veamos algunas traducciones bíblicas: «Los tejones, animalitos que por ser indefensos hacen sus cuevas entre las rocas» (TLA). «Los tejones, grupo no muy numeroso que vive entre las peñas» (DHH). «Los tejones, animalitos de poca monta, pero que construyen su casa entre las rocas» (NVI). «Los tejones, pueblo sin fuerza que hace madrigueras en la roca» (BHTI). «Los tejones, pueblo sin poder, que hacen su casa en la peña» (NBLH).

Tomaré en cuenta cómo en las diferentes versiones bíblicas se describe a estos pequeños animales, que viven en las rocas, y de ahí construiré las divisiones de reflexión para el siguiente sermón sobre los conejos o tejones o damanes, llamados «saphan».

1. La falta de esfuerzo. «Los conejos pueblo nada esforzado» (RVR 1960)

Los conejos o tejones o damanes no son un pueblo muy esforzado. El mundo y las congregaciones opinan de muchos creyentes que son nada esforzados, pero hacen cuevas en la Roca Espiritual.

El tabernáculo tenía una cubierta con pieles de carneros y pieles de tejones: «Harás también a la tienda una cubierta de pieles de carneros teñidas de rojo, y una cubierta de pieles de tejones encima» (Ex. 26:14).

Era combinación de dos cubiertas de pieles, primero la del carnero, un animal limpio y cúltico, y segundo la del tejón que era un animal no limpio: «Pero no podrás comer camello, liebre, ni tejón porque, aunque rumian, no tienen la pezuña hendida. Los tendrás por animales impuros» (Dt. 14:7, NVI).

Esas dos cubiertas nos recuerdan nuestra naturaleza externa, la natural, y nuestra naturaleza interna, la santificada. Y las dos naturalezas, la natural y la espiritual se abrazan mutuamente la una con la otra.

La Biblia de continuo alimenta en los creyentes ese deseo de esforzarse, de superarse, de lograr algo en la vida. Debemos siempre caminar hacia un nuevo nivel de excelencia, de superación humana, de desarrollo humano.

«Esfuérzate y sé valiente; porque tú repartirás a este pueblo por heredad la tierra de la cual juré a sus padres que la daría a ellos. Solamente esfuérzate y sé muy valiente, para cuidar de hacer conforme a toda la ley que mi siervo Moisés te mandó; no te apartes de ella, ni a diestra ni a siniestra, para que seas prosperado en todas las cosas que emprendas» (Jos. 1:6-7).

«Nunca se apartará de tu boca este libro de la ley, sino que de día y de noche meditarás en él, para que guardes y hagas conforme a todo lo que en él está escrito; porque entonces harás prosperar tu camino, y todo te saldrá bien» (Jos. 1:8).

«Mira que te mando que te esfuerces y seas valiente; no temas, ni desmayes, porque Jehová tu Dios estará contigo a dondequiera que vayas» (Jos. 1:9).

Lograr algo en la vida, ver un sueño cumplirse, alcanzar una meta, escribir un libro, componer una canción, lograr realizar un proyecto, completar una encomienda, terminar una carrera secular o religiosa, impactar al mundo, marcar generaciones… Se puede resumir en una sola palabra: **¡Esfuérzate!**

El mundo y la Iglesia están esperando por ti. Tienes algo que ofrecer, y estos lo necesitan. Tú eres un don de Jesucristo para muchos. Rompe ese cascarón del temor y sal a volar.

2. La falta de defensa. «Los tejones animalitos indefensos» (TLA)

Los conejos o tejones o damanes son muy indefensos. No se pueden defender combativamente de sus depredadores, que son muchos, por eso tienen sus cuevas en las rocas.

Ante las fuerzas armadas del mal, los ejércitos agresivos de las tinieblas, los espíritus aliados de Satanás, los creyentes nos sentimos como indefensos. Pero, gracias a Jesucristo y al Espíritu Santo, no estamos solos, tenemos quién nos defiende.

«Antes, en todas estas cosas somos más que vencedores por medio de aquel que nos amó. Por lo cual estoy seguro de que, ni la muerte ni la vida ni ángeles ni principados ni potestades ni lo presente ni lo por venir ni lo alto ni lo profundo ni ninguna otra cosa creada nos podrá separar del amor de Dios, que es en Cristo Jesús Señor nuestro» (Rom. 8:37-39).

«Somos más que vencedores» debe ser nuestra consigna en la guerra espiritual. Estar bien seguros que nada, muerte o vida, agentes espirituales del mal, el tiempo presente o el tiempo futuro, ni las alturas o las profundidades, ninguna creación; jamás nos podrá alejar, distanciar o separarnos de ese «amor de Dios», el cual se nos ha revelado y ofrecido en la persona de Cristo Jesús, quien es «Señor nuestro».

3. La falta de cantidad. «Los tejones, grupo no muy numeroso» (DHH)

Los conejos o tejones o damanes son grupos pequeños, y encuentran su seguridad viviendo entre las rocas.

Las congregaciones en su mayoría no somos muchos según el mundo, que nos menosprecia, nos tiene en poco, nos ve limitantes. Pero ante los ojos del Señor Jesucristo, nuestra Peña Eterna, es grande.

«No que lo haya alcanzado ya, ni que ya sea perfecto; sino que prosigo, por ver si logro asir aquello para lo cual fui también asido por Cristo Jesús. Hermanos, yo mismo no pretendo haberlo ya alcanzado; pero una cosa hago: olvidando ciertamente lo que queda atrás, y extendiéndome a lo que está delante, prosigo a la meta, al premio del supremo llamamiento de Dios en Cristo Jesús» (Fil. 3:12-14).

Pablo de Tarso es muy honesto al confesar que no lo ha alcanzado todo. No ha logrado la perfección deseada. Pero continuaba buscando aquello que tenía que tomar, sí, como Cristo lo tomó a él por la mano.

Pablo de Tarso era libre de pretensiones humanas, de reclamar haber alcanzado algo que no había alcanzado. Por lo tanto, se concentraba en una sola cosa, dejaba atrás su pasado, se lanzaba como tirándose al destino que veía frente a sus ojos, que era la meta a llegar. Y esa meta, era un llamado supremo hecho por Dios a su vida y estaba en Cristo Jesús.

Pablo de Tarso corría una carrera para llegar hasta ese llamado del cielo que Cristo Jesús le había hecho. Esa era su meta. Él estaba definido para lo que había sido llamado. Y toda su vida la invirtió en cumplir con ese llamado supremo. ¿Estás corriendo la carrera para cumplir con el llamado de Jesucristo para tu vida?

4. La falta de fuerza. «Los tejones, pueblo sin fuerza» (BHTI)

Los conejos o tejones o damanes tienen poca fuerza, y las rocas son su fortaleza. Desde allí se sienten asegurados, protegidos. Pero tienen sus madrigueras seguras entre las rocas.

La fuerza del creyente es poca. No somos los más fuertes. Somos como un David, un pequeño montón de tierra; frente a un Goliat, una montaña de piedras. Pero estamos guardados dentro de la Roca de los Siglos.

«Pues mirad, hermanos, vuestra vocación, que no sois muchos sabios según la carne, ni muchos poderosos ni muchos nobles; sino que lo necio del mundo lo escogió Dios para avergonzar a los sabios; y lo débil del mundo escogió Dios para avergonzar a lo fuerte; y lo vil del mundo y lo menospreciado escogió Dios, y lo que no es, para deshacer lo que es, a fin de que nadie se jacte en su presencia. Mas por él estáis vosotros en Cristo Jesús, el cual nos ha sido hecho por Dios sabiduría, justificación, santificación y redención; para que, como está escrito: El que se gloría, gloríese en el Señor» (1 Cor. 1:26-31).

Según los criterios y evaluaciones del mundo, muchos de nosotros no somos sabios, ni somos poderosos ni somos nobles. Así nos describe el mundo. Aún más, nos clasifica como gente necia y débil. Pero Dios nos ha levantado siendo «necios» para avergonzar a los «sabios». Y siendo «débiles» para avergonzar a los «fuertes». Y siendo «menospreciados», Dios nos escogió. Y no siendo «nada» con nosotros puede «deshacer lo que es».

5. La falta de poder. «Los damanes no son poderosos» (NTV)

Los conejos o tejones o damanes se caracterizan por la falta de poder. No intimidan a otros animales. Por el contrario los atraen. Y que mejor lugar para sentirse seguros que estar en las hendiduras de las rocas.

Los creyentes no somos poderosos según el mundo, pero somos poderosos en Dios. El mundo nos prejuicia, nos subestima, nos ve como ignorantes religiosos, faltos de raciocinio humano, toma en poco nuestra opinión.

«Y sabemos que a los que aman a Dios, todas las cosas les ayudan a bien, esto es, a los que conforme a su propósito son llamados. Porque a los que antes conoció, también los predestinó para que fuesen hechos conformes a la imagen de su Hijo, para que él sea el primogénito entre muchos hermanos. Y a los que predestinó, a estos también llamó; y a los que llamó, a estos también justificó; y a los que justificó, a estos también glorificó» (Rom. 8:28-30).

Dios nos ha llamado para cumplir un propósito mientras somos habitantes de este planeta tierra. Ya Dios ha diseñado un programa para cada uno de nosotros. Nos resta meternos dentro de ese programa, y cumplir con el destino que se nos ha asignado.

En Cristo Jesús fuimos llamados, conocidos y predestinados, para meternos en el molde de Jesucristo y ser conformes a su imagen. La imagen divina que Adán y Eva, a causa del pecado original, perdieron en el Jardín del Edén, nosotros la Iglesia la hemos recuperado en el Jardín del Calvario (donde Jesús de Nazaret fue crucificado y sepultado, había un jardín cerca).

«En el lugar donde Jesús murió había un jardín con una tumba nueva. Allí no habían puesto a nadie todavía. Como ya iba a empezar el sábado, que era el día de descanso obligatorio para los judíos, pusieron allí el cuerpo de Jesús en esa tumba, porque era la más cercana» (Jn. 19:41-42, TLA).

Y aquellos que fuimos predestinados, también hemos sido llamados, justificados y seremos glorificados. El programa de la Iglesia estaba claramente definido y señalado en lo revelado por el Espíritu Santo a Pablo de Tarso.

«A los que él ya había elegido, los llamó; y a los que llamó también los aceptó; y a los que aceptó les dio un lugar de honor» (Rom. 8:30, TLA).

Conclusión

Termino como comencé, leyendo Proverbios 30:26 según el texto de Reina-Valera, que dice así: «Los conejos, pueblo nada esforzado, y ponen su casa en la piedra». La Nueva Versión Internacional dice: «Los tejones, animalitos de poca monta, pero que construyen su casa entre las rocas». La Nueva Traducción Viviente dice: «Los damanes no son poderosos pero construyen su hogar entre las rocas».

¿Dónde está nuestra casa espiritual? ¿Está construida sobre la arena o está construida sobre la Roca?

20
Caminando como vacas

1 Samuel 6:7-8, RVR 1960

«*Haced, pues, ahora un carro nuevo, y tomad luego dos vacas que críen, a las cuales no haya sido puesto yugo, y uncid las vacas al carro, y haced volver sus becerros de detrás de ellas a casa. Tomaréis luego el arca de Jehová, y la pondréis sobre el carro, y las joyas de oro que le habéis de pagar en ofrenda por la culpa, las pondréis en una caja al lado de ella; y la dejaréis que se vaya*».

Introducción

Los filisteos habían capturado el arca de Dios en Eben-ezer y de ahí la trasladaron a Asdod (quien escribe ha visitado la ciudad de Asdod); allí la metieron en el templo de Dagón; y al otro día encontraron a Dagón caído frente al arca de Dios (1 Sam. 6:1-3).

Al otro día, después de poner la estatua de Dagón en su lugar, la encontraron caída con la cabeza y manos cortadas, y solo quedó el tronco (1 Sam. 6:4). El mensaje era que el dios Dagón estaba decapitado (no pensaba, no veía ni oía); estaba manco (no daba, no tocaba, no ayudaba); solo tenía el tronco (no andaba, ni se levantaba ni se sentaba).

La ciudad de Asdod recibió de parte de Dios un juicio de tumores que los destruyó, y asociaron esto con el arca del Dios de Israel (1 Sam. 6:6). Y se decidió en una reunión enviar el arca de Dios a la ciudad filistea de Gat, pero allí también Dios los castigó con tumores (1 Sam. 6:7-9).

De allí se envió a la ciudad filistea de Ecrón; pero los de Ecrón apercibidos de lo sucedido a sus homólogas ciudades, decidieron devolver el arca de Dios a Israel, y aun los tumores los alcanzaron (1 Sam. 6:10-12).

1. La selección de las vacas

El arca de Jehová estuvo secuestrada en territorio filisteo siete meses (1 Sam. 6:1). Pero el juicio divino los azotó. Dios no se quedó cruzado de brazos. Los filisteos consultaron a sus sacerdotes y adivinos, para saber cómo retornar el arca del Dios de Israel a los israelitas (1 Sam. 6:2). Y aconsejaron que no fuera enviada vacía, sino con precio de expiación, para ser sanados de los tumores tenidos y atribuidos a la misma (1 Sam. 6:3).

Acordaron enviar «cinco tumores de oro y cinco ratones de oro» (1 Sam. 6:4-6), como representación posiblemente de la doble plaga tenida: «Y ellos dijeron: ¿Y cuál será la expiación que le pagaremos? Ellos respondieron: Conforme al número de los príncipes de los filisteos, cinco tumores de oro, y cinco ratones de oro, porque una misma plaga ha afligido a todos vosotros y a vuestros príncipes» (1 Sam. 6:4).

«Haced, pues, ahora un carro nuevo, y tomad luego dos vacas que críen, a las cuales no haya sido puesto yugo, y uncid las vacas al carro, y haced volver sus becerros de detrás de ellas a casa» (1 Sam. 6:7).

Para ese retorno harían un carro nuevo, buscarían dos vacas que estaban criando, las cuales no se separan de los becerros, vacas lecheras. Vacas que jamás fueron enyugadas. Y esos becerros serían apartados de las madres y llevados a la casa. Luego tomarían el arca del pacto, y la misma sería puesta encima del carro halado por las vacas, con los ratones y tumores de oro al lado (1 Sam. 6:8).

2. La comisión de las vacas

Se observaría, que si las vacas que halaban el carro nuevo, subían por el camino de Bet-semes, sería señal de que la plaga había venido de Dios (1 Sam. 6:9). Si se regresaba el carro halado por dos vacas criando, cuyo instinto de mamífero, era buscar a sus becerros para darle lactancia.

Las vacas que criaban fueron uncidas al carro, y los becerros los metieron en la casa (1 Sam. 6:10). Y el arca con los tumores y ratones de oro se pusieron sobre el carro nuevo (1 Sam. 6:11).

«Y las vacas se encaminaron por el camino de Bet-semes, y seguían camino recto, andando y bramando, sin apartarse, ni a derecha ni a izquierda; y los príncipes de los filisteos fueron tras ellas hasta el límite de Bet-semes» (1 Sam. 6:12).

La Traducción En Lenguaje Actual nos permite entender mejor esa expresión «andando y bramando»: «Las vacas se fueron directamente a Bet-semes. En ningún momento se apartaron del camino, ni dejaron de mugir por sus terneros. Por su parte, los jefes filisteos las siguieron hasta que estuvieron cerca de Bet-semes» (1 Sam. 6:12).

Las vacas dirigidas por la providencia divina, que dirige todas nuestras vidas si obedecemos a Jesucristo, siguieron de manera directa por el camino de Bet-semes, deseando a sus becerros, sin querer volver atrás por causa de los becerros. Llegó aquel carro nuevo halado por vacas que criaban hasta la línea divisora fronteriza, que separaba a Filistea de Israel.

3. La expiación de las vacas

Los habitantes de Bet-semes que segaban trigo en el valle, vieron el arca de Dios y esto los llenó de mucha alegría (1 Sam. 6:13). Leemos: «La gente de ese lugar estaba cosechando trigo en el valle que está frente al pueblo. Cuando vieron el cofre, les dio mucha alegría» (TLA).

Ese carro llegó hasta el campo de Josué de Bet-semes, y frente a una piedra paró, cortaron la madera y sacrificaron las dos vacas en agradecimiento a Dios (1 Sam. 6:14).

El arca de Dios fue puesta sobre aquella gran piedra, su altar provisional, al igual que «las joyas de oro», y se presentaron sacrificios a Dios (1 Sam. 6:15). Aquel lugar se llenó de admiración a Jehová Dios.

Los cinco príncipes filisteos, que vieron esto, regresaron a Ecrón ese día (1 Sam. 6:16). Los cinco «tumores de oro» entregados fueron por las pentápolis filisteas: Asdod, Ascalón, Gat, Ecrón (las he visitado todas estas) y Gaza (me falta por visitar) (1 Sam. 16:16-17). Los «ratones de oro» fueron por las ciudades que integraban estos territorios filisteos (1 Sam. 6:18).

Dios veía a esas ciudades como «ratones», a pesar de su «oro» delante de Él. Esa era una manera gráfica de mostrarle Dios a Israel, que había razón para que ellos se burlasen de los filisteos.

El autor de esta tradición afirmó que para cuando escribió el primer libro de Samuel: «La gran piedra sobre la cual pusieron el arca de Jehová está en el camino de Josué de Bet-semes hasta hoy» (1 Sam. 6:18).

Los hombres de Bet-semes llenos de curiosidad, miraron dentro del arca de Dios, y recibieron retribución divina, unos cincuenta mil setenta hombres murieron, llorando todo el pueblo (1 Sam. 6:19).

«Y dijeron los de Bet-semes: ¿Quién podrá estar delante de Jehová, el Dios santo? ¿A quién subirá desde nosotros?» (1 Sam. 6:20).

La Traducción En Lenguaje Actual aclara el sentido: «Y decía: 'Nadie puede vivir delante de un Dios tan poderoso como el nuestro. Es mejor que mandemos el cofre a otro lugar'».

Los de Bet-semes ante lo sucedido por causa del juicio divino, se separaron del arca de Dios, y pidieron a los de Queriat: «Los filisteos han devuelto el arca de Jehová; descended, pues, y llevadla a vosotros» (1 Sam. 6:21).

Muy triste la historia de la gente de Bet-semes, tuvieron la presencia de Dios, y no la reverenciaron, y la devolvieron a los de Queriat-Jearim (quien escribe esto ha estado varias veces en Queriat-Jearim o Abu-Gosh). Allí tiene un kibbutz (granja colectiva), el amigo Saúl, un judío venezolano que invita a los peregrinos cristianos para llegar y celebrar en un tabernáculo levantado.

Conclusión

De esas vacas aprendemos que debemos ir siempre por el camino destinado por Dios, a pesar de que algo del pasado nos llame. El nombre Lea, la primera esposa de Jacob, significa «vaca salvaje» (Nm. 29:21-30).

21
Fuertes como «Behemot»

Job 40:15-18, RVR 1960

«He aquí ahora Behemot, al cual hice como a ti; hierba come como buey. He aquí ahora que su fuerza está en sus lomos, y su vigor en los músculos de su vientre. Su cola mueve como un cedro, y los nervios de sus muslos están entretejidos. Sus huesos son fuertes como bronce, y sus miembros como barras de hierro».

Job 40:19, RVR 1960

«Él es el principio de los caminos de Dios; el que lo hizo, puede hacer que su espada a él se acerque».

Job 40:20-21, RVR 1960

«Ciertamente los montes producen hierba para él; y toda bestia del campo retoza allá. Se echará debajo de las sombras, en lo oculto de las cañas y de los lugares húmedos».

Job 40:22-24, RVR 1960

«Los árboles sombríos lo cubren con su sombra; los sauces del arroyo lo rodean. He aquí, sale de madre el río, pero él no se inmuta; tranquilo está, aunque todo un Jordán se estrelle contra su boca. ¿Lo tomará alguno cuando está vigilante, y horadará su nariz?».

Introducción

En Job 40:15 al 24 se habla del «Behemot». La descripción de este animal es la más completa con respecto a cualquier otro animal, en un solo pasaje de la Biblia.

El «Behemot» es un nombre mantenido por la gran mayoría de los traductores bíblicos (RV-60, NVI, JBS, LBLA). Podría haber sido alguna clase de animal ya extinto. Y esa debe ser la razón por la cual los traductores se cuidan mucho, y mantienen ese nombre «Behemot». Pero para otros parece ser una alusión al hipopótamo, así lo traduce la TLA, y en ese sentido lo emplearé en esta disertación.

Alfonso Ropero dice: «Behemoth plural mayestático de Behemah [bestia] muda», probablemente procede de una antigua raíz semítica que significa «ser mudo». La opinión actual es que se refiere al «hipopótamo, ya que se trata de un animal anfibio, no terrestre» (Job 40:38.39) (*Gran Diccionario Enciclopédico de la Biblia*, Editorial CLIE, 2013).

La palabra hipopótamo es un compuesto del griego: «hipo» o «caballo» y «pótamo» o «río». Los griegos llamaban al hipopótamo «caballo del río»; los antiguos egipcios lo llamaban «cerdo del río» y los árabes lo llaman «búfalo del río».

1. El alimento del hipopótamo

«He aquí ahora Behemot, el cual hice como a ti; hierba come como buey...». El hipopótamo con una boca muy ancha y con mandíbulas extraordinarias, consume unas 360 libras o 163.29 kilos de hierba.

El creyente debe alimentarse espiritualmente bien. La Palabra de Dios es la hierba que debe consumirse diariamente. El creyente debe cultivar buenos hábitos de alimntación espiritual, con devocionales matutinos y vespertinos y con la lectura de la Biblia.

Además de asistir con bastante regularidad a los estudios bíblicos de la congregación local, y ser un asiduo oyente de las predicaciones de su pastor, quien ha sido llamado por Jesucristo para suministrarle el pasto de la Palabra, debemos escuchar a muchos predicadores, pero escuchar al pastor del redil al que pertenecemos, es una urgencia espiritual.

Dios dice de Behemot o el hipopótamo, «el cual hice como a ti». El Eterno establece ese principio creativo comparativo con esta criatura. A nosotros también nos ha dado un corazón como boca que se alimenta de los manjares de la Palabra de Dios. Y debemos comer muchas cosas espirituales.

2. La fuerza del hipopótamo

«... He aquí ahora que su fuerza está en sus lomos...». La Traducción En Lenguaje Actual, lee: «Toda su fuerza está en sus poderosos lomos».

El hipopótamo desarrollado puede adquirir un tamaño entre doce a quince pies de largo y pesar hasta 7,900 libras o 3,583 kilos. Las caderas le dan su gran fuerza. La fuerza de un creyente está en sus lomos espirituales de «la verdad». Lo que Dios dijo y lo que Dios dice, determina su filosofía de la vida.

En las rodillas están las fuerzas del creyente-hipopótamo. La Iglesia ha sobrevivido a los más fieros y encarnecidos ataques, a lo largo de los siglos, porque la misma se ha sostenido con la oración.

El hipopótamo es el tercer mamífero más grande del mundo, antecedido por el rinoceronte y luego el elefante. Es sumamente agresivo. Cuando se le molesta o se invade su territorio es muy peligroso. Se ha dicho que es el animal más fiero de África. Cuando pelean entre ellos, es muy raro que uno mate al otro. El que demuestra más fuerza sale airoso del combate. El macho crece hasta los veinticinco años, la hembra deja de crecer mucho antes.

Incluso los cocodrilos respetan al hipopótamo en el mismo río que comparten. Allí, en ese largo tramo del río, marcado como su territorio, los hipopótamos permanecen el mayor tiempo con el cuerpo debajo del agua. Su nariz ojos y orejas están encima de la cabeza, eso les ayuda mucho.

No nadan más que los jóvenes. Pero dando saltos se mueven en los ríos. Corren más que cualquier ser humano. En el río se cortejan el macho y la hembra, ahí se aparean y copulan, y sus crías nacen en el agua.

3. El vigor del hipopótamo

«... Y su vigor en los músculos de su vientre...». La Nueva Versión Internacional lee: «¡Su poder está en los músculos de su vientre!». El vientre es fortísimo, a veces lo arrastra entre piedras y obstáculos, ya que es corto de patas. Pero las mismas ayudan a sostener esa montaña de peso.

El hipopótamo es muy resistente. Se humedece de continúo con el agua, y así su piel no se le reseca. Su piel es muy suave. Como herbívoro, saca su tiempo para alimentarse solitariamente.

Nuestro vientre espiritual debe ser vigoroso y musculoso. Lo que entra a nuestro sistema espiritual, debe ser eso que nos vigorice y nos haga capaces de resistir cualquier obstáculo en la vida cristiana.

Las pruebas y tribulaciones, jamás deben detenernos en la marcha para cumplir el propósito para el cual hemos sido llamados por el Señor Jesucristo. Dios ha dibujado su diseño para cada uno de nosotros.

4. La dureza del hipopótamo

a) La cola del hipopótamo. «... Su cola mueve como un cedro, y los nervios de sus muslos están entretejidos...». La Traducción En Lenguaje Actual, lee: «Su rabo parece un árbol; sus músculos son muy fuertes».

A todos, el Espíritu Santo nos ha dado algo que nos individualiza, nos destaca y nos señala. Unos reciben la gracia de una manera y otros de otra manera. Pero todos tenemos algún talento (natural) y algún don (sobrenatural), para servir y emplearlos en el reino de Dios que está dentro y fuera de nosotros.

b) Los huesos del hipopótamo. «... Sus huesos son fuertes como bronce...». La Traducción En Lenguaje Actual, lee: «Sus huesos parecen de bronce». Huesos parecidos al bronce, que hablan de estabilidad, firmeza y seguridad.

El bronce bruñido habla del sufrimiento, el cual nos hace más firmes y estables cada día. Juan el Apocalipta tuvo una visión del Cristo Glorificado, y dijo: «Y sus pies semejantes al bronce bruñido, refulgente como en un horno; y su voz como estruendo de muchas aguas» (Apoc. 1:15). Esto habla de la permanencia espiritual de nuestro Salvador y Redentor.

c) Los miembros del hipopótamo. «... Y sus miembros como barras de hierro...». La Traducción En Lenguaje Actual, lee: «... Sus piernas parecen de hierro». Al «Behemot» se le adscribe tener por patas «barras de hierro». Las patas del hipopótamo son cortas, pero fortísimas para soportar esa montaña de peso.

Las rodillas del creyente, hablando espiritualmente, lo sostienen siempre. Cuando tiene pruebas, ora y soporta las mismas. Cuando atraviesa por una tribulación, ora y se siente acompañado por Jesucristo. Cuando tiene oposición, ora y tiene ayuda espiritual. Cuando está abatido y triste, ora y Jesucristo lo escucha. Cuando se siente decepcionado por alguien, ora y el Espíritu Santo lo consuela.

No oramos con rodillas de papel. No oramos con rodillas de arena. Tenemos que orar con rodillas de bronce. El gran negocio entre Jesucristo y el creyente se firma con las rodillas de la oración.

La psicóloga clínica Silvia Russek citó esta ilustración de un cuento muy antiguo, pero le dio un sentido más actualizado titulándolo «Seis hombres ciegos y un elefante»:

> Había una vez seis hombres ciegos que vivían en Indostán, y que querían ampliar sus conocimientos y aprender cómo era un elefante,

por lo que decidieron que cada uno, por la observación del tacto, podría satisfacer a su mente.

El primer ciego, al acercarse al elefante, chocó contra su lado ancho y fornido, por lo que en seguida empezó a gritar: «¡Bendito sea Dios! ¡El elefante es muy similar a una pared!».

El segundo ciego, palpándole el colmillo, gritó: «¡Oh! lo que tenemos aquí, es muy cilíndrico, suave, y aguzado. Para mí esto es muy claro, esta maravilla de elefante es muy parecido a una lanza».

El tercer ciego, se acercó al animal y tomó la trompa, la cual se retorció en sus manos. Así, audazmente dijo: «Yo veo, acotó, que el elefante es igual que una serpiente».

El cuarto ciego, extendió su ávida mano Y se posó sobre la rodilla: A lo que más esta bestia maravillosa se parece, es muy llano, comentó él: «Es bastante claro que el elefante es semejante a un árbol».

El quinto ciego, que se arriesgó a tocar la oreja, dijo: «Hasta el hombre más ciego puede decir a lo que esto más se parece: Niegue el hecho quien pueda, esta maravilla de elefante es igual que un abanico».

El sexto ciego, en cuanto empezó a tentar a la bestia, asió su cola oscilante. «Yo veo, dijo él, que el elefante es como una soga».

Y así, estos ciegos de Indostán continuaron disputando ruidosa y largamente. Cada uno se mantenía en su propia opinión, siempre más rígida y fuerte, por lo que no podían llegar a un acuerdo ya que, como podemos ver, aunque cada uno estaba en parte en lo cierto, todos estaban errados.

Conclusión

Nuestra fortaleza espiritual viene de arriba, llega del cielo, llueve de la nube de Jesucristo.

22
Comparados con cerdos

Mateo 8:28, RVR 1960

«Cuando llegó a la otra orilla, a la tierra de los gadarenos, vinieron a su encuentro dos endemoniados que salían de los sepulcros, feroces en gran manera, tanto que nadie podía pasar por aquel camino».

Introducción

El cerdo es un animal impuro según lo estipulado en la ley mosaica. La ley prohibía comer cerdos: «Hablad a los hijos de Israel y decidles: Estos son los animales que comeréis de entre todos los animales que hay sobre la tierra. De entre los animales, todo el que tiene pezuña hendida y que rumia, ese comeréis» (Lev. 11:2-3).

«También el cerdo, porque tiene pezuñas, y es de pezuñas hendidas, pero no rumia, lo tendréis por inmundo» (Lev. 11:7). En la época bíblica del Nuevo Testamento, el cerdo se ve como un animal solicitado por los demonios para poseerlo, y el cuidado de los cerdos era considerado como el peor o más degradante trabajo para los judíos.

1. Los cerdos poseídos por demonios

La tradición de Mateo (Mt. 8:28) habla de dos endemoniados; la de Marcos, en cambio, habla de uno (Marcos 5:1). La tradición de Lucas también habla de un endemoniado (Lucas 8:26-37). Estos posesos, descritos como peligrosos, habitaban en una necrópolis gentil, llamados intercambiablemente gerasenos o gadarenos, nombres que se refieren a dos lugares, encontrándose en Jordania las ruinas de ambas ciudades romanas, la de Gerasa o Gerash y Gadara.

La declaración: «Vinieron al otro lado del mar, a la región de los gadarenos» (Mc. 5:1). Al otro lado del mar de Galilea está Kursi, que pudo haber sido un barrio de gerasenos o gadarenos. Quien escribe ha visitado ese lugar arqueológico. Al igual que las ruinas de las ciudades de Gerasa (Mt. 8:28) y Gadara (Mc. 5:1; Lc. 8:26) en Jordania.

El camino que pasaba por donde ellos estaban, era poco transitable a causa de los dos poseídos por demonios. Se nos dice: «Nadie podía pasar por aquel camino». Eran «los cucos» o «el cuco» del miedo en las noches y días.

«Estaba paciendo lejos de ellos una piara de muchos cerdos. Y los demonios le rogaron diciendo: Si nos echas fuera, permítenos ir a aquella piara de cerdos. Él les dijo: Id. Y ellos salieron, y se fueron a aquella piara de cerdos; y he aquí, que toda la piara de cerdos se precipitó en el mar por un despeñadero, y perecieron en las aguas» (Mt. 8:30-32).

Ellos vinieron al encuentro de Jesús para reconvenirles a que no los echara fuera (Mt. 8:29). Allí cerca había una piara de cerdos, y los endemoniados negociaron su salida de aquellos hombres, para poseer unos cerdos (Mt. 8:30-31). Jesús les concedió ese permiso (Mt. 8:32), y al ser poseídos los cerdos por esos seres espirituales, se precipitaron al mar de Galilea.

En el hombre que había estado endemoniado se produjo un cambio radical: «La gente fue a ver qué había pasado. Al llegar, vieron sentado a los pies de Jesús al hombre que antes había tenido los demonios. El hombre estaba vestido y se comportaba normalmente, y los que estaban allí temblaban de miedo» (Lc. 8:35, TLA).

«El hombre que ahora estaba sano le rogó a Jesús que lo dejara ir con él. Pero Jesús le dijo: 'Vuelve a tu casa y cuéntales a todos lo que Dios ha hecho por ti'. El hombre se fue al pueblo y contó todo lo que Jesús había hecho por él» (Lc. 8:38-39, TLA).

Los porquerizos de la zona, fueron a contar lo sucedido con los endemoniados y los cerdos. La ciudad tuvo un encuentro con Jesus de Nazaret, y le insistieron a Jesús que se fuera de esos contornos (Mt. 6:34).

2. Los cerdos apacentados por personas

El hijo pródigo reclamó, con su padre en vida, el derecho a su herencia (Lc. 15:11-12). Su padre accedió, y dividió su herencia entre ambos hermanos, lógicamente la ley de la herencia establecía que al mayor o primogénito le correspondían dos terceras partes.

«Puede darse el caso de que un hombre tenga dos esposas, y con las dos tenga hijos, pero ama a una y a la otra no. Si su primer hijo lo tuvo con la mujer a la que no ama, cuando haga su testamento deberá dejarle a este hijo el doble de lo que les deje a sus otros hijos, pues es su hijo mayor. No podrá dejarle esa doble parte al primer hijo de la mujer que ama, porque no es su hijo mayor. El verdadero hijo mayor es quien tiene derecho a esa doble parte, pues fue el primero en nacer. Hacerlo de otra manera sería tratar mal al verdadero hijo mayor» (Dt. 21:15-17, TLA).

A los pocos días este segundo hijo, recogió todos sus bienes, y se fue a vivir a un lugar distante, y desenfrenado hizo una mala administración de los bienes reclamados (Mt. 15:13-14).

Al quedarse sin nada, en la bancarrota, fue a buscar trabajo, y solo consiguió el degradado, bajo y peor trabajo de ser un porquero. «Y fue y se arrimó a uno de los ciudadanos de aquella tierra, el cual le envió a su hacienda para que apacentase cerdos». (Lc. 15:15).

Los porquerizos no podían entrar al templo. Para un judío cuidar cerdos era llegar a lo peor de lo peor, llegar a la «porquería», y de ahí viene la utilización de esa palabra.

Proverbios 11:22 compara a la mujer bonita, pero irracional con un cerdo: «Como zarcillo de oro en el hocico de un cerdo Es la mujer hermosa y apartada de razón».

Isaías 65:4 describe a un pueblo rebelde e idólatra: «Este pueblo se sienta en los sepulcros y pasa la noche en las cuevas para rendirle culto a sus muertos; hasta come carne de cerdo y llena sus ollas con el caldo que ha ofrecido a los ídolos» (TLA).

Isaías 66:17 pronuncia el juicio divino contra aquellos que comían carne de cerdo y de ratón: «Los que se santifican y los que se purifican en los huertos, unos tras otros, los que comen carne de cerdo y abominación y ratón, juntamente serán talados, dice Jehová».

2 Pedro 2:22 ilustra el descarrío de la fe con el perro y el cerdo: «Así, esas personas demuestran la verdad del dicho: 'El perro vuelve a su vómito', y también la verdad de este otro: 'El cerdo recién bañado vuelve a revolcarse en el lodo'» (TLA).

Retomando la historia, ese hijo pródigo, en esa condición de irraciocinio humano, recibe una luz mental, y decide tomar un curso de acción volutiva. Se levantaría e iría a su padre (Mt. 15:17), y ensayó lo que le diría: «... Padre, he pecado contra el cielo y contra ti. Ya no soy digno de ser llamado tu hijo; hazme como a uno de tus jornaleros» (Lc. 15:18-19).

Hizo lo que decidió y llegó hasta la casa del padre, este lo reconoció a la distancia, y movido por el instinto paternal, se le adelantó, como la gracia se adelanta para un pecador que la quiera recibir, lo abrazó por el cuello y lo besó (Mt. 15:20).

El hijo perdido, que había ensayado el discurso, solo alcanzó a decir la primera parte del mismo: «… Padre, he pecado contra el cielo y contra ti, y ya no soy digno de ser llamado tu hijo» (Lc. 15:21). Se le olvidó la segunda parte o quizá el padre se la ahogó para no escucharla: «… hazme como a uno de tus jornaleros». Él solo necesitaba confesión, no degradación.

Su padre que cerró sus ojos a las faltas pasadas del hijo y los abrió a la gracia perdonadora del presente, ordenó hacerle la ceremonia de restauración:

«Pero antes de que el muchacho terminara de hablar, el padre llamó a los sirvientes y les dijo: '¡Pronto! Traigan la mejor ropa y vístanlo. Pónganle un anillo, y también sandalias. Porque mi hijo ha regresado! Es como si hubiera muerto, y ha vuelto a vivir. Se había perdido y lo hemos encontrado'. Y comenzó la fiesta» (Lc. 15:22.24, TLA).

La reacción de su hermano mayor fue de orgullo y rechazo, del tipo de ley que rechazaba al ser humano por la falta de buenas obras. Y tipo de aquellos religiosos que rechazan la gracia de Jesucristo en otros que no se ajustaban a su cuadrado dogmático.

El hermano mayor que estaba trabajando, tipo del fariseo que trabajaba por su salvación, oyó la música y el baile. Entonces preguntó qué pasaba y le informaron que su hermano había regresado sano y salvo. Lo cual a él no le importó. Lo que era buena noticia para el padre, era mala noticia para el hermano. El padre ordenó matar el becerro gordo, que era para días especiales y ese era un día importante (Mt. 15:25-27).

El hermano resentido, se mostró retraído para no entrar, y su padre buscaba que entrara. ¡Una total actitud de inmadurez! Él le expresó al padre un discurso acusatorio que contrastaba con el discurso arrepentido y de constricción de su hermano descarriado y fracasado: «… Todos estos años, he trabajado para ti como un burro y nunca me negué a hacer nada de lo que me pediste. Y en todo ese tiempo, no me diste ni un cabrito para festejar con mis amigos. Sin embargo, cuando este hijo tuyo regresa después de haber derrochado tu dinero en prostitutas, ¡matas el ternero engordado para celebrarlo!» (Lc. 15:29-30, NTV).

Se comparó casi a un burro trabajando. Se vio como el «hijo del año» obedeciendo. Y se mostró como un engreído al decirle al padre: «No me diste ni un cabrito para festejar con mis amigos». Que por cierto, fue una gran exageración, ya que comer cabrito era algo rutinario.

Y terminó su discurso en un tono agresivo: «¡Y ahora que vuelve ese hijo tuyo, después de malgastar todo tu dinero con prostitutas, matas para él el ternero más gordo!» (Lc. 15:30, TLA). La expresión «ese hijo tuyo» era para negar que aquel fuese su hermano.

Esta historia de discursos y de encuentros sentimentales y emocionales, se cierra con el discurso reconciliatorio del padre amoroso:

«El padre le contestó: '¡Pero hijo! Tú siempre estás conmigo, y todo lo que tengo es tuyo. ¡Cómo no íbamos a hacer una fiesta y alegrarnos por el regreso de tu hermano! Es como si hubiera muerto, pero ha vuelto a vivir; como si se hubiera perdido, pero lo hemos encontrado'» (Lc. 15:31-3.2 TLA).

Parece que el mayor problema del hermano al rechazar al pródigo era la inseguridad que tenía por la herencia del padre. Ambos eran los hijos de la casa. Uno perdió su herencia. El otro era el dueño de todo: «El padre le contestó: '¡Pero hijo! Tú siempre estás conmigo, y todo lo que tengo es tuyo'» (Lc. 15:3, TLA). Este hijo heredero de todo, fue otro pródigo a su manera, con su egoísmo, con un espíritu de altanería y demandante. ¿Cuál de los dos pródigos eres tú o soy yo?

La historia del hijo pródigo es de tríadas: tres hombres, tres discursos y tres animales. La tríada de animales es una gran enseñanza: (1) El hijo alejado, trabajando con cerdos y no se le permitía comer de las algarrobas. (2) El hijo reconciliado y listo para comer del becerro gordo. (3) El hijo renegado hablando de un cabrito que no se le dio y rechazando el becerro gordo que se ofrecía.

Conclusión

Se metió un cerdo dentro de un rebaño de carneros, y pacía con ellos. Pero un día lo capturó el pastor y el cerdo se puso a gruñir y forcejear. Los carneros lo regañaban por gritón diciéndole: 'A nosotros también nos echa mano constantemente y nunca nos quejamos'. 'Ah sí', replicó el cerdo, 'pero no es con el mismo fin. A ustedes les echan mano por la lana, pero a mí es por mi carne'».

Moraleja: Perder lo recuperable no nos debe preocupar, pero sí el perder lo que es irreparable (*Fábulas de Esopo*, 2011).

23
Devoradores como jabalíes

Salmo 80:13, NVI

«Los jabalíes del bosque la destruyen, los animales salvajes la devoran».

Introducción

Los jabalíes son sumamente destructivos. Enemigos de los agricultores y de las cosechas. En la Radio «La Voz de Rusia» se difundió una noticia, y no sé cuánta validez periodística tiene, pero la cito como demostración de lo antes dicho:

«La Organización Árabe de Derechos Humanos, divulgó esta semana en Gran Bretaña la declaración según la cual los israelíes utilizan jabalíes como arma secreta contra los agricultores palestinos.

Al caer la noche, los israelíes supuestamente liberan a los jabalíes especialmente adiestrados para destruir las cosechas y asustar a los niños, mientras las autoridades de ocupación privan a los palestinos de poner en marcha medidas para llevar a cabo una respuesta eficaz contra esta amenaza».

1. El contexto del pasaje sobre los jabalíes

a) Rogando para que la gloria sea restaurada. «Oh Dios, restáuranos; haz resplandecer tu rostro, y seremos salvos» (Sal. 80:3).

Nuestra oración debe ser que la gloria de Jesucristo sea restaurada en nuestras comunidades de fe. Que el rostro de nuestro Señor Jesucristo resplandezca en nuestras vidas, y que disfrutemos de su salvación.

b) Comiendo y bebiendo lágrimas. «Les diste a comer pan de lágrimas, y a beber lágrimas en gran abundancia» (Sal. 80:5).

El «pan de lágrimas» y la bebida de «lágrimas», representan el sufrimiento humano. Es como comer lágrimas y es como beber lágrimas. Habla de un sufrimiento continúo.

«Nos pusiste por escarnio a nuestros vecinos, y nuestros enemigos se burlan entre sí» (Sal. 80:6).

El rey Josafat encargó a Sedequías, un falso profeta, que pusieran al profeta de Dios llamado Micaías en la cárcel con pan de angustia y de aflicción y con agua de aflicción y angustia.

«Y dirás: Así ha dicho el rey: Echad a este en la cárcel, y mantenedle con pan de angustia y con agua de aflicción, hasta que yo vuelva en paz» (1 R. 22:27).

«Y decidles: El rey ha dicho así: Poned a este en la cárcel, y sustentadle con pan de aflicción y agua de angustia, hasta que yo vuelva en paz» (2 Cr. 18:26).

Muchas veces tendremos que comer pan de lágrimas y mantenernos con pan de angustia ante el dolor de la partida de un ser querido y de interés en nuestras vidas. También tendremos que tomar la copa de las pruebas y las tribulaciones para «beber lágrimas en gran abundancia» o «agua de aflicción».

Proverbios 4:17 lee: «Porque comen pan de maldad, y beben vino de robos» «¡Se alimentan de la perversidad y beben el vino de la violencia!» (Prov. 4:17, NTV).

c) Víctima de que les roben los frutos. «Pero ahora, ¿por qué has derribado nuestras murallas de modo que todos los que pasan pueden robar nuestros frutos?» (Sal. 80:12, NTV).

Sin la protección del Padre, sin el cuidado de Jesucristo y sin la cerca del Espíritu Santo, estamos a la merced de los enemigos de la santidad y de la fe nuestra como cristianos.

2. La acción de los jabalíes

«Los jabalíes del bosque los devoran, y los animales salvajes se alimentan de ellos» (Sal. 80:13, NTV).

a) Los jabalíes devoran los frutos. El salmista Asaf parece descubrirse así mismo en este Salmo 80. Es su testimonio lo que comparte en su salmodia. A los jabalíes se les ve comiéndose los frutos que son de los hijos de Dios. El enemigo quiere devorar ese fruto del Espíritu Santo, que se produce en nuestra vida.

«Mas el fruto del Espíritu es amor, gozo, paz, paciencia, benignidad, bondad, fe, mansedumbre, templanza; contra tales cosas no hay ley» (Gal. 5:22-23). La Traducción En Lenguaje Actual tiene una manera muy sencilla y práctica de presentar el referido pasaje.

«En cambio, el Espíritu de Dios nos hace amar a los demás, estar siempre alegres y vivir en paz con todos. Nos hace ser pacientes y amables, y tratar bien a los demás, tener confianza en Dios, ser humildes, y saber controlar nuestros malos deseos. No hay ley que esté en contra de todo esto» (TLA).

Un viejo perro cazador, que en sus días de juventud y fortaleza jamás se rindió ante ninguna bestia de la foresta, encontró en sus ancianos días un jabalí en una cacería. Y lo agarró por la oreja, pero no pudo retenerlo por la debilidad de sus dientes, de modo que el jabalí escapó. Su amo, llegando rápidamente, se mostró muy disgustado, y groseramente reprendió al perro. El perro lo miró lastimosamente y le dijo: –Mi amo, mi espíritu está tan bueno como siempre, pero no puedo sobreponerme a mis flaquezas del cuerpo. Yo prefiero que me alabes por lo que he sido, y no que me maltrates por lo que ahora soy.

Moraleja: Respeta siempre a tus ancianos, que aunque ya viejos, un día fueron jóvenes (*Fábulas de Esopo*, 2011).

b) Los animales salvajes se comen los frutos. Por un lado están los destructores jabalíes y por el otro lado los animales salvajes. Lo que se le escapa a los primeros, lo terminan los segundos.

Nos recuerda Joel la devastación profetizada por él de una invasión de plaga de langostas sobre la tierra de Israel.

«Una plaga de saltamontes ha invadido nuestro país, como si fuera un gran ejército. Sus dientes tienen tanto filo que hasta parecen leones furiosos. Destruyeron nuestras viñas y despedazaron nuestras higueras; ¡pelaron las ramas por completo!» (Joel 1:6-7, TLA).

El mundo, la carne y Satanás son enemigos encarnizados de los hijos de Dios. Su misión es, como la langosta, devorarlo todo. Es decir, el gozo, la paz, el amor, la fe, la temperancia.

Al mundo. Se le vence no dejando que sus atracciones y sus ofertas nos seduzcan y nos hagan rendirnos ante las mismas. El mundo ya no puede ser nuestro hogar. Tenemos que andar lo más alejado posible de ese precipicio llamado mundo.

A la carne. Se le vence diciendo que no. Con una fuerza de voluntad anclada en el muelle de la voluntad de nuestro Señor Jesucristo. Y con el poder del Espíritu Santo. ¡Dígale «no» a la carne, dígale «sí» al Espíritu Santo!

A Satanás. Se le vence en el nombre de Jesucristo, usando la espada de la Palabra de Dios y con la lanza de la oración. Es decirle: «Escrito está» (Mt. 4:7). «Escrito está también» (Mt. 4:7). «Vete Satanás, porque escrito está» (Mt. 4:10).

Al enemigo no le digas lo que tú piensas de él o lo que Jesucristo piensa de ti, sino lo que está escrito en la Biblia que va en contra de él. «Escrito está». ¡Usa siempre la Palabra!

Durante el verano, cuando con el calor aumenta la sed, acudieron a beber a una misma fuente un león y un jabalí. Discutieron sobre quién debería ser el primero en beber, y de la discusión pasaron a una feroz lucha a muerte. Pero, en un momento de descanso, vieron una nube de aves rapaces en espera de algún vencido para devorarlo. Entonces, recapacitando, se dijeron: ¡Más vale que seamos amigos y no pasto de los buitres y cuervos! (*Fábulas de Esopo*).

Moraleja: Estar unidos, es estar protegidos. El enemigo busca que nos quedemos solos, y así le es más fácil vencernos (*Fábulas de Esopo*, 2011).

Conclusión

¡Cuidado con los jabalíes que vienen para querer comerse tus frutos! No dejes que se metan en tu sembrado. Dejemos que el rostro de Jesucristo resplandezca en nuestras vidas.

24
Usados como gusanos

Marcos 9:47-48, TLA

«Si lo que ves con tu ojo te hace desobedecer a Dios, mejor sácatelo. Es mejor que entres al reino de Dios con un solo ojo, que tener los dos ojos y ser echado al infierno, donde hay gusanos que nunca mueren, y donde el fuego nunca se apaga».

Introducción

Los gusanos son invertebrados. Son animales vermiformes que se arrastran. Son de estructura blanda y alargada. Y en su apéndice poseen locomotores visibles o poco visibles. Tanto el Antiguo Testamento como el Nuevo Testamento los mencionan.

1. El gusano que enojó a Jonás al secar la calabacera

«Y preparó Jehová Dios una calabacera, la cual creció sobre Jonás para que hiciese sombra sobre su cabeza, y le librase de su malestar; y Jonás se alegró grandemente por la calabacera. Pero al venir el alba del día siguiente, Dios preparó un gusano, el cual hirió la calabacera, y se secó» (Jon. 4:6-7).

El libro de Jonás, profeta galileo, está ilustrado por cosas levantadas o creadas por Jehová, para hablar y tratar con el profeta desobediente: (1) Dios levantó un gran viento y una gran tempestad en el mar (Jon. 1:4). (2) Dios preparó un gran pez (Jon. 1: 17). (3) Dios preparó una calabacera para dar sombra a Jonás (Jon. 4:6). (4) Dios preparó a un gusano que secó la calabacera (Jon. 4:7). (5) Dios preparó un recio viento caliente, que afectó la cabeza del profeta (Jon. 4:8).

Jonás disfrutó la calabacera que Dios le hizo crecer de la noche a la mañana en su enramada. ¡Esa calabacera alegró mucho al profeta! El sol le había calentado la cabeza y era una experiencia perturbadora para el profeta fugitivo del llamado y de la comisión divina.

Pero Jehová al siguiente día preparó o trajo a la existencia a un gusano, que hirió a la calabacera en sus raíces o algún tallo, y esta planta con vida murió y se secó. ¡Ese gusano enojó mucho al profeta!

Jonás, de una fuerte emoción de alegría a causa de la sombra por causa de la calabacera, pasó a un fuerte sentimiento de enojo por el sol que le fastidiaba a causa del gusano que la secó.

Tipo de los seres humanos volubles, cambiantes, que de un extremo emocional se van a otro extremo sentimental. Una especie de bipolarismo de personalidad.

El trato de Dios con el profeta fugitivo era hablarle por medio de la naturaleza, para de esa manera enseñarle, que Él era Dios creador y controlador de la misma. Por lo tanto, quien tenía derecho a decidir qué hacer con lo que había sido creado, era Dios mismo.

Un niño fue herido por un gusano de ortiga. Corrió a su casa y dijo a su madre: –Me ortigó fuertemente, pero yo solamente lo toqué con suavidad. –Por eso te ortigó –dijo la madre– la próxima vez que te acerques a un gusano de esos, agárralo con decisión, sin caricias, y entonces será tan suave como seda, y no te maltratará de nuevo.

Moraleja: Al insolente, irrespetuoso, o delincuente, debe demostrársele siempre que la autoridad prevalece sobre él (*Fábulas de Esopo*, 2011).

Jonás no podía hacer, y menos entender la manera de Dios y de sus actividades divinas y providenciales. Y ese era el caso de Nínive, una ciudad enemiga de Israel, con gente no merecedora de la misericordia y gracia divina.

El mundo de la Palestina donde vivió Jesús de Nazaret, era inmerecedor de su misericordia manifestada y de su gracia revelada. Pero aún así, Jesús, el Mesías, se ubicó dentro de ese periodo histórico. Y dentro del mismo murió vicariamente por los pecados de ese pueblo, de toda la humanidad, de manera presente y trascendental.

2. Los gusanos espirituales que no mueren

«Y si tu ojo te fuere ocasión de caer, sácalo; mejor te es entrar en el reino de Dios con un ojo, que teniendo dos ojos ser echado al infierno, donde el gusano de ellos no muere, y el fuego nunca se apaga» (Mc, 9:47-48).

Al sur de Jerusalén está el valle de Himnón, hoy día está hermosamente mantenido. En el tiempo de algunos reyes de Judá, allí se daba un culto de idolatría a Moloc, cuando se quemaban hijos ante esta representación demoniaca, incluyendo a hijos de reyes que se habían desviados de la fe de Jehová.

Pero en épocas anteriores a Jesús y en la época de Jesús, el valle de Himnón era un vertedero de basura. Allí se mantenían de continuos fuegos ardiendo para consumir los desperdicios de comidas en estado de descomposición. Todavía al sur de Jerusalén, por la puerta que sale a la aldea de Siloé en el Ofel y que dirige al antiguo manantial de Siloé, hay una puerta llamada «Puerta de la Basura».

«Y si tu ojo te fuere ocasión de caer, sácalo; mejor te es entrar en el reino de Dios con un ojo, que teniendo dos ojos ser echado al infierno, donde el gusano de ellos no muere, y el fuego nunca se apaga» (Mc, 9:47-48).

El contexto a lo dicho por Jesús está en Isaías 66:24 y lee: «Y saldrán, y verán los cadáveres de los hombres que se rebelaron contra mí; porque su gusano nunca morirá, ni su fuego se apagará, y serán abominables a todo hombre».

El Señor Jesucristo, muy dado al empleo de ilustraciones como método didáctico, empleó esa ilustración visual, para hablar del infierno como lugar de tormento, donde el alma-espíritu (*psyche-pneuma*) de los confinados espirituales no morirá.

El infierno es un lugar literal de castigo eterno, con fuego para siempre, preparado para el gusano-alma de las personas que son destinadas al mismo literalmente. Su castigo se ilustra con «el lloro y el crujir de dientes».

Los que mueren en Cristo no tienen memoria de esta vida. Los que mueren sin Cristo tienen memoria de esta vida. Esto se ilustra en la otra vida del rico y de Lázaro.

«Un día, el hombre pobre murió y los ángeles lo pusieron en el sitio de honor, junto a su antepasado Abraham. Después murió también el hombre rico, y lo enterraron. Cuando ya estaba en el infierno, donde sufría muchísimo, el que había sido rico vio a lo lejos a Abraham, y a Lázaro sentado junto a él» (Lc. 16:22-23, TLA).

«El hombre rico dijo: 'Abraham, te ruego entonces que mandes a Lázaro a la casa de mi familia. Que avise a mis cinco hermanos que, si no dejan de hacer lo malo, vendrán a este horrible lugar'. Pero Abraham le contestó: 'Tus hermanos tienen la Biblia. ¿Por qué no la leen? ¿Por qué no la obedecen?'. El hombre rico respondió: 'Abraham, querido antepasado, ¡eso no basta! Pero si alguno de los muertos va y habla con ellos, te aseguro que se volverán a Dios'. Abraham le dijo: 'Si no hacen caso de lo que dice la Biblia, tampoco le harán caso a un muerto que vuelva a vivir'» (Lc. 16:27-31, TLA).

3. Los gusanos que se comieron a Herodes Agripa I

Herodes Antipas fue hijo de Herodes Agripa. El gobierno romano le entregó la tetrarquía de Judea y de Perea. Jacob, El Mayor, fue muerto por orden de este Herodes Agripa (Hch. 23:1-2). También apresó al apóstol Pedro, y lo puso en la cárcel, custodiado por cuatro grupos de cuatro soldados (Hch. 12:3-5).

Herodes Agripa mostraba su disgusto con los habitantes de Tiro y de Sidón, al noroeste de la Palestina y utilizaron a un camarero del rey llamado Blasto, para que intercediera por la paz (Hch. 12:20).

La Traducción En Lenguaje Actual ofrece una claridad a ese pasaje bíblico: «Herodes Agripa estaba muy enojado con la gente de los puertos de Tiro y de Sidón. Por eso un grupo de gente de esos puertos fue a ver a Blasto, un asistente muy importante en el palacio de Herodes Agripa, y le dijeron: 'Nosotros no queremos pelear con Herodes, porque nuestra gente recibe alimentos a través de su país'. Entonces Blasto convenció a Herodes para que los recibiera».

Herodes Agripa, accedió a esa audiencia. Para esa ocasión se vistió con la pomposidad de un rey, y les habló, les arengó como le gustaba para lucir su autoridad: «Y un día señalado, Herodes, vestido de ropas reales, se sentó en el tribunal y les arengó. Y el pueblo aclamaba gritando: ¡Voz de Dios, y no de hombre! Al momento un ángel del Señor le hirió, por cuanto no dio la gloria a Dios; y expiró comido de gusanos» (Hch. 12:21-23).

La gente reaccionó a la inhumanidad mostrada por este tetrarca de Roma, que les hablaba como si fuera un dios, y lo abuchearon: «Entonces la gente empezó a gritar: '¡Herodes Agripa, tú no hablas como un hombre, sino como un dios!'» (Hch. 12:22, TLA).

Lo que sucedió inmediatamente o posteriormente, se describe o se asocia con un juicio divino. Por el registro de Flavio Josefo, sabemos que no murió allí inmediatamente.

«En ese momento, un ángel de Dios hizo que Herodes se pusiera muy enfermo, porque Herodes se había creído Dios. Más tarde murió, y los gusanos se lo comieron» (Hch. 12:2-3, TLA).

Esa expresión de Reina Valera, «y expiró comido de gusanos», aparece en otras versiones: «Más tarde murió, y los gusanos se lo comieron» (TLA). «Así que murió carcomido por gusanos» (NTV).

Conclusión

El gusano o los gusanos se asocian con privar de algo, la muerte de algo y con castigo. Oremos a Jesucristo siempre por el don de la vida.

25
Chillando como hienas

Isaías 13:22, RVR 1960

«En sus palacios aullarán hienas, y chacales en sus casas de deleite; y cercano a llegar está su tiempo, y sus días no se alargarán».

Introducción

Las hienas tienen la mordida más fuerte y apretada de cualquier mamífero. Su aullido o gruñido es como de alguien que se está riendo. Poseen unas orejas que son grandes y alargadas. Son animales polígamos. Presentan actitudes de cobardía.

1. Las hienas son perseguidoras

«Las fieras del desierto se encontrarán con las hienas, el macho cabrío llamará a los de su especie; sí, el monstruo nocturno se establecerá allí, y encontrará para sí lugar de reposo» (Is. 34:14, LBLA).

En la cultura romana se creía que algunos órganos de las hienas ayudaban como afrodisíacos. Y los órganos de las hienas servían de comidas en algunas culturas antiguas. Las hienas son mamíferos noctámbulos, la noche es su escenario de acción. Pero también actúan de día.

Cuando persiguen a una presa son insistentes. Si siguen a otro depredador que ha cazado algo, lo vigilan y tan pronto pueden, utilizan sus tácticas de ataque masivo o de robar alguna presa. Las hienas son efectivas porque son un equipo.

«Cuando el ladrón llega, se dedica a robar, matar y destruir. Yo he venido para que todos ustedes tengan vida, y para que la vivan plenamente» (Jn. 10:10, TLA).

Los demonios son como hienas perseguidoras. No cesan de obsesionar, oprimir y deprimir. No se cansan hasta ver a un creyente descuidado. Y trabajan en equipo. Pero un creyente no puede ser poseído por demonios. Esas enseñanzas raras de creyentes endemoniados son anti-bíblicas.

2. Las hienas son carroñeras

«Por tanto, allí vivirán las fieras del desierto junto con las hienas, también vivirán avestruces en ella; nunca más será habitada, ni poblada por generación y generación» (Jer. 50:39, LBLA).

Las hienas se alimentan de animales cazados por ellas mismas o de la carroña que encuentran. Les gusta alimentarse bien de roedores, reptiles, aves. Gustan de comer antílopes, cerdos salvajes, búfalos y serpientes.

Pero también se alimentan devorando caroña y no les molesta. Devoran lo que encuentran en su camino. Junto con los buitres son los limpiadores del hábitat. A ambos se les conoce como triturados de huesos.

Las hienas cuando matan una presa o se adueñan de alguna, la arrastran para esconderla. Y demuestran una gran astucia instintiva. El enemigo es muy astuto.

El pecado es como la carroña. Huele muy mal en muchos casos, pero a muchos pecadores les gusta. Se ve agradable en otros casos, pero es dañino al alma humana.

3. Las hienas son oportunistas

«En sus palacios aullarán hienas, y chacales en sus casas de deleite; y cercano a llegar está su tiempo, y sus días no se alargarán» (Is. 13:22).

Con sus gritos parecidos a humanos, de manera macabra y como si fuera una risa histérica, se agrupan y espantan a depredadores fuertes como los leones y los leopardos.

Cuando otros depredadores abandonan los restos de alguna presa, las hienas aprovechan esta oportunidad para satisfacer su voraz apetito. El enemigo de toda justicia y de toda verdad, solo está esperando una oportunidad para atacar con la prueba, la tentación y la tribulación. Cuando las hienas encuentran al león viejo, abandonado por la manada, solitario y sin fuerzas, lo acosan hasta terminar con el mismo bajo sus inmisericordes dentelladas.

Como creyente debemos estar listos para protegernos y defendernos. No nos podemos descuidar. Vigilantes en todo tiempo. Esas hienas del desánimo y de las pruebas están prestas para atacarnos.

«Así que tengan cuidado de cómo viven. No vivan como necios, sino como sabios. Saquen el mayor provecho de cada oportunidad en estos días malos» (Ef. 5:15-16, NTV).

Conclusión

No se deje asustar por los aullidos macabros de las hienas espirituales. Discierna dónde ellas están y ahuyéntelas.

26
Comparados como yeguas

Cantares 1:9, RVR 1960

«A yegua de los carros de Faraón te he comparado, amiga mía».

Introducción

El amado del Cantar de los Cantares compara a su amada con una yegua de los carros de Faraón. Es, como hoy día, comparar a una novia con un Maybach Exelero, Porsche Cayman y BMW 5S. ¡Estos son los automóviles más caros del planeta!

1. La selección de las yeguas de Faraón

En la época faraónica los egipcios eran expertos en adiestrar caballos para la guerra. El ejército faraónico era un fuerte combatiente con sus carros de guerra, que le producían las ventajas militares de manera rápida y aplastante.

Salomón importaba sus caballos de Egipto y de Coa y sus carros de combate de los hititas, sirios y egipcios: «Los caballos de Salomón eran importados de Egipto y de Coa, que era donde los mercaderes de la corte los compraban. En Egipto compraban carros por seiscientas monedas de plata, y caballos por ciento cincuenta, para luego vendérselos a todos los reyes hititas y sirios» (1 R. 10:28-29, NVI).

Flavio Josefo ofrece una narración del ejército de Faraón que persiguió a los israelitas cuando salieron de Egipto:

«Cuando los egipcios alcanzaron a los hebreos se prepararon para pelear con ellos, y valiéndose de su mayor número los empujaron hacia un sitio estrecho; los perseguidores tenían seiscientos carros y eran cincuenta mil hombres a caballo y doscientos mil a pie, todos armados. Ocuparon todos los pasos por donde suponían que los hebreos podrían huir, encerrándolos entre precipicios inaccesibles y el mar; había una cadena de montañas que terminaba en el mar, y que era infranqueable por lo escabrosa e inadecuada para huir. Aprovechando que las montañas estaban cerradas por el mar, colocaron al ejército en las grietas de las montañas para impedir a los hebreos el paso a la llanura» (*Antigüedades de los Judíos*, capítulo 15:3).

a) Los carros de guerra egipcios eran los mejores. «Llevó consigo seiscientos de los mejores carros de guerra, junto con los demás carros de Egipto, cada uno con su respectivo oficial al mando» (Ex. 14:7).

b) Los carros de guerra egipcios tenían un conductor y arqueros. «Los egipcios los persiguieron con todas las fuerzas del ejército del faraón, todos sus caballos y sus carros de guerra, sus conductores y sus tropas, y alcanzaron al pueblo de Israel mientras acampaba junto al mar, cerca de Pi-hahirot, frente a Baal-zefón» (Ex. 14:9, NTV).

c) Los carros de guerra persiguieron a los israelitas en el mar. «Entonces los egipcios con todos los carros de guerra y sus conductores, y con los caballos del faraón persiguieron a los israelitas hasta el medio del mar» (Ex. 14:23, NTV).

d) Los carros de guerra egipcios fueron destruidos por Jehová Dios. «Enseguida las aguas volvieron a su lugar y cubrieron todos los carros y a sus conductores: el ejército completo del faraón. No sobrevivió ni uno de los egipcios que entró al mar para perseguir a los israelitas» (Ex. 14:28, NTV).

Salomón compara a la Sulamita con una de las yeguas de los carros de Faraón, la presenta como una yegua entrenada para el combate del amor, una yegua de guerra ante las adversidades, una yegua de victorias sobre las pruebas.

La Iglesia de Jesucristo está en pie de guerra espiritual. Lista para ganar las batallas espirituales. Esta forma parte del carro de guerra de Jesucristo. Ante el avance de la Iglesia, las puertas del infierno se tienen que cerrar.

Elías fue como un carro de guerra con caballos: «Eliseo lo vio y gritó: ¡Mi maestro! ¡Mi maestro! Fuiste más importante para Israel que los carros de combate y los soldados de caballería. Después de esto no volvió a ver a Elías. Entonces Eliseo tomó su ropa y la rompió en dos para mostrar su tristeza» (2 R. 2:12, TLA).

Eliseo fue como un carro de guerra con caballos: «Eliseo se puso tan enfermo que estaba a punto de morir. Joás, rey de Israel, fue a verlo, y lloró por él, diciendo: '¡Mi señor, mi señor! ¡Fuiste más importante para Israel que los carros de combate y los soldados de caballería!'» (2 R. 13:14, TLA).

Cada vez que muere un ministro de Jesucristo, uno de esos que se da y lo da todo por predicar el evangelio, digo: «Se nos rompió un carro de guerra, se ha perdido una batalla, pero no hemos perdido la guerra».

2. El precio de las yeguas de Faraón

Los caballos egipcios eran altamente cotizados. Tenían un precio muy alto. Eso era indicativo de que aquellos caballos y yeguas no los podía adquirir cualquier persona. ¡Su precio era muy alto!

La Biblia Textual dice: «A mi yegua favorita entre los carros de Faraón te he comparado, oh amada mía» (Ct. 1:9). De acuerdo a esta traducción, Salomón compara a la Sulamita con su yegua favorita entre los hermosos carros egipcios.

En la Sagrada Biblia del Abad Vence, se traduce: «Yo te comparo a la belleza de mis yeguas, cuando están uncidas a las carrozas que recibí de Faraón, y que ellos tiran con tanta gracia y elegancia». En esta versión, el amado ve a la amada como una de sus yeguas en las carrozas que adquirió del Faraón.

Esos carros de Egipto eran muy caros: «Los caballos de Salomón eran importados de Egipto y de Cilicia, donde los compraban los mercaderes de la corte. Un carro importado de Egipto costaba seiscientas monedas de plata; un caballo, ciento cincuenta. Además, estos carros y caballos se los vendían a todos los reyes hititas y sirios» (2 Cr. 1:16-17, NVI).

Jesucristo pagó un alto precio por esa «yegua» de los carros de Faraón, que era del mundo, y ahora es de los carros de Él. Y esta «yegua» es la Iglesia de Jesucristo. Una gran salvación, para grandes pecadores, costó un gran precio, que tuvo que pagar un gran Salvador.

3. La hermosura de las yeguas de Faraón

Las yeguas de los carros de Faraón eran meticulosamente seleccionadas. Eran las más hermosas de su especie.

Para Salomón comparar a la Sulamita con las yeguas de los carros de Faraón, era decirle a ella que era única, especial, hermosa y sin comparación a las yeguas o caballos de este mundo.

Según «reglas antiguas», nos dice David Guzik que los carros de Faraón no eran «jalados por yeguas, potros o caballos castrados, sino por sementales». De ser así, se transmite el mensaje de como una yegua entre estos, pudiera excitar a los padrotes. Así era la Sulamita para Salomón.

«Tú y tus adornos, amada mía, me recuerdan a las yeguas enjaezadas de los carros del faraón» (Ct. 1:9, NVI).

a) El trotar de la yegua del carro de Faraón era distinguido. La Iglesia de Jesucristo tiene un caminar que voltea cabezas. Es única en su trotar por este mundo.

La Traducción En Lenguaje Actual rinde: «Amada mía, tu andar tiene la gracia del trote de las yeguas que tiran del carro del rey» (Ct. 1:9).

b) La crin de la yegua del carro de Faraón era llamativa. La textura de la crin depende de la raza y de la crianza de un caballo. Aparte de su rostro, porte, modo de andar, la crin y el rabo le dan la elegancia a un caballo.

«Amada mía, tú eres tan cautivante como una yegua entre los sementales del faraón» (Ct. 1:9, NTV).

Esas yeguas de los carros de Faraón tenían una crin que les daba ese porte de exclusividad y de belleza.

La Iglesia de Jesucristo es hermosa, y así la describe el Amado en el Cantar de los Cantares:

«¡Tú eres bella, amada mía; eres muy bella! ¡Tus ojos son dos luceros!» (Ct. 1:15, TLA).

«Dinos entonces, mujer bella entre las bellas, ¿a dónde se ha ido tu amado? ¿Qué rumbo tomó? ¡Vamos juntas a buscarlo!» (Ct. 6:1, TLA).

«¿Y quién es esta hermosura? Es admirable, como la aurora; bella es como la luna, y esplendorosa como el sol; ¡majestuosa como las estrellas!» (Ct. 6:10, TLA).

«¡Eres muy bella, amada mía! ¡Eres una mujer encantadora!» (Ct. 7:6, TLA).

c) La resistencia de la yegua del carro de Faraón. La Iglesia de Jesucristo es fuerte. No se doblega ante las pruebas. No se rinde ante las ofertas del mundo. No cambia ante los retos del mundo.

Conclusión

El Amado ve a su Iglesia como una yegua de valor; una yegua usada para un cumplimiento de reino.

27
Adorado como cordero

Isaías 53:7, RVR 1960

«Angustiado él, y afligido, no abrió su boca; como cordero fue llevado al matadero; y como oveja delante de sus trasquiladores, enmudeció, y no abrió su boca».

Introducción

El cordero ha sido el animal o figura más apropiado en el registro bíblico para señalar al Mesías Jesús. El viernes de crucifixión murió el Cordero de Dios, pero el domingo de resurrección rugió victorioso el León de Dios.

1. El Cordero mencionado por Isaías

El libro del profeta Isaías es considerado por los exegetas y seminaristas como: El proto-Isaías (capítulos 1 al 39). El deutero-Isaías abarca (capítulos 40 al 55). El trito- Isaías (capítulos 56 al 66). Por lo tanto, el capítulo 53 de Isaías se enmarca dentro del trito-Isaías.

a) El parecido del Mesías. «El fiel servidor creció como raíz tierna en tierra seca. No había en él belleza, ni majestad alguna; su aspecto no era atractivo, ni deseable» (Is. 53:2, TLA).

El pasaje habla del crecimiento normal del Mesías como humano, de ahí que se diga: «El fiel servidor creció como raíz tierna en tierra seca...», pero eso implica que se hizo presente como «raíz de David» en un tiempo seco de la historia romana.

El decir que «su aspecto no era atractivo, ni deseable», es una manera de describir un parecido común a otros homólogos de su tiempo. Judas lo tuvo que identificar con un beso por el parecido común que había entre Él y sus discípulos y seguidores inmediatos. El Jesús pintado en los lienzos católicos está muy alejado del verdadero Jesús de los evangelios. Su pigmentación y ojos no encuadran con los judíos palestinos de su época.

«Mientras todavía hablaba, vino Judas, uno de los doce, y con él mucha gente con espadas y palos, de parte de los principales sacerdotes y de los ancianos del pueblo. Y el que le entregaba les había dado señal, diciendo: Al que yo besare, ese es; prendedle. Y en seguida se acercó a Jesús y dijo: ¡Salve, Maestro! Y le besó. Y Jesús le dijo: Amigo, ¿a qué vienes? Entonces se acercaron y echaron mano a Jesús, y le prendieron» (Mt. 26:47-50).

Aparte de una concepción sobrenatural del Mesías Jesús, concebido por obra y gracia del Espíritu Santo, sin la aportación del espermatozoide humano que fue creado divinamente: «Entonces el ángel le dijo: María, no temas, porque has hallado gracia delante de Dios. Y ahora, concebirás en tu vientre, y darás a luz un hijo, y le pondrás por nombre JESÚS. Este será grande, y será llamado Hijo del Altísimo; y el Señor Dios le dará el trono de David su padre» (Lc. 1:30-32). Jesús de Nazaret creció y vivió de manera normal. El milagroso niño o el adolescente Jesús retratado en los escritos apócrifos, es una exageración del real y verdadero Jesús:

«Después de haber cumplido con todo lo prescrito en la ley del Señor, volvieron a Galilea, a su ciudad de Nazaret. Y el niño crecía y se fortalecía, y se llenaba de sabiduría; y la gracia de Dios era sobre él» (Lc. 2:39-40).

b) El rechazo al Mesías. «Todos lo despreciaban y rechazaban. Fue un hombre que sufrió el dolor y experimentó mucho sufrimiento. Todos evitábamos mirarlo; lo despreciamos y no lo tuvimos en cuenta» (Is. 53:3, TLA).

Aquí se alude al rechazo por parte de muchas autoridades religiosas o «status quo» religioso. Y en su pasión, el rechazo abierto de sus acusadores y mofadores. Aquellos que prefieren cambiar al malo por el bueno; al criminal por el inocente; al santo por el pecador.

«Y tenía necesidad de soltarles a uno en cada fiesta. Mas toda la multitud dio voces a una, diciendo: ¡Fuera con este, y suéltanos a Barrabás! Este había sido echado en la cárcel por sedición en la ciudad, y por un homicidio. Les habló otra vez Pilatos, queriendo soltar a Jesús; pero ellos volvieron a dar voces, diciendo: ¡Crucifícale, crucifícale!» (Lc. 23:17-21).

c) La carga del Mesías. »A pesar de todo esto, él cargó con nuestras enfermedades y soportó nuestros dolores. Nosotros pensamos que Dios lo había herido y humillado» (Is. 53:4, TLA).

Su sacrificio vicario en la cruz fue por la salvación del alma-espíritu y por la sanidad del cuerpo. Para muchos estaba «herido y humillado» por la humillación del peor castigo romano que era la muerte de cruz. Aunque fue su opción voluntaria.

d) El castigo del Mesías. «Pero él fue herido por nuestras rebeliones, fue golpeado por nuestras maldades; él sufrió en nuestro lugar, y gracias a sus heridas recibimos la paz y fuimos sanados» (Is. 53:5, TLA).

Jesús como Mesías en el patíbulo del Calvario, todo lo sufrió por ti y por mí, por sus enemigos y por sus amigos, por los que creían en Él y por los que no creían en Él, por los presentes y por los lejanos.

Todo el proceso del juicio a Jesús de Nazaret reveló a un hombre inocente. Lo demostró en su triple interrogatorio delante de Caifás, delante de Pilatos, delante de Herodes. La esposa de Pilatos ante su esposo, habló de su inocencia. El centurión romano encargado de su ejecución, al ver el final desenlace, declaró su inocencia.

«Y estando él sentado en el tribunal, su mujer le mandó decir: No tengas nada que ver con ese justo; porque hoy he padecido mucho en sueños por causa de Él» (Mt. 27:19).

«Cuando el centurión vio lo que había acontecido, dio gloria a Dios, diciendo: Verdaderamente este hombre era justo» (Lc. 23:47). Este es el primer «gloria a Dios» en el Calvario.

e) El silencio del Mesías. «Fue maltratado y humillado, pero nunca se quejó. Se quedó completamente callado, como las ovejas cuando les cortan la lana; y como cordero llevado al matadero, ni siquiera abrió su boca» (Is. 53:7, TLA).

A pesar de la burla, del maltrato físico durante todo su proceso judicial, aun con los treinta y nueve latigazos romanos, Él, como Cordero-Mesías, mantuvo su compostura y con su silencio inocente le gritó con amor y misericordia.

Isaías 52:14 dice: «Muchos se asombrarán al verlo, por tener la cara desfigurada, y no parecer un ser humano» (TLA). Aquel hombre llamado Jesús de Nazaret, fue desfigurado hasta no parecer un ser humano, hicieron de Él un monstruo por el abuso psicológico y corporal. Todos sus derechos humanos fueron violados.

«Jesús, pues, estaba en pie delante del gobernador; y este le preguntó, diciendo: ¿Eres tú el Rey de los judíos? Y Jesús le dijo: Tú lo dices. Y siendo acusado por los principales sacerdotes y por los ancianos, nada respondió. Pilatos entonces le dijo: ¿No oyes cuántas cosas testifican contra ti? Pero Jesús no le respondió ni una palabra; de tal manera que el gobernador se maravillaba mucho» (Mt. 27:11-14).

f) El juicio al Mesías. «Cuando lo arrestaron, no lo trataron con justicia. Nadie lo defendió ni se preocupó por Él; y al final, por culpa de nuestros pecados, le quitaron la vida» (Is. 53:8, TLA).

«Le dijo Pilatos: ¿Qué es la verdad? Y cuando hubo dicho esto, salió otra vez a los judíos, y les dijo: Yo no hallo en Él ningún delito» (Jn. 18:38).

«Viendo Pilatos que nada adelantaba, sino que se hacía más alboroto, tomó agua y se lavó las manos delante del pueblo, diciendo: Inocente soy yo de la sangre de este justo; allá vosotros. Y respondiendo todo el pueblo, decían: Su sangre sea sobre nosotros, y sobre nuestros hijos» (Mt. 27:24-25).

Aquel condenado a muerte, Jesús de Nazaret, había sido encontrado inocente por el tribunal romano presidido como juez por el Procurador Poncio Pilatos. En uno de mis viajes a Israel, un guía judío dijo: «Los judíos no condenaron a muerte a Jesús, fueron los romanos». Este guía se olvidó de que los acusadores fueron judíos y su muerte la pidieron los judíos. Desde luego, fueron aquellos judíos, y nada tiene que ver con los judíos de después, ni de ahora.

«Pero vosotros tenéis la costumbre de que os suelte a uno en la pascua. ¿Queréis, pues, que os suelte al Rey de los judíos? Entonces todos dieron voces de nuevo, diciendo: No a este, sino a Barrabás. Y Barrabás era ladrón» (Jn. 18:39-40).

«Mas toda la multitud dio voces a una, diciendo: ¡Fuera con este, y suéltanos a Barrabás! Este había sido echado en la cárcel por sedición en la ciudad, y por un homicidio. Les habló otra vez Pilatos, queriendo soltar a Jesús; pero ellos volvieron a dar voces, diciendo: ¡Crucifícale, crucifícale! Él les dijo por tercera vez: ¿Pues qué mal ha hecho Este? Ningún delito digno de muerte he hallado en él; le castigaré, pues, y le soltaré. Más ellos instaban a grandes voces, pidiendo que fuese crucificado. Y las voces de ellos y de los principales sacerdotes prevalecieron» (Lc. 23:18-23).

g) La muerte del Mesías. «Después de tanto sufrimiento, comprenderá el valor de obedecer a Dios. El fiel servidor, aunque inocente, fue considerado un criminal, pues cargó con los pecados de muchos para que ellos fueran perdonados. Él dio su vida por los demás; por eso Dios lo premiará con poder y con honor» (Is. 53:11-12, TLA).

El Cordero-Mesías fue obediente «hasta la muerte de cruz», según Pablo de Tarso:

«Aunque Cristo siempre fue igual a Dios, no insistió en esa igualdad. Al contrario, renunció a esa igualdad, y se hizo igual a nosotros, haciéndose esclavo de todos. Como hombre, se humilló a sí mismo y obedeció a Dios hasta la muerte: ¡murió clavado en una cruz!» (Fil. 2:6-8, TLA).

El rótulo de su sentencia escrito en hebreo, griego y latín (Jn. 19:19-20), tres lenguajes principales en esa época romana, decía: **JESÚS NAZARENO REY DE LOS JUDÍOS**. Hoy día, en Israel tres son las lenguas principales: hebreo, inglés y árabe. La cristiandad católica resumió aquel nombre en un título: **INRI**.

Sobre sí mismo «cargó con los pecados de muchos para que ellos fueran perdonados». Fue una muerte substitutiva. Murió por esa generación presente, que creería en Él y murió por todas las generaciones futuras que creerían en Él. Y al final, como enseña el Credo: «Fue crucificado, muerto y sepultado. Y resucitó al tercer día, y se sentó a la diestra de Dios Padre».

2. El Cordero mencionado por Juan el Bautista

a) La confesión de Juan el Bautista. «Este es el testimonio de Juan, cuando los judíos enviaron de Jerusalén sacerdotes y levitas para que le preguntasen: ¿Tú, quién eres? Confesó, y no negó, sino que confesó: Yo no soy el Cristo. Y le preguntaron: ¿Qué pues? ¿Eres tú Elías? Dijo: No soy. ¿Eres tú el profeta? Y respondió: No» (Jn. 1:19-21).

A Juan el Bautista le llegó una delegación integrada por «sacerdotes y levitas». Ellos le hicieron preguntas: (1) «¿Tú, quién eres?». (2) «¿Qué pues? ¿Eres tú Elías?». (3) «¿Eres tú el profeta?». Las respuestas de Juan el Bautista fueron: (1) «Yo no soy el Cristo». (2) «No soy». (3) «No». Nunca nos olvidemos que llevamos el mensaje de la Buena Noticia, pero no somos la Buena Noticia, Jesucristo es la Buena Noticia.

Para muchos el estilo de Juan el Bautista, la atracción que hacia él tenían las multitudes, su bautismo (de ahí su apellido «el Bautista»), su mensaje peculiar, su santidad, sus raíces sacerdotales, verse como un nuevo Elías, hizo que algunos pensaran de él como el Mesías o como Elías o como otro de los profetas. ¡Para nadie estaba totalmente claro quién era Juan el Bautista. Jesús de Nazaret sí lo tuvo claro.

«Entonces sus discípulos le preguntaron, diciendo: ¿Por qué, pues, dicen los escribas que es necesario que Elías venga primero? Respondiendo Jesús, les dijo: A la verdad, Elías viene primero, y restaurará todas las cosas. Mas os digo que Elías ya vino, y no le conocieron, sino que hicieron con él todo lo que quisieron; así también el Hijo del Hombre padecerá de ellos. Entonces los discípulos comprendieron que les había hablado de Juan el Bautista» (Mt. 17:10-13).

b) La afirmación de Juan el Bautista. «Le dijeron: ¿Pues quién eres para que demos respuesta a los que nos enviaron? ¿Qué dices de ti mismo? Dijo: Yo soy la voz de uno que clama en el desierto: Enderezad el camino del Señor, como dijo el profeta Isaías» (Jn. 1:22-23).

De nuevo le formularon dos interrogantes: (1) «¿Pues quién eres?». (2) «¿Qué dices de ti mismo?». Dio una sola respuesta: «Yo soy la voz de uno que clama en el desierto: Enderezad el camino del Señor, como dijo el profeta Isaías».

Juan el Bautista se identificó como «la voz» que clamaba en el desierto. Él no era el mensaje. Esa «voz» tenía un mensaje y no era acerca de sí mismo, él era un precursor, uno que preparaba el camino. El mensaje de Juan el Bautista, tomado prestado del profeta Isaías era: «Enderezad el camino del Señor». Juan no era el camino, él preparaba con su mensaje el camino para el Mesías-Cordero que andaría por el mismo. Su mensaje era el camino. Juan el Bautista era una señal mesiánica.

c) La proclamación de Juan el Bautista. «Y los que habían sido enviados eran de los fariseos. Y le preguntaron, y le dijeron: ¿Por qué, pues, bautizas, si tú no eres el Cristo, ni Elías ni el profeta? Juan les respondió diciendo: Yo bautizo con agua; mas en medio de vosotros está uno a quien vosotros no conocéis. Este es el que viene después de mí, el que es antes que yo, del cual yo no soy digno de desatar la correa del calzado» (Jn. 1:24-27).

A Juan le formularon otra pregunta: «¿Por qué, pues, bautizas, si tú no eres el Cristo, ni Elías ni el profeta?». Su respuesta fue: «Yo bautizo con agua; mas en medio de vosotros está uno a quien vosotros no conocéis. Este es el que viene después de mí, el que es antes que yo, del cual yo no soy digno de desatar la correa del calzado».

Juan reveló que ya el Mesías estaba presente entre ellos como humano. El Mesías venía detrás de él. Ante el Mesías, Juan el Bautista se veía como uno que lo identificaría y que él solo sería su servidor: «Yo no soy digno de desatar la correa del calzado». Abdicaría el primer lugar para tomar el segundo lugar. Juan supo ser un buen segundo. ¡Qué humildad!

Es triste ver a tantos que han sido llamados a ser segundos. De segundos se quieren transformar en primeros, buscando usurpar el ser primeros. ¡Serían excelentes asistentes pastores, pero quieren ser pastores! ¡Funcionan bien como laicos pero quieren ser ministros ordenados! El problema no es tener malos pastores, misioneros mediocres, evangelistas mediocres, maestros mediocres, líderes mediocres; sino tener a muchos de ellos o ellas mal ubicados en dichas posiciones. Estos han sido llamados para un ministerio, pero se ubican en otro para el cual no han sido llamados. Juan el Bautista en eso estuvo muy claro, él fue llamado a ser el presentador y no el presentado.

d) La identificación de Juan el Bautista. «El siguiente día vio Juan a Jesús que venía a él, y dijo: He aquí el Cordero de Dios, que quita el pecado del mundo» (Jn. 1:29).

Al otro día después de un interrogatorio tan exhaustivo, Juan vio a Jesús (que era su primo segundo) con el cual no se crió, viniendo hacia él. Pero no lo vio en lo natural, lo vio en lo sobrenatural, no vio al primo, vio al Mesías. Y profetizó: «He aquí el Cordero de Dios, que quita el pecado del mundo». A esa expresión, que forma parte hablada del ritual litúrgico católico romano en la eucaristía y de otras tradiciones cristianas, se le conoce en latín como: «Agnus Dei».

3. El Cordero mencionado por Juan el Apocalipta

a) La visión del Cordero. «Y miré, y vi que en medio del trono y de los cuatro seres vivientes, y en medio de los ancianos, estaba en pie un Cordero como inmolado, que tenía siete cuernos, y siete ojos, los cuales son los siete espíritus de Dios enviados por toda la tierra» (Ap. 5:6).

Juan el Apocalipta (primo también de Jesús como lo fue Juan el Bautista, Santiago y posiblemente Natanael) tuvo la visión apocalíptica al ver al Jesús celestial en la figura «en pie» de «un Cordero como inmolado». ¡Sacrificado pero vivo! Lo vio de manera *héptupla* con «siete cuernos, y siete ojos». Cargando todo el poder y toda la visión. Aunque tiene siete cuernos no es una bestia, es el Cordero-Mesías.

Juan el Apocalipta dice del Falso Profeta: «Después vi otra bestia que subía de la tierra; y tenía dos cuernos semejantes a los de un cordero, pero hablaba como dragón». (Ap. 13:11). Aunque tenía cuernos como «de un cordero», y por lo tanto esconde la figura de un cordero, es una «bestia» (griego «therion» que es un «monstruo»).

b) La adoración al Cordero. «Y cantaban un nuevo canto con las siguientes palabras: «Tú eres digno de tomar el rollo y de romper los sellos y abrirlo. Pues tú fuiste sacrificado y tu sangre pagó el rescate para Dios de gente de todo pueblo, tribu, lengua y nación. Y la has transformado en un reino de sacerdotes para nuestro Dios. Y reinarán sobre la tierra» (Ap. 5:9-10, NTV).

Los cuatro seres vivientes cuatrifacéticos (cara de león, cara de buey, cara de becerro y cara de águila), con los veinticuatro ancianos cantan a coro el cántico nuevo al Cordero-Mesías.

Y luego al unísono, se unen a ellos todos los millones de ángeles, y entonan otro canto de alabanza y de adoración al Cordero-Mesías:

«Ellos cantaban en un potente coro: 'Digno es el Cordero que fue sacrificado, de recibir el poder y las riquezas y la sabiduría y la fuerza y el honor y la gloria y la bendición'» (Ap. 5:12, NTV).

Y finalmente, se suman a los antes mencionados todas las criaturas de Dios, en la adoración del Cordero-Mesías:

«Y entonces oí a toda criatura en el cielo, en la tierra, debajo de la tierra y en el mar que cantaban: 'Bendición y honor y gloria y poder le pertenecen a aquel que está sentado en el trono y al Cordero por siempre y para siempre'» (Ap. 5:13, NTV).

Toda esta himnodia apocalíptica demuestra la dimensión litúrgica en la cual se debe estudiar también el libro de Apocalipsis. Eso lo aprendí muy joven de mi profesor el biblista y teólogo Samuel Pagán. Aquel himno apocalíptico para los creyentes primitivos perseguidos de la primera iglesia, les alentaba la esperanza. Y los invitaba a adorar al Cordero-Mesías en medio de toda tribulación y persecución por los poderes de las bestias. Era la lucha entre la fe y el imperio. La misma lucha que todos los cristianos tenemos entre nuestra fe y el gobierno anticristiano.

Conclusión

El Cordero-Mesías es la figura central de todo el libro del Apocalipsis. No es el dragón-Satanás, ni es la bestia-Anticristo y tampoco lo es la bestia-Falso Profeta. Lo es el «Agnus Dei».

28
Activos como comadrejas y topos

Isaías 2:20, NVI

«En aquel día arrojará el hombre a los topos y murciélagos, a sus ídolos de oro y plata que él fabricó para adorarlos».

Introducción

En el Antiguo Testamento aparecen tres profetisas verdaderas: María o Miriam (Ex. 15:20), Débora (Jue. 4:4; 5:7) y Hulda (2R. 22:14-20). Y en Nehemías 6:14 se nos menciona a una profetisa falsa llamada Noadías (Neh. 6:14).

La profetisa Hulda (vivió unos 655 años después de la jueza Débora), era esposa de Salum el guardador de las vestiduras reales (2 Cr. 34:22). En 2 Reyes 22:14 se nos dice de Hulda: «... la profetisa Hulda, mujer de Salum, hijo de Ticva, hijo de Harhas, guarda de las vestiduras, la cual moraba en Jerusalén en la segunda parte de la ciudad...».

1. El nombre «Hulda» significa «comadreja»

El nombre «Hulda» del hebreo «Juldah» (Flavio Josefo la llama Oldá) significa: «comadreja». Las comadrejas son grandes cazadores como mamíferos. Pueden atrapar presas de 5 a 10 veces más grande que su propio tamaño. Son muy adaptables a los diferentes ambientes. Las comadrejas tienen que cuidarse de su mayor enemigo, el ave de rapiña llamada azor. Estos animales trepan, saltan, corren, nadan y se zambullen. Nos recuerdan a muchos creyentes «Ace» o «hacen de todo», gente siempre activa en el reino de Dios. ¡Actívate para Dios!

El azor es de la familia del águila. Posee alas cortas para su tamaño. En sus ojos tiene manchas blancas. Su pecho es listado y griseado. Su cola tiene rayas negras. Es un depredador que con su pico desnuca a su presa. ¡Es un ave muy hermosa!

Pero la comadreja debe cuidarse del ave rapiña llamada azor, de lo contrario terminará siendo su almuerzo o cena. Hay cosas que se ven bonitas, llamativas y atractivas, pero son como el azor, desnucan.

Cayó un murciélago a tierra y fue apresado por una comadreja. Viéndose próximo a morir, imploró el murciélago por su vida. Le dijo la comadreja que no podía soltarle porque de nacimiento era enemiga de los pájaros. El murciélago replicó que no era un pájaro sino un ratón, liberándose con esta astucia. Algún tiempo después volvió a caer de nuevo en las garras de otra comadreja, y le suplicó que no lo devorara. Contesto esta comadreja que odiaba a todos los ratones. El murciélago le afirmó que no era ratón sino pájaro. Y se libró así por segunda vez.

Moraleja: Sepamos siempre adaptarnos a las circunstancias del momento si deseamos sobrevivir en cualquier rama de la vida en la que actuemos (*Fábulas de Esopo*, 2011).

La comadreja es muy instintiva, siempre se mantiene vigilante. Lucha por su vida y no se entrega fácilmente a sus enemigos. Son agresivas contra sus depredadores, incluyendo a las aves de rapiña.

La fe nunca se rinde, lucha hasta el final. Y siempre espera por algún milagro. Hombres y mujeres de fe cambian rumbos proféticos para sus vidas y las vidas de otros.

Los ratones, que siempre eran vencidos, se reunieron en asamblea, y pensando que era por falta de jefes que siempre perdían, nombraron a varios estrategas. Los nuevos jefes recién elegidos, queriendo deslumbrar y distinguirse de los soldados rasos, se hicieron una especie de cuernos y se los sujetaron firmemente. Vino la siguiente gran batalla, y como siempre, el ejército de los ratones llevó las de perder. Entonces todos los ratones huyeron a sus agujeros, y los jefes, no pudiendo entrar a causa de sus cuernos, fueron apresados y devorados.

Moraleja: Cuando adquieras puestos de alto nivel, no te vanaglories, pues mucho mayor que la apariencia del puesto, es la responsabilidad de cumplir lo encomendado (*Fábulas de Esopo*, 2011).

2. El nombre «Hulda» significa «topo»

El nombre «Hulda» o «Juldah« también significa «topo». Los topos son unos expertos excavadores. Los túneles que escavan pueden tener una longitud de 450 pies o de 150 metros. Cuando nadan cierran los oídos y la nariz. Son diurnos y son nocturnos. Los creyentes servimos a Dios de día y de noche.

En el mundo del espionaje el «topo» es una persona que se infiltra en una organización para servir a otra. Son los expertos excavadores de túneles y socorristas muy famosos en México. El famoso escapista carcelario, ingeniero de un túnel para escapar de una prisión mexicana, ahora con residencia carcelaria en los EE.UU., llamado el Chapo Guzmán fue celebre como «un topo» de uno de los cárteles mexicanos.

Espiritualmente necesitamos «topos» que se infiltren con el evangelio de Jesucristo en el mundo. Con nuestras vidas transformadas podemos hacer cambios en las vidas deformadas de muchos seres humanos. El cambio en tu vida, les deja ver a otros que Jesucristo los puede cambiar también a ellos o a ellas.

Necesitamos topos espirituales que cierren los oídos a muchas cosas. Topos que trabajen de día y de noche. Que siempre estén prestos para la acción. Disponibilidad y acción para cuando se les necesite.

Un gusanillo caminaba en dirección al sol. Muy cerca del camino se encontraba un duendecillo. –¿Hacia dónde te diriges? –le preguntó–. Sin dejar de caminar, el gusanillo contestó: –Tuve un sueño anoche: soñé que desde la cima de una gran montaña veía todo el valle. Me gustó lo que vi en el sueño, y he decidido realizarlo. Sorprendido, mientras el gusanillo se alejaba, el duendecillo dijo: –¡Debes estar loco! ¿Cómo podrás llegar hasta aquel lugar? ¡Tú, una simple oruga! Para alguien tan pequeño como tú, una piedra será una montaña; un pequeño charco, el mar, y cualquier tronco, una barrera infranqueable. Pero el gusanillo ya estaba lejos y no lo escuchó.

De pronto se oyó la voz de un escarabajo: –Amigo, ¿hacia dónde te diriges con tanto empeño? El gusanillo, jadeante, contestó: –Tuve un sueño y deseo realizarlo: subiré a esa montaña y desde ahí contemplaré todo nuestro mundo. El escarabajo soltó una carcajada y dijo: –Ni yo, con patas tan grandes, intentaría una empresa así de ambiciosa –y se quedó riéndose–, mientras la oruga continuaba su camino.

Del mismo modo, la araña, el topo, la rana y la flor aconsejaron a nuestro amigo desistir. –¡ No lo lograrás jamás! –le dijeron–. Pero en su interior había un impulso que lo obligaba a seguir. Agotado, sin fuerzas y a punto de morir, decidió detenerse para construir con su último esfuerzo un lugar donde pernoctar. –Estaré mejor aquí –fue lo último que dijo el gusanillo, y se desmayó.

Todos los animales fueron a mirar sus restos. Ahí estaba el animal más loco del valle: había construido un capullo que era como su tumba, un monumento a la insensatez. Ese era el precio de quien había decidido morir por querer realizar un sueño imposible.

Una mañana en la que el sol brillaba de una manera especial, todos los animales que se congregaron ante el desquiciado, de pronto, se quedaron atónitos. El delicado caparazón comenzó a quebrarse y aparecieron unos ojos y una antena que no podían pertenecer a la oruga muerta. Poco a poco, como para darles tiempo de reponerse del impacto, se fueron desplegando las hermosas alas de un impresionante ser que tenían frente a ellos: una espléndida mariposa. No había nada que decir; todos los curiosos adivinaron lo que sucedería enseguida: la mariposa se iría volando hasta la gran montaña y realizaría su sueño.

Moraleja: El sueño por el que había vivido, había muerto y había vuelto a vivir. (Jaime Lopera y María Inés Bernal, *La culpa es de la vaca* I, Editorial Intermedio, Bogotá 2012).

3. Las profecías de Hulda

a) **Hulda profetizó juicio sobre Israel (2 R. 22:16-17)**. «Huldá les contestó: El rey Josías tiene que saber del desastre que el Dios de Israel va a mandar sobre este lugar y sus habitantes. Así lo dice el libro que le han leído al rey».

«Dios está muy enojado, pues lo han abandonado para adorar a otros dioses. ¡Ya no los perdonará más!» (TLA).

Hulda profetizó juicio sobre la nación de Judá a causa de su idolatría (2 Cr. 34:23-25). La nación se había desenfrenado. El tiempo del castigo de Dios estaba para llegar. Dios siempre tendrá algún profeta que amoneste y encienda el semáforo rojo. ¡Todavía tenemos a profetas y profetisas de Dios! Los verdaderos profetas no andan por ahí profetizando prosperidad y llamados únicamente. Ellos y ellas profetizan la voluntad de Jesucristo para su pueblo, amonestan a la iglesia al compromiso espiritual y revelan los sentimientos de Dios.

b) **Hulda profetizó una promesa para el rey Josías (2 R. 22:18-23)**. «Pero díganle al rey que Dios ha visto su arrepentimiento y humildad, y que sabe lo preocupado que está por el castigo que se anuncia en el libro. Como el rey ha prestado atención a todo eso, Dios no enviará este castigo por ahora. Dejará que el rey muera en paz y sea enterrado en la tumba de sus antepasados. Luego el pueblo recibirá el castigo que se merece». Entonces los mensajeros fueron a contarle al rey lo que había dicho Dios por medio de la profetisa Hulda» (TLA).

Al arrepentido rey Josías, Hulda la profetisa le trajo un mensaje de misericordia, de gracia y de esperanza. Le dejó saber que por obedecer, aquel castigo de Dios no vendría en sus días. El rey tendría una muerte en paz.

Conclusión

En la muralla sur de la ciudad actual de Jerusalén, podemos ver tres arcos de piedras que eran las puertas que daban entrada al atrio del templo herodiano, y se les conoce como «Las Puertas de Hulda» y «La Puerta de Hulda» en honor a esta célebre profetisa (este servidor las ha visto muchas veces).

Por esas «Puertas de Hulda» se entraba oficialmente a las inmediaciones del templo, al subir por el valle de Cedrón, tomando la ruta hacia el manantial de Gihón, purificándose los hombres judíos en el estanque de Siloé, para luego ascender las gradas hasta las Puertas de Hulda. En el cementerio judío del monte de los Olivos, hay una tumba conocida como la Tumba de Hulda.

29
Completos como seres vivientes

Ezequiel 1:10, RVR 1960

«Y el aspecto de sus caras era cara de hombre, y cara de león al lado derecho de los cuatro, y cara de buey a la izquierda en los cuatro; asimismo había en los cuatro cara de águila».

Apocalipsis 4:7, RVR 1960

«El primer ser viviente era semejante a un león; el segundo era semejante a un becerro; el tercero tenía rostro como de hombre; y el cuarto era semejante a un águila volando».

Introducción

Deseo considerar estas enseñanzas sobre los animales haciendo una presentación y aplicación a los seres vivientes mencionados en el libro de Ezequiel y en el libro de Apocalipsis, donde aparecen con cara de «león», cara de «buey-becerro», cara de «águila» y cara de «hombre».

San Ireneo fue el primero en interpretar con los cuatro evangelistas los rostros de los cuatro seres vivientes: Mateo con el rostro del hombre; Marcos con el rostro del águila; Lucas con el rostro del toro y Juan con el rostro del león.

San Epifanio y San Jerónimo interpretaron aquellos cuatro rostros de los seres vivientes con este orden de los evangelios: Mateo como el hombre; Marcos como el león; Lucas como el toro y Juan como el águila.

El Beato de Liébena vio en los cuatro seres vivientes, cuatro épocas de la vida de Jesucristo: «Nació como hombre, murió como un ternero, resurgió como un león y subió a los cielos como un águila».

Deseo apelar a lo que enseñó Victorino de Petovio en el primer comentario de Apocalipsis que ha llegado del siglo IV a nuestras manos. En esta exposición cito a Cesáreo de Arles que escribió otro comentario al Apocalipsis en el siglo VI. Sé que para muchos lectores estos comentarios son desconocidos y deseo que los conozcan. Termino con un comentario que yo hago de estos seres vivientes.

1. El comentario a los seres vivientes por Victorino de Pettau (siglo IV)

Victorino de Pettau «Padre de la Iglesia», escribió para el siglo IV, su Comentario Al Apocalipsis, al igual que algunos comentarios a los libros de Génesis, Éxodo, Levítico, Isaías, Ezequiel, Habacuc, Eclesiastés, Cantar de los Cantares, y muchas obras más. El Comentario de Pettau es el más antiguo que ha llegado a nosotros del libro del Apocalipsis.

Su comentario a los seres vivientes del Apocalipsis, que he leído en su comentario, dice así:

El viviente semejante al león es el evangelio de Juan que, mientras todos los evangelios predicaron que Cristo se hizo hombre, él, sin embargo, predicó que, antes de que descendiese y asumiese la carne, era Dios, cuando dice: «El verbo era Dios» y, pues habló con la fuerza de un león, el rostro de león significa su predicación.

La figura del hombre es la de Mateo que se esfuerza en manifestarnos el linaje de María de la que Cristo tomó su carne. Puesto que, al referirnos las generaciones desde Abraham hasta David y de David hasta José, habló como se habla de un hombre, por eso su enseñanza recibió la figura de un hombre.

Y Lucas, al iniciar su narración desde el sacerdocio de Zacarías que ofrece un sacrificio por el pueblo y la aparición que tuvo de un ángel, su escrito tomó la figura de un novillo por el sacerdocio y el sacrificio.

Marcos, recordado como el intérprete de Pedro, escribió las cosas que aquel enseñaba en su función apostólica, pero sin seguir un orden, y comienza por las palabras anunciadas por Isaías.

Los evangelistas, pues, comienzan de este modo: Juan: «En el principio existía el Verbo y el Verbo estaba junto a Dios y el Verbo era Dios». Este es el rostro de león. Mateo, por su parte: «Libro de la generación de Jesucristo, Hijo de Dios, hijo de David, hijo de Abraham». Este es el rostro de hombre. Lucas, sin embargo: «Hubo un sacerdote, de nombre Zacarías, del turno de Abías, y su mujer era de las hijas de Aarón». Este es el rostro de novillo.

Marcos comienza así: «Comienzo del evangelio de Jesucristo; como está escrito en Isaías; comenzó con el vuelo del Espíritu, por eso posee la imagen de un águila en vuelo. No solo el Espíritu profético, sino también el mismo Verbo de Dios todopoderoso, que es su propio Hijo, nuestro Señor Jesucristo, portador de esa imagen en el tiempo de su venida a nosotros.

Y habiendo sido anunciado «como león y como cachorro de león», se hizo hombre por la salvación de los hombres, para vencer a la muerte y liberar a todos; porque él mismo se ofreció como hostia a Dios Padre por nosotros, se le llama novillo y, porque, vencida la muerte, ascendió a los cielos, extendiendo sus alas y protegiendo a su pueblo, se le ha llamado águila en vuelo.

Así pues, estos anuncios, aun cuando sean cuatro, son un solo anuncio, porque proceden de una sola boca, como el río en el paraíso, de una sola fuente, que se dividió en cuatro brazos.

Que aquellos animales, esto es, la predicación del nuevo Testamento, «tengan ojos por dentro y por fuera», muestra la presciencia del Espíritu Santo que mira los secretos del corazón y ve también las cosas que han de sobrevenir, es decir, lo que está por dentro y lo que está por fuera. «Las alas» son los testimonios del antiguo Testamento, esto es, veinticuatro libros, tantos en número cuantos son los ancianos que están sobre los tronos.

Pero, así como un animal no puede volar, si no tiene alas, así tampoco el anuncio del nuevo Testamento merece fe, si no cuenta como testimonio con los anuncios proféticos del antiguo Testamento, por los cuales despega de tierra y vuela. Pues lo que antes se ha anunciado que ha de suceder, y se comprueba después que ha sucedido, esto es siempre lo que hace a la fe indubitable. Por el contrario, si las alas no están fijas en los animales, estos no tienen de dónde sacar la vida.

Pues si lo que habían anunciado los profetas, no se hubiera cumplido en Cristo, vano hubiera sido su anuncio. La Iglesia católica sostiene esto: que las cosas que se han anunciado, también se han cumplido y, con razón, vuela y despega de tierra el animal vivo. Los herejes, sin embargo, que no hacen uso del testimonio profético, tienen los animales, pero estos no vuelan porque son terrenos. [Hasta aquí el comentario de Pettau]. (Editorial Ciudad Nueva, Madrid 2008, Pags. 81-91).

Téngase en cuenta que Victorino de Pettau fue prelado de la Iglesia Latina, y de ahí sus expresiones «católica», «hostia», y que hable de veinticuatro libros en el Nuevo Testamento, ya que todavía el canon no se había cerrado completamente. Cuando se refiere al Antiguo Testamento y al Nuevo Testamento, Pettau, intencionalmente, usa letra minúscula para antiguo y nuevo.

2. El comentario a los seres vivientes por Cesáreo de Arlés (siglo VI)

Cesáreo de Arlés, «Padre Latino de la Iglesia», nació entre el 469 o 470 d.C. Fue ordenado monje, luego consagrado obispo, y posteriormente obtuvo la delegación apostólica. Se ha dicho sobre Cesáreo de Arlés: «Después de Agustín es el más grande predicador popular de la antigua Iglesia latina». Falleció en el año 542.

El comentario al Apocalipsis de Ticono del siglo IV, fue el más significativo en la literatura cristiana. El mismo está extraviado. Cesáreo de Arles fue influenciado por el mismo, escribió su *Comentario al Apocalipsis* a finales o principios de los siglos V y VI. Jerónimo, «Padre de la iglesia», lo menciona. Y describe y aplica los cuatro seres vivientes del Apocalipsis:

«Y en medio del trono cuatro seres vivientes», es decir, los Evangelios en medio de la Iglesia, «llenos de ojos por delante y por detrás», es decir, en el interior y en el exterior. Los ojos son los mandamientos de Dios. «Por delante y por detrás», es decir, la facultad de ver el pasado y el futuro.

En el primer animal semejante a un león se muestra la fortaleza de la Iglesia, en el novillo la pasión de Cristo. En el tercer animal, que es semejante a un hombre, se representa la humildad de la Iglesia, porque ella no se jacta en absoluto con un sentimiento de orgullo aun cuando posee la adopción de hijos.

El cuarto animal representa a la Iglesia, «semejante a un águila», es decir, volando libremente y elevada por encima de la tierra por dos alas, como levantada por los timones de los dos Testamentos o de los dos mandamientos.

Pues cuando el evangelista Juan contempló que el misterio cuadriforme de estos cuatro animales se había realizado en Cristo, que él le vio nacer como un hombre, sufrir como un novillo y reinar como un león, le vio entonces retornar al cielo como un águila. [Hasta aquí el comentario de Cesáreo de Arlés]. (Editorial Ciudad Nueva, Madrid 1994, Pags. 45.46).

3. El comentario a los seres vivientes por Kittim Silva Bermúdez

Esos seres vivientes o querubines son de un rango alto angelical, y velan el trono de Dios. En ellos se representa la creación divina. ¡Todos son reyes! El león es el rey de la selva. Representa fuerza y poder. El buey es el rey de la agricultura. Representa trabajo y paciencia. El águila es rey de las aves. Representa celeridad y rapidez. El hombre es rey de la creación. Representa inteligencia y capacidad.

Ezequiel vio cuatro seres vivientes o querubines con «cuatro alas» (Ez. 1:6) y eran cuatrifacéticos cada uno: «Y el aspecto de sus caras era cara de hombre, y cara de león al lado derecho de los cuatro, y cara de buey a la izquierda en los cuatro; asimismo había en los cuatro cara de águila» (Ez. 1:10).

Juan el Apocalipta vio a cuatro seres vivientes con «seis alas» (Apoc. 4:8) y eran monofacéticos: «El primer ser viviente era semejante a un león; el segundo era semejante a un becerro; el tercero tenía rostro como de hombre; y el cuarto era semejante a un águila volando» (Apoc. 4:7).

En ambos pasajes la figura del león aparece en la representación bíblica. Los seres vivientes o querubines pertenecen a un elevado orden angelical, como custodios del trono de Dios.

Según tradiciones judías, en las banderas de las tribus, bajo las cuales levantaban sus campamentos las otras tribus, se presentaban los rostros de los cuatros seres vivientes:

La tribu de Judá se ubicaba al este y su bandera o estandarte tenía a un «león» de oro con un fondo escarlata:

«Al este del santuario la tribu de Judá. Su jefe militar es Nahasón, hijo de Aminadab. Según la cuenta que se hizo, sus tropas suman setenta y cuatro mil seiscientos soldados. A la derecha de la tribu de Judá acampará la tribu de Isacar. Su jefe militar es Natanael, hijo de Suar. Sus tropas suman cincuenta y cuatro mil cuatrocientos soldados. A la izquierda de Judá acampará la tribu de Zabulón. Su jefe militar es Eliab, hijo de Helón. Sus tropas suman cincuenta y siete mil cuatrocientos soldados. Las tropas de estas tribus seguirán la bandera de Judá. Juntas suman ciento ochenta y seis mil cuatrocientos soldados. Todos ellos marcharán al frente del ejército israelita» (Nm. 2:3-9, TLA).

La tribu de Rubén se ubicaba al sur y su bandera o estandarte era un «hombre» con un fondo de oro:

«Al sur acampará la tribu de Rubén. Su jefe militar es Elisur, hijo de Sedeúr. Según la cuenta que se hizo, sus tropas suman cuarenta y seis mil quinientos soldados. A la derecha de la tribu de Rubén acampará la tribu de Simeón. Su jefe militar es Selumiel, hijo de Surisadai. Sus tropas suman cincuenta y nueve mil trescientos soldados. A la izquierda de Rubén acampará la tribu de Gad. Su jefe militar es Eliasaf, hijo de Reuel. Sus tropas suman cuarenta y cinco mil seiscientos cincuenta soldados. Las tropas de estas tribus seguirán la bandera de Rubén. Juntas suman ciento cincuenta y un mil cuatrocientos cincuenta soldados. Todos ellos marcharán en segundo lugar. Detrás de ellos marcharán los descendientes de Leví con el santuario» (Nm. 2:10-17, TLA).

La tribu de Efraín se ubicaba al oeste y su bandera o estandarte era un «buey» negro con un fondo oro:
«Al oeste acampará la tribu de Efraín. Su jefe militar es Elisamá, hijo de Amihud. Según la cuenta que se hizo, sus tropas suman cuarenta mil quinientos soldados. A la derecha de la tribu de Efraín acampará la tribu de Manasés. Su jefe militar es Gamaliel, hijo de Pedasur. Sus tropas suman treinta y dos mil doscientos soldados. A la izquierda de Efraín acampará la tribu de Benjamín. Su jefe militar es Abidán, hijo de Guidoní. Sus tropas suman treinta y cinco mil cuatrocientos soldados. Las tropas de estas tribus seguirán la bandera de Efraín. Juntas suman ciento ocho mil cien soldados. Todos ellos marcharán en tercer lugar» (Nm. 2:18-24, TLA).

La tribu de Dan se ubicaba al norte, y su bandera o estandarte era un «águila» de oro con un fondo azul:
«Al norte acampará la tribu de Dan. Su jefe militar es Ahiézer, hijo de Amisadai. Según la cuenta que se hizo, sus tropas suman sesenta y dos mil setecientos soldados. A la derecha de la tribu de Dan acampará la tribu de Aser. Su jefe militar es Paguiel, hijo de Ocrán. Sus tropas suman cuarenta y un mil quinientos soldados. A la izquierda de Dan acampará la tribu de Neftalí. Su jefe militar es Ahirá, hijo de Enán. Sus tropas suman cincuenta y tres mil cuatrocientos soldados. Las tropas de estas tribus seguirán la bandera de Dan. Juntas suman ciento cincuenta y siete mil seiscientos soldados. Todos ellos marcharán en último lugar» (Nm. 2:25-31, TLA).

Sir Isaac Newton (1642-1727), teólogo, inventor, escatólogo y científico dice en su libro publicado en el 1733: *Observaciones sobre las profecías de Daniel y el Apocalipsis de san Juan*:
Un querubín tiene un cuerpo con cuatro caras, las caras de un león, un buey, un hombre y un águila mirando a los cuatro vientos del cielo y sin tornarse. Y los cuatro serafines tienen las mismas cuatro caras con cuatro cuerpos, una cara para cada cuerpo. Las cuatro bestias y los cuatro serafines parados en los cuatro lados de la corte de la gente; el primero en el lado este con la cabeza de un león, el segundo en el lado oeste con la cabeza de un buey, el tercero en el lado sur con la cabeza de un hombre, el cuarto en el lado norte con una cabeza de águila: y todos los cuatro significan juntos las doce tribus de Israel, de quienes son los ciento cuatro mil sellados. [Hasta aquí el comentario de Isaac Newton].

Estos seres vivientes representan aspectos de la vida del Mesías. Jesucristo como el león de la tribu de Judá retratado en el evangelio de Mateo. Jesucristo es el becerro (estado joven) y es el buey (estado célibe) en el evangelio de Marcos. Jesucristo es el hombre perfecto en el evangelio de Lucas. Jesucristo es el águila en el evangelio de Juan porque voló de la eternidad al tiempo de los seres humanos.

En las iglesias históricas el púlpito del cual se predica es alto, pero el púlpito donde se lee el evangelio por lo general tiene la figura de un águila con su cabeza hacia arriba, y tipifica al evangelio de Juan.

Algunos de «Los Padres de la Iglesia» veían en los cuatro evangelios el orden de los rostros de los seres vivientes de Ezequiel: hombre (Mateo); león (Marcos); buey (Lucas) y águila (Juan). Y así los he visto grabados en bajo relieve en la Iglesia de la Anunciación en Nazareth, Israel.

Otra manera (y que sostiene este autor), es ver que el león representa al evangelio de Mateo que ruge con las profecías veterotestamentarias, para mostrar a Jesús como el león de la tribu de Judá, el Mesías como rey. El buey o becerro representa al evangelio de Marcos, el Mesías como siervo. El hombre representa al evangelio de Lucas, habla del Mesías como hombre. El águila representa al evangelio de Juan, y al Mesías como águila que voló de la eternidad a la tierra y de la tierra voló a la eternidad.

Conclusión

Jesús es todo para la Iglesia. Es el león que defiende a la Iglesia. Es el becerro que se sacrificó por la Iglesia. Es el hombre que representa a la Iglesia. Es el águila que descendió y ascendió por la Iglesia. Atrapa por nosotros. Trabaja con nosotros. Actúa en nosotros. Vuela por nosotros.

SEGUNDA PARTE
Peces

30
Preparado como gran pez

Jonás 1:17, TLA

«Entonces Dios mandó un pez enorme, que se tragó a Jonás. Y Jonás estuvo dentro del pez tres días y tres noches».

Introducción

El «gran pez» no se identifica en el texto bíblico con la ballena. Desde luego la ballena es un mamífero y no un pez. Aunque estos mamíferos son los mayores de los cetáceos. Entre ellos la ballena azul es la más grande. En el mar Mediterráneo abundan los cachalotes de la familia de las ballenas y pueden medir hasta 45 pies de longitud. Son los animales con el mayor cerebro. La ballena blanca ha frecuentado las aguas del Mediterráneo.

1. El gran pez recogió a Jonás

«Pero Jehová tenía preparado un gran pez que tragase a Jonás…» (Jon. 1:17). «Entre tanto, el SEÑOR había provisto que un gran pez se tragara a Jonás…» (NTV).

Cuando desobedecemos y nos alejamos del plan y propósito original de Dios, el Creador, si tiene que levantar alguna tormenta en el mar de nuestra vida, lo hará. Para los desobedientes hay un gran pez con su boca abierta que está esperándonos para tragarnos.

«Pero Jehová hizo levantar un gran viento en el mar, y hubo en el mar una tempestad tan grande que se pensó que se partiría la nave» (Jon. 1:4).

En medio de esa tormenta, Jonás se fue a la parte baja del barco, y se puso a dormir (Jon. 1:5). El patrón del barco lo levantó de la cama, y lo mandó a que se pusiera a orar (Jon. 1:6). Y necesitamos de vez en cuando, que se nos levante, y que se nos exhorte para que nos pongamos a orar.

Luego los marineros echaron suertes y cayeron sobre Jonás (Jon. 1:7). Luego lo interrogaron para saber quién era, y el profeta fugitivo les dijo que era hebreo y que huía de Jehová Dios (Jon. 1:8-9). Ellos le regañaron por lo que hizo (Jon. 1:10). ¡Inconversos regañando a un convertido! ¡Gente del mundo llamando la atención a gente de la iglesia!

Entonces le pidieron a Jonás por una posible solución, y Jonás les recomendó que lo echaran al mar Mediterráneo, y eso terminaría la tormenta (Jon. 1:11-12). Ellos hicieron todo lo posible por controlar el navío para evitar echar a Jonás al mar, pero el mar se encrespaba más (Jon. 1:13).

Algo muy raro, aquellos inconversos oraron a Jehová Dios, se distanciaron en la oración de la desobediencia de Jonás y oraron como víctimas a causa de Jonás, dejando su vida en manos de Jehová (Jon. 1:14).

«Entonces los marineros tomaron a Jonás y lo tiraron al mar. De inmediato el mar se calmó. Al ver lo sucedido, los marineros reconocieron al Dios de Israel como su Dios, le presentaron una ofrenda y prometieron seguir adorándolo» (Jon. 1:15-16, TLA).

No les quedó otro remedio, que entregar al mar a aquel por cuya culpa el mar estaba enfurecido. Y aparentemente se convirtieron a causa de Jonás, sin este haberles predicado. Ni allí, en esa tormenta, el profeta está libre de su llamado y de su comisión.

«Entonces Dios mandó un pez enorme, que se tragó a Jonás. Y Jonás estuvo dentro del pez tres días y tres noches» (Jon. 1:17, TLA).

Sea cual haya sido «el gran pez», de algo estamos seguros y es que dice la Biblia, «Jehová tenía preparado un gran pez». En la Biblia de Jerusalén se traduce «monstruo marino».

Jesucristo siempre tendrá preparado algo o a alguien que necesitamos. Para Jonás tenía preparado «un gran pez» o «un pez enorme». Dios nos prepara, facilita y da aquello que se ajusta a nuestra necesidad inmediata y posterior.

Aquel fue un taxi-cetáceo, el cual fue despachado por el cielo para recoger a un pasajero perdido, y llevarlo al destino programado, llamado voluntad de Dios. En el caso del fugitivo Jonás, a las buenas y a las malas, Jehová Dios le hizo sentir su voluntad.

2. El gran pez protegió a Jonás

«Pero Jehová tenía preparado un gran pez que tragase a Jonás; y estuvo Jonás en el vientre del pez tres días y tres noches» (Jon. 1:17).

Sergio Parra ha dicho: «La primera parte de una ballena no segrega ningún fluido digestivo. El ácido clorhídrico y las enzimas digestivas solo se segregan en el segundo estómago, o principal. Y el paso entre el primero y el segundo es demasiado pequeño para que quepa un humano».

Durante tres días y tres noches, Jonás estuvo hospedado en el vientre del gran pez o como se le dice tradicionalmente «en el vientre de la ballena». Muchos son los que están en «el vientre del gran pez», enfermos o presos. Sin poder salir libres de su confinamiento humano.

Muchos son los que están encerrados en «el vientre del gran pez», a causa de pruebas en sus vidas, abandono familiar, divorcios dolorosos, desempleo, pérdidas de personas significativas, apropiación ilegal de muebles o inmuebles que les pertenecían.

Muchos son los que están encerrados en «el vientre del gran pez», a causa de las presiones sociales y familiares, las depresiones emocionales, los prejuicios sociales, los rechazos humanos, los maltratos por seres queridos, las traiciones de amigos o amigas.

En «el vientre del gran pez», Jonás tuvo un retiro espiritual de tres días ayunando, orando y vigilando (Jon. 2:1-9). Tres días con tres noches, donde reflexionó seriamente sobre su vida espiritual y su relación con Dios.

Invito al lector, para se acerque al «gran pez», y escuchemos al profeta fugitivo mientras oraba adentro del mismo:

«Desde allí, Jonás oró a Dios: 'Cuando estaba sufriendo, tú, mi Dios, me ayudaste. Cuando estaba casi muerto, pedí ayuda y me la diste. Me arrojaste a lo más hondo del mar. Solo agua veía yo por todos lados; grandes olas cruzaban sobre mí. Llegué a pensar que ya no me querías, que no volvería a entrar en tu templo. Me había hundido por completo. El mar me cubría todo, y las algas se enredaban en mi cabeza. Creí que ya nunca saldría del fondo del mar. Pero tú, Dios mío, me salvaste la vida. Cuando ya estaba sin fuerzas, me acordé de ti, y oré. Mi oración llegó hasta tu santuario. Los que adoran a otros dioses, a los ídolos sin vida, no pueden decir que tú eres su Dios. Pero yo voy a adorarte y a cantarte con alegría. Cumpliré las promesas que te hice. ¡Porque solo tú puedes salvar!'» (Jon. 2:1-9, TLA).

Todos necesitamos un espacio de tiempo para pensar en Dios, para pensar en nosotros mismos y para pensar en otras personas. Dios nos quiere encerrar, para que lo busquemos a Él primero y luego busquemos a otros.

Otras veces nos sentiremos encerrados en «la barriga de la bestia». Son aquellos y aquellas que están encerrados cumpliendo tiempo presidiario en alguna prisión. Son aquellos y aquellas que están confinados en un hospital o clínica y hogar de recuperación. Son aquellos y aquellas que viven en muchos hogares de ancianos exilados de la familia y sin visitas de estos.

3. El gran pez depositó a Jonás

«Y mandó Jehová al pez, y vomitó a Jonás en tierra» (Jon. 2:10). «Entonces el SEÑOR ordenó al pez escupir a Jonás sobre la playa» (NTV). «Entonces el Señor dispuso que el pez vomitara a Jonás en tierra firme» (DHH).

Así como el «taxi-gran pez» lo había recogido en el lugar que Jonás lo necesitaba, ahora el «taxi-gran pez» lo dejaría en el lugar donde Dios lo necesitaba. Era un pasajero del destino divino.

El viaje de Jonás a Tarsis, lo alejó del puerto de la voluntad de Dios para su vida. Pero el gran pez lo llevó al mismo puerto, para allí comenzar de nuevo lo que dejó sin empezar. Lo que pudo haber sido un tiempo adelantado para el profeta, fue un tiempo retrasado para el mismo.

Aquel «gran pez» se movía bajo instrucciones del cielo. Dios lo mandó que se tragase a Jonás. Luego Dios lo mandó que vomitará a Jonás. Tarde o temprano podemos ser vomitados en alguna costa con algún propósito. Cundo nos convertimos a la verdadera fe cristiana, el vientre del mundo no puede soportar ese sabor tan fuerte que tenemos a sal espiritual, y nos tiene que vomitar.

Aquel «gran pez» por tres días y tres noches trató de digerir a Jonás, pero no lo logró. ¡Este era un alimento no digerible! El mundo no puede digerir a la Iglesia, esta le sabe a «sal». Al tercer día, me imagino, le dio al «gran pez» un fuerte dolor de estómago, un malestar en el vientre, y tuvo que vomitar al profeta de Dios, todo bañado en substancias mal olientes y nauseabundas.

Flavio Josefo en las *Antig*üedades de los Judíos narra este episodio de la expulsión de Jonás, por no decir que fue vomitado: «En cuanto a Jonás, se dice que lo engulló un monstruo marino y que después de tres días y otras tantas noches fue arrojado en el Puente Euxino, vivo y sin la menor lesión en el cuerpo».

Las pruebas no te podrán digerir. Las tentaciones no te podrán digerir. El pecado no te podrá digerir. El enemigo no te podrá digerir. El mundo no te podrá digerir. Tú y yo estamos en el programa del Espíritu Santo, y Jesucristo no nos dejará hasta que haya cumplido en nosotros todo lo que ha diseñado para nosotros.

Delfines y ballenas libraban entre sí una batalla. Como la lucha se prolongaba con encarnizamiento, una caballa (que es un pez pequeño) salió a la superficie y quiso reconciliarlos. Pero un delfín tomó la palabra y dijo: Nos humilla menos combatirnos y morir los unos por los otros, que tenerte a ti por mediador.

Moraleja: Hay personas sin valor alguno, que en épocas de confusión, se llegan a creer grandiosas (*Fábulas de Esopo*).

4. El gran pez ilustró a Jesucristo

«Así como Jonás estuvo dentro del gran pez tres días y tres noches, así yo también, el Hijo del hombre, estaré dentro de la tumba tres días y tres noches» (Mt. 12:40, TLA).

A Jonás y al «gran gran pez», el Señor Jesucristo, los utilizó como ilustración de su sepultura y su resurrección.

La tumba fue el «gran pez» que se tragó el cuerpo fallecido del Gran Maestro. Durante tres días, la muerte no lo pudo digerir, al tercer abrió la tumba su boca y de su interior salió triunfante el moderno Jonás, rotas las cadenas de la muerte.

«¡Pero Dios hizo que Jesús resucitara! ¡Y es que la muerte no tenía ningún poder sobre él!» (Hch. 2:24, TLA).

Pedro Apóstol citó las palabras de David en su sermón el Día de Pentecostés, para referirse a la resurrección de Jesús de Nazaret: «¡Tú no me dejarás morir, ni me abandonarás en el sepulcro, pues soy tu fiel servidor! Tú me enseñaste a vivir como a ti te gusta. Contigo a mi lado soy verdaderamente feliz» (Hch. 2:27-28, TLA).

Desde luego deben tomarse los tres días en el sentido de una sinécdoque, donde se toma el todo por la parte y la parte por el todo. Es decir, Jesús no estuvo los tres días completos como Jonás, pero sí en el sentido figurado.

Conclusión

Todos nosotros hemos sido algún Jonás fugitivo del propósito divino, que hemos huido lejos, pero allí el Espíritu Santo nos enviará para ser arrestados y traídos de nuevo a su voluntad.

31
Atrapados como peces

Marcos 1:16-20, RVR 1960

«Andando junto al mar de Galilea, vio a Simón y a Andrés su hermano, que echaban la red en el mar; porque eran pescadores. Y les dijo Jesús: Venid en pos de mí, y haré que seáis pescadores de hombres. Y dejando luego sus redes, le siguieron. Pasando de allí, un poco más adelante, vio a Jacobo hijo de Zebedeo, y a Juan su hermano, también ellos en la barca, que remendaban las redes. Y luego los llamó; y dejando a su padre Zebedeo en la barca con los jornaleros, le siguieron».

Introducción

Jesús de Nazaret hace de peces-humanos perdidos en el mar del pecado, pescados-creyentes metidos en la red de la Iglesia. Y a muchos de esos pescados discipulados, los transforma en pescadores de peces hombres y de peces mujeres.

En griego «pez» se lee «ichthys». De ahí los creyentes judeocristianos desarrollaron un acróstico cristiano, un credo en desarrollo: **Iēsous Christos, Theou Yios, Sōtēr** o **I**esous, **Ch**ristos, **Th**eou, **Y**ios, **S**oter. Significa: Jesús Cristo Hijo de Dios, Salvador.

1. El llamado a cuatro pescadores

«Cuando terminó de hablar, dijo a Simón: Boga mar adentro, y echad vuestras redes para pescar. Respondiendo Simón, le dijo: Maestro, toda la noche hemos estado trabajando, y nada hemos pescado; mas por tu palabra echaré la red. Y habiéndolo hecho, encerraron gran cantidad de peces, y su red se rompía» (Lucas 5:4-6).

Estaba Jesús en la playa de Genesaret, de ahí que los habitantes de ahí se refirieran a ese cuerpo de agua como «lago de Genesaret» (Lc. 5:1). Se le conoce también como «mar de Galilea».

Una gran multitud que vino a escucharlo lo arropaban, porque querían oír lo que enseñaba y lo que predicaba (Lc. 5:1). La triple misión mesiánica del ministerio terrenal del Señor se resume así: «Jesús recorría toda la región de Galilea. **Enseñaba** en las sinagogas, **anunciaba** las buenas noticias del reino de Dios y **sanaba** a todos los que estaban enfermos» (Mt. 4:23, TLA).

Cerca de donde estaba el Carpintero de Nazaret y el Profeta de la Galilea había dos barcas, y los pescadores habían descendido de las mismas para lavar sus redes (Lc. 5:2). La tarea de lavar las redes era para prepararse para la próxima actividad o gira de pesca.

No descendieron con pesca. La red se ensuciaba con plantas marítimas. Indicación de que algo estaba mal ese día de pesca. Pero la red siempre debe limpiarse. El Gran Maestro de la Galilea se metió en una de las barcas, propiedad de Simón Bar-Ionás, y le pidió que alejase aquella plataforma flotante a una distancia, para desde allí enseñar la palabra a la multitud (Lc. 5:3).

Todavía Jesucristo busca barcas prestadas para utilizarlas como plataformas, en el mar de la vida, llevando una palabra de fe y de esperanza a todos aquellos que están en alguna playa del mundo en necesidad. ¿Le prestarías tu barca?

Luego pidió a Simón «bogar mar adentro» y arrojar las redes para pescar (Lc. 5:4). Pedro, un lobo experto en ese lago de Genesaret, le respondió que durante esa noche de espera, nada habían pescado, pero él le creía como su Maestro, y por esa palabra, Pedro echaría la red (Lc. 5:5).

La acción de obediencia comenzaría con el acto de «bogar mar adentro». La Traducción En Lenguaje Actual dice: «... Lleva la barca a la parte honda del lago, y lanza las redes para pescar».

Tenemos que remar para alejarnos de la orilla. No podemos tener buena pesca en lo llano. Los peces se mueven allá en lo hondo, lejos del alboroto. Buena pesca exige un fuerte remar. ¡Vamos para adentro!

Ese acto de obediencia fue colmado con una «gran cantidad de peces», que amenazaban con romper la red (Lc. 5:6). Pedro y Andrés, tuvieron que pedir refuerzos a sus compañeros, que eran Juan y Santiago, para que les ayudaran, y ambas barcas se llenaron de tantos pescados, que parecía que se hundirían (Lc. 5:7).

Pedro ante este milagro, cayó de rodillas, y dijo: «... Apártate de mí, Señor, porque soy hombre pecador» (Lc 5:8). Ante Jesús, Simón Pedro, vio su propia pecaminosidad. Aquella pesca milagrosa, produjo temor reverente entre la colectividad de sus amigos (Lc. 5:9-10).

Allí, a Simón Pedro, se le dijeron estas palabras: «... No temas; desde ahora serás pescador de hombres, le dijo Jesús a Simón» (Lc. 5:10, NVI). La Traducción En Lenguaje Actual dice: «... Pero Jesús le dijo a Pedro: –No tengas miedo. De hoy en adelante, en lugar de pescar peces, voy a enseñarte a ganar seguidores para mí».

Fue un llamado instantáneo, para hacer del pescador Simón Pedro, un pescador de peces-hombres. Pero ese llamado a transformar su pasión pescadora, por una pasión evangelizadora, incluyó a los compañeros o «socios» (NVI) de Simón Pedro: «Los pescadores llevaron las barcas a la orilla, dejaron todo lo que llevaban, y se fueron con Jesús» (Lc. 5:11, TLA).

Mateo describe ese segundo encuentro del llamado de los pescadores del lago de Tiberias (el otro llamado está registrado en Juan 1:35-45), con estas palabras: «Andando Jesús junto al mar de Galilea, vio a dos hermanos, Simón, llamado Pedro, y Andrés su hermano, que echaban la red en el mar; porque eran pescadores. Y les dijo: Venid en pos de mí, y os haré pescadores de hombres. Ellos entonces, dejando al instante las redes, le siguieron. Pasando de allí, vio a otros dos hermanos, Jacobo hijo de Zebedeo, y Juan su hermano, en la barca con Zebedeo su padre, que remendaban sus redes; y los llamó. Y ellos, dejando al instante la barca y a su padre, le siguieron» (Mt. 4:18-22).

El llamado al verdadero discipulado es un compromiso a dejar algo por seguir a alguien que se llama el Maestro Jesús:

Primero: Simón Pedro con Andrés, su hermano, «echaban la red», dejaron «al instante las redes, le siguieron».

Segundo: Jacobo o Santiago, hijo de Zebedeo con Juan, su hermano, «en la barca con Zebedeo su padre», «remendaban sus redes». Jesús los llamó, «dejando al instante la barca y a su padre, le siguieron».

Jesús llamó a dos parejas de hermanos. Dos de ellos, Santiago y Juan Zebedeo, estaban trabajando en la pesca con la barca que era propiedad de su padre Zebedeo. Los cuatro tuvieron que cambiar de oficio, dejar la pesca para ser predicadores mesiánicos. Con esta pesca milagrosa se inauguró el llamado de los primeros discípulos. A los creyentes, el Señor Jesucristo ordenó que le dieran de comer y que luego los despidieran, pero a los discípulos, les ordenó meterse en la barca y cruzar a la otra orilla.

2. La pesca milagrosa

«Simón Pedro les dijo: Voy a pescar. Ellos le dijeron: Vamos nosotros también contigo. Fueron, y entraron en una barca; y aquella noche no pescaron nada. Cuando ya iba amaneciendo, se presentó Jesús en la playa; mas los discípulos no sabían que era Jesús. Y les dijo: Hijitos, ¿tenéis algo de comer? Le respondieron: No. Él les dijo: Echad la red a la derecha de la barca, y hallaréis. Entonces la echaron, y ya no la podían sacar, por la gran cantidad de peces» (Juan 21:3-6).

En el mar de Tiberias, otro nombre dado a ese lago de la Galilea, por los habitantes de la ciudad romana de Tiberias, capital de la Galilea (Jn. 21:1). Allí, Jesús tuvo una de sus apariciones pascuales.

Se encontraban Pedro y su compañía: «Estaban juntos Simón Pedro, Tomás el Gemelo, Natanael, que era del pueblo de Caná de Galilea, Santiago y Juan, hijos de Zebedeo, y otros dos discípulos de Jesús» (Jn. 21:2, TLA).

Simón Pedro, líder innato, dijo: «... Voy a pescar. Ellos le dijeron: Vamos nosotros también contigo. Fueron, y entraron en una barca; y aquella noche no pescaron nada» (Jn. 21:3). Un líder, decide hacer algo, y rápidamente tiene seguidores. Si alguien reclama ser un líder, y voltea la cabeza y no ve a nadie detrás siguiéndolo, es mejor que siga a un líder.

La misma historia del fracaso anterior se repitió, lo cual era muy común entre aquellos que se dedicaban a la pesca. Siempre tendremos días buenos en la empresa o trabajo, pero habrá días malos, improductivos, sin ganancia.

Al amanecer, cuando los primeros rayos del sol se asomaban por el oriente, Jesús milagrosamente se apareció en la playa, y los discípulos no lo reconocieron (Jn. 21:4). El Cristo Pascual muchas veces no fue reconocido, sino hasta que Él mismo se dio a reconocer en su nueva naturaleza glorificada:

«Cuando había dicho esto, se volvió, y vio a Jesús que estaba allí; mas no sabía que era Jesús. Jesús le dijo: Mujer, ¿por qué lloras? ¿A quién buscas? Ella, pensando que era el hortelano, le dijo: Señor, si tú lo has llevado, dime dónde lo has puesto, y yo lo llevaré. Jesús le dijo: ¡María! Volviéndose ella, le dijo: ¡Raboni! (que quiere decir, Maestro)» (Jn. 20:14-16).

«En la madrugada, Jesús estaba de pie a la orilla del lago, pero los discípulos no sabían que era él» (Jn. 21:4, TLA).

«Sucedió que mientras hablaban y discutían entre sí, Jesús mismo se acercó, y caminaba con ellos. Mas los ojos de ellos estaban velados, para que no le conociesen. Y les dijo: ¿Qué pláticas son estas que tenéis entre vosotros mientras camináis, y por qué estáis tristes? Respondiendo uno de ellos, que se llamaba Cleofás, le dijo: ¿Eres tú el único forastero en Jerusalén que no has sabido las cosas que en ella han acontecido en estos días?» (Lc. 24:15-18).

Jesús les habló a sus discípulos desde la playa: «Hijitos, ¿tenéis algo de comer?». La respuesta fue: «No». ¿Y cuántas veces también nosotros respondemos «no», a las preguntas del Maestro. Esa expresión «Hijitos», es una muestra de afecto y cariño por parte del Maestro (Jn. 21:5). Para Él, ellos eran sus «Hijitos», y nosotros también lo somos.

Nuevamente, como al inicio del llamado de los discípulos, el Cristo Pascual, les dijo: «... ¡Echen la red a la derecha de la barca y tendrán pesca! Ellos lo hicieron y no podían sacar la red por la gran cantidad de peces que contenía» (Jn. 21:6, NTV).

En la pesca de Lucas 5:4-6 echaron la red siguiendo su palabra, y ahora en la pesca de Juan 21:7, hicieron lo mismo echándola a la derecha. En ambos casos hubo obediencia a la palabra.

Juan, quien se señala así mismo como «aquel discípulo a quien Jesús amaba», le dijo a Simón Pedro: «¡Es el Señor!» (Jn. 21:7).

Pedro, con la intrepidez del «Chapulín Colorado», se ciñó la vestidura exterior, ya que se la había quitado para trabajar. Era una muestra de respeto al Señor, que era primero entre iguales, y se lanzó al mar (Jn. 21:7). La palabra griega lee «ballo» e implica «zambullirse» o «lanzarse a lo que viniera».

Mientras Simón Pedro nadaba, los otros discípulos arrastraban la red de peces (Jn. 21:7-8). La Traducción En Lenguaje Actual declara: «Los otros discípulos llegaron a la orilla en la barca, arrastrando la red llena de pescados, pues estaban como a cien metros de la playa» (Jn. 21:8, TLA). Era una distancia de trescientos pies. Pedro era un buen nadador. Y los pastores deben nadar bien, hablando espiritualmente.

Al llegar a la playa, vieron una fogata con un pescado asándose, acompañado de pan (Jn. 21:9). El Señor los invitó a traer de los peces, ya que estaba asándose uno solo, y ellos eran muchos (Jn. 21:10).

Leemos: «Simón Pedro subió a la barca y arrastró la red hasta la playa. Estaba repleta, pues tenía ciento cincuenta y tres pescados grandes. A pesar de tantos pescados, la red no se rompió» (Jn. 21:11, TLA).

a) El primer milagro fue la movilización de los peces. Estos se movieron a la derecha de la barca. Jesús atrajo los peces, como el gran pez que obedeció a Dios para tragarse a Jonás. No había peces por toda esa parte, y por voluntad del Maestro se reunieron para meterse en la red.

b) El segundo milagro fue la red que resistió los peces. Esta pesca fue descomunal. Se contabilizó la pesca, la suma total fue de ciento cincuenta y tres pescados. Los discípulos sabían contar bien. Tanto a los pastores como a los pescadores, en el Nuevo Testamento los vemos contar bien. El pastor de la parábola de las cien ovejas, contó noventa y nueve y le faltaba una (Lc. 15:3-4).

Tratar de jugar con esa cifra de «ciento cincuenta y tres pescados», para ver que significa es un absurdo. Algunos han aplicado la cuenta de esta pesca al Tetragrama, que se dice ser mencionado en el Antiguo Testamento 153 veces. Para otros 153 es la manera de muchos de pensar en las especies marítimas (en realidad en el mundo hay sobre 27,977 especies de peces). Para otros, la falta del pescado «154» para hacer el entero, es una referencia a aquel oyente del mensaje del evangelio que se negó a entrar o se escapó de la red o que todavía no se ha convertido.

El número es una totalidad de un conteo, para demostrar ese milagro de que «la red no se rompió» y de que la pesca de esa ocasión era algo descomunal. Y si algo pudiera significar es que la red del evangelio encierra toda clase de peces. Aun después de un entero, hay espacio para un impar. Con esta pesca milagrosa se cierra ese paréntesis del llamado de los discípulos con la manifestación del Cristo Pascual en el mismo mar de Tiberiades o lago de Genesaret. Pero el milagro de este relato, no es únicamente que se pescaron ciento cincuenta y tres peces, sino que «la red no se rompió». Y el evangelio de Jesucristo es suficientemente fuerte como esa red para pescar a muchos que se dejen pescar.

Conclusión

Somos llamados a pescar no en acuarios ajenos, ni en peceras de otros, sino bogando mar adentro en el mar de mundo, donde hay abundante pesca.

32
Utilizados como peces

Mateo 14:16-21, RVR 1960

> *«Jesús les dijo: No tienen necesidad de irse; dadles vosotros de comer. Y ellos dijeron: No tenemos aquí sino cinco panes y dos peces. Él les dijo: Traédmelos acá. Entonces mandó a la gente recostarse sobre la hierba; y tomando los cinco panes y los dos peces, y levantando los ojos al cielo, bendijo, y partió y dio los panes a los discípulos, y los discípulos a la multitud. Y comieron todos, y se saciaron; y recogieron de lo que sobró de los pedazos, doce cestas llenas. Y los que comieron fueron como cinco mil hombres, sin contar las mujeres y los niños».*

Introducción

En una ocasión, Jesús multiplicó dos peces con cinco panes. En otra ocasión envió a Pedro a pescar un pez en el mar de Galilea, que tenía dentro una moneda para pagar un impuesto.

1. El niño con cinco panes y dos peces

Andrés aparece en la narración de los evangelios trayendo a alguien. Trajo ante el Señor Jesús a su hermano Simón Pedro:

«Jesús se dio vuelta y, al ver que lo seguían, les preguntó qué querían. Ellos le preguntaron: –¿Dónde vives, Maestro? –Síganme y lo verán– contestó Jesús. Ellos fueron y vieron dónde vivía Jesús; y como eran casi las cuatro de la tarde, se quedaron con él el resto del día. Uno de ellos era Andrés, el hermano de Simón Pedro. Lo primero que hizo Andrés fue buscar a su hermano

Simón. Cuando lo encontró, le dijo: –¡Hemos encontrado al Mesías, es decir, al Cristo! Entonces Andrés llevó a Simón a donde estaba Jesús. Cuando Jesús vio a Simón, le dijo: –Tú eres Simón, hijo de Juan, pero ahora te vas a llamar Cefas, es decir, Pedro» (Jn. 1:38-42, TLA).

En este otro relato lo vemos trayendo a un muchacho o chiquillo que tenía su comida preparada para pasar el día:

«Uno de sus discípulos, Andrés, hermano de Simón Pedro, le dijo: Aquí está un muchacho, que tiene cinco panes de cebada y dos pececillos; mas ¿qué es esto para tantos?» (Juan 6:8-9).

En el relato mateano se omite la mención del niño con la merienda, solo se declara: «... No tenemos aquí sino cinco panes y dos peces» (Mt. 17). Lo mismo se reitera en el relato lucano (Lc. 9:13).

Solo el relato de Juan hace referencia al muchacho con los «cinco panes de cebada y dos pececillos» (Jn. 6:9). ¿Qué sería luego la vida de ese muchacho anónimo de esta historia? Se desconoce su destino posterior. Pero de seguro fue uno de los testigos del mesianismo de Jesús de Nazaret. La Biblia está adornada por muchos personajes anónimos cuya contribución es meritoria.

Juan al registrar al proveedor de esa merienda, demuestra como Jesús utilizó el almuerzo de dos peces que tenía un muchacho solo para él. Y cómo algo tan pequeño se multiplicó para dar de comer a «cinco mil varones» (Jn. 6:10) en número redondo. La tradición mateana añade: «... sin contar las mujeres y los niños» (Mt. 14:21). Las tradiciones de Marcos y Lucas añaden: «Y comieron todos, y se saciaron» (Lc. 9:17, Mc. 6:12).

Jesús solo necesita «cinco panes y dos peces» que tú y yo le prestemos para hacer una multiplicación de milagros. Según un grupo religioso, ese milagro fue el resultado del ejemplo dado por aquel jovencito. Que al verlo otros, comenzaron también a compartir lo que tenían. ¡Suena bien y es algo lógico, pero no es la verdad!

Los evangelios sinópticos dejan el inventario que de lo que sobró recogieron «doce cestas llenas» (Mc. 6:43); «doce cestas de pedazos» (Lc. 9:17). Doce es el número del antiguo Israel y del nuevo Israel, de las doce tribus y de los doce apóstoles. Doce cestas llenas hablan del trabajo colectivo de los doce y de la provisión representativa para los doce. Jesucristo es el proveedor para los doce meses del año.

En la Iglesia de la Multiplicación en Tabgha o Heptapegon («siete manantiales») de Cafarnaum en la Galilea, que he visitado unas treinta veces, en el suelo del altar hay un mosaico bizantino de una cesta con cuatro panes y dos peces. ¿Por qué cuatro panes y no cinco? (La razón puede ser que el artesano, adrede, quiso poner dos milagros de la multiplicación en uno). Y como nota curiosa, a los turistas se les dice: «Cuatro panes más Jesús, el pan de vida, hicieron que se realizara el milagro».

En la segunda multiplicación milagrosa de panes y peces (Mt. 15:32-39 y Mc. 8:1-10), se alimentaron a «cuatro mil hombres», leemos: «Jesús les dijo: ¿Cuántos panes tenéis? Y ellos dijeron: Siete, y unos pocos pececillos. Y tomando los siete panes y los peces, dio gracias, los partió y dio a sus discípulos, y los discípulos a la multitud» (Mt. 15:34.36).

En esta ocasión sobraron de los pedazos de pan, «siete canastas llenas» (Mt. 15:37). Siete es el número de un todo acabado. La semana tiene siete días y siete son los colores del arcoíris. Jesús es el proveedor para los siete días de la semana.

2. El pez que tenía en la boca un estáter

El registro de este milagro es muy propio de Mateo. El evangelista nos ofrece un trasfondo y la razón para el mismo.

«Cuando llegaron a Capernaum, vinieron a Pedro los que cobraban las dos dracmas, y le dijeron: ¿Vuestro Maestro no paga las dos dracmas? Él dijo: Sí. Y al entrar él en casa, Jesús le habló primero, diciendo: ¿Qué te parece, Simón? Los reyes de la tierra, ¿de quiénes cobran los tributos o los impuestos? ¿De sus hijos, o de los extraños?» (Mt. 17:24-25).

La manera modesta de este cobrador de impuestos es ejemplar. En vez de ir directo al Maestro Jesús, se dirigió a su discípulo Pedro. Y le preguntó si el Maestro no pagaba «las dos dracmas» del impuesto. Ese impuesto de «dos dracmas» se cobraba para el templo.

Por algún olvido, y no quiero culpar mucho a Judas aunque era el tesorero, ese impuesto Jesús no lo había pagado. Y aún tengo que pensar que en ese momento no tenían dinero, como ocurre en ocasiones a muchos de nosotros. Y los cobradores del mismo vinieron hasta Pedro para cobrarlo.

Aquellos cobradores acusaron a Jesús que como maestro no pagaba esos impuestos. En la casa de Simón Pedro, Jesús, le dejó saber al discípulo que Él no era de «los extraños», sino que era de los «hijos». Enseñando que Dios no le debía al hombre, sino que el hombre le debía a Dios. Jesús no tenía deudas con nadie, todo el mundo tenía deudas con Él.

Pedro les contestó a los cobradores: «Sí». Indicativo de que «sí», que su Maestro pagaba los impuestos. Y siguió caminando a la casa, ahí en Capernaum.

A Pedro le daba lo mismo si se pagaba o no. Y además, parece que en ese momento Pedro no podía resolver ese problema.

Ese es el «sí» del limbo; el «sí» de tomar una acción correctiva; el «sí» de «me da lo mismo»; el «sí» de «que me importa a mí»; el «sí» de «no es tu problema». Es decir «sí», cuando la reacción es negativa.

Jesús fue el Personaje de la Galilea, a quién el Lic. Rafael Torres Ortega llamó «El Caballero de la Cruz». Y por eso, Jesús al ver la respuesta tan fría de su asistente Pedro, le dio a este las debidas instrucciones. A quien lo envió a pescar con anzuelo, y que del primer pez abriera la boca y tendría el pago para el impuesto.

«Sin embargo, para no ofenderles, ve al mar, y echa el anzuelo, y el primer pez que saques, tómalo, y al abrirle la boca, hallarás un estáter; tómalo, y dáselo por mí y por ti» (Mt.17:27).

Aun en la manifestación de un milagro, Jesús empleó la ejecución del oficio de Pedro como pescador. Pero lo envió a pescar con el anzuelo. Muchos milagros ocurren con alguien y con algo que usará el Señor Jesucristo.

Ese pez es común también en las aguas del Mediterráneo. Se le conoce en la Galilea como el «Pez de San Pedro». Es una tilapia muy exquisita. Cuando llevo grupos a Israel, siempre les hago reserva en algún restaurante del lago de Genesaret o Tiberiades, para disfrutar un rico almuerzo con este legendario pescado.

El Maestro le enseñó a Pedro, que nunca debemos dar motivo por nuestra causa para escandalizar a otra persona. Pedro obedeció, pescó el pez, le abrió la boca y allí tenía atorada la moneda quizá de plata. Un estáter era una moneda griega de oro o plata, y tenía el equivalente a cuatro dracmas.

Es decir, aquel estatero pagaría por Jesús y pagaría por Pedro. Jesús pagó en la cruz del Calvario por Él y pagó por ti y por mí. Él llevó la maldición sobre sí y por cada uno de nosotros. «Cristo nos rescató de la maldición de la ley al hacerse maldición por nosotros, pues está escrito: 'Maldito todo el que es colgado de un madero'» (Gal. 3:13, NVI).

«Al que no cometió pecado alguno, por nosotros Dios lo trató como pecador, para que en él recibiéramos la justicia de Dios» (2 Cor. 5:21, NVI).

«Porque Cristo murió una vez y para siempre para perdonarnos nuestros pecados. Él era bueno e inocente, y sufrió por los pecadores, para que ustedes pudieran ser amigos de Dios. Los que mataron a Cristo destruyeron su cuerpo, pero él resucitó para vivir como espíritu» (1 P. 3:18, TLA).

Jesús asentó el ejemplo moral de pagar alguna deuda. De cumplir con un deber social. De no deberle nada a nadie. Un buen cristiano da un buen testimonio cuando cumple con sus acreedores y paga sus deudas. El testimonio mayor no es lo que fue la persona, sino lo que es ahora en Jesucristo. No es que testifique de mí, sino que otro de testimonio acerca de mí. Muchos testimonios son retroactivos (lo que fue), pero los testimonios deben ser activos (lo que es) y proactivos (lo que será).

«Así que ustedes deben obedecer a los gobernantes, no solo para que no los castiguen, sino porque eso es lo correcto. Los gobernantes están al servicio de Dios, y están cumpliendo un deber. Por eso pagan ustedes sus impuestos. Así que páguenle a cada uno lo que deban pagarle, ya sea que se trate de impuestos, contribuciones, respeto o estimación» (Rom. 13:5-7, TLA).

Conclusión

Estos dos ejemplos milagrosos, nos enseñan a vivir dependiendo de Jesucristo para todas nuestras necesidades.

Tercera parte
Aves

La paloma, el águila, el cuervo,
el pelícano, el búho, el pájaro solitario,
el avestruz, el gallo, el gorrión,
la golondrina, la cigüeña, la tórtola,
el pavo real, la gallina, las codornices,
los halcones, los buitres,
la perdiz, el fénix y las grullas.

33
Mansos como palomas

Génesis 8:11

«Y la paloma volvió a él a la hora de la tarde».

Introducción

Tomaré las acciones de la paloma enviada por Noé con el fin de asegurarse que el arca había anclado en tierra segura y que se podía ya abrir su puerta, para de aquí hacer algunas ligeras aplicaciones sobre lo que implica el envío, el problema, la ayuda, el tiempo y la hora cuando somos palomas de su gracia y de su propósito.

1. El envío de la paloma

«Envió también de sí una paloma, para ver si las aguas se habían retirado de sobre la faz de la tierra» (Gén. 8:8).

Dios instruyó a Noé sobre cómo preservar a los animales existentes según su género en el arca. Y los clasificó con una pareja de animales no aceptados como ofrenda y siete parejas de animales limpios para consumo propio y para ofrendas: «De todos los animales y aves que acepto como ofrenda, llévate contigo siete parejas, es decir, siete machos y siete hembras, para que sigan viviendo en la tierra. De los animales que no acepto como ofrenda, llévate solo una pareja» (Gén 7:2-3, TLA).

Noé tenía 600 años de edad cuando Dios envió el diluvio de lluvia constante sobre la tierra, que duró cuarenta días y cuarenta noches (Gén. 7:11-12). Esa edad de Noé indica que su abuelo Matusalén (vivió 969 años) llegó a ver a Adán (vivió 930 años) y a él también. A los ciento cincuenta días después de las aguas decrecer del diluvio, Noé esperó cuarenta días y abrió la única ventana del arca (Gén. 8:6); y envío a un cuervo que iba y venía hasta que las aguas se secaron, pero luego no sabemos nada mas acerca del mismo (Gén. 8:7).

El cuervo terminó su misión en misterio. No le trajo nada a Noé. Y así son muchos seres humanos, nunca traen nada para bendecir o ayudar. Este cuervo desapareció de la narración del Génesis. Al ser un ave que se alimenta de carroña, el cuervo abandonó el arca y se quedó deambulando por las aguas del diluvio y consumiendo de la carroñera. Tipo del pecador que se alimenta de los desperdicios de las obras de la carne y de las porquerías del mundo.

Muchos creyentes son como ese cuervo, aparecen y desaparecen; se ven y se dejan de ver; salen y regresan; y luego salen y no se sabe si regresan. Mi esposa Rosa define esto: «Como actos de desaparición congregacional». Esta clase de creyentes se transforman en Mandrake El Mago, están y dejan de estar. Son las ovejas que se pierden premeditadamente.

Ese cuervo nos recuerda la historia de los diez leprosos que fueron sanados por Jesús de Nazaret, nueve de los sanados después del milagro, no regresaron (Lc. 17:11-14.17). Así son muchos seres humanos, han sido sanados, perdonados, libertados, bendecidos, ayudados, restaurados... pero desaparecen después de haber logrado lo que querían y lo que necesitaban. Son unos malagradecidos o desagradecidos. Reciben favores y ayudas, pero no regresan para dar las gracias.

El mundo está lleno de esta clase de personas. No agradecen a los padres que le ayudaron a ser lo que son, no agradecen a los amigos que les dieron la mano cuando más necesitados estaban, no agradecen a los pastores que los asistieron en sus momentos de crisis y tristezas, no agradecen a los líderes que los apoyaron en ese tiempo de soledad humana. ¡Son personas beneficiadas, pero no agradecidas! ¡Son receptores de favores, pero no transmisores de acciones de gracias!

Noé decidió entonces enviar la paloma, que es todo lo contrario al cuervo. El cuervo es inmundo, la paloma es pura. El cuervo representa todo lo repulsivo, la rapiña; pero la paloma representa la paz, la mansedumbre, la tranquilidad. Por cierto, los cuervos son clasificados como las aves más inteligentes:

«La sabiduría popular otorga una cierta inteligencia y habilidad a estas aves, esto es así por la cantidad de experiencias que la gente ha tenido con estas aves. Los cuervos son capaces de trocear una presa en porciones manejables para su transporte, de apilar galletas para poder cogerlas mejor al volar o preparar falsos escondites para despistar a los posibles contrincantes».

«Los cascanueces o cuervos tienen una memoria extraordinaria que les permite acordarse de miles de localizaciones de escondites de comida, algo que hasta para un ser humano sería difícil. La grajilla de Nueva Caledonia utiliza herramientas (trozos de hojas) para extraer gusanos de las grietas de los árboles».

«Un clásico experimento para comprobar la inteligencia de estas aves consiste en atar un cordel a una rama y en el otro extremo atar a su vez un trozo de carne. Para que el cuervo pueda conseguir la comida tiene que, estando subido en la rama, agarrar con el pico la cuerda, tirar hacia arriba, pisarla y volver a empezar hasta alcanzar la comida. Los cuervos maduros, después de examinar la situación durante algunos minutos realizan las diferentes operaciones de una sola vez, sin prueba-error, y en solo 30 segundos consiguen la comida, algo notable sin duda alguna» (Fuente: Bernd Heinrich y Thomas Bugnyar, *Investigación y Ciencia*, n. 369).

No es de extrañar saber del mucho conocimiento que tiene la gente del mundo, sabios según su propia opinión: «Pues mirad, hermanos, vuestra vocación, que no sois muchos sabios según la carne, ni muchos poderosos ni muchos nobles» (1 Corintios 1:26, RVR-60).

Los cuervos, diferentes a la paloma, se utilizaban antiguamente para direccionarse hacia la tierra, y la paloma para determinar la profundidad del agua. Es decir, que las aves, antiguamente para los marineros, eran su compás direccional, antes de que este fuera inventado.

Según el Comentario Bíblico de Matthew Henry, ese cuervo nos puede recordar la Ley enviada por Dios que no trajo buenas nuevas; pero la paloma nos recuerda el Evangelio enviado por Dios que trajo paz y esperanza para el ser humano.

La misión de la paloma era «ver si las aguas se habían retirado de sobre la faz de la tierra». La paloma tenía una misión que realizar. A todos nosotros el Señor Jesucristo nos comisiona a salir del arca de la salvación para traer un mensaje de esperanza y de seguridad.

2. El problema de la paloma

«Y no halló la paloma donde sentar la planta de su pies, y volvió al arca, porque las aguas estaban aún sobre la faz de toda la tierra…» (Gén. 8:9).

Así como la paloma no halló descanso fuera del arca, así el alma redimida, solo puede descansar en la seguridad de habitar en la casa de Dios. Dijo el salmista: «Una cosa he pedido a Jehová, y esta buscaré; que esté yo en la casa de Jehová todos los días de mi vida, para contemplar la hermosura de Jehová, y para inquirir en su templo» (Sal. 37:4).

Nada en el mundo podrá dar el descanso que un alma necesitada puede tener. El trabajo afanoso, la casa amplia y cómoda, el carro del año, las vacaciones en paquete, la tecnología más avanzada… nada puede dar descanso al alma, como lo puede hacer la presencia de Dios. La planta de nuestros pies no puede estar segura en ningún lugar fuera del arca de Dios.

La paloma al no tener donde posarse y pararse, debido a las aguas crecidas, tuvo que volver al lugar de donde había salido, y este era el arca. El creyente, ante las crecidas aguas de las pruebas y dificultades de la vida, regresa a la tranquilidad del arca.

El mundo es como aquellas aguas crecidas del diluvio, cuyas aguas del peligro lo cubren todo. Aquella paloma prefirió volver al lugar de donde había salido, ya que allí estaba segura. Nuestra alma nunca estará segura hasta que regresemos a aquel que un día nos tomó en sus manos y nos hizo volar.

Interesante es que aquella paloma regresó. Esta ave me recuerda a uno solamente de los diez leprosos, que al igual que sus compañeros fue sanado, pero él que era extranjero, posiblemente samaritano, regresó para dar gracias (Lc. 17:15-19). Este, no solo recibió el milagro de la curación, sino que recibió también la salvación del alma.

Un día como hoy, muchos creyentes sin excusas validas delante del Creador de la tierra, no se congregan para darle gracias a Dios por todo lo que el cielo les ha dado. Salen del arca y no quieren regresar al arca. ¡Es mejor estar un día en la casa de Jehová, que no mil días fuera de esta!

El alma debe volver al reposo del Eterno y disfrutar las bendiciones de Él, allí en las manos del Señor. Pecador: «Vuelve alma mía a tu reposo, porque el Señor te ha colmado de bienes» (Sal. 116:7). ¡Vuélvete al dulce Salvador!

El alma debe volar cual paloma para encontrar reposo emocional y espiritual: «¡Cómo quisiera tener las alas de una paloma y volar hasta encontrar reposo!» (Sal. 55:6, NVI).

3. La ayuda a la paloma

«… Entonces él extendió su mano, y tomándola, la hizo entrar consigo en el arca» (Gén. 8:9).

La paloma que fue enviada, ahora volaba cerca de la ventana abierta, pero la mano de Noé la tomó y la ayudó a entrar. Esa paloma podía descansar sobre el techo del arca, pero prefirió ser tomada por la mano de Noé. Esa mano nos habla de la gracia suficiente de Dios, que nos ayuda y nos toma, hasta hacernos entrar en el arca de su salvación.

Los creyentes muchas veces nos encontramos como esa paloma, sabemos de dónde salimos y sabemos a dónde debemos regresar, pero no sabemos cómo hacerlo. Necesitamos la ayuda de uno mayor que nosotros, y ese es Jesucristo. Aquel que nos tuvo primero en sus manos, desea que regresemos de nuevo a sus manos. El brazo de Jehová está presto a extenderse alto y agarrarnos para meternos dentro de la ventana de su divina protección.

«Paloma mía, que estás en los agujeros de la peña, en lo escondido de escarpados parajes, muéstrame tu rostro, hazme oír tu voz; porque dulce es la voz tuya, y hermoso tu aspecto» (Ct. 2:14).

Todos nosotros debemos estar agradecidos por esas manos de gracia y misericordia divina, que se han extendido sobre nosotros. Si estamos dentro del arca, no es por nuestros esfuerzos, ni por nuestra fuerza humana ni por nuestras habilidades, sino por la fuerza de su amor y la atracción de su gracia divina.

Jesucristo nos ha ayudado en todo; al extender su mano divina nos tomó, y nos hizo entrar en la habitación de su amor y cuidado eterno. La paloma tenía que entrar por la ventana que había salido. En la ventana de su presencia estamos guardados, así como el arca del pacto se guardaba en el lugar santísimo; y dentro del arca del pacto se guardaban las tablas de la Ley, un pedazo de Maná del cielo y la vara reverdecida de Aarón.

Pensemos ahora cómo la mano de Jesucristo nos ha ayudado en todo tiempo. Nos ha sostenido cuando ya no teníamos fuerzas para volar. Él con su ayuda nos tomó y nos ha metido en el lugar correcto, en la habitación de la comunión con Él.

«Yo dormía, pero mi corazón velaba. Es la voz de mi amado que llama: ábreme, hermana mía, amiga mía, paloma mía, perfecta mía, porque mi cabeza está llena de rocío, mis cabellos de las gotas de la noche» (Ct. 5:2).

4. El tiempo de la paloma

«Esperó aún otros siete días, y volvió a enviar la paloma fuera del arca» (Gén. 8:10).

Aquel que envío primero la paloma, la volvió a enviar de nuevo. Todo este cuadro de Noé nos deja ver como el propósito de Jesucristo se repite una y otra vez con nosotros, no termina con una misión. Cuando pensamos que ya todo se terminó, es entonces que Jesucristo vuelve a tratar nuevamente con nosotros. Vez tras vez las acciones de Dios se repetirán en nuestras vidas. Él nunca termina con nosotros. Con Jesucristo tendrás muchas citas divinas, momentos providenciales, oportunidades para disfrutar de su gracia.

«Mas una es la paloma mía, la perfecta mía; es la única de su madre, la escogida de la que la dio a luz. La vieron las doncellas, y la llamaron bienaventurada; las reinas y las concubinas, y la alabaron» (Ct. 6:9).

Pasaron siete días antes de que Noé tomara de nuevo la paloma y la enviara. ¿Por qué siete días? Es probable que esto se refiera a que Noé guardaba el día de reposo. Era un hombre que practicaba su relación con Dios. Podemos deducir que Noé envió el cuervo en ciclos de siete días, y esperó siete días y envió la primera vez la paloma, y luego esperó siete días más y la envió por segunda vez.

No siempre tendremos éxito en la vida, pero Dios es tan bueno (en nuestra congregación siempre decimos «buenísimo»), que siempre nos dará otras oportunidades. Debemos movernos en el tiempo de Dios. Un tiempo de espera es clave para cualquier misión que el Señor Jesucristo tenga para nuestras vidas. En la espera, se manifiesta la paciencia que es fruto del Espíritu. Dios nos hace esperar para establecer su programa espiritual a favor de nuestras vidas.

Por un lado la vida dentro del arca pudo haber estado acompañada de malos olores, de muchos ruidos, de intranquilidad y de temores. Pero es preferible estar dentro del arca con todas esas cosas, que no estar ahogándose fuera del arca. Aunque Dios no pudo poner en hibernación a los animales dentro del arca.

La vida dentro del arca es buena, es placentera, es agradable, es segura, es cómoda, es tranquila, pero el Espíritu Santo de Dios nos quiere enviar fuera del arca. ¡Tenemos que salir al mundo y ver su condición! ¿Qué estamos viendo en el mundo actualmente? Muchos nos acostumbramos demasiado a estar dentro del arca, y nos olvidamos de saber lo que está pasando fuera de ella.

Noé pudo haber hecho provisión de alimentación para los animales. Pero Dios en su infinito poder pudo también haber puesto a los animales en un estado especial de hibernación.

Ese tiempo de espera en el arca de Dios es muy importante para todos los seres humanos. Es un tiempo para que el propósito divino, completo y total, se cumpla para beneficio de cada uno de nosotros. El que sabe esperar en Dios, será usado por la mano de Dios. **¡Espera ese tiempo perfecto para tu vida!**

5. La hora de la paloma

«Y la paloma volvió a él a la hora de la tarde; y he aquí que traía una hoja de olivo en el pico; y entendió Noé que las aguas se habían retirado de sobre la tierra» (Gén. 8:11).

¡Qué mejor hora que la hora de la tarde para la paloma regresar a Noé! A la hora de la tarde, la nona, era cuando se presentaba el sacrificio ante Dios (Lc. 23:44-46), pero era también la hora de la oración. Leemos: «Pedro y Juan subían juntos al templo a la hora novena, la de la oración» (Hch. 3:1). Esa es la hora del reposo para el alma satisfecha y bendecida por el Todopoderoso.

La paloma cansada, abatida, sin deseos de continuar volando, regresó al que la había enviado en misión. Un día nos cansaremos de volar, de ir y de venir, nuestras alas estarán abatidas, estaremos extenuados por los sinsabores de la vida; y tendremos que regresar a Aquel al cual pertenecemos.

Aunque la noche fue oscura y la mañana insegura, la tarde fue bendecida. Después de tanto tiempo de lluvia y de un arca flotando sobre las aguas, por fin había llegado el día de salir fuera del arca.

La primera vez la paloma no trajo ninguna buena noticia. La segunda vez fue diferente porque trajo una «hoja de olivo en el pico»). Aquella paloma regresó con una «hoja de olivo en el pico». Símbolo hoy día de la paz y la seguridad de los pueblos. Era como su manera de expresar agradecimiento a aquel que la había enviado. Esa «hoja de olivo» tuvo que producir una felicidad y una alegría inmensa en el corazón del patriarca Noé.

La gente tiene que ver en nuestras vidas, en nuestra conducta, esa «hoja de olivo». Cuando la «hoja de olivo en el pico» es vista, se sabe que la tormenta pasó, que las aguas han bajado y que el tiempo de cantar una nueva canción ha llegado.

Sin embargo, la tercera vez hubo una diferencia, la paloma salió y no regresó; indicando con ello que ya todo estaba listo para el desembarco (Gén. 8:12).

Conclusión

Algo tiene que llevar o traer de regreso el alma agradecida. Es imposible ser bendecido y no tener algo para bendecir al que nos envió y nos recibió. Esa «hoja de olivo» fue la primicia de aquella paloma. La prueba de vivir en un nuevo mundo. Era un recuerdo de lo que había antes y lo que habría después del diluvio. El pasado y el futuro se encontraron dibujados en aquella «hoja de olivo». A todos nos recuerda que «después de la tormenta viene la calma, viene la paz», como dijo el escritor del himno.

34
Volando como águilas

Salmos 103:5, TLA

«Mi Dios me da siempre todo lo mejor; ¡me hace fuerte como las águilas!».

Isaías 40:31, TLA

«Pero los que confían en Dios siempre tendrán nuevas fuerzas. Podrán volar como las águilas, podrán caminar sin cansarse y correr sin fatigarse».

Introducción

En el siglo XVIII, el 20 de junio de 1782 el águila de cabeza blanca (*bold eagle*) fue recomendada para ser el emblema oficial de EE.UU. como una gran nación. El águila real había sido el emblema del Imperio Romano, emblema de Alemania y es emblema de los Estados Unidos Mexicanos. En enero de 1784, el estadista y científico Benjamín Franklin, expresó por escrito su desaprobación del águila como el ave nacional: «El águila calva… es un ave de mal carácter moral; igual que los hombres que viven entre cánticos y robos, son generalmente pobres y a menudo muy malos. El pavo es un pájaro mucho más respetable y un verdadero nativo original de América».

Pero el 1789, George Washington al ser escogido como el primer presidente de EE.UU., optó por mantener al águila como nuestro símbolo patrio. En la Saint Paul Chapel en el bajo Manhattan, frente a la Tower of Freedom o World Trade Center, se conserva la silla utilizada por George Washington cuando proclamó la República de EE.UU. Y allí se tiene un banderín de la época con el águila emblemática.

El escudo nacional mexicano con el águila real, la serpiente y el nogal, se elaboró en el año 1957. Desde el mes de febrero del año 1984, el uso de este escudo ha sido reglamentado por la Secretaría de Gobernación con base en la Ley sobre el Escudo sobre la Bandera y sobre el Himno Nacional, como símbolos patrios.

El águila real y el águila perdicera de Israel, según los ornitólogos enfrentan el peligro de extinción, de acuerdo a la Sociedad para la Protección de la Naturaleza que incluye la flora y la fauna.

El águila se ve en la visión que tuvo Ezequiel de los seres vivientes cuatrifacéticos: «Y el aspecto de sus caras era cara de hombre, y cara de león al lado derecho de los cuatro, y cara de buey a la izquierda en los cuatro; asimismo había en los cuatro cara de águila» (Ez. 1:10).

El águila se ve en la visión que tuvo Juan de los cuatro seres vivientes monofacéticos: «El primer ser viviente era semejante a un león; el segundo era semejante a un becerro; el tercero tenía rostro como de hombre; y el cuarto era semejante a un águila volando» (Apoc. 4:7).

En los dos pasajes apocalípticos, Ezequiel y Daniel, la figura del águila aparece. Y esa mención del águila conecta al Antiguo Testamento con el Nuevo Testamento. A Cristo con Jesús, al Mesías prometido con el Salvador manifestado.

1. La familia del águila

«Las águilas se juntan alrededor de la presa, y sus polluelos se ponen felices cuando se beben la sangre» (Job 39:30, TLA).

El águila sabe escoger su pareja. Cuando llega el tiempo del apareamiento, juega con su pareja y la enamora. Mediante juegos auditivos, busca atraer a su pareja. Se agarran por los talones volando, como demostrando el cuidado que se tendrán el uno por el otro. Y hasta arrojan pequeños palos o ramas para ver quién las tomará primero.

Es un ave monógama. Cree en un solo matrimonio mientras su pareja vive. No se le ve cambiando de pareja, porque al escoger a su pareja lo ha hace para toda la vida. Solo la muerte de su pareja le permitirá unirse a otra águila, que será también para toda la vida. El esposo águila sabe compartir y ayudar a su esposa águila. Aún en el proceso de incubar los huevos, los dos toman turnos. En esos huevos están sus futuros aguiluchos y él se siente tan responsable como ella.

El águila pone de dos a tres huevos y los incuba en 42 días. Las bendiciones del creyente águila vienen encerradas en cascarones de huevos. En algunos cascarones no habrá bendición, pero en otros si habrá. Solo el tiempo lo demostrará.

El pico diminuto del aguilucho está capacitado por la naturaleza para romper el cascarón. Los creyentes aguiluchos aun antes de nacer están destinados para usar bien sus picos. En ellos hay algo que indica que están destinados para la majestuosidad.

Cuando los aguiluchos nacen son blancos, feos, se confunden con pollitos o patitos, no son del todo atractivos. No parecen ser aquello para lo cual han sido destinados. Pero a medida que se desarrollan, se tornan marrones con pintas blancas, y de ahí se van uniformando hasta tomar formalmente el color que les identificará como águilas adultas.

El águila entrena a sus aguiluchos para que aprendan a volar. Los empuja hasta que estos ya dejarán de dar pequeños saltos y saltarán para volar. También los obliga a mirar directamente al sol, ya que les llegará el día en que estas lecciones les serán necesarias.

El tiempo de volar fuera del nido le llegará al aguilucho. A su nido se le conoce como aguilera. ¡El águila ayuda a volar a sus hijos! En el otro extremo nos encontramos con aguiluchos que quieren salir del nido antes de tiempo, eso los expone al peligro espiritual.

Pero a otros aguiluchos se les tiene que empujar para que salgan del nido, para que vuelen, para que se independicen, para que asuman responsabilidades propias, para que dejen de funcionar pegados a otros.

«Como un águila que aviva a sus polluelos y revolotea sobre sus crías, así desplegó sus alas para tomarlo y alzarlo y llevarlo a salvo sobre sus plumas» (Dt. 32:11, NTV).

El nuevo creyente-águila debe crecer y madurar para llegar a ser lo que tienen que ser. Al principio no se verá mucha diferencia entre un creyente-aguilucho y un polluelo-mundano. Pero con el tiempo y el desarrollo de la nueva naturaleza, se irá dibujando en este la majestuosa figura de una hermosa águila.

En el nuevo creyente-águila, Jesucristo se irá formando en la nueva criatura, hasta que se conforme en Cristo. Pensará con la mente de Cristo, hablará palabras de Cristo, tendrá el mismo sentir de Cristo. Será un reflejo de Cristo en el mundo que le rodea, de ahí es que a los creyentes en Antioquía se les llamó por primera vez «cristianos» («seguidores de Cristo» o «imitadores de Cristo»).

Las águilas blancas o «*bald eagles*» ya adultas tienen la cabeza blanca, símbolo de madurez y edad. Indicando que la sabiduría viene con el tiempo, así como la experiencia que no se improvisa. En la Palestina se encuentran muchas especies de águilas. El águila mencionada en la Biblia es el águila real.

Deseo citar una fábula del águila titulada: *Naturalmente soy quien soy en medio de la naturaleza. La historia de un águila real*, publicado por José María:

«En un valle privilegiado, con un micro-clima especial, vivía un granjero rodeado de belleza natural y animales. Un día, paseando, el granjero se encontró un huevo de águila y lo llevó a su corral de gallinas. Lo colocó en el nido de una gallina de corral. El aguilucho fue incubado y creció con la nidada de pollos. Y, aunque era un águila real, vivió así... como si fuera una gallina más del corral.

Durante ese tiempo, el águila hizo lo mismo que hacían los pollos, pensando que era un pollo. Escarbaba la tierra en busca de gusanos e insectos para comer, piando y cacareando. Incluso sacudía las alas y volaba unos metros por el aire, al igual que los pollos y gallinas. Después de todo, ¿no es así como había de volar un polluelo? En la granja recibió calor y cariño... y aprendió muchas cosas:

Aprendió de los pollos y gallinas... que son muy quejosas... a quejarse; pero no le gustó. Quien va por la vida así, ha de resultar insoportable de aguantar. No, no quiso adoptar esa manera de ser.

Aprendió del gallo a actuar como un ser tirano, celoso y altanero... pero tampoco le gustó. Mejor olvidarlo.

Quiso aprender del cerdo... pero le pareció demasiado sucio y desordenado. Él pensó que había que cuidar más la imagen a dar...

Luego se fijó en el burro, a ver si podía aprender algo de él, pero le pareció muy indeciso y demasiado terco. Así, seguro que se le escaparían muchas oportunidades en la vida.

También quiso aprender de la vaca... pero no le gustó su forma de estar en la vida, siempre indiferente a la realidad que le rodeara, como pensando siempre que el otro prado que anda más allá parece más verde... ¿Cómo poder ser feliz creyendo siempre que lo mejor está lejos, como al otro lado...?

De los loros empezó a aprender a decir cosas... pero llegó a la conclusión de que son demasiado chismosos. Y haciendo lo que ellos, al señalar a alguien con su dedo, para acusarle, observó que siempre había tres dedos de su mano que le señalaban a él...

Miró al buitre, pero enseguida le desagradó su manera ventajera de estar en la vida, siempre tan carroñero, queriéndose aprovechar de los descuidos ajenos... ¡Qué mezquindad! No, él no quería ser así.

Luego le llamó la atención un pavo que conoció: sacando pecho, pero siempre cauteloso y como cuestionándolo todo... ¿Qué rollo, no?

Él quería hacer en la vida algo diferente... ¿por qué no algo importante? Es como que sentía algo dentro que le invitaba a 'algo más'...

Un día el aguilucho divisó muy por encima de él, en el limpio cielo, a una magnífica ave que volaba, elegante y majestuosamente, por entre las corrientes de aire, como flotando entre las nubes del cielo, moviendo apenas sus poderosas alas doradas...

La cría de águila la miraba asombrada hacia arriba... ¡le parecía algo tan espléndido aquello de volar...! Y preguntó a una gallina que estaba junto a ella:
–¿Qué es?
–Es el águila, el rey de las aves, respondió la gallina.
–¡Qué belleza! ¡Cómo me gustaría a mí volar así...!
–No pienses en ello, le dijo la gallina: tú y yo somos diferentes a ella.

De manera que el águila no volvió a pensar en ello. Y siguió creyendo que era una gallina de corral. Un día una pareja de ecologistas visitó al granjero, y al ver a los animales de la granja descubrieron entre las gallinas al aguilucho:
–Tienes un águila entre las gallinas, le dijo la licenciada en Ecología al granjero.
–Sí, respondió este, pero es como si fuese una gallina, come y vive como una gallina, apenas sabe volar.

Entonces el ecologista dirigiéndose al aguilucho, lo cogió por detrás y mirándole a los ojos le dijo:
–¡Vamos, intenta volar! Verás que puedes...

La falsa gallina intentó volar, pero solo dio un pequeño saltito.
–Veis, le dijo el granjero a sus amigos ecologistas, no sabe ni volar.

La mujer ecologista, sin desanimarse, posándolo en su mano, le dijo nuevamente al aguilucho:
–¡Vamos..., intenta de nuevo! ¡Tú puedes!

El aguilucho esta vez voló un poco, pero pronto cayó.
–Os lo he repetido, dijo el granjero a sus visitantes, aunque no lo sea, es como una gallina...

Por tercera vez la pareja de ecologistas se dirigió al aguilucho para intentar hacer que volase. Le cogieron, de nuevo, en sus manos... Pero esta vez, con el revuelo que formó la ecologista la cogió del revés, con lo que la cría de águila vio de frente el azul del cielo, y sintió la brisa sobre su pico... Y cuando, juntos, hombre y mujer ecologistas le pidieron a una que por favor volara, que fuera libre...

El aguilucho aún tenía miedo... pero aquellas palabras le hicieron despertar su ansia de libertad que llevaba dentro... Y, esta vez, el aguilucho, cobrando fuerzas, dio un fuerte impulso y voló, voló y sintió el calor del sol y descubrió el placer de ser quien era... Y siguió volando... hasta desaparecer de la vista y dejar para siempre el gallinero.

Al salir al espacio abierto... se descubrió a sí mismo: ¡Era una verdadera águila real! Y voló sin miedo y voló con el sincero deseo y propósito de aprender a ser una verdadera águila real. Con esa actitud, enseguida encontró a otras águilas:

Primero, encontró al Águila Determinación. De ella aprendió que en la vida hay que buscar lo que se quiere. Todas las cosas que merecen la pena, hay que luchar por ellas con determinación; también el llegar a ser quien se es.

Segundo, encontró al Águila Disciplina. Disciplina, viendo que venía en actitud de aprender para llegar a ser una verdadera Águila Real, le dijo: todas las jornadas de tu vida tienen que estar forjadas al calor de una férrea disciplina personal.

Tienes que marcarte un plan de acción, y sin excusas... ¡buscarlo! Es imprescindible un cultivo de hábitos positivos, con el propósito de aprender a someterse a sí mismo; porque el goce de los sentidos puede convertirse en un enemigo para lograr las metas que busques en la vida; pues el placer arrastra...

Una sana disciplina, forjará tu carácter real. Debes llegar a conseguir que la satisfacción irracional de los sentidos y las debilidades no te venzan. Si cedes a todas las demandas de tu cuerpo, nunca llegarás a la meta.

Tercero, vio al Águila Dedicación. Y quiso aprender de ella. Ella le dijo: 'Tienes que poner lo mejor de ti, hazlo con amor'. La Dedicación es la marca de toda águila real. Para llegar a la cúspide... tienes que dirigirte a la cima. Y es preciso que te mantengas, siempre, firme en la consecución de tu objetivo.

Sin prisas, pero sin pausa. No tienes que correr, pero sí recorrer un tramo del camino cada día. Y si alguna vez, por algún motivo retrocedes, al nuevo amanecer reinicia tu marcha con firmeza. Haz oídos sordos a quienes dicen 'no podemos'.

Sábete siempre que estás llamado a cumplir una tarea. Los problemas son retos; las crisis, oportunidades para crecer.

Sigue siempre la ruta escogida con firmeza, y si te es preciso hacer algún ajuste en el camino, hazlo; pero sin perder de vista tu objetivo. Dedicación le dijo que para triunfar como águila debía dedicarse en cuerpo y alma, al cien por ciento, al desarrollo de su tarea y vocación.

Debía entender su trabajo como la oportunidad de desarrollo de tu vocación. Es más, le dijo: Es preciso seleccionar aquellas actividades que apuntan al alcance de su objetivo, que son realmente significativas en el logro de cada objetivo, en el alcance de una meta, en la terminación de una tarea.

Cuarto, conoció al Águila Honestidad. Y aprendió de ella el saber elegir actuar siempre teniendo como base la verdad y en la auténtica justicia (dando a cada quien lo que le corresponde, incluida ella misma). Y teniendo mucho respeto por sí mismo y por los demás. Con esta actitud fue creciendo en confianza.

La honestidad no consiste solo en franqueza (capacidad de decir la verdad), sino en asumir que la verdad es solo una y que no depende de personas o consensos, sino de lo que el mundo real nos presenta como innegable e imprescindible de reconocer.

Quinto, encontró al Águila Puntualidad. De ella comprendió que esta se logra con el esfuerzo de estar a tiempo en el lugar adecuado. Con la puntualidad podía ser más eficaz, realizar más cosas, desempeñar mejor sus tareas y ser merecedor de confianza.

Sexto, vio pasar al Águila Metas. Y la siguió para ver si podía aprender algo de ella. ¡Y vaya si aprendió!

En la vida, le dijo, tienes que saber por qué haces las cosas… Si quieres llegar… tienes que dirigirte a ese lugar dónde vas, ¿lo comprendes? Nunca vas a llegar a ninguna parte si no te diriges allá. Las metas han de ser alcanzables. Ponte 'metas'… a alcanzar. Y no renuncies a ellas.

Séptimo, se le acercó el Águila Calidad. De ella, poniendo atención a cuanto decía, también aprendió… que en la vida es importante saber poner lo mejor de sí mismo. Que para conseguir cosas excelentes, hay que invertir ¡lo mejor!

Aportando en toda ocasión lo más valioso de lo que es mi persona…, comprendió, aunque no siempre sea algo fácil, es como alcanzaré ser reconocida como un Águila Real.

Octavo, advirtió la presencia del Águila Responsabilidad. Vio enseguida que no era algo tan sencillo cuanto le tocaba aprender de ella, pero comprendió que era indispensable saber cumplir con el deber: aceptar como una obligación el cumplir con aquello en lo que uno se ha comprometido.

Porque, además vivir la responsabilidad es algo que tiene un efecto directo en la confianza.

Noveno, escuchó al Águila Confianza. Esta le dijo que todo el mundo pone su fe y su lealtad en quienes siempre cumplen lo que han prometido. También le dijo que la responsabilidad es un signo de madurez, pues implica esfuerzo.

Décimo, descubrió al Águila Ayuda. Y poniendo atención a cuanto hablaba, es como, por último conoció la importancia que tiene en la vida el saber compartir y ofrecer a las demás criaturas cuanto ella ya había aprendido, y responder solidariamente a cuantos seres vivos le puedan necesitar… Porque además, es ley de vida que 'ayudando nos ayudamos'. Y porque es una oportunidad única para llenar nuestros días del gozo de dar felicidad a los demás, de encontrar el don de amar.

¡Ser **Águila Real** es saber ser capaz de surcar los cielos, sin dejar de tener una misión en la tierra!».

2. La naturaleza del águila

«Pero los que confían en Dios siempre tendrán nuevas fuerzas. Podrán volar como las águilas, podrán caminar sin cansarse y correr sin fatigarse» (Is. 40:31, TLA).

Anthony de Mello es autor de otra fábula sobre un águila: «El águila que se creía pollo». Le invito a disfrutar la misma:

«Un hombre se encontró un huevo de águila. Se lo llevó y lo colocó en el nido de una gallina de corral. El aguilucho fue incubado y creció con la nidada de pollos.

Durante toda su vida, el águila hizo lo mismo que hacían los pollos, pensando que era un pollo. Escarbaba la tierra en busca de gusanos e insectos, piando y cacareando. Incluso sacudía las alas y volaba unos metros por el aire, al igual que los pollos. Después de todo, ¿no es así como vuelan los pollos?

Pasaron los años y el águila se hizo adulta. Un día divisó muy por encima de ella, en el límpido cielo, una magnífica ave que flotaba elegante y majestuosamente por entre las corrientes de aire, moviendo apenas sus poderosas alas doradas.

El águila miraba asombrada hacia arriba. –¿Qué es eso?, preguntó a una gallina vieja que estaba junto a ella.

–Es el águila, la reina de las aves –respondió la gallina–. Pero no pienses en ello. Tú y yo somos diferentes a ella.

De manera que el águila no volvió a pensar en ello. Y vivió y murió creyendo que era una gallina de corral».

Las águilas mantienen una disciplina diaria de volar hasta cinco horas. Es un ave diurna y no nocturna como la mayoría de las mismas. Supervisa diariamente todo su territorio como rey y reina de su dominio.

El creyente águila vigila y cuida aquello que el Padre Celestial le ha entregado. No se aleja de su entorno de dominio. Vuela con disciplina y determinación el área de su supervisión.

Las águilas son cazadoras de mamíferos y pescadoras de salmones o peces. Unas son llamadas águilas cazadoras y otras águilas pescadoras. Y realizan su caza sobre la presa arrojándose en picado con una velocidad de 125 a 150 millas por hora. Su manera de trabajar por la presa es la misma. Pueden levantar en el aire una presa cuatro veces su mismo peso y eso las hace las más fuertes de las aves.

Las águilas reales son expertas cazadoras. En las altas montañas se las ingenian para golpear a los machos cabríos o hembras, hasta deslizarlos por las rocas. Otras veces luchan por atrapar a los cabritos en los bosques, pero las cabras hembras le salen fuertes, y la mayoría de las veces no logran tener su comida.

«Desde su lejano escondite se lanza sobre su presa, y la mata» (Job 39:29, TLA). De continuo mueve su cabeza y así compensa su visión monocular. A la distancia de una milla puede ver su presa. Su visión ve lo que otras aves no ven.

Desde una altura elevada ve su almuerzo o su cena. Posee un doble párpado que le ayuda en su entorno.

El creyente-águila mira mejor desde arriba hacia abajo, que de abajo hacia arriba. Debemos ver al mundo con ojos de águila. El creyente se ve sentado por fe en los lugares celestiales junto a Jesucristo. Aunque está en lo natural en la tierra, vive sobrenaturalmente en el cielo. Es ciudadano del reino de los cielos y es un extranjero en el mundo.

Decía san Jerónimo: «El águila es emblema de la ascensión y de la oración». En la imaginación cristiana el águila llegó a representar a Jesucristo que lleva las almas al cielo. El águila pescadora zambulléndose para atrapar el pez, llegó a representar la encarnación de Jesucristo que llegó hasta las profundidades para luego ascender al cielo (Bestiario de Oxford).

3. La defensa del águila

«¿Se remonta el águila por tu mandamiento, y pone en alto su nido? Ella habita y mora en la peña, en la cumbre del peñasco y de la roca» (Job 39:27-28).

El águila es obediente a su Creador: «¿Se remonta el águila por tu mandamiento?». El creyente águila sabe que cuando obedece es bendecido. La desobediencia trae ruina al ser humano. A Jesucristo le interesa más que se le obedezca, sobre todo lo que se quiera hacer por Él.

El águila dedica tiempo y trabajo a su nido. Si lo construye en un árbol, escogerá el mejor de todos los árboles y el más alto de todos. Toda su vida se la pasará añadiendo y renovando su casa-nido. ¡No seas un conformista sin intentar nada nuevo! El águila gusta de tener hasta tres casas nidos en su territorio y hospeda a otras aves pequeñas. El creyente-águila debe ser hospedero.

«¿Fuiste tú quien ordenó que el águila remonte el vuelo y haga su nido en las alturas? El águila vive en las montañas, pasa la noche entre las hendiduras o grietas. Desde su lejano escondite se lanza sobre su presa, y la mata. Las águilas se juntan alrededor de la presa, y sus polluelos se ponen felices cuando se beben la sangre» (Job 39:27-30, TLA).

En tiempos de tormenta el águila se refugia en su nido. Si tiene aguiluchos, los protege bajo sus alas. Eso nos recuerda el cuidado y protección divina (Sal. 90). Los predicadores exageran cuando afirman que el águila vuela sobre las tormentas. ¡Eso es otro mito!

La serpiente busca comerse el futuro de papá águila y de mamá águila, que son los aguiluchos nacidos. Este enemigo es experto subiendo a las alturas y se esconde en el nido del águila. Se camufla como una de las ramas. El águila lo vigila porque sabe que su enemigo es astuto, sigiloso y oportunista.

El águila sabe que en sus patas tiene garras como su arma más defensiva para vencer a sus enemigos. La presión en sus garras es 15 veces más que la presión de una mano de hombre. Y las sabe utilizar muy bien contra las serpientes. Cuando las atrapa no las suelta y se remonta alto, hasta que estas ya no se pueden defender. Luego baja con ellas en sus fuertes talones y termina con su pico el trabajo iniciado, para disfrutar una rica cena.

En ocasiones el águila real tiene encuentros no agradables con la más grande de todas las aves que es el cóndor, «Señor de las Alturas». Figura emblemática de naciones como Argentina, Chile, Colombia y Bolivia.

Una noticia que leí de águilas espías de Israel: «De acuerdo con los medios israelíes, que citan a Al-Manar, el águila fue capturada por cazadores aficionados en el pueblo de Ashqout, en el distrito Keserwan, ubicado al noreste de Beirut. El animal llevaba un receptor implantado y un anillo de bronce alrededor de sus patas con marcas en inglés que le conectaban con la Universidad de Tel Aviv, según el informe. La cadena libanesa transmitió imágenes del ave 'sospechosa', recordando que 'Israel ha utilizado pájaros espía en el pasado: en Arabia Saudita en 2010, en Turquía en 2012 y en Egipto en 2013, y se descubrió que todos ellos eran utilizados como dispositivos de escucha'. Cabe recordar que un 'buitre espía' procedente de Israel fue capturado también en Sudán en 2012 (https://actualidad.rt.com/actualidad/view/108710-capturar-libano-pajaro-espia-israel)».

El águila real no se enfrenta a su oponente, reconoce sus limitaciones, prefiere alejarse de la presa y, ya en tierra, esperar que el cóndor termine su cena, para luego ella continuar con lo que este ha dejado. ¡Creyente-águila, evita los conflictos! ¡Aléjate de esas situaciones que te puedan perjudicar!

El creyente águila se aleja del mundano cóndor. Aunque el mundano cóndor desafíe al creyente-águila, lo provoque, se le oponga, y espere que el creyente águila se baje a su nivel. El creyente águila no corre riesgos con el mundano cóndor.

Pero el águila de las montañas que marca su territorio por debajo de la altura del cóndor, cuando ve a este desplazarse con la corriente del viento, lo persigue para atacarlo. De manera increíble el águila le demuestra al cóndor que no le teme. Y este busca alejarse del águila. Hasta que en un momento dado al cóndor no le queda más remedio que darle unos aletazos al águila, a lo que esta también le responde. Finalmente, cada cual continúa en su vuelo. El águila parece un gallo ante el gigantesco cóndor, pero aun así no le tiene miedo.

Un creyente águila no le teme a los demonios, ni al mismo Satanás. Los enfrenta y lucha, hasta que el enemigo siga su camino y lo deje solo. El creyente tiene la naturaleza de Jesucristo, y eso le da valor en el mundo espiritual.

Se aplican muchos dichos con el águila: ¡Póngase águila! (póngase listo). ¡Tiene mirada de águila! (tiene visión para algo). ¡Sea un águila! (actívese y anímese). ¡Tiene nariz de águila! (un parecido físico). ¡Vuele como águila! (muévase rápido). ¡Es un águila! (es muy despierto, muy listo, muy aprovechado).

De vez en cuando el águila como vi en un «video-clip» y en unas fotografías, se transforma en un taxi alado, llevando en su espalda a alguna ave pequeña que se le sube encima. Una muestra de altruismo desinteresado. Aunque se dice que eso es simplemente un mito (Peter E. Nye, New York State Dept. Environmental Conservation. Division of Fish, Wildlife and Marine Resources, Albany, NY).

Aves pequeñas como el *English Sparrow*, muchas veces molestan a un águila. Esta sabe que para no perder el tiempo con estas avecillas irritables, debe volar bien alto hasta donde estas no puedan llegar.

El creyente águila sube a las alturas por medio de la oración, para alejarse de aquellas personas que le pueden aguijonear, perturbar, molestar, angustiarlo, desanimarlo y deprimirlo.

4. La transformación del águila

«El que sacia de bien tu boca, de modo que te rejuvenezcas como el águila» (Sal. 103:5).

Otra fábula sobre el águila que leí, cuenta: «Un día, un naturalista que pasaba por allí, le preguntó al propietario por qué razón un águila, el rey de las aves, tenía que permanecer encerrado en el corral con los pollos. Como le he dado la misma comida que a los pollos, y le he enseñado a ser como un pollo, nunca ha aprendido a volar, respondió el propietario; se conduce como los pollos y por tanto no es un águila.

Sin embargo, insistió el naturalista, tiene corazón de águila, y con toda seguridad se le puede enseñar a volar. Después de discutir un poco más, los dos hombres convinieron en averiguar si era posible que el águila volara.

El naturalista le tomó en sus brazos y, suavemente, le dijo: 'Tú perteneces al cielo, no a la tierra, abre tus alas y vuela'. El águila, sin embargo, estaba confuso: no sabía qué era y, al ver a los pollos comiendo, saltó y se reunió con ellos de nuevo.

Sin desanimarse, al día siguiente, el naturalista llevó al águila al tejado de la casa y le dio ánimo diciéndole: 'Eres un águila, abre tus alas y vuela'. Pero el águila tenía miedo de su yo y del mundo desconocido y saltó otra vez en busca de la comida de los pollos.

El naturalista se levantó temprano al tercer día, sacó al águila del corral y lo llevó a una montaña. Una vez allí, alzó al rey de las aves y lo animó diciéndole: 'Eres un águila y perteneces al cielo, ahora abre las alas y vuela'.

El águila miro alrededor, vio el corral y luego miró hacia arriba y contempló el cielo. Pero continuó sin volar. El naturalista la levantó mirando al sol. El águila se puso a temblar. Luego abrió poco a poco las alas, y por último, emitió un sonido victoriosamente, y movió sus alas hasta perderse en el cielo».

Al águila le llega su tiempo cuando enferma. El creyente-águila también enferma. Muchas cosas son inevitables en la vida del creyente. Las tentaciones y pecados enferman la naturaleza espiritual del creyente. Pero el creyente águila buscará siempre los medios de la gracia para su salud espiritual.

El águila sabe como desintoxicarse. El águila saca tiempo para descansar en su nido, abstenerse de alimentos y esperar con paciencia hasta que se pueda recuperar.

El creyente águila cuando se intoxica, busca desintoxicarse de todas esas cosas que dañan su naturaleza cambiada. Algunos de esos tóxicos son: celos, envidias, mentiras, enojos, engaños, carnalidad, divisiones, hipocresía, orgullo, vanagloria, avaricia, malas palabras, críticas, venganzas, chismes, disensiones, falsedades. El ayuno, la oración y la adoración son terapias eficientes para eliminar esos tóxicos.

Encontré también una fábula del águila encadenada; esta me pareció muy interesante y la comparto:

«Hay un cuento de un águila encadenada a una estaca para que no se fuera a escapar. Solo se dedicaba a dar vueltas y hacer un surco. Vivía una rutina diaria a la cual se acostumbró. Todos los días hacía lo mismo. Con el paso del tiempo, aquella águila se puso vieja. Su dueño que la quería mucho, decidió indultarla y dejarla libre para que pasara sus últimos años volando a donde quisiera y viviendo donde deseara.

Cuando llegó el tan esperado día, su dueño la tomó en sus manos, levantó sus brazos, y la lanzó hacia arriba. ¿Podría esa majestuosa reina de las aves conquistar las alturas? No, se estrelló contra el suelo. Se incorporó y se fue a donde estaba la estaca y siguió la rutina de siempre. No pudo disfrutar la libertad, un viejo hábito la tenía mentalmente y emocionalmente atada».

Muchos seres humanos se parecen a esta águila, los malos hábitos y las malas costumbres que se han impuesto, pueden más con ellos que la libertad que el evangelio les ofrece.

El águila no se queda con las plumas viejas y renueva sus talones y pico. En el Salmo 103:5 se nos dice: «El que sacia de bien tu boca de modo que te rejuvenezcas como el águila».

Ese proceso de renovación en el águila es lento y progresivo; como otras aves, esta tiene que dejar que nuevas plumas empujen a las viejas plumas, afilar su encorvado pico, darle tratamiento a sus usadas garras y talones. Esto es necesario para lo que el futuro le tiene por delante. Desde luego los predicadores exageran este proceso, al presentar al águila golpeándose contra la roca hasta romperse el pico, arrancarse sus plumas y destrozarse las garras. ¡Eso es un mito, no es algo científico! Ese proceso renovador en el águila es una operación natural.

El creyente águila, para alcanzar y lograr sus propósitos en Cristo Jesús, debe someterse a los procesos de Dios para su vida. Sin proceso no hay propósito. José, el soñador, para ver cumplidos sus sueños tuvo que comenzar en una cisterna, graduarse en una cárcel y así llegar al palacio de faraón. Moisés para libertar a su pueblo con la esperanza de la tierra prometida, primero tuvo que vivir 40 años en el desierto, para dirigir al pueblo 40 años por el desierto hacia la frontera de la tierra prometida.

Sin historia no hay gloria. Sin pruebas no hay victorias. Sin batallas no hay triunfos. Sin noches no hay mañanas. Sin hoy no tendremos mañana. Sin quebranto no hay crecimiento. Sin rendición no hay bendición. Sin sometimiento no hay levantamiento. Sin disposición no hay promoción. Sin llamado no hay ministerio.

5. La muerte del águila

Otro mito es que el águila llega a vivir 70 años. El águila es un ave que puede vivir una generación completa de 40 años en cautiverio, pero su vida normal fluctúa entre 20 y 30 años. Cada año de un águila equivale a 2.5 años de un ser humano. Y en ese aspecto si se podría decir que 40 años del águila equivalen a 100 años nuestros.

Moisés vivió tres generaciones, cada una de 40 años. Y deseo hablarle algo sobre esa trilogía de generaciones, al pensar que un águila bien protegida y cuidada podría vivir hasta 40 años.

(1) Los primeros 40 años de su vida. Moisés los vivió **como el que lo tenía todo**. Durante esa generación de 40 años vivió sin Dios. Esos 40 años transcurrieron con todos los lujos de un príncipe egipcio.

(2) Los segundos 40 años de su vida. Moisés los vivió **como el que lo perdió todo**. Durante esa segunda generación de 40 años vivió conociendo a Dios. Su vida transcurrió en esos 40 años con todas las privaciones de un pastor del desierto.

(3) Los terceros 40 años de su vida. Moisés los vivió **como el que recibió todo**. En esa última generación de 40 años vivió sirviéndole a Dios. Su vida fue la de un libertador de Dios. Un hombre de revelación y de relación con Dios. Esta tercera etapa de su vida fue la más productiva. ¡Tus últimos años serán los más productivos de tu vida!

Saúl, David y Salomón reinaron cada uno una generación de 40 años. Eso es indicativo de haber tenido reinados completos. El Señor Jesucristo da a los creyentes bendiciones completas, promesas completas y ayuda completa.

En Job 9:25-26 se compara la brevedad de la vida con la rapidez del vuelo del águila: «La vida se me escapa con la rapidez del rayo. Mis días pasan como el águila cuando se lanza sobre su presa. El tiempo es como un barco que se pierde en la distancia, y yo aquí estoy, sin saber lo que es la felicidad» (TLA).

El águila acepta que un día llegará su último vuelo y se prepara para morir como el águila que ha reinado con dignidad. Muchas veces el águila muere dentro del nido. Pero es glorioso que muera fuera del nido, realizando su último vuelo, mientras mueve sus viejas y cansadas alas hasta que ya no pueda más y se cumpla su destino.

El creyente águila que no quiera morir, jamás debió nacer. Al hacer un inventario de la vida –lo que esta nos ha dado, lo que hemos disfrutado en esta, a quienes hemos conocido, la familia a la que pertenecemos y la familia que hemos formado, el privilegio de servirle a Jesucristo–, debemos concluir que valió la pena el haber vivido aunque tengamos que morir.

El creyente águila desea morir en libertad, fuera del cautiverio espiritual, libre de la jaula del pecado, fuera del foso de la esclavitud:

«Dijo entonces Jesús a los judíos que habían creído en él: Si vosotros permaneciereis en mi palabra, seréis verdaderamente mis discípulos; y conoceréis la verdad, y la verdad os hará libres. Le respondieron: Linaje de Abraham somos, y jamás hemos sido esclavos de nadie. ¿Cómo dices tú: Seréis libres? Jesús les respondió: De cierto, de cierto os digo, que todo aquel que hace pecado, esclavo es del pecado. Y el esclavo no queda en la casa para siempre; el hijo sí queda para siempre. Así que, si el Hijo os libertare, seréis verdaderamente libres» (Jn. 8:31-36).

A todo creyente águila le llegará el día de su vuelo final. Será el día de su encuentro con la muerte y de su cita con el Amado. Sabiendo cual es su destino final, el creyente águila volará mirando al «Sol de Justicia», Cristo Jesús. Cuando ya no pueda batir más sus alas, se abandonará a la misericordia y gracia de su salvador Jesucristo.

Conclusión

El águila representa muchas virtudes y cualidades humanas: poderío, visión, fuerza, majestuosidad, renovación, excelencia, grandeza, victoria y determinación.

35
Solitarios como aves

Salmo 102:6-7, RVR 1960

«Soy semejante al pelícano del desierto; soy como el búho de las soledades; velo, y soy como el pájaro solitario sobre el tejado».

Introducción

Para entender bien este pasaje, este debe ser analizado dentro del contexto inmediato del Salmo 102. Es la oración de un creyente devoto que experimentó la soledad en su vida. La falta de sueño lo asaltaba en las noches. Era un sonámbulo por causa de sus problemas. Todos nosotros en algún momento de nuestra vida hemos vivido en el cuarto solitario del Salmo 102. Yo lo llamo «El Salmo de la Soledad».

1. El pelícano del desierto

«Soy semejante al pelícano del desierto...». En la Traducción En Lenguaje Actual aparece: «Estoy tan triste y solitario como un buitre en el desierto...!».

El pelícano es un ave sin hermosura ninguna. La palabra hebrea «ka'ath» significa «el que vomita». Suelen ser monógamos, pero luego cambian de pareja. Son nidícolas. Los pelícanos son grandes pescadores. Su largo y anchado pico parece una gran cuchara, que le facilita pescar mientras bucean con la cabeza, y en este pico, estirando la membrana, llevan alimento a sus crías. En el mar de Galilea no es común verlos, pero sí a las orillas del río Jordán o en el valle de Hula.

Hace muchos años mis amigos Jaime y Anacelia Pérez, dos pastores ahora fallecidos, me invitaron a visitar un puerto en el mar Caribe, Ponce, Puerto

Rico. Allí, de manera sorpresiva, mi amigo Jaime agarró a un pelícano por el pico. ¡Es la criatura más fea que he visto entre las aves!

La madre pelícano, según un mito formado, si no tiene con qué alimentar a sus polluelos, es capaz de picarse a sí misma, sacar su propia sangre, y dar de chupar a los mismos. Está dispuesta a tomar el camino del sacrificio por dar vida a sus hijos.

En la tradición cristiana de los primeros siglos el pelícano aparecía como representación del sacrificio pascual de nuestro Señor Jesucristo, quien derramó su sangre por la redención humana. ¡Fue un mito muy popular!

En Wikipedia se cita: «Las leyendas de la herida y el suministro de sangre pueden haber surgido debido a la impresión que a veces da un pelícano de que se punza a sí mismo con su pico. En realidad, a menudo presiona esta sobre su pecho para vaciar completamente la bolsa. Otra derivación posible es la tendencia de las aves para descansar con su proyecto de ley en su pecho; el pelícano dálmata tiene una bolsa de color rojo sangre en la estación temprana de crianza y esto pudo haber contribuido al mito» (Nelson, J. Bryan; Schreiber, Elizabeth Anne; Schreiber, Ralph W., «Pelicans», en Perrins, Christopher, *Firefly Encyclopedia of Birds*, Richmond Hill, Firefly Books, Ontario 2003, pp. 78-81).

Aún en El Aposento Alto o Cenáculo, donde la tradición señala el lugar donde Jesús celebró la Pascua con sus discípulos, he visto un alto relieve con doce pelícanos, recuerdo de las cruzadas que transformaron aquella mezquita en iglesia y que nos recuerda a Jesús y a sus doce discípulos, por quienes (y por todos) derramaría su sangre preciosa.

El salmista se comparó a un pelícano del desierto. Los pelícanos muchas veces vuelan a lugares desiertos y se quedan sentados por largo tiempo sobre algún tronco o lugar elevado. El pelícano suele vivir cerca de los pantanos o lagos, allí donde hay peces en abundancia.

Este pelícano estaba aparentemente fuera de su «hábitat». Se había extraviado en el desierto. Y todo creyente, tarde o temprano debe cruzar algún desierto espiritual de pruebas y tentaciones, donde la soledad lo arropa y la separación le hace camino.

Jamás llegaremos a la tierra prometida, si primero no estamos en el desierto. Del desierto José llegó al palacio del faraón. Del desierto Moisés llevó al pueblo a la frontera de la tierra de Canaán. Del desierto Jesús de Nazaret subió a su tierra de crianza, y comenzó a realizar milagros en Capernaum como señales mesiánicas. Pablo de Tarso fue primero al desierto de Arabia, donde el evangelio de Jesucristo le fue revelado.

El desierto es el proceso divino para nuestras vidas, la tierra prometida es el propósito divino par nosotros. Sin el desierto no hay promoción. Abraham,

Isaac, Jacob, José, David, Elías, Juan el Bautista, Jesucristo, todos ellos y muchos otros hombres y mujeres de fe tuvieron que matricularse en la escuela del desierto.

El desierto es un lugar de revelación, de búsqueda espiritual. Ahí crecemos espiritualmente si confiamos en Dios. En el desierto podemos escuchar la voz del Espíritu Santo hablando a nuestros corazones. Ahí, en la soledad del desierto, veremos el maná descendiendo del cielo, la roca dará su agua milagrosa, la nube nos brindará sombra de día y el fuego nos dará luz en las noches. Allí, en el desierto, como Jacob, veremos una escalera del cielo a la tierra, y ángeles subiendo y bajando.

Creyente pelícano si te sientes solo en el desierto, alejado de tu seguridad, sin el debido alimento, de ahí te sacará el Señor Jesucristo. No eres un pelícano del desierto, estás ahí por un accidente de la vida. Y por un milagro divino encontrarás la ruta hacia el lugar de tu destino señalado por Dios. ¡Pronto volarás de ese desierto!

2. El pájaro solitario

«...Velo, y soy como el pájaro solitario sobre el tejado». El pájaro solitario representa a muchas especies, que buscan los techos planos o tejados de la Palestina, y de cualquier otro lugar. La Palestina se encuentra entre tres continentes (Europa, Asia y África), por esa razón las aves migratorias hacen escala ahí, por el mar Rojo.

«Velo y soy» (RV-60) se rinde en otras versiones: «No logro conciliar el sueño» (NVI). «Hasta he perdido el sueño» (TLA). «No duermo» (DHH). «No puedo dormir».

El salmista decía, «velo...». Y todo creyente solitario, cuando nadie lo acompaña, cuando ha sido abandonado por alguien, debe velar. Si no se puede hacer otra cosa, vela. No te descuides. ¡Vela en oración, vela en vigilia, vela en ayuno, vela en alabanza! ¡Vela a todas horas!

En algún momento de nuestra vida seremos como ese «pájaro solitario sobre el tejado». La muerte de un ser querido, aunque sea por algunos días o semanas o meses, nos hará sentirnos como ese «pájaro solitario» en algún techo. Alguna enfermedad o incapacidad o pérdida de algo significante, hará que volemos hasta el techo para retirarnos a nuestra soledad.

El nombre de Séfora, la hija de Jetró, en hebreo «Tsipporah» significa «pajarita», «pájaro pequeño» o «pajarillos». Muchas mujeres son pajaritas por sus limitaciones humanas y por los prejuicios sociales y culturales. El hecho de ser mujeres, aunque con cualidades excepcionales, a muchas las cohíbe de llegar a ser ungidas a un completo ministerio. Mi Dios es un defensor del ministerio de las mujeres. Las pajaritas con el poder y la unción de Dios llegan a ser águilas. Mujer de Dios, no dejes que te metan en una jaula de atavismos culturales; levántate y vuela en la libertad que Dios te ha dado. Mujer de Dios bate tus alas de fe y amor.

Este pájaro gusta de la soledad y vive siempre a orillas y sobre el mar. Se dice que para huir de los hombres que le dan caza, hace su nido en las rocas de la orilla. Un día un alción que iba a poner, se encaramó a un montículo, y divisando un peñasco erecto dentro del mar, hizo en él su nido. Al otro día salió en busca de comida, se levantó el mar por una borrasca, alcanzó al nido y ahogó a los pajarillos. Al regresar el alción y ver lo sucedido, exclamó: –¡Desdichado de mí, huyendo de los peligros conocidos de la tierra, me refugié dentro del mar y me fue peor!

Moraleja: Si tienes que adentrarte en lo desconocido, ten en cuenta la llegada de sorpresas agradables y desagradables. Nunca te confíes a ciegas en lo que no conoces. En terrenos nuevos, anda con paso sereno y ojos bien abiertos (*Fábulas de Esopo*).

La amada del Cantar de los Cantares dice: «Yo dormía, pero mi corazón velaba». La Iglesia ha sido llamada a velar en las noches del mundo. No puede cabecear como las vírgenes fatuas o insensatas; el esposo llegó a la medianoche y las encontró dormidas. ¡Despierta Iglesia que el Amado ya viene de camino! ¡Cristo viene pronto!

El salmista también decía, «...y soy...». El «soy» es la esencia del ser. Como soy existo, y existo para ser. Es la realización de quién soy. Muchos seres humanos viven enajenados del «soy». Cuando entiendo que «soy», entonces podré hacer.

El salmista testifica que no podía conciliar el sueño, era un noctámbulo abrumado por las noches. Y en nuestros días son muchos y muchas los que pasan las noches despiertos a causa de los problemas de la vida. Aún dentro de muchas comunidades de fe, encontramos a muchos pelícanos, búhos y pájaros solitarios, que son guardias de sus noches, cuando deben ser sus huéspedes.

El Salmo 4:8 dice: «En paz me acostaré y en paz me levantaré». Haga de este salmo su oración si no puede rendirse a las noches. Duerma placenteramente en los brazos del Dulce Salvador.

Conclusión

Si te sientes solitario o solitaria, te invito a que te refugies en los anchos y amorosos brazos del Señor Jesucristo. Él será hoy, mañana y todos los días la compañía que necesitas.

36
Solos como búhos

Salmo 102:6-7, RVR 1960

«Soy semejante al pelícano del desierto; soy como el búho de las soledades; velo, y soy como el pájaro solitario sobre el tejado».

Introducción

Esa expresión «Soy como el búho de las soledades...», se lee en otras versiones: «... como un búho entre las ruinas...» (Traducción En Lenguaje Actual). «Parezco una lechuza del desierto...» (Nueva Versión Internacional). Es decir, que al «búho» se le conoce también como «lechuza».

En Puerto Rico existe una especie única de búho llamado «múcaro» o «mucarito», que mide cerca de diez pulgadas. Canta al amanecer y al anochecer. En el 2015 se descubrió otra especie en Puerto Rico llamada búho «Tyto Alba» que aparece en las películas «Legend of the Guardians» y en «Harry Potter».

Según A. Cabezón Martín: «El Búho-Bubo, con una anchura de las alas de más de 140 cm, es el más grande de los búhos de Israel. Anida en los precipicios de las áreas peñascosas, lo mismo en el desierto que en el norte del país. Con sus poderosas garras puede atrapar liebres. Una de sus presas favoritas es el erizo, que devora hábilmente sin ser herido por las púas del animal. El nombre latino de «Búho-Bubo» recuerda el sonido rítmico del canto que emite por la noche» (Alfonso Ropero [ed.], *Gran Diccionario Enciclopédico de la Biblia*, Editorial CLIE, Terrassa 2013).

1. La descripción del búho

El búho es un cazador nocturno. Duerme de día. Su alimento favorito son las ratas, y eso ayuda a mantener el balance en la naturaleza de tan dañinos roedores. Pero también se alimenta de lagartijas, escorpiones y otras aves. Es el depredador de las noches. Su vuelo rápido y silencioso toma por sorpresa a sus presas. ¡Es dueño y señor de la oscuridad!

En la página de «Natural Medio Ambiente» se escribió una noticia sobre el uso de búhos para ayuda de los agricultores israelíes: «Los agricultores de un kibutz recibieron un premio de 10 mil dólares por desarrollar un curioso sistema para exterminar plagas que no contamina el medio ambiente. Productores del kibutz Sde Eliahu decidieron reemplazar la aplicación de pesticidas y utilizar en su lugar búhos para combatir roedores y otro tipo de insectos que afectaban los cultivos» (http://www.natura-medioambiental.com/agricultores-de-israel-premiados-por-usar-buhos-en-vez-de-pesticidas-para-el-control-de-plagas-2/).

Lo que parecen oídos en las orejas de los búhos no lo son, los oídos o conductos auditivos están más abajo y escondidos. El plumaje del rostro es como un disco que amplía los sonidos y lo ayuda a cazar. Esta apariencia es un adorno de camuflaje, para protegerse en el día. El búho que duerme de día, pasa desapercibido ante los ojos de los que transitan por donde está.

El nombre hebreo para «búho» es «kos» y significa «taza», y alude a la forma de sus ojos. Los ojos del búho son demasiado grandes, hundidos y le limitan sus movimientos musculosos. Por eso el búho gira su cabeza hasta 270 grados, no 360 como se le presenta en los muñecos animados. En Youtube puede verse esa manera inusual de como giran su cabeza casi a la redonda.

En las congregaciones hay muchos creyentes que son como el búho que gira su cabeza 270 grados. Siempre están moviendo las cabezas en busca de ver y oír algo que atrapar para su propio beneficio. Y como el búho otros pueden discernir muchas cosas que ocurren a su derredor.

La visión del búho es 30 veces superior a la del ser humano, y son como infrarrojos en las noches. Las aves en su mayoría son diurnas, no así el búho que es nocturno. Fue creado y destinado para las noches. ¡Es noctámbulo!

Un búho, acostumbrado a alimentarse por la noche y dormir durante el día, fue enormemente molestado por el ruido de un saltamontes y seriamente le suplicó que dejara de chillar. El saltamontes rechazó la petición, y chilló más alto, y a su vez más alto el búho volvía a suplicarle. Cuando vio que no podía conseguir ninguna bondad y que sus palabras eran despreciadas, el búho atacó al parlanchín con una estratagema. Ya que no puedo dormir, dijo, debido a su canción que, créame, es dulce como la lira de Apolo, me complaceré en la bebida de un néctar que Pallas últimamente me dio. Si no le disgusta, venga conmigo y lo beberemos juntos. El saltamontes, que tenía sed, y complacido con la alabanza por su voz, con impaciencia aceptó. El búho lo esperó al frente de su hueco, lo agarró, y lo usó para su cena.

Moraleja: Ser intolerante solo conduce a ser rechazado y al fracaso (*Fábulas de Esopo*, 2011).

2. Los mitos sobre el búho

En la antigüedad, y aun hoy día, el sonido como «jujuju» del búho, es algo que lo delata aun con su excepcional camuflaje; se identifica con la muerte, y por eso se hace víctima de los depredadores humanos, que son personas temerosas de la muerte. Para los antiguos egipcios, en sus jeroglíficos, la figura del búho se presenta coja o herida, como demostración del rechazo cultural a esta ave.

En la mitología griega al búho se le identificaba con la sabiduría. La diosa Atenea, identificada con la belleza, inteligencia y sabiduría, se transformaba en búho. También el búho es una figura del sabio, cuyos ojos grandes, no a los lados como otras aves, sino al frente como los humanos, a veces son adornados por anteojos. Y se utilizan como representación gerontológica, por la sabiduría atribuida a los ancianos. Recuerdo ver en mis primeros libros publicados con la Editorial CLIE, el logos del búho parado sobre un libro, este fue sustituido por un libro abierto.

Un búho, en su sabiduría, aconsejó a las aves que cuando ciertas bellotas comenzaran a salir, las alejaran de la tierra y así no podrían crecer. Ellas dijeron que las bellotas producirían un fruto, del cual un veneno irremediable sería extraído y por el cual ellas serían capturadas.

El búho después les aconsejó que desenterraran las semillas del lino, que los hombres habían sembrado, pues era una planta que no les presagiaba nada bueno. Y, finalmente, el búho, viendo acercarse a un arquero, predijo que ese hombre, estando parado en un mismo sitio, lanzaría dardos armados con plumas que volarían más rápido que las alas de ellas mismas.

Las aves no dieron crédito a estas palabras de advertencia, y más bien pensaron que el búho estaba fuera de sí y dijeron que estaba loco. Pero después, ante los hechos, descubrieron que sus palabras eran ciertas, y ellas se admiraron de su conocimiento y la juzgaron de ser la más sabia de las aves. De ahí es que parece que ellas lo contemplan como el que sabe todas las cosas, y aunque él ya no les da nuevos consejos, en la soledad lamenta que no siguieran sus anteriores advertencias.

Moraleja: Nunca se deben rechazar, sin haberlas analizado serenamente, las recomendaciones de los más sabios (*Fábulas de Esopo*, Editado por Ronald Quintana P., 2011).

El búho es también una figura que personifica a seres extraterrestres. En el pasado se le confundía en las noches con los mismos, debido a sus grandes ojos. En la mitología griega se veían como las cámaras de los dioses para informarse de las cosas terrenales. Y de ahí, que sea un modelo en muchas películas de ficción o del espacio.

3. La soledad del búho

El famoso predicador londinense llamado C. H. Spurgeon, en su sermón titulado «Los Usos de la Ley», hizo referencia al «búho de las soledades» y al «pelícano del desierto»:

«Durante la noche, si dormía, soñaba con el abismo sin fondo, y cuando me despertaba me parecía sentir la miseria que había soñado. Subía a la casa de Dios y mi canción no era más que un gemido. Me retiraba a mi aposento y allí, en medio de lágrimas y gemidos, elevaba mi oración, sin ninguna esperanza ni refugio.

Entonces podía decir con David: El búho de las soledades es mi amigo, y el pelícano del desierto mi compañero, pues la ley de Dios me azotaba con su látigo de diez puntas, y luego me frotaba con salmuera, de tal forma que yo me estremecía y temblaba con dolor y angustia, y mi alma prefería morir estrangulada que vivir, pues yo estaba sumamente afligido. Algunos de ustedes han experimentado lo mismo. La ley fue enviada a propósito para hacer eso» (Sermón predicado el domingo 19 de abril del 1857).

Todos nosotros, nos sentimos en algún momento de nuestras vidas como búhos en la soledad. Nos sentimos feos e indeseables. Sentimos que otros nos ven así también. Un sentido de auto-rechazo nos invade. No hay peor fealdad que la que se siente en el alma entristecida. Podemos llegar a ser más feos por dentro que por fuera. Esos son los verdaderos «patitos feos», aquellos y aquellas que son feos por la depresión, feos por el abuso mental, feos por el maltrato verbal y físico, feos por los complejos, feos por la discriminación y feos por el racismo.

Muchos creyentes llegan a sentirse como «el búho de las soledades» o «un búho entre las ruinas». Este búho creyente más que la soledad, experimentaba «las soledades» ¡Muchos se sienten solos y entre ruinas! Pon tu confianza en Dios, Él será tu compañía y arreglará tus ruinas.

Conclusión

Tú sirves a un Dios grande, que en la soledad de tu vida se mete para acompañarte, para decirte: «No estás solo. Yo estoy contigo. Te acompaño siempre».

37
Sirviendo como cuervos

Lucas 12:24, RVR 1960

«Considerad los cuervos, que ni siembran ni siegan; que ni tienen despensa ni granero, y Dios los alimenta. ¿No valéis vosotros mucho más que las aves?».

Introducción

Los cuervos son las aves paseriformes de mayor tamaño (pueden medir hasta dos pies). Son muy inteligentes, y esa puede ser la razón por la que los consideró Edgar Allan Poe. Pertenecen a la familia de los córvidos que incluye a las urracas. Siempre buscan la manera de apoderarse de la comida de las personas. Son unos escapistas naturales, y se escapan de cualquier jaula si descubren que hay una manera o si alguien se olvidó de cerrar bien la jaula.

Son aves libres que se resisten a ser prisioneras. Pueden vivir de diez a quince años. Y son asociadas con lo malo, con los malos agüeros y con el ocultismo. No obstante, la Biblia, en algunos pasajes, les redime de esa mala fama y los presenta como instrumentos divinos.

Los cuervos poseen la capacidad de imitar a otras aves, incluso sonidos como los humanos, el viento… De ahí es que se les asocie hablando al oído humano. Son monógamos, cuidan bien de sus crías. Ante el peligro de sus crías se enfrentan a los halcones, búhos y águilas. Su nombre significa «oscurecerse».

1. El cuervo de Noé

«Sucedió que al cabo de cuarenta días abrió Noé la ventana del arca que había hecho, y envió un cuervo, el cual salió, y estuvo yendo y volviendo hasta que las aguas se secaron sobre la tierra» (Gén. 8:6-7).

Los cuervos son muy resistentes al volar, duran tiempo revoloteando y lo hacen en círculos a veces demasiado extensos. Son aves herbívoras y carnívoras. De no encontrar alimentos en granos o de carne, son depredadores de animales pequeños, aves más pequeñas y si no consumen carroña.

Un proverbio hispano dice: «Cría cuervos y te sacarán los ojos». Los cuervos son aves que cuando atacan, siempre buscan sacarle los ojos a los adversarios: «El ojo que escarnece a su padre y menosprecia la enseñanza de la madre, los cuervos de la cañada lo saquen, y lo devoren los hijos del águila» (Prov. 30:17).

Los cuervos son tan inteligentes que los expertos en comportamiento de aves, dicen que estas aves cuando ven a un animal muerto, difícil para ellas de comer, hacen sonido a los lobos y otros animales, y dirigen a los depredadores mayores hasta la presa, y después que estos consumen lo suyo, los cuervos proceden a consumir lo que les toca a ellos. Avisan para que otros le hagan el trabajo grande de descuartizar los cadáveres, y luego ellos se alimentan de lo que queda expuesto.

Los cuervos gustan de divertirse en grande. Los adolescentes se organizan en pandillas. Hablan un idioma desarrollado entre ellos. Si son domesticados ponen nombres a sus dueños. Son imitadores de los gestos de los seres humanos. Si un cuervo se accidenta y muere, muestran mucha empatía y dolor. Y son tema para la ciencia ficción y para las novelas.

Es probable que muchas de esas cualidades fueran consideradas por Noé al elegir primero al cuervo y por último a la paloma. Es un ave que sabe sobrevivir en cualquier hábitat. Después de varios viajes al arca, ya no regresó a la misma, ya que podía comer carroña. No así la paloma que no come carroña. Y estas acciones del cuervo, lo convierten en ave inmunda para los judíos, mientras que la paloma para estos es ave limpia, prefiriendo la segunda sobre la primera.

El creyente cuervo es un superviviente espiritual. En cualquier esquina del mundo donde le toque estar, allí sobrevivirá con la Palabra, la oración, el ayuno, las alabanzas y con el testimonio acerca de Jesucristo.

El cuervo es la primera ave nombrada en la Biblia y le sigue la paloma (Gén. 8:6-7). Desde la eternidad, ya Dios nos conocía por nuestro nombre. Ambas aves, el cuervo y la paloma, son monógamas. Y ser maridos de una sola esposa y esposas de un solo marido, debe ser el ideal por alcanzar como creyentes palomas o cuervos.

Nosotros sin Cristo éramos como los cuervos, alimentándonos de las carroñas del mundo. Hasta que la Gracia de Jesucristo nos alcanzó, y fuimos transformados en creyentes-cuervos para su servicio.

A aquel cuervo de Noé, se le envió a una misión, pero nunca regresó. Se quedó dando vueltas, preocupado por sí mismo. No trajo la hoja de olivo, ni ninguna otra hoja. Pero el Señor Jesucristo en algún lugar tiene cuervos preparados para traernos algo y servirnos.

2. Los cuervos de Elías

«Y vino a él la palabra de Jehová, diciendo: Apártate de aquí, y vuélvete al oriente, y escóndete en el arroyo de Querit, que está frente al Jordán. Beberás del arroyo; y yo he mandado a los cuervos que te den allí de comer. Y él fue e hizo conforme a la palabra de Jehová, pues se fue y vivió junto al arroyo de Querit, que está frente al Jordán. Y los cuervos le traían pan y carne por la mañana, y pan y carne por la tarde; y bebía del arroyo. Pasados algunos días, se secó el arroyo, porque no había llovido sobre la tierra» (1 Re. 17:2-7).

Elías recibió la orden de esconderse en el oriente, en el arroyo de Querit. En un lugar donde tendría agua para beber. Y se nos dice: «Y él fue e hizo conforme a la palabra de Jehová». Es decir, el varón de Dios, obedeció conforme a la palabra de Dios. Antes de predicar la palabra de Dios, se debe aplicar la palabra de Dios en la vida de la persona. Si un mensaje hará bien a otros, debe hacernos bien a nosotros primero.

Los cuervos se mencionan entre las aves inteligentes, son astutos y sagaces. No pueden confinarse. Y de encerrarse buscan la manera como escaparse. Vigilan cualquier descuido humano para tomar ventajas.

El cuervo es un ave que esconde la comida de reserva en las rocas, en los lugares altos, debajo de la hierba, para cuando tenga necesidad de alimentarse. Y si se expone a la inteligencia de otros cuervos que lo ven, luego se apoderarán de lo que no es de ellos. Son dados a la imitación y a la intuición.

Representan la naturaleza sin cambiar de muchas personas, que aunque inteligentes, las obras de la carne dominan sus vidas. Viven con celos, envidias y falta de respeto a sus semejantes.

Aquella compañía de cuervos que proveían a Elías en el arroyo de Querit, fueron comisionados por Dios para ser los mensajeros del almuerzo y de la cena para el profeta. Una misión que cumplieron fielmente Durante tres años y medio.

Necesitamos creyente-cuervos que sean fieles y consistentes con el llamamiento de servir de parte de Jesucristo, allí donde han sido enviados, y que cumplan con solicitud su trabajo misionero.

«Lanzándose desde una cima, un águila arrebató a un corderito. La vio un cuervo y tratando de imitar al águila, se lanzó sobre un carnero, pero con tan mal conocimiento en el arte que sus garras se enredaron en la lana, y batiendo al máximo sus alas no logró soltarse.

Viendo el pastor lo que sucedía, cogió al cuervo, y cortando las puntas de sus alas, se lo llevó a sus niños. Le preguntaron sus hijos acerca de qué clase de ave era aquella, y él les dijo: Para mí, solo es un cuervo; pero él se cree águila».

Moraleja: Pon tu esfuerzo y dedicación para lo que realmente estás preparado, no en lo que no te corresponde (*Fábulas de Esopo*).

¿De dónde conseguían los cuervos el pan y la carne? Probablemente de los alimentos que preparaban para un gran banquete. Aquellas inteligentes aves se las ingeniaban para tomar de aquella mesa particular o de cualquier otra mesa, los alimentos que proveerían al profeta de Dios.

Dios utiliza a muchos cuervos del mundo para sustentar y cuidar de muchos creyentes. La palabra hebrea para cuervo es «oreb» y literalmente significa «oscurecerse» y «ser negro». Algunos intérpretes han llegado a asociar a los cuervos de Elías como una referencia a árabes. ¿Cuántos cuervos vecinos nos han ayudado? ¿Cuervos parejas han provisto para nuestras necesidades? ¿Cuervos hijos siempre responden a nuestra solicitud? ¿Cuervos de la calle, cuidan nuestras casas? ¿Cuervos mundanos nos hacen favores?

En Cantares 5:11 el plumaje negro del cuervo es utilizado para describir el pelo negro del amado: «Su cabeza como oro finísimo; sus cabellos crespos, negros como el cuervo».

Nosotros también somos cuervos al servicio de los siervos de Dios y de la Iglesia de Jesucristo, para entregar el «pan» de la Palabra y la «carne» de su revelación. El mensaje que entrega el mensajero debe ser fiel al que se lo ha entregado.

Interesante que los cuervos eran aves clasificadas como inmundas bajo la ley, y fueron asignadas para alimentar al hombre santo de Dios. Dios no quiso enviarle palomas limpias al profeta. Pudo asignarle amansadas águilas reales. Pero le envió cuervos. Lo estaban preparando para que luego Elías fuera a una viuda y a su hijo, presumiblemente gentiles de Sarepta de Sidón, que lo alimentarían. Ella y él serían «cuervos» humanos para el profeta. Y muchas veces, Jesucristo, nos asigna cuervos para ser nuestra provisión.

«Levántate, vete a Sarepta de Sidón, y mora allí; he aquí yo he dado orden allí a una mujer viuda que te sustente. Entonces él se levantó y se fue a Sarepta. Y cuando llegó a la puerta de la ciudad, he aquí una mujer viuda que estaba allí recogiendo leña; y él la llamó, y le dijo: Te ruego que me traigas un poco de agua en un vaso, para que beba. Y yendo ella para traérsela, él la volvió a llamar, y le dijo: Te ruego que me traigas también un bocado de pan en tu mano. Y ella respondió: Vive Jehová tu Dios, que no tengo pan cocido; solamente un puñado de harina tengo en la tinaja, y un poco de aceite en una vasija; y ahora recogía dos leños, para entrar y prepararlo para mí y para mi hijo, para que lo comamos, y nos dejemos morir. Elías le dijo: No tengas temor; ve, haz como has dicho; pero hazme a mí primero de ello una pequeña torta cocida debajo de la ceniza, y tráemela; y después harás para ti y para tu hijo. Porque Jehová Dios de Israel ha dicho así: La harina de la tinaja no escaseará, ni el aceite de la vasija disminuirá, hasta el día en que Jehová haga llover sobre la faz de la tierra. Y la harina de la tinaja no escaseó, ni el aceite de la vasija menguó, conforme a la palabra que Jehová había dicho por Elías» (1 Re. 17:9-14.16).

3. Los cuervos y Jesús

«Considerad los cuervos, que ni siembran ni siegan; que ni tienen despensa ni granero, y Dios los alimenta. ¿No valéis vosotros mucho más que las aves?» (Lc. 12:24). «Él da a la bestia su mantenimiento, y a los hijos de los cuervos que claman» (Sal. 147:9).

Jesús tomó como ejemplo de provisión y cuidado divino a los cuervos. Si a ellos Dios los sustenta, cuanto más a nosotros los hijos del Padre celestial. Podemos levantarnos y acostarnos seguros de que la provisión divina nunca nos faltará. ¡Vivimos ya prosperados!

«¿Quién prepara al cuervo su alimento, cuando sus polluelos claman a Dios, y andan errantes por falta de comida?» (Job 38:41). Este pasaje de Job parece que estaba enmarcado en la mente de Jesucristo, cuando habló de los cuervos.

Jesús dejó ver que el alimento del cuervo y de sus polluelos lo provee Dios. De igual manera Dios provee nuestras necesidades. Somos los cuervos de Jesucristo.

El cuervo visto como ave inmunda, es rescatado de su inmundicia mediante dos historias bíblicas, donde un cuervo y luego varios cuervos, son instrumentos providenciales de Dios al servicio de sus siervos Noé y Elías.

Luego, en diferentes pasajes bíblicos se demuestra que Dios los alimenta, indicando con ello que son estimados en su creación. Jesús los tomó como una analogía de bendición.

Los cuervos son dados a comerse las semillas de los sembrados. De ahí se les ha llamado «recolector de semillas» o «que recogen semillas». En Hechos 17:18 se dice que los atenienses rechazaban el evangelio predicado por Pablo, que este era un «palabrero» o «charlatán». La traducción inglesa Hollman Christian

Standard Bible traduce «pseudo-intelectuales». El griego lee «spermologos» («sperma» en griego es «semilla») que significa «que comen semillas» y es una referencia a los cuervos.

En los sembrados los agricultores levantan «espantapájaros» que son maniquíes vestidos con ropa en desuso y con sombrero, y así ahuyenta a los cuervos y otras aves. En inglés se lee «scarecrow» (que espanta cuervos).

En Wikipedia se nos dice: «Los cuervos, por ejemplo, no solamente comen las semillas recién sembradas, sino que también se reúnen cada noche en grupos que comienzan siendo de media docena y uniéndose a ellos 20 o 30 más hasta que acaban convirtiéndose en una enorme y ruidosa multitud. Tienen además la costumbre de volver al mismo lugar cada noche».

Conclusión

Creyente-cuervo vive siempre confiado en que Jesús de Nazaret cuida de ti y cuida de los tuyos. Él ya conoce tus necesidades mucho antes de que tú las tengas. Y escuchará tus oraciones para contestártelas. Pero no seamos ambiciosos, debemos conformarnos con la provisión justa que Jesucristo nos da.

38
Corriendo como avestruces

Job 39:13-18, RVR 1960

«¿Diste tú hermosas alas al pavo real, o alas y plumas al avestruz? El cual desampara en la tierra sus huevos, y sobre el polvo los calienta, y olvida que el pie los puede pisar, y que puede quebrarlos la bestia del campo. Se endurece para con sus hijos, como si no fuesen suyos, no temiendo que su trabajo haya sido en vano; porque le privó Dios de sabiduría, y no le dio inteligencia. Luego que se levanta en alto, se burla del caballo y de su jinete».

Introducción

El avestruz es el ave de mayor tamaño en el mundo. Tiene alas pero solo le ayudan limitadamente, y posee la incapacidad de volar. Lo cual compensa corriendo, pudiendo superar a un caballo. El correcaminos al igual que el avestruz está incapacitado para volar, pero puede correr 20 millas o 32 kilómetros por hora.

1. La naturaleza de los avestruces

«Aun los chacales dan la teta, y amamantan a sus cachorros; la hija de mi pueblo es cruel como los avestruces en el desierto» (Lam. 4:3).

Los avestruces son originarios de África y del Medio Oriente. Su «hábitat» predilecto es el desierto. El plumaje de la hembra es gris y el macho negro. La hembra llega a poner hasta ocho huevos diarios. Los esconde en la arena, y así el sol los calienta de día y ella y él los calientan de noche. A las seis semanas ya rompen cascarón.

Según A. Cabezón Martín, cada huevo de avestruz tiene el equivalente a unos 20 huevos de gallina. Muchas hembras pueden poner los huevos en el mismo nido, pudiendo llegar hasta cerca de los 70 huevos, pero solo unos pocos huevos serán incubados (Alfonso Ropero [ed.], *Gran Diccionario Enciclopédico de la Biblia*, Editorial CLIE, Terrassa 2013).

Los avestruces pueden llegar a una estatura de 6 a 9 pies, siendo los machos más grandes que las hembras. Son las aves más grandes del planeta tierra. Pueden pesar unas 225 libras. Tienen tanta fuerza en las patas, que de una patada puede matar a un león. Matthew Henry los describe como los «camellos con alas».

Son aves que habitan el desierto: «…Sino que dormirán allí las fieras del desierto, y sus casas se llenarán de hurones; allí habitarán avestruces, y allí saltarán las cabras salvajes» (Is. 13:21).

2. El lamento de los avestruces

«Por esto lamentaré y aullaré, y andaré despojado y desnudo; haré aullido como de chacales, y lamento como de avestruces» (Miqueas 1:8). «Por lo tanto, lloraré y me lamentaré; andaré descalzo y desnudo. Aullaré como un chacal y gemiré como un búho» (Miq. 1:8, NTV).

Un dicho popular dice: «No escondas la cabeza en la arena como el avestruz». Se cita para aquellas personas que tienen miedo o que no son capaces de enfrentar los problemas. Suena muy motivador, pero no es cierto, los avestruces no esconden la cabeza en la arena, hacen nidos con sus patas y picos.

A veces parece que tienen las cabezas escondidas en la arena, y es porque juegan con la misma, o se dan masajes a sí mismos. El enemigo muchas veces ve a los creyentes con las cabezas escondidas como avestruces, y se puede confundir, la verdad es que la esconden postrados en oración.

Otras veces el avestruz ante un enemigo que se le presenta, levanta sus alas y da la impresión de que tiene miedo, la realidad es que es una estrategia para proteger a sus crías o para ganar tiempo en su protección.

Un creyente no tiene que estar lamentándose en su desierto. En el desierto se nos revela Dios y aprendemos a conocerlo mejor. El desierto es un lugar de crecimiento, de madurez, de experiencias y de un encuentro con uno mismo.

Ante las pruebas debemos refugiarnos bajo la gracia de nuestro Señor Jesucristo. Ante el dolor humano debemos mantener la calma y la paz, sabiendo que somos criaturas del Creador, y estamos bajo su designio y voluntad.

3. El descuido de los avestruces

«¿Diste tú hermosas alas al pavo real, o alas y plumas al avestruz? El cual desampara en la tierra sus huevos, y sobre el polvo los calienta, y olvida que el pie los puede pisar, y que puede quebrarlos la bestia del campo. Se endurece para con sus hijos, como si no fuesen suyos, no temiendo que su trabajo haya sido en vano; porque le privó Dios de sabiduría, y no le dio inteligencia. Luego que se levanta en alto, se burla del caballo y de su jinete» (Job 39:13-18).

En el libro de Job se retrata al avestruz como un ave con alas y plumas, que supuestamente pone huevos, se olvida donde los puso y luego los pisa. Según A. Cabezón Martín, hay un dicho que los árabes aplican a los que no son inteligentes y dice: «Estúpido como un avestruz».

La realidad es que el avestruz sabe donde pone los huevos, y los cuida de los depredadores hueveros. Ante los depredadores humanos, los cazadores que ambicionan su piel, sí los abandona por seguridad.

Se nos dice del avestruz: «Se endurece para con sus hijos, como si no fuesen suyos, no temiendo que su trabajo haya sido en vano...». El avestruz llega a tratar a sus hijos como extraños. La Traducción En Lenguaje Actual dice: «Maltrata a sus polluelos como si no fueran suyos, y no le importa que se pierdan» (Job 39:16, TLA).

Es el cuadro de muchos padres y madres, que han tenido hijos e hijas, pero los tratan como si no fueran suyos. Y hablando espiritualmente, no les importa que pierdan sus almas. No hacen nada para encaminarlos en el camino del Señor Jesucristo o en la senda de la vida eterna.

Y por otro lado, hay padres espirituales que recelosos por un hijo o una hija que está levantando el Espíritu Santo, lo rechazan y no lo apoyan y de esa manera no contribuyen a que el plan de Jesucristo se cumpla en esas vidas.

Dios dice de los avestruces: «Cuando yo repartí la sabiduría, no le di su porción de inteligencia, pero cuando extiende sus alas es más veloz que cualquier caballo» (Job 39:17-18, TLA).

Aunque parezca que no son aves capaces, sí lo son. Los avestruces pueden correr de 40 a 43 millas por hora, más que muchos caballos con un promedio de 40 millas por hora. Dios compensa siempre con algo a aquellos que aducen de algo. Por eso Dios le dejó saber a Job, que el avestruz corre más que el caballo: «... pero cuando extiende sus alas es más veloz que cualquier caballo».

Los dedos de las manos no son iguales, y así son aquellos que tienen dones y talentos en las congregaciones. Nosotros no los vemos iguales, pero Dios los puede usar. Esa combinación de dones y talentos, puestos al servicio de una congregación local, producirá desarrollo y estabilidad a la misma.

Conclusión

¡Si no puedes volar, entonces corre! ¡Si no puedes correr, entonces salta! No dejes que una limitación física, limite tu potencial de lograr algo en la vida. El «avestruz» y el «correcaminos», no vuelan, pero sí corren. La peor incapacidad no es del cuello hacia abajo, sino la del cuello hacia arriba, es la incapacidad de la mente. Es la incapacidad de decir: «No puedo».

39
Cantando como gallos

Marcos 14:29-31, RVR 1960

«Entonces Pedro le dijo: Aunque todos se escandalicen, yo no. Y le dijo Jesús: De cierto te digo que tú, hoy, en esta noche, antes que el gallo haya cantado dos veces, me negarás tres veces. Mas él con mayor insistencia decía: Si me fuere necesario morir contigo, no te negaré. También todos decían lo mismo».

Introducción

En Israel está la Iglesia de «San Pedro In Gallicantu» (San Pedro donde el gallo cantó). Según la tradición aquí estaba el palacio de Caifás, y fue el lugar donde Jesús fue llevado preso. Desde el siglo VI es un lugar de santuario. Este servidor ha visitado muchas veces ese santuario.

Allí hay una imagen que representa a Jesús, a Pedro y al gallo. En las iglesias se acostumbraba a poner una veleta que indicaba la dirección del viento en forma de gallo, recordando el evento con el apóstol Pedro.

1. La controversia del gallo

Reina-Valera lee: «El ceñido de lomos; asimismo el macho cabrío; y el rey, a quien nadie resiste» (Prov. 30:31). La Traducción En Lenguaje Actual traduce: «El gallo vanidoso, con su roja cresta; el carnero de la montaña con sus enormes cuernos; y el rey con su corona de oro que marcha frente a su ejército» (Prov. 30:31). La Nueva Versión Internacional lee: «El gallo engreído, el macho cabrío, y el rey al frente de su ejército» (Prov. 30:31).

El otro pasaje que habla del gallo está en Job 38:36 y el texto de Reina Valera discrepa nuevamente en la traducción con otras versiones: «¿Quién infundió sabiduría en el ibis, o dio al gallo entendimiento?» (RVR-60). Otras versiones rinden: «Dime quién les dio sabiduría al gallo y a las otras aves» (TLA). «¿Quién dio instinto inteligente a aves como el ibis o el gallo?» (DHH).

El término griego para gallo es «aléktor»; en latín se dice «gallus»; en hebreo es «shekwí» y este término hebreo ha complicado a los traductores bíblicos como podemos ver. Estos chocan al traducir el pasaje bíblico que sigue, si deben incluir o no al «ibis» y al «gallo».

Samuel Vila y Santiago Escuaín dicen: «En el hebreo antiguo no existía una sola palabra para designar a este animal doméstico. La circunlocución 'ceñido de lomos', o también 'el nivel de los riñones rápidos' (Prov. 30:31), eran las más usadas para designarlos» (*Nuevo diccionario bíblico ilustrado*, Editorial CLIE, Terrassa 1985).

La traducción del «gallo», nos permite ver la importancia dada a esta ave. Es probable que el gallo, procedente de la India, Persia o Babilonia, fuera introducido en Palestina en la época del rey Salomón, al igual que los monos y los pavos reales.

«Porque el rey tenía en el mar una flota de naves de Tarsis, con la flota de Hiram. Una vez cada tres años venía la flota de Tarsis, y traía oro, plata, marfil, monos y pavos reales» (1 Re. 10:22).

2. El engreimiento del gallo

«Hay tres, y hasta cuatro cosas que caminan con elegancia: el león con su gran melena, que sin miedo reina en la selva; el gallo vanidoso, con su roja cresta; el carnero de la montaña con sus enormes cuernos; y el rey con su corona de oro que marcha frente a su ejército» (Prov, 30:29-31, TLA).

Otras versiones dicen sobre el gallo: «El gallo engreído, el macho cabrío, y el rey al frente de su ejército» (Prov. 30:31, NVI). «El gallo, que se pasea erguido, asimismo el macho cabrío, y el rey cuando tiene el ejército con él» (LBLA). El texto de Reina Valera discrepa en su traducción: «El ceñido de lomos; asimismo el macho cabrío; y el rey, a quien nadie resiste» (Prov. 30:31).

El gallo representa la elegancia, el engreimiento con su paseo erguido. De ahí que la expresión original «ceñido de lomos» lo describa muy bien. Y tristemente muchos creyentes son unos creídos, engreídos, erguidos, que no se dejan abrazar por la humildad. La palangana y la toalla deben ser las herramientas del servicio.

«Dios había enviado a Jesús, y Jesús lo sabía; y también sabía que regresaría para estar con Dios, pues Dios era su Padre y le había dado todo el poder. Por eso, mientras estaban cenando, Jesús se levantó de la mesa, se quitó su manto y se ató una toalla a la cintura. Luego echó agua en una palangana, y comenzó a enjuagar los pies de sus discípulos y a secárselos con la toalla» (Jn. 13:3-5, TLA).

Las posiciones y títulos a algunas personas en vez de hacerlos más humildes, los hacen ser más orgullosos. En la cultura del reino de Dios, los más altos son los que sirven, no los que son servidos. Bendecir a otros es más que ser bendecidos por otros.

Dos gallos reñían por la preferencia de las gallinas; y al fin uno puso en fuga al otro. Resignadamente se retiró el vencido a un matorral, ocultándose allí. En cambio el vencedor orgulloso se subió a una tapia alta dándose a cantar con gran estruendo. Mas no tardó un águila en caerle y raptarlo. Desde entonces el gallo que había perdido la riña se quedó con todo el gallinero.

Moraleja: A quien hace alarde de sus propios éxitos, no tarda en aparecerle quien se los arrebate (*Fábulas de Esopo*).

Una comadreja atrapó a un gallo y quiso tener una razón plausible para comérselo. La primera acusación fue la de importunar a los hombres y de impedirles dormir con sus molestos cantos por la noche. Se defendió el gallo diciendo que lo hacía para servirles, pues despertándolos, les recordaba que debían comenzar sus trabajos diarios.

Entonces la comadreja buscó una segunda acusación: que maltrataba a la Naturaleza por buscar como novias incluso a su madre y a sus hermanas. Repuso el gallo que con ello también favorecía a sus dueños, porque así las gallinas ponían más huevos.

¡Vaya –exclamó la comadreja– veo que bien sabes tener respuesta para todo, pero no por eso voy a quedarme en ayunas! Y se lo sirvió de cena.

Moraleja: Para el malvado decidido a agredir, no lo para ninguna clase de razones (*Fábulas de Esopo*, 2011).

3. El canto del gallo

Jesús declaró a Pedro que antes de que el gallo cantara, o que cantara dos veces, este lo negaría tres veces. Los textos de Mateo, Lucas y Juan, no especifican las veces. Pero el texto de Marcos señala que eran dos veces. Y así se reconcilian estas tradiciones de los cuatro evangelios. Para Marcos era importante decir que el gallo cantó dos veces y que Pedro negó tres veces al Señor en ese intervalo.

«Entonces él comenzó a maldecir, y a jurar: No conozco al hombre. Y en seguida cantó el gallo. Entonces Pedro se acordó de las palabras de Jesús, que le había dicho: Antes que cante el gallo, me negarás tres veces. Y saliendo fuera, lloró amargamente» (Mt. 26:74-75).

«Y le dijo Jesús: De cierto te digo que tú, hoy, en esta noche, antes que el gallo haya cantado dos veces, me negarás tres veces» (Mc. 14:30). «Y el gallo cantó la segunda vez. Entonces Pedro se acordó de las palabras que Jesús le había dicho: Antes que el gallo cante dos veces, me negarás tres veces. Y pensando en esto, lloraba» (Mc. 14:72).

«Y él le dijo: Pedro, te digo que el gallo no cantará hoy antes que tú niegues tres veces que me conoces» (Lc. 22:34). «Jesús le respondió: ¿Tu vida pondrás por mí? De cierto, de cierto te digo: No cantará el gallo, sin que me hayas negado tres veces» (Jn. 13:38).

¿En qué sentido debe tomarse el canto del gallo, literalmente o figurativamente? Algunos intérpretes bíblicos lo toman figurativamente y se basan en Marcos 13:35 que cita: «Por tanto, velad, porque no sabéis cuándo viene el señor de la casa, si al atardecer, o a la medianoche, o al canto del gallo, o al amanecer» (LBLA).

Según Marcos ese «canto del gallo» era el último de los cuatro tiempos de tres horas o vigilias que dividía la noche. Estos tiempos eran el atardecer, la medianoche, el canto del gallo o amanecer. A la madrugada, en Marcos 13:35, se le conocía en la época de Jesús como «canto del gallo». Al cambio de la guardia romana al terminar la tercera vigilia de la noche se le llamaba en latín «gallicinium romano» o «canto del gallo romano», se hacía tocando unos clarines desde las gradas de la Fortaleza Antonia en la Jerusalén herodiana. Y así lo explica William Barclay, muy dado a racionalizar los milagros.

El teólogo Joseph Ratzinger (Papa Benedicto XVI) explica este canto del gallo en su libro sobre Jesús (*Jesús de Nazaret: desde la entrada a Jerusalén hasta la resurrección*, Ediciones Encuentro, Madrid 2011):

«El canto del gallo se consideraba como el final de la noche y el comienzo del día. Con el canto del gallo termina también para Pedro la noche del alma en la que se había hundido. Las palabras de Jesús de que le negaría antes de que el gallo cantara reaparecen de repente ante él, y ahora en su terrible verdad. Lucas añade la noticia de que, en aquel mismo momento, se llevaron a Jesús, condenado y atado, para comparecer ante el tribunal de Pilatos. Jesús y Pedro se encuentran. La mirada de Jesús llega a los ojos y al alma del discípulo infiel. Y Pedro, saliendo afuera, lloró amargamente» (Lc 22:62).

Por mi parte, sin restar información a lo antes dicho, tomo «el canto del gallo» de manera literal como el canto de un gallo. Es la manera más lógica de interpretar el pasaje bíblico. Marcos es quien registró que Pedro negaría al Señor tres veces antes que el gallo cantara dos veces. Y es el mismo Marcos quien presenta el «canto del gallo» como uno de los tiempos de la noche.

El primer canto del gallo le recordaría a Pedro que él había comenzado a negar con la mentira al Señor Jesucristo. El segundo canto del gallo le recordó a Pedro que había negado al Señor Jesucristo con mentiras.

El gallo todavía sigue cantando y recordándonos que hemos mentido, que hemos negado a nuestro Señor, que lo hemos hecho mal, que no hemos hecho caso, que somos desobedientes, que fuimos avisados y no prestamos ninguna atención. **¡Canta gallo de Jesucristo!**

Necesitamos a gallos que canten en las congregaciones. Que su canto sea de aviso y de corrección. Las congregaciones en muchos lugares cada día se asimilan más con el mundo. Muchos cantantes cristianos en boga son imitadores de los cantantes del mundo. Los músicos tratan de ser como los músicos del mundo. La coreografía del mundo está siendo tomada prestada para los altares en los templos. **¡Canta gallo de Jesucristo!**

Necesitamos a gallos que canten en la familia. Los valores de la familia están siendo asaltados por el humanismo, el modernismo y el post-modernismo y la ética situacional. Esos cantos del gallo en la familia por familias estables, unidas, con valores morales y principios bíblicos deben escucharse. **¡Canta gallo de Jesucristo!**

Necesitamos a gallos que canten en el matrimonio. El maltrato a la pareja, el abuso verbal, la infidelidad conyugal, no deben ser parte del matrimonio cristiano. El engaño de un pareja a la otra, es un bajeza moral. **¡Canta gallo de Jesucristo!**

Necesitamos a gallos que canten en los trabajos. Ese es el mundo donde el creyente que labora debe cantar con esperanza y fe. Es dejar saber a los compañeros de labor, que pueden tener un cambio de vida y una transformación de carácter. **¡Canta gallo de Jesucristo!**

Necesitamos a gallos que canten en las escuelas y universidades. Allí donde el creacionismo y la razón quieren sabotear la fe cristiana, se debe cantar con lo que Dios ha dicho en la Biblia. Contestar a los profesores y las tareas bajo protesta sobre aquellos argumentos evolucionistas que se ponen en contra del creacionismo. **¡Canta gallo de Jesucristo!**

Conclusión

Y ese gallo todavía canta diciendo: «Te lo dije, te lo dije, te lo dije». «No hiciste caso». «Te aconsejé, pero no te importó». «Sabías que no te convenía, pero lo hiciste». «Cuando decides hacer algo, lo haces».

40
Viviendo como gorriones

Salmos 84:3, NTV

«Hasta el gorrión encuentra un hogar y la golondrina construye su nido y cría a sus polluelos cerca de tu altar, ¡oh SEÑOR de los Ejércitos Celestiales, mi Rey y mi Dios!».

Introducción

Deseo considerar al gorrión y haré varias aplicaciones que nos ayudarán entender lo que es volar con rumbo. La referencia bíblica puede señalar otras aves pequeñas.

1. El nido del gorrión

«Aún halla casa, y la golondrina nido para sí, donde ponga sus polluelos, cerca de tus altares, oh Jehová de los ejércitos, Rey mío, y Dios mío. Bienaventurados los que habitan en tu casa; perpetuamente te alabarán» (Sal. 84:3-4, RVR 1960).

El término hebreo para gorrión es «tzippor» y significa «ave pequeña», y las golondrinas son aves muy pequeñas; aún así decía el salmista que buscaban donde poner sus nidos. Y cerca de los altares de la casa de Dios, allí construían sus nidos.

La esposa de Moisés se llamaba Zefora (del hebreo «tzippor»). Leemos: «Moisés aceptó la invitación y se estableció allí con Reuel. Con el tiempo, Reuel le entregó a su hija Séfora por esposa» (Ex. 2:21, NTV).

Y el salmista vio al gorrión y a la golondrina como figuras del creyente, cuyo anhelo es estar en la casa de Dios. Somos gorriones y golondrinas al servicio de Jesucristo.

«Dios mío, solo una cosa te pido, solo una cosa deseo: déjame vivir en tu templo todos los días de mi vida, para contemplar tu hermosura y buscarte en oración. Cuando vengan tiempos difíciles, tú me darás protección: me esconderás en tu templo, que es el lugar más seguro. Tú me darás la victoria sobre mis enemigos; yo, por mi parte, cantaré himnos en tu honor, y ofreceré en tu templo sacrificios de gratitud» (Sal. 27:4-6, TLA).

No hay lugar más seguro para el alma abatida, cansada, atribulada, en pruebas, en luchas, que llora y se lamenta, que refugiarse en la casa de Dios. Cual gorrión y golondrina, el creyente allí en algún rincón construye su nido de oración, su nido de adoración, su nido de meditación, su nido de reflexión y su nido de alabanza.

Dice A. Cabezón Martín: «Los gorriones son muy sociables, gustan de habitar en la ciudad entre la gente» (Alfonso Ropero [ed.], *Gran Diccionario Enciclopédico de la Biblia*, Editorial CLIE, Terrassa 2013).

Los primeros creyentes de la naciente iglesia cristiana, eran como gorriones en su sociabilidad. Estos hacían comidas de confraternidad, se congregaban habitualmente y celebraban la Cena del Señor:

«Además, todos los días iban al templo y celebraban la Cena del Señor, y compartían la comida con cariño y alegría. Juntos alababan a Dios, y todos en la ciudad los querían. Cada día el Señor hacía que muchos creyeran en él y se salvaran. De ese modo, el grupo de sus seguidores se iba haciendo cada vez más grande» (Hch. 2:46-47, TLA).

Una vida de redil, de manada, de comunidad espiritual, gregaria, es beneficiosa para el creyente, para crecer y madurar en calor y apoyo fraternal. Quien no se congrega jamás alcanza la estatura que Cristo desea para este o esta. Su vida espiritual será desnutrida y flaca.

El tiempo invertido en la casa de Dios, será ganancia para la eternidad. Quien se aleja del redil se expone al peligro espiritual, a la desnutrición del alma y al extravío.

Los ante-textos del pasaje citado de los gorriones y las golondrinas, nos ofrecen un abanico más amplio:

«Dios del universo, ¡qué bello es tu templo, la casa donde vives! Deseo con toda el alma estar en los patios de tu templo; ¡me muero por llegar a ellos! Tú eres el Dios de la vida, por eso te canto alegre con todas las fuerzas de mi corazón» (Sal. 84:1-2, TLA).

Los post-textos del referido pasaje sobre la golondrina nos ayudan a ver la luz de Dios en nuestras pruebas:

«¡Qué felices son los que viven en tu templo! ¡Nunca dejan de alabarte! ¡Qué felices son los que de ti reciben fuerzas, y de todo corazón desean venir hasta tu templo! Cuando cruzan el valle del Llanto, lo convierten en manantial;

hasta las lluvias tempranas cubren el valle con sus bendiciones. Mientras más avanzan, más fuerzas tienen, y cuando llegan a tu templo te contemplan a ti, el Dios verdadero» (Sal. 84:4-7, TLA).

2. El valor del gorrión

«¿No se venden cinco gorriones por dos monedítas? Sin embargo, Dios no se olvida de ninguno de ellos. Así mismo sucede con ustedes: aun los cabellos de su cabeza están contados. No tengan miedo; ustedes valen más que muchos gorriones» (Lc. 12:6-7, NVI).

Los gorriones se vendían en los mercados para consumo alimenticio. El Señor Jesucristo comparó el precio de los gorriones, que por cierto, era muy barato, un precio de ganga de cinco por dos monedítas.

La Traducción En Lenguaje Actual dice: «Cinco pajaritos apenas valen unas cuantas monedas. Sin embargo, Dios se preocupa por cada uno de ellos. Lo mismo pasa con ustedes: Dios sabe hasta cuántos cabellos tienen. Por eso, ¡no tengan miedo! Ustedes valen más que muchos pajaritos» (Lucas 12:6-7, TLA).

Ante los ojos de nuestro Señor Jesucristo, el creyente que lo ama y le sirve de todo corazón y con todas sus fuerzas, vale más que muchos gorriones y pajaritos. La salvación del alma, adquirida por el sacrificio ensangrentado de Jesucristo en la cruenta cruz del Calvario, le ha dado un valor al alma humana que nadie en este mundo lo puede pagar.

En el campo de un labriego había un árbol estéril que únicamente servía de refugio a los gorriones y a las cigarras ruidosas. El labrador, viendo su esterilidad, se dispuso a abatirlo y descargó contra él su hacha. Suplicáronle los gorriones y las cigarras que no abatiera su asilo, para que en él pudieran cantar y agradarle a él mismo. Más sin hacerles caso, le asestó un segundo golpe, luego un tercero. Rajado el árbol, vio un panal de abejas y probó y gustó su miel, con lo que arrojó el hacha, honrando y cuidando desde entonces el árbol con gran esmero, como si fuera sagrado.

Moraleja: Mucha gente hay que hace un bien solo si de él recoge beneficio, no por amor y respeto a lo que es justo. Haz el bien por el bien mismo, no porque de él vayas a sacar provecho (*Fábulas de Esopo*, 2011).

3. El gorrión sin rumbo

«Como el gorrión sin rumbo, la maldición sin motivo jamás llega a su destino» (Prov. 26:2, NVI).

Es triste saber de creyentes-gorriones que no saben a dónde volar, desconocen el destino a alcanzar, no tienen meta ninguna en la vida. El destino siempre los sorprende, porque no lo planifican.

Muchas veces se dice de alguien: «Fulano no tiene futuro». La verdad es que sí tiene futuro. Todos los seres humanos tienen futuro. Lo que no tienen es presente. Lo que hagamos en el presente determinará lo que haremos y tendremos en el futuro.

Mañana comienza hoy. Hoy construyes tu destino de mañana. Mañana cosecharás lo que hoy has sembrado. Porque hoy, mañana será ayer. Y hoy, ayer era mañana.

Jaime Loperas y Marta Inés Bernal, en el tomo 1 de su libro *La culpa es de la vaca*, comparten lo siguiente:

«Con el tiempo te das cuenta de que si estás al lado de una persona solo para acompañar tu soledad, irremediablemente acabarás deseando no volver a verla».

«Con el tiempo te das cuenta de que los amigos verdaderos valen mucho más que cualquier cantidad de dinero».

«Con el tiempo entiendes que los verdaderos amigos son contados, y que el que no lucha por ellos, tarde o temprano, se ve rodeado de falsas amistades».

«Con el tiempo aprendes que disculparse es algo que cualquier persona puede hacer, mientras que perdonar solo es de almas grandes».

«Con el tiempo aprendes a construir todos tus caminos en el hoy, porque el terreno del mañana es demasiado incierto para hacer planes».

«Con el tiempo, aunque seas feliz con los que están a tu lado, añoras terriblemente a los que ya se han marchado».

«Con el tiempo aprendes que intentar perdonar o pedir perdón, decir que amas, que extrañas y que necesitas, ya no tiene ningún sentido ante una tumba».

Conclusión

Gorrión no te quedes volando sin rumbo, vuela a la iglesia. Acércate al altar de Dios. ¡Busca la presencia del Espíritu Santo!

41
Viajando como golondrinas

Salmos 84:3, NTV

«Hasta el gorrión encuentra un hogar y la golondrina construye su nido y cría a sus polluelos cerca de tu altar, ¡oh SEÑOR de los Ejércitos Celestiales, mi Rey y mi Dios!».

Introducción

EL proverbista vio a la golondrina sin nido, pero el salmista observó como la golondrina hacía su nido de seguridad, cerca del altar del templo.

1. La golondrina sin nido

«Como la golondrina sin nido, la maldición sin motivo jamás llega a su destino» (Prov. 26:2, NVI).

El término hebreo «deror» significa «errante». Y hace justicia a las golondrinas errantes. Estos son los creyentes que no hacen vida de nido. No se acomodan en ningún nido-congregación. Hoy visitan esta congregación y mañana visitan la otra. Migran de una congregación a la otra congregación, simplemente porque algo les disgustó; piden mucho en esa congregación, no les dan parte, exhortan demasiado, no les gusta la música, el pastor no les saludó. Y así se pasan toda la vida en busca de nido. Son la golondrina sin nido que menciona el salmista.

En la oración que el rey Ezequías hizo a manera de poema en su enfermedad mortal, hay un pasaje donde se compara con la golondrina y otras aves:

«En mi delirio, gorjeaba como una golondrina o una grulla, y después gemía como una paloma torcaza. Se me cansaban los ojos de mirar al cielo en busca de ayuda. Estoy en apuros, Señor. ¡Ayúdame!» (Is. 38:14, NTV).

El proverbista aplicó: «... la maldición sin motivo jamás llega a su destino» (Prov. 26:2, NVI). Quien nos desea mal, habla mal de uno, piensa mal de uno, desea mal a uno; esos malos pensamientos sin razones algunas, jamás llegarán a cumplirse. ¡A un bendecido, no se le puede maldecir, como a un cadáver no se le puede insultar, o gritarle a un sordo o hacerle un gesto negativo con las manos a un ciego!

La golondrina gusta de bañarse en ríos o dondequiera que encuentra agua sin peligro, allí se moja y se sacude mientras continúa su vuelo. El creyente golondrina se refresca en el río de Dios, se baña en el lago de su Palabra.

Jeremías 8:7 nos dice de la golondrina: «Aun la cigüeña en el cielo conoce su tiempo, y la tórtola y la grulla y la golondrina guardan el tiempo de su venida; pero mi pueblo no conoce el juicio de Jehová» (Jer. 8:7).

Esas aves son señales del tiempo y de la venida de nuestro Señor Jesucristo. La misma naturaleza son las alarmas del cielo para los creyentes. Debemos estar seriamente atentos a las mismas.

A un hijo pródigo, habiendo derrochado su patrimonio, solo le quedaba un manto. De repente vio a una golondrina que se había adelantado a la estación. Creyendo que ya llegaba la primavera, y que por lo tanto no necesitaría más del manto, fue también a venderlo.

Pero regresó el mal tiempo y el aire se puso más frío. Entonces, mientras se paseaba, halló a la golondrina muerta de frío. ¡Desgraciada! –le dijo– nos has dañado a los dos al mismo tiempo.

Moraleja: Toma nota de si es la hora correcta antes de ejecutar una decisión. Una acción a destiempo puede ser desastrosa (*Fábulas de Esopo*, 2011).

Recuerdo de niño escuchar al cantante puertorriqueño Felipe «La Voz» Rodríguez, interpretando esa clásica canción de la «Golondrina Viajera», escrita por Ricardo López Méndez y con música de Guty Cárdenas. Su letra dice así:

«Golondrina viajera de mirar dulce y triste, que tu nido formaste dentro del corazón; di por qué me has amado, si tan pronto te fuiste, di por qué me quisiste, golondrina que vuelas como una canción. Mi tristeza es profunda, mi dolor es callado recordando tus besos que me hicieron soñar; nadie sabe, viajera, que en tu ausencia he llorado la dulce esperanza de que habrás de tornar, golondrina, viajera, yo te habré de esperar».

2. La golondrina con nido

«Hasta... la golondrina construye su nido y cría a sus polluelos cerca de tu altar, ¡oh SEÑOR de los Ejércitos Celestiales, mi Rey y mi Dios!» (Sal. 84:3, NTV).

Invitó la golondrina a un ruiseñor a construir su nido como lo hacía ella, bajo el techo de las casas de los hombres, y a vivir con ellos como ya lo hacía ella. Pero el ruiseñor repuso: No quiero revivir el recuerdo de mis antiguos males, y por eso prefiero alojarme en lugares apartados.

Moraleja: Los bienes y los males recibidos, siempre quedan atados a las circunstancias que los rodearon.

Debemos construir el nido de la familia cerca de la casa de Dios. Nuestros hijos deben ser criados en la congregación. Eso marcará sus vidas para siempre. Allí aprenderán a amar a Jesucristo, a disfrutar el Espíritu Santo, a servirle al Padre Celestial y a confraternizar con los hermanos y hermanas en la fe.

El orador Démades hablaba un día a los ciudadanos de Atenas, mas como no prestaban mucha atención a su discurso, pidió que le permitieran contar una fábula. Concedida la demanda, empezó de este modo: Demeter, la golondrina y la anguila viajaban juntas un día; llegaron a la orilla de un río; la golondrina se elevó en el aire, la anguila desapareció en las aguas –y aquí se detuvo el orador–. ¿Y Demeter? –le gritaron– ¿Qué hizo...? Demeter montó en cólera contra vosotros –replicó–, porque descuidáis los asuntos de Estado para entreteneros con las fábulas.

Moraleja: Eso sucede entre la gente: prefieren prestarle atención únicamente al placer dejando de lado las cosas realmente necesarias. Cuidémonos de no caer en ese error. Compartamos equilibradamente el deber y el placer (*Fábulas de Esopo*, 2011).

Conclusión

Golondrina busca donde construir tu nido, no puedes quedarte sin nido, y en la casa de Dios hay esquinas para que hagas tu nido.

42
Conocedores como cigüeñas

Jeremías 8:7

«Aun la cigüeña en el cielo conoce su tiempo, y la tórtola y la grulla y la golondrina guardan el tiempo de su venida; pero mi pueblo no conoce el juicio de Jehová».

Introducción

Con tres aves, la cigüeña, la grulla y la tórtola, Dios por medio del profeta Jeremías, amonestó a su pueblo pues estos desconocían el juicio de Dios, que vendría por medio de Babilonia. En el norte de la Palestina abunda la cigüeña blanca que representa la piedad filiar.

1. La cigüeña conoce su tiempo

«Aun la cigüeña en el cielo conoce su tiempo… pero mi pueblo no conoce el juicio de Jehová» (Jer. 8:7).

El término hebreo para cigüeña es «anapha» o «jasidah» y significa «cariñosa» o «piadosa». Ayuda a los agricultores como depredadora al comerse los reptiles (culebras, sapos, lagartijas) y roedores pequeños que hacen daño a las siembras y a las cosechas. Y eso las ha hecho amigas de los pobladores.

El creyente cigüeña vela las siembras y cosechas. Cuida las siembras y las cosechas espirituales de todo aquello que se quiere comer las semillas del evangelio o las cosechas del Espíritu Santo en un corazón nuevo para Jesucristo.

La Traducción En Lenguaje Actual dice «su tiempo» y «el tiempo»; «conocen las estaciones» y «saben cuándo ir a un lugar más cálido». El creyente cigüeña sabe cuando moverse de un lugar a otro. Está bien conectado con el cielo.

«Los cedros del Líbano, árboles que tú mismo plantaste, tienen agua en abundancia. En ellos anidan las aves; en sus ramas habitan las cigüeñas» (Sal. 104:16-17, TLA). Las cigüeñas prefieren los cedros fuertes y de longevidad del Líbano. En la seguridad que ofrecen sus ramas, allí construyen sus nidos.

En España es común ver los nidos de cigüeñas en antiguos templos, donde varios nidos se hacen presentes. Las cigüeñas hacen sus nidos en torres de electricidad, antenas de transmisión radial o televisiva y en cualquier lugar alto.

Cuando emigran regresan siempre a su nido, donde se encuentran con su pareja. Cuando otras hembras tratan de invadir el nido para juntarse al macho, la hembra propietaria lucha hasta derrotar a una y otra invasora que lo intente. Son monógamas y familiares, muy conectadas a su nido.

La creyente cigüeña cuida de su matrimonio. No deja que ninguna intrusa le invada su relación marital. Y lucha en oración y ayuno hasta que sean vencidas las debilidades y tentaciones que buscan sabotear su nido.

«Alcé luego mis ojos, y miré, y he aquí dos mujeres que salían, y traían viento en sus alas, y tenían alas como de cigüeña, y alzaron la medida (el *efa*) entre la tierra y los cielos» (Zac. 5:9).

Este pasaje anterior es el único en las Sagradas Escrituras donde se ve una visión de ángeles en manifestación femenina. Esta visión describe a dos mujeres con alas como de cigüeñas, ayudadas por el viento y volando entre la tierra y el cielo.

El creyente cigüeña se arrima a buenos árboles del Líbano. Árboles de gran altura, de gran fortaleza y que den buena sombra. ¡Busca creyentes que sean árboles buenos y bendecidos para tener tu nido!

La cigüeña ha sido asociada con el mito de que traen los bebes. Quizá se deba a que muchas cigüeñas hacían sus nidos en la edad media cerca de las chimeneas. También porque en la primavera regresaban a sus antiguos nidos. Sobre todo por el apego a la familia. Pero el cuento de «Las Cigüeñas» de Hans Christian Andersen, donde habla de cómo las cigüeñas traen los bebes, popularizó el mito originario de la Escandinavia.

Un labrador colocó trampas en su terreno recién sembrado y capturó a un número de grullas que venían a comerse las semillas. Pero entre ellas se encontraba una cigüeña, la cual se había fracturado una pata en la trampa y que insistentemente le rogaba al labrador le conservara la vida: –Te ruego me liberes, amo –decía– solo por esta vez. Mi quebradura exaltará tu piedad, y además, yo no soy grulla, soy una cigüeña, un ave de excelente carácter, y soy muy buena hija. Mira también mis plumas, que no son como las de esas grullas.

El labrador riéndose dijo: –Será todo como lo dices, pero yo solo sé esto: Te capturé junto con estas ladronas, las grullas, y por lo tanto te corresponde morir junto con ellas.

Moraleja: Quien se asocia con el malvado, con él perece (*Fábulas de Esopo*, 2011).

2. La tórtola y la grulla guardan su tiempo

«... La tórtola y la grulla y la golondrina guardan el tiempo de su venida; pero mi pueblo no conoce el juicio de Jehová» (Jer. 8:7).

La tórtola es familia de la paloma y es migratoria. En hebreo se llama «tor» y en griego «trygón». Representa la dulzura y la debilidad (Alfonso Ropero [ed.], *Gran Diccionario Enciclopédico Bíblico*, Editorial CLIE, Terrassa 2013).

El Salmo 74:19 dice: «No entregues a las fieras el alma de tu tórtola, y no olvides para siempre la congregación de tus afligidos» (RVR 1960). Aquí la tórtola representa la aflicción y la prueba del pueblo de Dios. Muchas veces nuestra alma se siente como una tórtola que es buscada por las fieras del averno para despedazarla.

Las tórtolas emigran a la Palestina en la estación de la primavera y con su canto anuncian la llegada de la misma: «Se han mostrado las flores en la tierra, el tiempo de la canción ha venido, y en nuestro país se ha oído la voz de la tórtola» (Ct. 2:12).

A. Cabezón Martín dice de la tórtola: «Le agrada beber y bañarse tres o cuatro veces al día» (Alfonso Ropero [ed.], *Gran Diccionario Enciclopédico de la Biblia*, Editorial CLIE, Terrassa 2013). La tórtola es tipo del creyente que saca tiempo para meditar y leer la Palabra de Dios tres o cuatro veces al día.

«Daniel lo supo, pero de todos modos se fue a su casa para orar a Dios. Daniel acostumbraba a orar tres veces al día, así que entró en su cuarto, abrió la ventana y, mirando hacia Jerusalén, se arrodilló y comenzó a orar» (Dan. 6:10, TLA).

La tórtola es un ave que vuela demasiado rápida, ventaja que aprovecha para huir de los depredadores de gran tamaño. El creyente-tórtola ante los demonios depredadores alza el vuelo rápido en la oración. La oración te aleja de tus enemigos o aleja a tus enemigos de ti.

La tórtola es un ave prescrita para los sacrificios en el Antiguo Testamento. Abraham sacrificó una tórtola a Dios, con una becerra, una cabra y un palomino, para ratificar el pacto de Dios con él.

En Génesis 15:9 leemos: «Y le dijo: Tráeme una becerra de tres años, y una cabra de tres años, y un carnero de tres años, una tórtola también, y un palomino».

José y María presentaron una ofrenda a Dios, que era la ofrenda de los pobres, cuando circuncidaron al niño Jesús, que incluía dos tórtolas o dos palominos, y eso demuestra que los presentes o regalos de los magos o sabios del oriente dados al niño Jesús, se recibieron después, lo cual pudo mejorar su condición económica para su traslado provisional a Egipto:

> «Cumplidos los ocho días para circuncidar al niño, le pusieron por nombre JESÚS, el cual le había sido puesto por el ángel antes que fuese concebido. Y cuando se cumplieron los días de la purificación de ellos, conforme a la ley de Moisés, le trajeron a Jerusalén para presentarle al Señor (como está escrito en la ley del Señor: Todo varón que abriere la matriz será llamado santo al Señor), y para ofrecer conforme a lo que se dice en la ley del Señor: Un par de tórtolas, o dos palominos» (Lc. 2:21-24).

La grulla es una hermosa ave, abundan en el valle de Hula, antes lago de Hula, que recibe al río Jordán y le da nacimiento al mar de Galilea en la alta Galilea. Allí anualmente se reúnen unas 46,700 grullas.

Algunas grullas escarbaban sobre terrenos recién sembrados con trigo. Durante algún tiempo el labrador blandía una honda vacía, ahuyentándolas por el pánico que les producía. Pero cuando las aves se dieron cuenta del truco, ya no se alejaban de su comida. El labrador, viendo esto, cargó su honda con piedras y mató muchas de las grullas.

Las supervivientes inmediatamente abandonaron el lugar, lamentándose unas a otras: Mejor nos vamos, pues este hombre ya no contento con asustarnos, ha empezado a mostrarnos lo que realmente puede hacer.

Moraleja: Cuando las palabras no dan a entender, la acción sí lo hará (*Fábulas de Esopo*, 2011).

Conclusión

Como la cigüeña y la tórtola debemos conocer los tiempos en que vivimos, y guardarnos de esos tiempos. Anunciemos como la tórtola que la primavera de Jesucristo, el Amado, se aproxima.

43
Orgullosos como pavos reales

Job 39:13, RVR 1960

«¿Diste tú hermosas alas al pavo real, o alas y plumas al avestruz?».

Introducción

El pavo real parece ser originario de la India, pero fue importado por Salomón desde Tarsis o España: «Porque el rey tenía en el mar una flota de naves de Tarsis, con la flota de Hiram. Una vez cada tres años venía la flota de Tarsis, y traía oro, plata, marfil, monos y pavos reales» (1 R. 10:22). «Porque la flota del rey iba a Tarsis con los siervos de Hiram, y cada tres años solían venir las naves de Tarsis, y traían oro, plata, marfil, monos y pavos reales» (2 Cr. 9:21).

Salomón e Hiram eran socios del libre comercio marítimo. Esos viajes de la flota de Salomón y la flota de Hiram eran para traer cada tres años «oro, plata, marfil». La Nueva Versión Internacional en vez de «monos y pavos reales» rinde «monos y mandriles». Esa declaración parece ser un indicativo de que el rey Salomón importada animales extraños de la India para su zoológico de la Palestina.

1. El pavo real es muy hermoso

Desde la antigüedad, el pavo real gozó de mucha admiración por la hermosura de estas aves. Los machos tienen una cola policromada, que al abrirse es un abanico multicolor, de un exquisito diseño.

Los jardines imperiales en el pasado se adornaban con el paseo de estas elegantes aves, que eran como flores viandantes por esos predios, y que deleitaban la vista humana. Eran un verdadero «taco de ojos».

El plumaje verde y azul, bien combinado y mezclado, hace que el pavo real sea muy hermoso y llamativo. Es muy difícil ver a un pavo real, y que uno no sea tentado a tomar una fotografía.

En el arte cristiano el pavo real y el fénix (ave que no existió), son los favoritos para representar la resurrección del Señor Jesucristo y la resurrección de los santos. El cambio de plumaje en el pavo real le recuerda al creyente su renovación espiritual, su vida eterna, la inmortalidad de su alma y el inicio de su nueva vida con la conversión.

El Pavo real hizo la queja a Hera que, mientras el ruiseñor complacía cada oído con su canción, él mismo, apenas abría su boca, era el hazmerreír de todos quienes lo oían. La diosa, para consolarlo, dijo, –Pero tú eres excelentemente excedido en belleza y tamaño. El esplendor de la esmeralda brilla en tu cuello y despliegas una cola magnífica con el plumaje pintado. –¿Pero con qué objetivo tengo yo –dijo la ave– esta belleza muda mientras que soy superado en el canto? –La función de cada uno –contestó Hera– ha sido adjudicada por la voluntad de los destinos: a ti, belleza; al águila, fuerza; al ruiseñor, canto; al cuervo, augurios favorables, y a la corneja, augurios desfavorables. Y todos deben estar contentos por los atributos asignados.

Moraleja: Sé siempre consciente de cuáles son tus capacidades y habilidades para saber emplearlas lo mejor posible, con plena satisfacción (*Fábulas de Esopo*, 2011).

2. El pavo real se protege muy bien

Los pavos reales son aves territoriales. Hacen sus nidos bajos. Y vuelan limitadamente hasta las ramas de árboles cercanos. Son muy polígamos, teniendo entre cuatro y seis hembras.

Los chillidos del pavo real no son muy atractivos, contrastando con su físico. Su sonido es comparado a niños gritando. Y sirven de seguridad ante la amenaza de peligro.

La carne del pavo real era y es un exquisito plato. A los visitantes especiales, y a los guerreros excepcionales y héroes de guerra se les agasajaba con un rico plato de carne de pavos reales.

El pavo real avisa a sus homólogos cuando hay depredadores. Utilizan sus alas para volar y ponerse a salvo. En sus talones tiene espolones que miran hacia adelante, y uno mira hacia atrás, que emplea contra sus enemigos, y le es muy beneficioso.

El pavo real posee una vista extraordinaria, que le ayuda a ver a sus enemigos mucho antes de que estos se den cuenta. Escuché a un guía de un zoológico decir: «Al abrir el pavo real su cola, en la misma se ven como muchos ojos, que le ayudan a cortejar a su pareja».

Al pavo real se ha descrito como «el pájaro con cien ojos». En las narraciones de muchas leyendas con el pavo real, esta pluralidad de diseños de ojos, los asocia con la mirada de «los cien testigos», que ven todo lo malo que ocurre.

3. El pavo real representa orgullo, vanidad y vanagloria

El nombre del pavo real en inglés es «peacock». Se distingue muy bien de los pavos silvestres y de los pavos de crianza. Benjamín Franklin propuso que el pavo silvestre fuera el ave emblema de la nación norteamericana. Pero su competidor, el águila, le ganó por muchos votos. De haberse aprobado, hoy se burlarían muchas naciones de nosotros, llamándonos «Turkey Nation» o «Nación del Pavo».

Se usan muchas expresiones alusivas a la cola multicolor del pavo real, y se aplican a personas: «Está como pavo real». «Anda pavoneado». «Ese es un pavo real». «Está hecho todo un pavo real».

Llegó a mis manos una ilustración titulada «El Pavo Real». Su autor es desconocido en el escrito que recibí. Leamos la misma:

«Un pavo real orgulloso se jactó de que él era el pájaro más bello y el mejor bailarín del mundo entero. Miró con desprecio a las otras aves que carecían de belleza o destreza en el baile. Una vez un cuervo trató de hacer amistad con él; este dijo con desprecio al cuervo: 'Tú eres muy feo y pequeño en apariencia y ofensivo en el sonido y el comportamiento. Tú eres un carroñero alimentándote de basura y de la carne en descomposición. ¿Cómo te atreves a venir cerca de mí? Mira mi elegante, elaborado, enorme y exquisito plumaje exótico. Yo soy admirado por mi belleza, gracia y excelentes habilidades en el baile. ¡Apártate de mí!'.

El pavo real desplegó su cola larga y colorida y desplegó sus plumas brillantes. Él se movió con gracia, jactanciosamente mostrando sus habilidades de baile magníficos. De repente, un leopardo hizo un ataque sorpresa a su escondite y cogió el pavo real antes de que pudiera hacer ningún movimiento defensivo. Su desplegado plumaje le hacía incapaz de escapar a los depredadores. Pero el cuervo simple pudo hacer un vuelo rápido y fácil para escapar de la emboscada. Sentado en un árbol alto el cuervo vio el trágico destino del pavo real orgulloso y lloró de pena».

4. El pavo real llamado Lucero

El «Padre de la Iglesia», llamado Agustín (354-430 d.C.), habló sobre el ser caído que antes fue un ángel en la presencia del Eterno: «El Diablo estuvo en la verdad, pero no perseveró. Su defecto no estuvo en su naturaleza, sino en su voluntad».

a) La descripción pasada de Lucero. «Hijo de hombre, levanta endechas sobre el rey de Tiro, y dile: Así ha dicho Jehová el Señor: Tú eras el sello de la perfección, lleno de sabiduría, y acabado de hermosura» (Ez. 28:12).

Ezequiel, llamado «hijo de hombre» por Dios, fue llamado a entonar un tono fúnebre sobre el rey de Tiro. Esta elegía de manera sarcástica se contextualiza en la pasada eternidad con un querubín del que se dice: «... eras perfecto en todo; tu sabiduría y tu belleza no tenían comparación» (TLA).

b) La habitación pasada de Lucero. «En Edén, en el huerto de Dios estuviste; de toda piedra preciosa era tu vestidura; de cornerina, topacio, jaspe, crisólito, berilo y ónice; de zafiro, carbunclo, esmeralda y oro; los primores de tus tamboriles y flautas estuvieron preparados para ti en el día de tu creación» (Ez. 28:13).

Se deja saber que ese ángel perfecto, sabio y hermoso, fue puesto en un pre-Edén (Gén. 1:1-2), aquí en la tierra original. Sus vestiduras eran de piedras hermosas y de oro. El día que fue creado, hubo un concierto celestial.

c) El rango pasado de Lucero. «Tú, querubín grande, protector, yo te puse en el santo monte de Dios, allí estuviste; en medio de las piedras de fuego te paseabas» (Ez. 28:14).

Este ángel ocupó la alta posición con el rango de «querubín grande». Y en ese anterior jardín del Edén, antes de Adán y Eva, este ser angelical se paseaba. Y esta pueda ser una de las razones, de que cuando Adán y Eva estuvieron en el nuevo jardín del Edén, este se llenó de celo y envidia hacia nuestros primitivos padres.

d) La naturaleza pasada de Lucero. «Perfecto eras en todos tus caminos desde el día que fuiste creado, hasta que se halló en ti maldad» (Ez. 28:15).

La Traducción En Lenguaje Actual aclara el sentido anterior: «Desde el día en que naciste te habías portado bien, pero un día mostraste tu maldad». Dios creó todo «ex-nihilo», de la nada, y perfecto. Pero en ese ángel se excedió. Pudo haber sido la primera creación del Eterno.

e) El comportamiento pasado de Lucero. «A causa de la multitud de tus contrataciones fuiste lleno de iniquidad, y pecaste; por lo que yo te eché del monte de Dios, y te arrojé de entre las piedras del fuego, oh querubín protector» (Ez. 28:16).

En la Traducción En Lenguaje Actual se lee: «Desde el día en que naciste te habías portado bien, pero un día mostraste tu maldad». Dios no creó el mal, el mal nació en el corazón de esta criatura, cuando se alejó del propósito original de su diseño para el cual fue creado. De igual manera Dios no creó el mal para nuestros edénicos padres, el mal nació en ellos de su propia voluntad.

f) El orgullo pasado en Lucero. «Se enalteció tu corazón a causa de tu hermosura, corrompiste tu sabiduría a causa de tu esplendor; yo te arrojaré por tierra; delante de los reyes te pondré para que miren en ti» (Ez. 28:17).

La Traducción En Lenguaje Actual declara: «Era tan singular tu belleza que te volviste muy orgulloso. ¡Tu orgullo y tu hermosura te hicieron perder la cabeza! Por eso te arrojé al suelo y en presencia de los reyes te hice quedar en ridículo».

El sentirse hermoso y bello, en vez de ver en esto la obra del Dios que lo creó, hizo que este ángel se llenara y se enalteciera de orgullo. Se llenó más de sí mismo y se vació de Dios. Acto que se sigue repitiendo en muchos seres humanos.

g) El juicio pasado de Lucero. «Con la multitud de tus maldades y con la iniquidad de tus contrataciones profanaste tu santuario; yo, pues, saqué fuego de en medio de ti, el cual te consumió, y te puse en ceniza sobre la tierra a los ojos de todos los que te miran. Todos los que te conocieron de entre los pueblos se maravillarán sobre ti; espanto serás, y para siempre dejarás de ser» (Ez. 28:19-20).

En la Traducción En Lenguaje Actual aparece: «¡Fueron tantos tus pecados, y tan sucios tus negocios que ni tus templos respetaste! Por eso hice que de tu interior brotara un fuego que te quemara. Las naciones que te conocían, y que antes te admiraban, hoy se quedan impresionadas al verte por el suelo, convertido ya en cenizas. ¡Eres motivo de espanto porque has dejado de existir!».

Un desfile de pecados con maldades se hizo presente en la vida de este ser angelical que prefiguraba al mismo rey de Tiro. Un pecado nunca viene solo, siempre viene acompañado de otros que le siguen o se les asocia. Los dos efectos al pecar son: Primero, el pecado gustará. Segundo, el pecado dará hambre de volver a pecar.

h) La caída pasada de Lucero. «¡Cómo caíste del cielo, oh Lucero, hijo de la mañana! Cortado fuiste por tierra, tú que debilitabas a las naciones. Tú que decías en tu corazón: Subiré al cielo; en lo alto, junto a las estrellas de Dios, levantaré mi trono, y en el monte del testimonio me sentaré, a los lados del norte; sobre las alturas de las nubes subiré, y seré semejante al Altísimo. Mas tú derribado eres hasta el Seol, a los lados del abismo. Se inclinarán hacia ti los que te vean, te contemplarán, diciendo: ¿Es este aquel varón que hacía temblar la tierra, que trastornaba los reinos; que puso el mundo como un desierto, que asoló sus ciudades, que a sus presos nunca abrió la cárcel?».

Isaías lo llama «Lucero hijo de la mañana» (RV-60) o «estrella luciente, hijo de la mañana» (NTV). Al Hijo de Dios se le llama en Apocalipsis 22:15 «la estrella resplandeciente de la mañana» o «la brillante estrella de la mañana» (NTV). Tanto a Lucero como al Hijo de Dios o Cristo, se les llama «lucero de la mañana» o «estrella resplandeciente de la mañana». Y es probable que Lucero, aunque se le llamó así también, se llenara de envidia al saber que había otra «estrella resplandeciente» antes que él.

El día de su caída llegó. Juan el Apocalipta describe a este ángel principal como un «dragón escarlata».

«También apareció otra señal en el cielo: he aquí un gran dragón escarlata, que tenía siete cabezas y diez cuernos, y en sus cabezas siete diademas; y su cola arrastraba la tercera parte de las estrellas del cielo, y las arrojó sobre la tierra. Y el dragón se paró frente a la mujer que estaba para dar a luz, a fin de devorar a su hijo tan pronto como naciese» (Apoc. 12:3-4).

«Después hubo una gran batalla en el cielo: Miguel y sus ángeles luchaban contra el dragón; y luchaban el dragón y sus ángeles».

«Y fue lanzado fuera el gran dragón, la serpiente antigua, que se llama diablo y Satanás, el cual engaña al mundo entero; fue arrojado a la tierra, y sus ángeles fueron arrojados con él» (Apoc. 12:7, 9).

5. El pavo real llamado Nabucodonosor

En la Biblia tenemos muchos pavos reales. Entre estos tenemos al pavo real Absalón (2 Sam. 1-18); al pavo real Adonías (1 Re. 1:5-10); al pavo real Nabucodonosor (Dan. 4:30); y al pavo real Herodes Agripa I (Hch. 12:20-23). Deseo hablar únicamente del pavo real de Babilonia.

a) El orgullo de Nabucodonosor. «Un año después, el rey andaba paseando por su palacio y dijo: «¡Qué grande es Babilonia! ¡Yo fui quien la hizo grande y hermosa, para mostrar mi poder a todo el mundo!» (Dan. 4:30).

El rey se llenó de orgullo por la gran Babilonia que había edificado. La misma era cruzada por el río Éufrates. Tenía la hermosa Puerta de Istar. En sus altas murallas se podían mover cuatro carros de guerra. Y poseía los hermosos Jardines Colgantes de Babilonia, una de las Siete Maravillas antiguas.

La Nueva Traducción Viviente declara: «Y mientras contemplaba la ciudad, dijo: '¡Miren esta grandiosa ciudad de Babilonia! Edifiqué esta hermosa ciudad con mi gran poder para que fuera mi residencia real a fin de desplegar mi esplendor majestuoso'».

Este monarca estaba orgulloso de la ciudad que edificó, pero estaba más orgulloso por haberla construido él.

b) El juicio a Nabucodonosor. «Todavía estaba hablando el rey, cuando se oyó una voz del cielo que le dijo: «Rey Nabucodonosor, a partir de este momento dejarás de ser rey. No vivirás ya entre la gente, sino que vivirás siete años entre los animales. Comerás hierba del campo, como ellos, hasta que reconozcas que el Dios altísimo es el único rey de este mundo. Solo Dios puede hacer rey a quien él quiere que sea rey» (Dan. 4:31-32).

Un ángel de parte de Dios, le dejó saber que por siete años no viviría con la gente, sino que tendría el comportamiento de una bestia. Y duraría con ese patrón hasta que se humillara delante de Dios.

c) La degeneración de Nabucodonosor. «Estas palabras se cumplieron inmediatamente, y el rey dejó de vivir entre la gente. Comía pasto, como los toros, y se bañaba con el rocío del cielo. Sus cabellos parecían plumas de águila, y sus uñas parecían garras de pájaro» (Daniel 4:33, TLA).

La profecía dada por Daniel, al interpretar el sueño tenido por Nabucodonosor, se cumplió un año después. Su «corazón de hombre» le fue cambiado por un «corazón de bestia»: Leemos: «Su corazón de hombre sea cambiado, y le sea dado corazón de bestia, y pasen sobre él siete tiempos». Y actuaba como una bestia, su pelo le creció como plumas de águila y sus uñas largas parecían como de pájaro. ¡Perdió la mente, se volvió loco!

d) La restauración de Nabucodonosor. «Tan pronto como dije esto, sané de mi locura y recuperé la grandeza de mi reino. ¡Volví a ser el mismo de antes! Todos los consejeros y jefes de mi reino vinieron a servirme, y llegué a ser más poderoso que antes. Por eso alabo y adoro al Rey del cielo, pues todo lo que hace está bien hecho. Él es un Dios justo, que humilla a los que son orgullosos. Lo digo yo, el rey Nabucodonosor» (Dan. 4:36-37, TLA).

Pero al final, la película de la vida de Nabucodonosor, tuvo una hermosa escena. Él declaró: «Sané de mi locura y recuperé la grandeza de mi reino. ¡Volví a ser el mismo de antes!». Tuvo una verdadera salud mental. ¡Recuperación total!

Esto me recuerda otro cuadro, el del hijo pródigo: «Cuando finalmente entró en razón, se dijo a sí mismo: 'En casa, hasta los jornaleros tienen comida de sobra, ¡y aquí estoy yo, muriéndome de hambre! Ya no soy digno de que me llamen tu hijo. Te ruego que me contrates como jornalero'» (Lc. 15:17, 19, NTV).

Vemos en los evangelios a un hombre endemoniado de Gadara, con una total recuperación mental: «La gente salió corriendo para ver lo que había pasado. Pronto una multitud se juntó alrededor de Jesús, y todos vieron al hombre liberado de los demonios. Estaba sentado a los pies de Jesús, completamente vestido y en su sano juicio, y todos tuvieron miedo» (Lc. 8:35, NTV).

Todo esto responde a un cuadro del ser humano que vive alejado de la gracia de Jesucristo, comportándose con instintos animales, fuera de sí, sin el control de su vida. Pero un día responde al llamado del Espíritu Santo, vuelve su mirada al cielo como Nabucodonosor; vuelve a su razón como el hijo pródigo; y está en su juicio cabal como el gadareno.

6. Las señales de un pavo real espiritual

a) El pavo real espiritual alardea mucho de sí mismo. Este tipo de pavo real siempre está sacando los juguetes de su caja llena de muñequitos o monos. Cualquier reconocimiento anda siempre mostrándolo. No espera que le den un reconocimiento de manera espontánea, se las idea o utiliza a alguien para que se lo den.

b) El pavo real espiritual busca el foco de la atención. Es un pavo real que quiere toda la atención. Con sus palabras y gestos desea que otros se fijen en él o en ella. Los logros de otros no le interesan, lo que le interesa es que otros se fijen en los suyos propios.

De seguro que al tomarse alguna fotografía, se mete en el centro o se pone algo que lo haga sobresalir. En público desea que todos los ojos se fijen en él o ella. La atención hacia sí, es su gran necesidad emocional. Para llenarse emocionalmente necesita buenas dosis de elogios. Lo que otro hace bien para esta persona no es más importante que lo que él o ella hace.

c) El pavo real espiritual presume de conocer a fulano o a mengano. A este pavo real se le identifica porque está mencionando por lo general a personalidades reconocidas con las cuales estuvo, habló y se rodeó. En vez de decir que él o ella buscaron estar con esa persona, afirman que esa persona quería que ellos estuvieran con ella.

Gusta de estar soltando nombres de gente reconocida o famosa, pero siempre a su favor. En inglés se le conoce como «name dropers». Esto lo aprendí cuando mi mentor el Rvdo. Don Wilkerson, hermano de David Wilkerson, en la celebración que se me hizo como Obispo de nuestra organización habló de los «name dropers». Eso hace sentirse importantes a esta clase de personas. Los títulos les llenan.

d) El pavo real espiritual habla a veces con el lenguaje del humilde. Busca disimular bien sus faltas. Lo malo que señala en otros es el reflejo de sus propias faltas. Suena a muy espiritual cuando en realidad no lo es. La humildad es la única virtud que se pierde cuando alguien la reclama. Aunque ser humilde no significa ser humillado.

e) El pavo real espiritual tuerce las historias para beneficio propio. Dice un por ciento de la verdad, inflama con un relleno de su propia historia y fantasía. Declara una verdad-mentira. Manipula los hechos reales a su favor. Y se ha acostumbrado tanto a mentir, que lo hace con mucha naturalidad. Lo peor es que quienes lo conocen o la conocen bien, se han acostumbrado tanto a escucharlos que ya no se molestan, ni se sienten afectados por esta conducta presumida. Aquellos cercanos a él y a ella le llevan la corriente.

f) El pavo real espiritual busca siempre ser alumbrado por las luces. Seres humanos, líderes, que desean siempre el centro de la atención. Que se les nombre públicamente. Que sus nombres estén en los programas. Que la fotografía escogida para algo sea aquella donde ellos o ellas están.

g) El pavo real espiritual se jacta mucho de sus logros personales. Y tiene la tendencia a exagerar los testimonios y las historias con las cuales se identifica. Es siempre el héroe de sus rodeos espirituales.

h) El pavo real espiritual se molesta cuando otros son reconocidos y premiados. Estos o estas sienten que ellos deben ser los reconocidos siempre. Y se niegan a aceptar con conciencia los logros de otros cercanos a ellos.

i) El pavo real espiritual es muy parlanchín. En conversaciones de grupo o con otra persona, manejan siempre la misma para destacar sus acciones y proezas personales. Buscan sobresalir aunque tengan que inventar historias.

j) El pavo real espiritual es de pocos amigos sinceros. Las amistades ya los conocen. Al escucharlos alardeando y parloteando, hacen como que les prestan atención pero internamente se ríen de su ignorancia.

Conclusión

El pavo real nos recuerda que aunque este tiene una hermosa cola, que como abanico le hace lucir toda su hermosura, sus patas flacas le recuerdan que todavía le falta algo.

44
Comparados a gallinas

Mateo 23:37, RVR 1960

«¡Jerusalén, Jerusalén, que matas a los profetas, y apedreas a los que te son enviados! ¡Cuántas veces quise juntar a tus hijos, como la gallina junta a sus polluelos debajo de las alas, y no quisiste!».

Introducción

El término hebreo para «gallina» es «ornis» y en latín es «gallina». Era un ave doméstica desconocida en el Antiguo Testamento, de ahí que no se le mencione. Y en el Nuevo Testamento la única mención es hecha por nuestro Señor Jesucristo, para ilustrar su cuidado y afecto por los habitantes de Jerusalén como la gallina con sus polluelos, pero estos rechazaban su predicación y lo rechazarían delante de Pilatos.

1. La gallina es doméstica

Desde los anales de la historia en la India o Persia, la gallina era un ave doméstica, que con sus huevos proveía sustento y que con su sacrificio daba alimento. La gallina ha sido sustento por milenios de la humanidad.

«Se cuenta en una ilustración del cerdito y la gallina que pasan frente a un Salvation Army o Ejército de la Salvación. Leen un anuncio que dice: 'Se solicitan donaciones o contribuciones para dar desayunos de huevo y tocineta a los pobres'.

La gallina le dice al cerdito: 'Vamos cerdito, debemos ser altruistas y ayudar desinteresadamente al prójimo'.

El cerdito, muy preocupado, la mira a los ojos y con una voz entrecortada le responde: 'Gallina, tu darás una contribución, huevos. Pero yo tendré que hacer un gran sacrificio, me convertiré en tocineta'».

Moraleja: En la vida, muchos seres humanos pueden ofrecer y dar contribuciones, que no los afectarán mucho. Pero otros seres humanos tendrán que hacer sacrificios que les costará todo, incluso su propia vida.

Jesús hizo sus contribuciones a muchas personas durante sus días en Israel, pero también se sacrificó por todo el género humano.

2. La gallina es maternal

Jesús fue un radical en sus ideas, fue un revolucionario de cambios espirituales, fue un profeta de justicia, fue un agente de transformación. Inauguró su ministerio mesiánico transformando la propiedad del agua (H2O) en el mejor vino en Caná de Galilea. Que por cierto, hasta el día de hoy, Caná de Galilea que la he visitado 30 veces, goza de la fama de tener el mejor vino de Israel.

«Jesús les dijo a los sirvientes: 'Llenen las tinajas con agua'. Una vez que las tinajas estuvieron llenas, les dijo: 'Ahora saquen un poco y llévenselo al maestro de ceremonias'. Así que los sirvientes siguieron sus indicaciones» (Jn. 2:7-8, NTV).

La orden de Jesús fue apremiante «llenen las tinajas con agua» y la obediencia de los sirvientes fue total, «las tinajas estuvieron llenas». Muchos milagros exigen nuestra colaboración. Jesús hará lo sobrenatural, nosotros haremos lo natural.

«Cuando el maestro de ceremonias probó el agua que ahora era vino, sin saber de dónde provenía (aunque, por supuesto, los sirvientes sí lo sabían), mandó a llamar al novio» (Jn. 2:9, NTV).

Juan 2:11 nos dice: «Jesús hizo esta primera señal en Caná de Galilea. Así empezó a mostrar el gran poder que tenía, y sus discípulos creyeron en él» (TLA).

Por otro lado, al acercarse a la majestuosa y concurrida Jerusalén, concurrida de peregrinos nacionales e internacionales para aquella histórica Pascua en relación con el Mesías enviado, lloró por aquella gente.

Y allí, dentro del marco de su discurso, se comparó con la gallina, señaló esa maternidad y cuidado de la gallina, para aplicárselo a sí mismo.

«¡Gente de Jerusalén, gente de Jerusalén! Ustedes matan a los profetas y a los mensajeros que Dios les envía. Muchas veces quise protegerlos, como protege la gallina a sus pollitos debajo de sus alas, pero ustedes no me dejaron» (Mt. 23:37, TLA).

Jesús señaló a Jerusalén como una ciudad que era un escenario para matar «a los profetas» y «a los mensajeros» enviados de parte de Dios. No solo sus ciudadanos cerraban los oídos al fuerte y represivo mensaje profético, sino que a los mensajeros que llegaban a esta ciudad con un mensaje de esperanza y de redención, lo ajusticiaban con la pena de muerte.

«Pilatos le preguntó a la gente que estaba allí: '¿A quién quieren ustedes que ponga en libertad: a Jesús Barrabás, o a Jesús, a quien llaman el Mesías?'» (Mt. 27:17, TLA).

«Mientras tanto, los sacerdotes principales y los líderes convencieron a los que estaban allí, para que pidieran la libertad de Barrabás y la muerte de Jesús. El gobernador volvió a preguntarle al pueblo: –¿A cuál de los dos quieren que ponga en libertad? Y todos respondieron: –¡A Barrabás!» (Mt. 27:20-21, TLA).

A Jesús también lo abuchearon ante Pilatos con la muerte romana: «El gobernador les preguntó: –Díganme, ¿qué mal ha hecho este hombre? Pero la multitud gritó con más fuerza: –¡Que muera en una cruz!» (Mt. 27:23, TLA).

3. La gallina es protectora

«... Cuántas veces quise juntar a tus hijos como la gallina protege a sus pollitos debajo de sus alas, pero no me dejaste». (Mt. 23:37, NTV). Jerusalén había rechazado la visita mesiánica del Dios hecho carne.

El «Príncipe de los predicadores», Charles Haddon Spurgeon, predicó ante el Tabernáculo Metropolitano, Newington, Londres, en la noche del domingo 16 de Abril de 1882, un sermón titulado: «Lo que Jesús quiere hacer». Este fue luego leído el domingo 9 de Julio de 1899, y abordó este pasaje de Jesús comparándose con una gallina:

«Es un símil muy sencillo, casero, hermoso y conmovedor: la gallina que junta a sus polluelos debajo de sus alas; y, quiere decir, primero, que Jesús quiere que te sientas muy seguro. Mira, allí está la sombra de un halcón. El pájaro de presa está suspendido allí, y su sombra puede verse en el suelo. La mamá gallina, mirando hacia arriba, advierte al destructor; y, en un instante, produce un cloqueo de alarma y reúne así a su pequeña familia; en unos cuantos segundos, todos están a salvo bajo sus alas protectoras, que se convierten en el eficaz escudo de los polluelos».

«Y, ¡oh, cuán felices serían algunos de ustedes si vinieran a Cristo como los polluelos corren a la gallina! ¡Oh, cuán felices los haría Cristo! Mujer desdichada, que estás allá, esta precisa noche podrías ser feliz. El Gigante Desesperación te ha marcado como suyo, afirmas tú. Entonces yo reto al Gigante Desesperación, y lo llamo mentiroso. Si crees en Cristo, descubrirás que te ha redimido con Su Sangre».

«Cuando la gallina junta a sus polluelos debajo de sus alas, no solo proyecta seguridad, y felicidad, y una sociedad congenial, sino también una conciencia de grande amor. Los pobres polluelos no entienden mucho acerca de ello, no saben qué relación tiene la gallina con ellos, pero ella sí lo entiende. Sin embargo, ellos sienten que ella los ama por la manera en que levanta cada granito para ellos, y por la manera en que los llama para juntarlos tan ansiosamente, y los cubre tan cuidadosamente».

Recuerdo que durante mi niñez mi hermano Luis M. Silva, en la casa de mis abuelos maternos, Filomeno y Josefina, tomó un pollito de una gallina. Esta lo vio y de manera sorpresiva lanzó un ataque aéreo contra su rostro y poco faltó para sacarle un ojo, y la cicatriz al lado de su ojo siempre lo recuerda.

La gallina protege bajo sus alas a sus polluelos. Y pelea por ellos. No se los deja arrebatar fácilmente. Pero los polluelos, por instinto de conservación, buscan esa cobertura de la gallina. Jerusalén no quiso ampararse bajo las alas del Maestro.

El teólogo Joseph Ratzinger «Papa Benedicto XVI», y no le extrañe que yo lo cite, lo hago como académico, en su libro «Jesús de Nazaret» (*Desde la entrada a Jerusalén hasta la resurrección*), declara lo siguiente sobre esas palabras donde Jesucristo se comparó a la gallina:

«La imagen de la gallina protectora y preocupada proviene del Antiguo Testamento: Dios 'encontró [a su pueblo] en tierra desierta... Y le envuelve, le sustenta, le cuida como a la niña de sus ojos. Como uno que vela por su nidada, revolotea sobre sus polluelos, así despliega él sus alas y le toma, lo lleva sobre sus plumas'» (Dt. 32,10). Al lado de este texto puede ponerse la hermosa expresión del Sal. 36,8: '¡Qué inapreciable es tu misericordia, oh Dios! Los hombres se acogen a la sombra de tus alas'. Jesús aplica aquí la bondad poderosa de Dios mismo a su propio obrar y a su intento de atraer a la gente. No obstante, esta bondad que protege a Jerusalén con las alas desplegadas (cf. Is. 31,5) se dirige al libre albedrío de los polluelos, y estos la rechazan: 'Pero no habéis querido' (Mt. 23,37) (Joseph Ratzinger, *Jesús de Nazaret*, Ediciones Encuentro, Madrid 2011).

4. La gallina es avisadora

Después de Jesús reprimir a Jerusalén por su mal comportamiento hacia los emisarios del cielo, les dejó saber que Él era el Mesías esperado, para los que quisieran entender, porque para un buen entendedor, pocas palabras bastan. Pero no volverían a saber de Él, hasta su próximo retorno.

«Les aseguro que a partir de este momento no volverán a verme, hasta que digan: 'Bendito el Mesías que viene en el nombre de Dios'» (Mt. 23:39, TLA).

Muy triste, los teólogos de Jerusalén se las pasaban enfrascados, buscando en sus exégesis textuales, cuándo llegaría el Mesías. El Mesías llamado Jesús llegó, lo vieron, él habló con ellos, él entró a Jerusalén, y aquellos académicos del templo, no se dieron cuenta. Lo vieron muy humano. Lo vieron con poca formación teológica. Y para ellos era demasiado social. Jesús era muy libertino con las amistades.

Lo mismo ocurrió con Herodes y esa cátedra de teólogos que le hacían circunferencia. Los sabios del oriente llegaron buscando al niño Mesías. Allí mismo se hizo un estudio bíblico exegético, se indicó que nacería en Belén. Herodes los envió allá.

«Jesús nació en Belén de Judea cuando Herodes el Grande era rey de ese país. En esa época, unos sabios de un país del oriente llegaron a Jerusalén y preguntaron: –¿Dónde está el niño que nació para ser el rey de los judíos? Vimos su estrella en el oriente y hemos venido a adorarlo» (Mt. 2:1-2, TLA).

«El rey Herodes y todos los habitantes de Jerusalén se pusieron muy nerviosos cuando oyeron hablar de esto. Entonces Herodes reunió a los sacerdotes principales y a los maestros de la Ley, y les preguntó: –¿Dónde tiene que nacer el Mesías? Ellos le dijeron: –En Belén de Judea, porque así lo anunció el profeta cuando escribió: 'Tú, Belén, eres importante entre los pueblos de Judá. De ti nacerá un príncipe, que guiará a mi pueblo Israel'». (Mt. 2:3-6, TLA).

«Luego les dijo: 'Vayan a Belén y averigüen todo lo que puedan acerca del niño. Cuando lo encuentren, avísenme. Yo también quiero ir a adorarlo'. Después de escuchar al rey, los sabios salieron hacia Belén. Delante de ellos iba la misma estrella que habían visto en su país. Finalmente, la estrella se detuvo sobre la casa donde estaba el niño. ¡Qué felices se pusieron los sabios al ver la estrella!» (Mt. 2:8-10, TLA).

Interesante, Herodes El Grande ayudó a aquellos sabios del oriente, de un país lejano, a encontrar con la ayuda de sus exégetas la ciudad donde nacería el Mesías. Los envió a Belén, y les dijo que le avisaran cuando lo localizaran, para ir él también a adorarlo. Ellos encontraron al niño Mesías, pero él no encontró al niño Mesías. Porque no lo buscó de corazón, sino que lo buscó teológicamente. No lo vio como un rey espiritual para adorarlo, sino como un rey competente contra su reinado. ¡Herodes se sintió celoso del Mesías Jesús!

Son muchos los que conocen al Jesús de la historia, pero no conocen al Jesús de sus vidas. Conocen la teología, pero no conocen al Cristo que es el contenido de la teología cristiana. Hablan de un Gran Amigo, pero no son amigos de ese Gran Amigo. Predican una salvación que no la han experimentado. Le dicen a otros como pueden ser libres de las cadenas del pecado, pero ellos viven arrastrando cadenas pesadas y mohosas en sus vidas. ¡Muchos púlpitos tienen a loros predicando! Hablan de transformación sin tener vidas transformadas. Ellos mismos no creen lo que predican.

Conclusión

Aquella gallina mesiánica, quiso cobijar con sus alas de amor, proteger con sus alas de misericordia, cubrir con sus alas de gracia, pero aquellos polluelos religiosos, se le salieron de esas alas divinas.

45
Cubriendo como codornices

Éxodo 16:13, RVR 1960

«Y venida la tarde, subieron codornices que cubrieron el campamento; y por la mañana descendió rocío en derredor del campamento».

Salmos 105:40, RVR 1960

«Pidieron, e hizo venir codornices; y los sació de pan del cielo».

Introducción

La codorniz es un ave pequeña de la familia de la perdiz. La mayor parte del tiempo la pasa en el suelo. Durante el día se oculta y salen por las tardes. La codorniz mencionada en la Biblia emigra de Europa a la parte central de África. Llega a la Península de Egipto por el mes de marzo, y de ahí pasa a la Palestina y a Siria. El nombre «perdiz» significa «pesadez». (Para más información consulte: Alfonso Ropero Berzosa (ed.), *Gran Diccionario Enciclopédico de la Biblia*, Editorial CLIE, Terrassa 2013).

Éxodo 16:1 sugiere que Dios envió por primera vez las codornices a los hebreos en la primavera: «Un mes y medio después de haber salido de Egipto, los israelitas partieron de Elim, y llegaron al desierto de Sin, que está entre Elim y la montaña del Sinaí» (TLA).

Un año después, nuevamente en la primavera, Dios les envió otra remesa de codornices, pero esta vez Dios se disgustó con la actitud del pueblo, según Números 11:31-35. Deseo concentrarme en esta segunda llegada de codornices.

1. La llegada de las codornices

Este capítulo presenta la insatisfacción del pueblo hebreo a «un mes y medio» de haber realizado el Éxodo. Se quejaron contra Dios, y este les envió un juicio fuego que les produjo muerte, pidieron ayuda a Moisés y este oró por ellos (Nm. 11:1-3). A aquel lugar lo llamaron «Tabera» («incendio»).

«Y la gente extranjera que se mezcló con ellos tuvo un vivo deseo, y los hijos de Israel también volvieron a llorar y dijeron: ¡Quién nos diera a comer carne! Nos acordamos del pescado que comíamos en Egipto de balde, de los pepinos, los melones, los puerros, las cebollas y los ajos; y ahora nuestra alma se seca; pues nada sino este maná ven nuestros ojos» (Nm. 11:4-6).

Entre los liberados de Egipto que salieron en el éxodo había «extranjeros». Esto dirigió el coro del disgusto. Y expresaron que añoraban «el pescado» y «los pepinos, los melones, los puerros, las cebollas y los ajos». ¡Una ironía de gente que quizá en Egipto, no podía disfrutar esto! Y que no había comparación con la libertad. Se nos dice que el pueblo se cansó del maná: «¡Pero ahora lo único que vemos es este maná! Hasta hemos perdido el apetito» (Nm. 11:6, NTV).

Muchos se cansan del «maná» dado en la predicación o compartido por medio de la enseñanza de la Biblia. Los sustitutos a estos momentos con la «palabra» que hace presente la «presencia» de Jesucristo, es la moda de esta generación. Cada día buscamos más el entretenimiento cúltico, que el confrontamiento bíblico. Lo que experimentamos va por encima de lo que creemos.

Luego se describe al maná, llamado también «comida de ángel»: «El maná era parecido a pequeñas semillas de cilantro, y era de un color amarillo claro como goma de resina. La gente salía a recogerlo del suelo. Con el maná se hacía harina en los molinos de mano o se machacaba en un mortero. Luego se hervía en una olla para hacer panes planos que sabían a pastelitos horneados con aceite de oliva. Durante la noche, el maná caía sobre el campamento juntamente con el rocío» (Nm. 11:7-9, NTV).

Ante este descontento, Dios optó por traerle carne, ante el fastidio del buen maná que le daba al pueblo: «Y vino un viento de Jehová, y trajo codornices del mar, y las dejó sobre el campamento, un día de camino a un lado, y un día de camino al otro, alrededor del campamento, y casi dos codos sobre la faz de la tierra» (Nm. 11:31).

La Traducción En Lenguaje Actual dice: «Dios hizo que desde el mar soplara un viento muy fuerte. Ese viento trajo muchísimas codornices y las lanzó sobre el campamento de los israelitas. Eran tantas que se podía caminar todo un día por el campo y encontrarlas amontonadas a casi un metro de altura».

Eran tantas las codornices que cayeron sobre el campamento de los hebreos, y caminando todo un día se encontraban codornices por todos sitios, y alcanzaron estas casi tres pies de altura. Cuando Dios provee lo hace abundantemente. Da sin medida. Da para amontonar.

2. El recoger las codornices

«Entonces el pueblo estuvo levantado todo aquel día y toda la noche, y todo el día siguiente, y recogieron codornices; el que menos, recogió diez montones; y las tendieron para sí a lo largo y alrededor del campamento» (Nm. 11:32).

La Traducción En Lenguaje Actual aclara el sentido del pasaje: «La gente se la pasó juntando codornices todo ese día, y toda la noche y el día siguiente. El que menos codornices juntó, hizo diez montones, y algunos hasta pusieron a secar codornices alrededor del campamento».

Todo el mundo recogió. Había para todos. Y muchos se pusieron a secar la carne para ser consumida en otra ocasión. Esto demuestra que esa práctica de secar carne era egipcia.

Pero en toda esta acción el pueblo hebreo y el de los «extranjeros», se excedieron. Deseaban más de lo nuevo que de lo rutinario. Hay rutinas o tradiciones religiosas que se deben mantener, hay innovaciones religiosas que se deben tratar con cuidado.

3. El juicio con las codornices

«Todavía no acababa la gente de comer codornices cuando Dios se enojó contra ellos. Los castigó tan duramente que muchos murieron. Por eso llamaron a ese lugar Quibrot-hataavá, nombre que significa 'tumbas del apetito', porque allí el pueblo enterró a los que solo pensaban en comer» (Nm. 11:33-34, TLA).

Deseaban tanto comer carne, que cuando Dios les dio codornices, tomaron una actitud de glotones. «¡Solo pensaban en comer!». Enfermaron al comer de esa carne. Dios los castigó por esa glotonería. Y a aquel lugar se le llamó 'tumbas del apetito'. En otras versiones se traduce: 'al pueblo codicioso' (RV-60), 'tumbas de glotonería' (NTV), 'a los que solo pensaban en comer', 'a los que habían sido codiciosos'» (LBLA).

En el Salmo 78:26-31 leemos: «Soltó el viento del oriente en los cielos y guió al viento del sur con su gran poder. ¡Hizo llover tanta carne como si fuera polvo y cantidad de aves como la arena a la orilla del mar! Hizo caer las aves dentro del campamento y alrededor de sus carpas. El pueblo comió hasta saciarse; Él les dio lo que se les antojaba. Pero antes de que saciaran su antojo, mientras aún tenían la comida en la boca, la ira de Dios aumentó contra ellos, e hirió de muerte a sus hombres más fuertes; derribó a los mejores jóvenes de Israel» (NTV).

C. H. Spurgeon dijo: «Cuando el Señor les proporcionó codornices en respuesta a sus ansias, y cuando la carne aún estaba en sus bocas, cayeron enfermos con una enfermedad mortal. No era sano para ellos que comieran carne; el maná de lo alto era lo mejor para el pueblo que vivía en tiendas, marchando de un lugar a otro, sobre arena ardiente, bajo un cielo abrasador. El Señor había adaptado el alimento a la gente; sin embargo, decían: 'Nuestra alma tiene fastidio de este pan tan liviano'» (*Lecciones del Maná*. Predicado el jueves 12 de septiembre de 1889 y leído el domingo 29 de octubre de 1893 en Tabernáculo Metropolitano, Newington, Londres).

Ese pueblo hebreo fue un pueblo disconforme, desagradecido, que solo pensaban en ellos, y se olvidaban de la benevolencia de Dios. Muy parecido a muchos creyentes bendecidos por Jesucristo. Hay muchos que son alimentados con el nutritivo «pan del cielo», pero muchas veces están codiciando «la carne» del mundo.

«Jesús les contestó: –Les aseguro que no fue Moisés quien les dio el verdadero pan del cielo, sino Dios mi Padre. El pan que da vida es el que Dios ha enviado desde el cielo. Entonces la gente le dijo: –Señor, danos siempre de ese pan. Jesús les dijo: –Yo soy el pan que da vida. El que confía en mí nunca más volverá a tener hambre; el que cree en mí, nunca más volverá a tener sed» (Jn. 6:32-35, TLA).

Conclusión

Es mejor comer del maná que del cielo llega, que no enfermarnos con la carne de las codornices que trae el viento.

46
Veloces como halcones

Job 39:26, NVI

«¿Es tu sabiduría la que hace que el halcón vuele
y que hacia el sur extienda sus alas?».

Introducción

El hebreo lee «nets» («flor») para «halcón». Reina-Valera de 1960 lee «gavilán». Otras versiones en vez de «gavilán» rinden «halcón» (TLA, NTV, NV, DDH). Era símbolo en Egipto de la deidad llamada «Ra».

El halcón es el animal más rápido o el ave más veloz del mundo. Y en la poética del libro de Job se destaca su vuelo. El empleo del halcón es legendario en la historia de los reyes y como emblema heroico en las batallas. En Egipto se adoraba al dios Horus en forma de halcón. En Cuba, República Dominicana y Puerto Rico, al halcón rojo se le conoce como «guaraguao».

1. El conocimiento del halcón

«¿Le enseñaste al halcón a volar y a dirigirse hacia el sur?» (Job 39:26, TLA).

Los halcones tienen las alas más finas que cualquier ave. Sus afiladas alas les permiten hacer virajes en dirección opuesta, diferente al águila o cóndor. Es el animal y el ave más ligera del planeta tierra que vuela a gran altura. Al arrojarse en caída pueden descender a 293 kilómetros por hora. El halcón peregrino, el animal más rápido de la tierra, puede alcanzar 320 kilómetros o 200 millas por hora en picada.

Los halcones son tan despiadados como depredadores y sus presas no se dan cuenta de su mortal ataque y muchas veces mueren instantáneamente del golpe. Es de un atacar preciso y mortal.

En la cetrería (cazar con aves rapaces) se entrena a los halcones, que pueden estar sobre el puño del amo, y al impulsarlos cumple aquello para lo cual han sido entrenados, y luego regresan al mismo puño. Entre ellos y el hombre se desarrolla una simbiosis beneficiosa para ambos.

Una fábula que leí cuenta: ¿Cómo sabes que tienes alas si nunca intentaste volar? Un rey recibió como obsequio dos pichones de halcón y los entregó al maestro de cetrería para que los entrenara. Pasados unos meses, el instructor le comunicó que uno de los halcones estaba perfectamente educado, pero no sabía qué le sucedía al otro: no se había movido de una rama desde el día de su llegada al palacio, e incluso había que llevarle el alimento hasta allí.

El rey mandó llamar a curanderos y sanadores de todo tipo, pero nadie pudo hacer volar al ave. Encargó entonces la misión a miembros de la corte, pero nada sucedió; por la ventana de sus habitaciones, el monarca veía que el pájaro continuaba inmóvil.

Publicó por fin un aviso entre sus súbditos solicitando ayuda y a la mañana siguiente vio al halcón volar ágilmente por los jardines. –Traedme al autor de ese milagro –dijo. Enseguida le presentaron a un campesino. –¿Tú hiciste volar al halcón? ¿Cómo lo lograste? ¿Eres mago, acaso? Entre feliz e intimidado, el hombre explicó: –No fue difícil, su alteza: solo me limité a cortar la rama. El pájaro se dio cuenta de que tenía alas... y se lanzó a volar (Jaime Lopera y Marta Inés Bernal, *La culpa es de la vaca*, Editorial Planeta Colombiana 2015, p. 245).

Dios al escoger al halcón manifestó su conocimiento de que Él sabe todas las cosas. Él ha sido quien ha puesto en cada animal los instintos que los mueven a actuar.

Dios con esto le enseñaba a Job que de Él venía todo el conocimiento. Lo que este no entendía, ya Dios lo sabía. A esas preguntas humanas, que no tenemos respuestas, ya Jesucristo tiene las contestaciones.

Una liebre capturada por un águila sollozaba muchísimo y pronunciaba gritos desesperadamente. Un gorrión la reprendió y le dijo: –¿Dónde está ahora la rapidez notable de tu pie? ¿Por qué tus pies fueron tan lentos? Mientras el gorrión hablaba así, un halcón de repente lo agarró y lo mató. La liebre se sintió consolada en su muerte, y antes de expirar dijo: –¡Ah! Usted, que últimamente se creía estar bien seguro y se burló de mi calamidad, pues ahora tiene una razón de deplorar una desgracia similar.

Moraleja: No hay que burlarse de la desgracia ajena, pues en cualquier momento puede tocarle a uno también (*Fábulas de Esopo*, 2011).

2. La visión del halcón

«Ningún león, ninguna fiera, ha llegado a esos lugares; ¡ni siquiera la mirada del halcón ha podido descubrirlos!» (Job 28:7-8, TLA).

Lo que no podía descubrir un león ni una fiera ni la visión excepcional de un halcón, era lo que Dios revelaba. Nosotros vemos lo temporal, Jesucristo ve lo atemporal, lo eterno. Él escudriña hasta lo más profundo del corazón.

«El espíritu humano es la lámpara del Señor, pues escudriña lo más recóndito del ser» (Prov. 20:27, NVI).

«Pero yo, el SEÑOR, investigo todos los corazones y examino las intenciones secretas. A todos les doy la debida recompensa, según lo merecen sus acciones» (Jer. 17:10, NTV).

«Y el Padre, quien conoce cada corazón, sabe lo que el Espíritu dice, porque el Espíritu intercede por nosotros, los creyentes, en armonía con la voluntad de Dios» (Rom. 8:27, NTV).

Del halcón debemos aprender a observar bien. Muchas cosas no las discernimos, hablando espiritualmente, porque no tenemos la mirada de un halcón espiritual. Nos centramos en mirar aquello que no va con nuestra naturaleza de un hijo o una hija de Dios. Quizá tenemos la visión de un pollo. Vemos lo inmediato, lo fácil, lo que nos conviene, pero no nos centramos en ver aquello que el Espíritu Santo desea revelarnos.

En Hebreos 12:1-4 se nos habla de «fijar la mirada en Jesús, el campeón que inicia y perfecciona nuestra fe»: «Por lo tanto, ya que estamos rodeados por una enorme multitud de testigos de la vida de fe, quitémonos todo peso que nos impida correr, especialmente el pecado que tan fácilmente nos hace tropezar. Y corramos con perseverancia la carrera que Dios nos ha puesto por delante. Esto lo hacemos al fijar la mirada en Jesús, el campeón que inicia y perfecciona nuestra fe. Debido al gozo que le esperaba, Jesús soportó la cruz, sin importarle la vergüenza que esta representaba. Ahora está sentado en el lugar de honor, junto al trono de Dios. Piensen en toda la hostilidad que soportó por parte de pecadores, así no se cansarán ni se darán por vencidos. Después de todo, ustedes aún no han dado su vida en la lucha contra el pecado» (Heb. 12:1-4, NTV).

Unas palomas, aterrorizadas por la presencia de un milano, llamaron al halcón para que las defendiera. Inmediatamente él aceptó. Cuando ya ellas lo habían admitido dentro de su palomar, se dieron cuenta que hacía mucho más estragos y matanzas en un día, que lo que haría un milano en un año.

Moraleja: Evita los remedios que son peores que la enfermedad (*Fábulas de Esopo*, 2011).

Conclusión

Volemos prestos como halcones entrenados para hacer la voluntad de nuestro gran Rey Jesucristo. Jesucristo tiene un propósito contigo y debes ayudarlo para que lo cumpla en tu vida.

47
Devorando como buitres

Job 28:7, RVR 1960

«Senda que nunca la conoció ave, ni ojo de buitre la vio».

Introducción

Los buitres se caracterizan por tener las cabezas peladas, que les ayudan en su función de comer carroña. Cuando no hay carroña, pueden cazar animales vivos. Ayudan a mantener el ecosistema del hábitat. Son aves que se mueven agrupadas. Muchos toman sobre sus alas a sus crías para enseñarle a volar. Los faraones veían a los buitres como sus protectores.

1. Abraham espantaba los buitres

Jehová Dios se le reveló a Abram y le dijo: «Después de estas cosas vino la palabra de Jehová a Abram en visión, diciendo: No temas, Abram; yo soy tu escudo, y tu galardón será sobremanera grande» (Gén. 15:1).

Abram le dejó ver a Dios que no tenía hijo y por lo tanto, tampoco tenía un heredero, sino a su mayordomo, un esclavo llamado Eliezer que era de Damasco (Gén. 15:2-3).

Dios entonces le habló y le dejó saber que no le heredaría Eliezer, sino un hijo propio (Gén. 15:4). Luego Dios le mostró las estrellas del cielo, y le dejó saber que así como no podía contarlas, sería el número de sus descendientes (Gén. 15:5).

Dios le pidió a Abram un sacrificio triple con una ofrenda de aves: «Y le dijo: Tráeme una becerra de tres años, y una cabra de tres años, y un carnero de tres años, una tórtola también, y un palomino» (Gén. 15:9).

Abram obedeció y le correspondió a Dios con su solicitud. Cortó aquellos animales por la mitad y puso una mitad frente a la otra mitad. Las aves las dejó sin partir.

«Él llevó a Dios todos estos animales y los partió por la mitad, pero a las aves las dejó enteras. Los buitres se lanzaban sobre los cadáveres, pero Abram los espantaba» (Gén. 15:10-11, TLA).

Aquí es donde entran en acción los buitres. Los cuales atraídos por la sangre y la muerte de los animales, se querían apoderar de los animales que Abram puso como representación del pacto entre él y Dios.

Si colocas un buitre en un cajón que mida dos metros por dos metros y que esté completamente abierto por la parte superior, esta ave, a pesar de su habilidad para volar, será un prisionero absoluto. La razón es que el buitre siempre comienza un vuelo desde el suelo, con una carrera de tres a cuatro metros. Sin espacio para correr, como es su hábito, ni siquiera intentará volar, sino que quedará prisionero de por vida en una pequeña cárcel sin techo (*La culpa es de la vaca*, por Jaime Lopera y Marta Inés Bernal).

Leemos la manera agresiva del ataque de estas aves de rapiña sobre los sacrificios de Abram: «Los buitres se lanzaban sobre los cadáveres, pero Abram los espantaba» (TLA). «Algunos buitres se lanzaron en picada para comerse a los animales muertos, pero Abram los espantó» (NTV).

Abram se enfrentó a aquellos buitres y no dejó que se llevarán aquel sacrificio para Dios. Como creyentes debemos espantar a esos buitres del desánimo, buitres del miedo, buitres de ataques, buitres ladrones que quieren robar nuestros sacrificios dedicados a Dios.

Hay que espantar muchos buitres que se han lanzado sobre las familias y sobre las congregaciones. Estas dos instituciones las quieren devorar estos buitres de falta de valores, buitres del liberalismo, buitres del humanismo y buitres de familias disfuncionales. Leemos:

> Cuando el sol comenzaba a ocultarse, Abram sintió mucho sueño, y se vio rodeado de una gran oscuridad. Eso le dio mucho miedo (Gén. 15:12, TLA). Dios entonces le reveló a Abram que sus descendientes serían esclavos por cuatrocientos años. Dios le traería juicio a esa nación que era Egipto. De ahí saldrían con riquezas. Abraham llegaría a buena vejez. A la cuarta generación sus descendientes volverían a la tierra donde estaba ahora Abram (Gén. 15:13-16).

> Cuando el sol se ocultó para dar paso a la noche, mediante un horno con humo y una antorcha de fuego que pasó entre los animales, Dios confirmó su pacto con Abram y le ofreció la tierra prometida (Gén. 15:17-18).

Durante el verano, cuando con el calor aumenta la sed, acudieron a beber a una misma fuente un león y un jabalí. Discutieron sobre quien debería sería el primero en beber, y de la discusión pasaron a una feroz lucha a muerte. Pero, en un momento de descanso, vieron una nube de aves rapaces en espera de algún vencido para devorarlo. Entonces, recapacitando, se dijeron: ¡Más vale que seamos amigos y no pasto de los buitres y cuervos!

Moraleja: Las luchas inútiles solo sirven para enriquecer y alimentar a sus espectadores (*Fábulas de Esopo*, 2011).

2. Rispá espantaba a los buitres

El rey David para compensar el genocidio que el rey Saúl hizo a los gabaonitas, pidió a estos unas condiciones (2 Sam. 21:1-4). Ellos pidieron siete hijos de Saúl (2 Sam. 21:5-6). David preservó la vida a Mefi-boset (2 Sam. 21:7), pero entregó a siete príncipes, dos hijos de Saúl y a Rispá su concubina (Armoni y Mefi-boset, llamado igual que su tío) y cinco hijos de Mical la hija de Saúl que fue esposa de David y que esta tuvo con Adriel hijo de Barzilai Meholatita (2 Sam. 21:8). Los gabaonitas ahorcaron a los siete en retribución (2 Sam. 21:9). Esto ocurrió al inicio de la siega de la cebada (2 Sam. 21:10).

«En señal de tristeza, Rispá, la viuda de Saúl, se vistió con ropas ásperas, y se acostó sobre una piedra, cerca de los cuerpos de los siete muertos. De día y de noche alejaba de los cuerpos a los buitres y a los animales salvajes, y se quedó allí desde el día en que murieron hasta el día en que llegaron las lluvias» (2 Sam. 21:10, TLA).

Rispá significa «un carbón encendido», «carbones encendidos», «brasas encendidas» y «pan calentado sobre carbones o cenizas». Antiguamente era costumbre que a los ajusticiados se les dejara sin sepultura hasta que las aves de rapiña o las fieras salvajes se alimentaban de la carroña de los mismos.

Rispá fue la madre que con el espectro de la muerte y el olor de la misma, su olfato fue bañado con el perfume del amor y del cariño que tenía a sus hijos, y no los abandonó en la muerte. La perseverancia de esta madre trascendió la tragedia de la muerte, y aparece como una heroína ablandada por el fuego de la tristeza y formada con el martillo de las penas.

Rispá mantuvo vigilancia y vigilias por aquellos cadáveres en estado de descomposición, mal olientes, pero que fueron los estuches humanos que guardaron el espíritu-alma de cada uno de sus hijos. En la muerte de sus hijos, ella no los abandonó. Lo que Rispá no pudo hacer para evitar que los mataran, lo pudo hacer evitando que sus cadáveres fueran profanados.

Esta valerosa mujer durante los meses de abril hasta octubre, siete meses, mantuvo guardia, para proteger los cadáveres de sus hijos de las aves (buitres) y animales salvajes (hienas). Es la manifestación del duelo de una madre que amaba a sus dos hijos. David, al saber de esta heroica y ejemplar acción, dio orden de recoger los huesos de Saúl y Jonatán, su hijo y amigo de David, y de sepultarlos en el sepulcro de Cis, el padre de Saúl (2 Sam. 21:11-14).

3. Los buitres en la Gran Tribulación

La Traducción En Lenguaje Actual dice: «Todo el mundo sabe que donde se juntan los buitres, allí hay un cadáver. Así será cuando yo venga: todos lo sabrán» (Mt. 24:28, TLA).

Debe entenderse que aunque algunas versiones bíblicas rindan en Mateo 24:28 el término «águilas», es una referencia a los «buitres». El águila caza de manera solitaria, pero los buitres se mueven en grupos y se juntan donde hay cadáveres o carroña en descomposición.

La Nueva Traducción Viviente rinde: «Así como los buitres, cuando se juntan, indican que hay un cadáver cerca, de la misma manera, esas señales revelan que el fin está cerca».

El sentido del pasaje citado debe tomarse en el sentido figurado. Jesús quiso decir que las señales dadas previas al fin del mundo y de su venida, al cumplirse serían como los buitres al juntarse en un cadáver.

La Traducción de Reina Valera lee: «Porque dondequiera que estuviere el cuerpo muerto, allí se juntarán las águilas». Aunque la palabra griega es «aetos» y se traduce «águila». En este pasaje se debe decir «buitre» dada la naturaleza carroñera de estas aves rapaces. En ese sentido otras versiones traducen «buitres» (LBLA, NVI, DHH).

Desde luego el pasaje bíblico puede ser una referencia a los estandartes romanos con las águilas, que las legiones movían y enclavaban en la toma y destrucción de Jerusalén.

El texto de Reina-Valera dice en Miqueas 1:16 «águila»: «Rápate y trasquílate por los hijos de tus delicias; hazte calvo como águila, porque en cautiverio se fueron de ti». El águila no tiene la cabeza calva, el buitre sí tiene la cabeza calva. Otras versiones bíblicas rinden «buitre» (DHH, TLA, NTV).

La suma de las señales del fin, deben tomarse muy en serio y saber que el tiempo profetizado por el Señor Jesucristo se ha de cumplir. Debemos levantarnos todos los días y leer la Biblia junto con el periódico o diario.

Conclusión

Los buitres representan aquello que es atraído por lo que no sirve, por lo que está en estado de descomposición.

48
Perseguidos como perdices

Jeremías 17:11, JBS

«Como la perdiz que hurta lo que no parió, es el que allega riquezas, y no con justicia; en medio de sus días las dejará, y en su postrimería será incipiente».

Introducción

La perdiz no es un ave migratoria, pertenece a la familia gallinácea, pero es más pequeña que la gallina. Estas aves poseen cuerpos rojizos con cola corta. El Antiguo Testamento la menciona solo dos veces en 1 Samuel 26:20 y Jeremías 17:11. El término hebreo para «perdiz» es «qôrê» y significa «el que grita» o «el que llama». Su nombre identifica su sonido.

1. La huida de la perdiz

«Ahora bien, no deje usted que mi sangre sea derramada lejos de la presencia del Señor. ¿Por qué ha salido el rey de Israel en busca de una simple pulga? ¡Es como si estuviera cazando una perdiz en los montes!» (1 Sam. 26:20, NVI).

La perdiz es un ave que corre muy rápido y elude a sus cazadores. Y eso llamaba la atención de los cazadores en la época de David y posteriormente. En las inmediaciones del manantial de Engadi, donde David se refugiaba, abundan las perdices. No había un ave más apropiada como la perdiz para David describirse a sí mismo ante la persecución del rey Saúl.

En los montes de Judea donde David merodeaba y se escondía de Saúl, era como una perdiz del desierto que este rey desenfrenado buscaba atrapar. Saúl fue un rey inseguro, necesitado de salud mental, padeciendo de ansiedad y de esquizofrenia.

C. H. Spurgeon predicó en la mañana del domingo 26 de junio de 1881 el sermón titulado: «David fortaleciéndose en Dios». Un extracto del sermón decía: «En sus tempranos días fue perseguido por Saúl como una perdiz por las montañas, y su vida corría grave peligro constantemente. Tenía un tesoro tan precioso de fe en él, que Satanás siempre estaba tratando de despojarlo de su tesoro. A pesar de ello, las peores pruebas que David sufrió, provinieron no tanto por cuenta de su fe, sino por su falta de ella».

Pero Jehová Dios tenía ya diseñado para David un destino para reinar, y por eso lo protegía de manera providencial. Tu futuro como creyente, ya Jesucristo lo tiene diseñado para ti. Aunque pasarás por muchos procesos en tu vida, tu destino ya está señalado para que Dios cumpla su propósito en ti (Sal. 138:8).

Un hombre que tenía dos gallos, compró una perdiz doméstica y la llevo al corral junto con ellos para alimentarla. Pero estos la atacaban y la perseguían, y la perdiz, pensando que lo hacían por ser de distinta especie, se sentía humillada. Pero días más tarde vio cómo los gallos se peleaban entre ellos, y que cada vez que se separaban, estaban cubiertos de sangre. Entonces se dijo a sí misma: Ya no me quejo de que los gallos me maltraten, pues he visto que ni aun entre ellos mismos están en paz.

Moraleja: Si llegas a una comunidad donde los vecinos no viven en paz, ten por seguro que tampoco te dejaran vivir en paz a ti (*Fábulas de Esopo*, 2011).

2. La apropiación de la perdiz

«El que acapara riquezas injustas es perdiz que empolla huevos ajenos. En la mitad de la vida las perderá, y al final no será más que un insensato» (Jer. 17:11, NVI).

La Nueva Traducción Viviente dice: «Los que acaparan riquezas en forma injusta son como las perdices que empollan los huevos que no han puesto. En la mitad de la vida perderán sus riquezas; al final, se volverán unos pobres viejos tontos».

El profeta Jeremías describió a la perdiz como una roba huevos: «...es perdiz que empolla huevos ajenos...». Esa era una creencia popular; si la perdiz empollara huevos ajenos, al nacer los polluelos abandonarían a la perdiz porque no era la madre legítima.

De igual manera las riquezas adquiridas injustamente, se perderían de las manos de los que las adquirieron y estos terminarían como «pobres viejos tontos» o «insensatos».

Y esa aplicación es una gran verdad para aquellos que hacen negocios turbios o engañosos, pues tarde o temprano perderán lo que con astucia y maldad se apropiaron.

Un pajarero estaba a punto de sentarse para una comida de hierbas. La trampa para aves estaba completamente vacía, pues no había agarrado nada, y pensó en matar una perdiz de varios colores que él había domado para usarla de señuelo. El ave suplicaba seriamente por su vida: –¿Qué hará usted sin mí cuando extienda sus redes? ¿Quién le piará para dormirlo, o quién llamará al grupo de aves para que lleguen?

El pajarero le salvó la vida, y determinó elegir a un joven gallo fino que de improviso llegó. Pero el gallo protestó en tonos lastimosos: –¿Si usted me mata, quién le anunciará la llegada del alba? ¿Quién le despertará para ir a sus tareas diarias o quién le dirá cuándo es el momento para visitar la trampa de aves por la mañana?

Él contestó, lo que usted dice es verdadero. Usted es un ave de capital importancia en la narración del transcurso del tiempo de cada día. Pero mi amigo y yo debemos tener nuestras comidas.

Moraleja: La necesidad no siempre acepta razones (*Fábulas de Esopo*, 2011).

Conclusión

De David aprendemos que la persecución de hoy, puede ser la entronización de mañana. La oposición de hoy es la promoción de mañana. Hoy somos como una perdiz, mañana seremos como un águila.

49
Misteriosos como Fénix

Job 29:18, BHTI

«Pensaba: Moriré en mi nido, prolongaré mi vida como el Fénix».

Introducción

¡El ave fénix nunca existió! Es probable que el mito de la misma se recogiera de alguna otra ave de gran tamaño. Y es conocida en Egipto con el nombre de Bennu. Ha sido un ave mitológica rodeada de creencias desde tiempos antiguos. Según la creencia mitológica cada 500 años se consumía por el fuego y resucitaba de sus cenizas, y eso la hizo símbolo de la muerte y resurrección como un emblema de vida.

Sus colores son muy hermosos, combinando el plumaje rojo con el anaranjado y un amarillo que resalta. Es del tamaño de un águila. Posee un fuerte pico y tiene talones fuertes.

El historiador Heródoto en un viaje a Egipto recogió el mito del Fénix y de ahí paso al mundo greco-romano y a la Edad Media.

Otra ave sagrada hay allí que solo he visto en pintura, cuyo nombre es el de fénix. Raras son, en efecto, las veces que se deja ver, y tan de tarde en tarde, que según los de Heliópolis solo viene al Egipto cada quinientos años a saber cuándo fallece su padre. Si en su tamaño y conformación es tal como la describen, su mote y figura son muy parecidos a las del águila, y sus plumas son en parte doradas, en parte de color carmesí. Tales son los prodigios que de ella nos cuentan, que aunque para mí poco dignos de fe, no omitiré el referirlos.

Para trasladar el cadáver de su padre desde la Arabia al templo del Sol, se vale de la siguiente maniobra: forma ante todo un huevo sólido de mirra, tan grande cuanto sus fuerzas alcancen para llevarlo, probando su peso después de formado para experimentar si es con ella compatible; va después vaciándolo hasta abrir un hueco donde pueda encerrar el cadáver de su padre; el cual ajusta con otra porción de mirra y atesta de ella la concavidad, hasta que el peso del huevo preñado con el cadáver iguale al que cuando sólido tenía; cierra después la abertura, carga con su huevo, y lo lleva al templo del Sol en Egipto. He aquí, sea lo que fuere, lo que de aquel pájaro refieren.

Uno de los «Padres de la Iglesia», Clemente de Roma, recogió este mito del fénix y escribió en su Epístola a Los Corintios (apócrifa), lo siguiente:

Consideremos la maravillosa señal que se ve en las regiones del oriente, esto es, en las partes de Arabia. Hay un ave, llamada fénix. Esta es la única de su especie, vive quinientos años; y cuando ha alcanzado la hora de su disolución y ha de morir, se hace un ataúd de incienso y mirra y otras especias, en el cual entra en la plenitud de su tiempo, y muere. Pero cuando la carne se descompone, es engendrada cierta larva, que se nutre de la humedad de la criatura muerta y le salen alas. Entonces, cuando ha crecido bastante, esta larva toma consigo el ataúd en que se hallan los huesos de su progenitor, y los lleva desde el país de Arabia al de Egipto, a un lugar llamado la Ciudad del Sol; y en pleno día, y a la vista de todos, volando hasta el altar del Sol, los deposita allí; y una vez hecho esto, emprende el regreso. Entonces los sacerdotes examinan los registros de los tiempos, y encuentran que ha venido cuando se han cumplido los quinientos años (Capítulo XXV).

En el original hebreo donde se lee «fénix» los traductores han optado por «como arena» y «como la arena». En el texto de la Biblia del Oso (1569) de Casiodoro de Reina, este tradujo simplemente «ave». El nombre de un puerto de Creta es Fenice y significa «palmera datilera». Es probable que de ahí «fénix» se asocie con «palmera».

Aunque también se llegó a traducir «palmera» en la Vulgata en latín y en La Nueva Biblia Latinomérica. En la Jünemann Septuaginta se lee: «Y dije: 'Mi vida envejecerá, como vástago de palma; mucho tiempo viviré'».

La palmera según algunos biólogos puede vivir de 100 años hasta algunos siglos. Por tanto, es una figura de longevidad y representa la largura de años para un ser humano. Una palma puede medir hasta 197 pies. Y cosa curiosa, el coco es la semilla más grande de cualquier árbol o planta.

Es de creerse que fue la Septuaginta quien incorporó este término controvertido del «fénix», y lo hizo por la representación de la vida que se asocia a esta ave. Hablaré de esta ave, libre del mito que la asocia, por su relación con la resurrección.

1. La muerte hogareña

«Decía yo: En mi nido moriré, y como arena multiplicaré mis días» (Job 29:18, RVR1960).

El deseo de un ser humano es morir en su «nido», en su casa. En EE.UU. se han desarrollado los «Hospices» u «Hospicios». Son lugares preparados y acondicionados para que los pacientes terminales, mueran dignificados y rodeados de las debidas atenciones. Van allí a morir, pero morirán con dignidad. El cuidado a un paciente terminal incluye lo siguiente:

1. Cuidado médico.
2. Atención de enfermeros o enfermeros practicantes.
3. Asesores de programas y servicios de seguros de salud.
4. Trabajadores sociales.
5. Fisioterapeutas y terapeutas ocupacionales.
6. Patólogos especialistas en lenguaje.
7. Auxiliares de residencias para enfermos terminales.
8. Prestadores de cuidado de salud en el Hogar.
9. Personal voluntario.
10. Ayuda espiritual por pastores, capellanes y creyentes.

Los hospicios ofrecen ese medio-ambiente adecuado para que un paciente terminal finalice sus últimos días, rodeado del mejor trato posible. Otros enfermos terminales pueden morir en sus hogares y en su propia cama, sin alejarse de todo aquello que les es importante, y de esa manera prepararse para su nuevo hogar en el cielo.

Todos llegamos a pensar que la tormenta de la muerte no llegará a nuestro «nido». Pero debemos prepararnos. Pronto puede comenzar a llover, y los fuertes vientos pueden sacudir nuestro nido y la muerte alcanzarnos.

2. La muerte tranquila

«Hasta llegué a pensar: Viviré una larga vida, y tendré una muerte tranquila» (Job 29:18, TLA).

Todos deseamos una largura de años. Moisés vivió ciento veinte años, lleno de vigor y visión. Ciento veinte años es la suma de tres generaciones, cada una de cuarenta años. La bendición judía a los que cumplen años es: «¡Que vivas ciento veinte años como Moisés!».

Morir en paz y tranquilos, es el mayor deseo humano. Nadie desea una muerte violenta y enfermiza, acompañada de dolores y vestida de sufrimientos, sino esa muerte de «repente» en nuestra cama. Entrar al ensayo de la muerte por medio del dormir y soñar, pero no despertar y así realizar nuestro éxodo de este Egipto a la tierra prometida.

Oramos por una muerte pacífica y en nuestra cama. ¡Pero eso solo lo sabe nuestro Señor Jesucristo! Aquel en quien nuestra vida está depositada. Con la muerte se realiza el último acto del ser humano.

Al dormir y soñar, ya no somos los capitanes de nuestra vida, sino los prisioneros de los fantasmas de nuestras pesadillas, o los héroes de sueños placenteros. Así vamos ensayando lo que un día será como un dormir hasta la resurrección de los santos.

3. La muerte acompañada

«Yo pensaba: Ciertamente moriré rodeado de mi familia después de una larga y buena vida» (Job 29:18, NTV).

El mayor deseo de un moribundo al momento de la llegada fría de la muerte, es estar rodeado de sus seres queridos y tener cerca el calor de aquellos seres de interés sentimental. Esa compañía de aquellos que se aman y se quieren, es terapéutica para la salud mental de la personal terminal.

Sentir el moribundo que no estará solo, ni sola, cuando la visita fría de la muerte entre en su habitación. Sabe que tendrá que morir, pero no quiere morir solo o sola, sino en compañía de los que lo quieren.

El ser humano se aferra a la hora de la muerte al Señor Jesucristo, mediante la fe y la esperanza, pero quiere sentir ese anillo humano de los suyos alrededor de él o ella, en esos últimos momentos aquí en la tierra de los vivientes.

En el hospital, ante la cercanía de la muerte, no queremos estar, ni sentirnos solos. No queremos dejar a nuestra familia, sabemos que el viaje se aproxima, pero queremos ser despedidos. Deseamos que alguien coja nuestras manos en el momento de ese viaje nunca antes experimentado.

4. La muerte de vejez

«Yo pensaba: Mis días serán tantos como la arena; moriré anciano y en mi propio hogar» (Job 29:18, DHH).

Llegar a «viejos» es ver a nuestras generaciones realizarse, reproducirse, verlos ser lo que ya fuimos nosotros. En Job 29:1-25, este patriarca presenta un inventario donde recuerda sus días de felicidad, mucho antes de la gran tormenta de pruebas, muertes, pérdidas y la terrible enfermedad que le sobrevino. Se dice que la mejor muerte es cuando envejecidos somos llamados a dormirnos en el sueño por Dios.

En este capítulo Job pensó en su juventud. Job da una mirada retrospectiva y ve a Dios cuidándolo. Se ve andando sin temor alguno en la oscuridad que Dios le alumbraba. Y él recordaba la época cuando era un joven fuerte. Job disfrutaba la amistad con Dios, que habla de su comunión espiritual.

Recordó cómo lo admiraban los más jóvenes y los más mayores. Se acordaba de que cuando él hablaba, otros callaban. Nadie lo cuestionaba y respetaban su razonamiento. Era como lluvia esperada por otros. Ayudaba a muchos y hacía justicia por los que la necesitaban. Algunos de sus pensamientos fueron:

a) La nostalgia de Job. «¡Extraño aquellos tiempos, cuando Dios mismo me cuidaba! ¡No me daba miedo la oscuridad porque Dios alumbraba mi camino! ¡Estaba yo joven y fuerte, y Dios me bendecía con su amistad!» (Job 29:2-4, TLA).

b) La compañía de Job. «En aquellos días, mis hijos me rodeaban y Dios me daba su apoyo; no faltaba en mi mesa la leche, ni en mi cabeza el perfume» (Job 29:5-6, TLA).

c) La honra a Job. «En los tribunales del pueblo se reconocía mi autoridad; al verme llegar, los jóvenes me daban paso y los ancianos me recibían de pie» (Job 29:7-8, TLA).

d) La imponencia de Job. «Aun la gente más importante se callaba en mi presencia, o hablaba en voz baja. Los que me escuchaban no dejaban de felicitarme» (Job 29:9-11, TLA).

e) La actitud de Job. «A los pobres y a los huérfanos que me pedían ayuda siempre los ayudé; las viudas y los pobres me bendecían y gritaban de alegría. Siempre traté a los demás con justicia y rectitud; para mí, actuar así, era como ponerme la ropa» (Job 29:12-14, TLA).

f) La conducta de Job. «Fui guía de los ciegos y apoyo de los desvalidos; protegí a la gente pobre y defendí a los extranjeros; puse fin al poder de los malvados, y no los dejé hacer más daño» (Job 29:15-17, TLA).

g) La esperanza de Job. «Hasta llegué a pensar: 'Viviré una larga vida, y tendré una muerte tranquila. Estaré fuerte y lleno de vida, como árbol bien regado. Nadie me faltará el respeto, ni jamás perderé mi buena fama'» (Job 29:18-20, TLA).

h) El respeto a Job. «Ante mí, todos guardaban silencio y esperaban recibir mis consejos. Mis palabras eran bien recibidas, y nadie me contradecía. Mis discursos eran esperados como se espera la lluvia» (Job 29:21-23, TLA).

i) El reconocimiento a Job. «Si les sonreía, no podían creerlo; una sonrisa mía les daba ánimo. Si estaban enfermos, me sentaba a consolarlos, y les decía lo que debían hacer. ¡Me veían como un rey al frente de su ejército!» (Job 29:24-25, TLA).

Todos queremos vivir muchos años. Anhelamos llegar a ser «viejos» para ponernos la corona de una blanca cabellera que adorne la ancianidad. Es gozar del don de la longevidad, que Jesucristo le da a quien Él desea.

El querer llegar a viejos, a ancianos, el tener muchos días «como la arena»... Dice Matthew Henry: «No hemos de pensar en nuestros días como en la arena que hay en la orilla del mar, sino como la de un reloj de arena, en el que la arena pasa rápidamente de arriba hacia abajo» (*Comentario Bíblico de Matthew Henry*, Editorial CLIE, Terrassa 1999, p. 531).

El ser «como el Fénix» mitológico de años, representa la vida después de la muerte. Nos transformaremos en «fénix de Jesucristo». Y un día volaremos como el «fénix» allá donde nace «el Sol de justicia».

«Sin embargo, para ustedes que temen mi nombre, se levantará el Sol de Justicia con sanidad en sus alas. Saldrán libres, saltando de alegría como becerros sueltos en medio de los pastos» (Mal. 4:2, NTV).

La enseñanza o aplicación es que el ave Fénix moría quemándose para luego volver a nacer de sus propias cenizas. Muchos seres humanos de las cenizas de sus fracasos, de las cenizas de sus derrotas, de las cenizas de sus pruebas, de las cenizas de sus pérdidas, resucitarán en victoria y en logros. Volverán nuevamente a levantarse hasta ver cumplidos en ellos o ellas el propósito del Eterno.

Aun de la tumba fría seremos resucitados. Volveremos cual Fénix a la vida. Con la resurrección derrotaremos la muerte. Como Pablo de Tarso diremos: «Dios cambiará estos cuerpos nuestros, que mueren y se destruyen, por cuerpos que vivirán para siempre y que nunca serán destruidos. Cuando esto suceda, se cumplirá lo que dice la Biblia: '¡La muerte ha sido destruida! ¿Dónde está ahora su victoria? ¿Dónde está su poder para herirnos?'. El pecado produce la muerte, y existe porque hay una ley. ¡Pero gracias a Dios, podemos vencerlo por medio de nuestro Señor Jesucristo!» (1 Cor. 15:53-57, TLA).

Un día un anciano, después de cortar leña, la cargó a su espalda. Largo era el camino que le quedaba. Fatigado por la marcha, soltó la carga y llamó a la Muerte. Esta se presentó y le preguntó por qué la llamaba; contestó el viejo: «Para que me ayudes a cargar la leña».

Moraleja: Por lo general, el impulso por la vida es más fuerte que su propio dolor (*Fábulas de Esopo*).

Conclusión

El «fénix» en la tradición cristiana hablaba de la tragedia de la muerte y de la esperanza de la resurrección. Jesús es nuestra salvación ahora, y nuestra esperanza en la eternidad.

50
Quejándonos como grullas

Isaías 38:14, RVR 1960

«Como la grulla y como la golondrina me quejaba; gemía como la paloma; alzaba en alto mis ojos. Jehová, violencia padezco; fortaléceme».

Introducción

Las grullas son aves zancudas (que tiene zancas o patas largas). Emigran de Europa hacia la Palestina. Vuelan en bandadas en forma de «V». El nombre hebreo «sus» significa «brincar» o «saltar». Es un ave quejumbrosa.

1. Las grullas grullen

«Como la grulla y como la golondrina me quejaba; gemía como la paloma; alzaba en alto mis ojos. Jehová, violencia padezco; fortaléceme. ¿Qué diré? El que me lo dijo, él mismo lo ha hecho. Andaré humildemente todos mis años, a causa de aquella amargura de mi alma» (Is. 38:14-15).

Muchos creyentes andan quejándose de esto y de aquello, de lo que tienen y de lo que les falta. No han aprendido a ser conformistas y aceptar la voluntad de Jesucristo para sus vidas.

Pablo de Tarso nos compartió este gran ejemplo para poder vivir una vida satisfactoria y plena en Cristo Jesús:

«Si vivo, quiero hacerlo para servir a Cristo, pero si muero, salgo ganando. En realidad, no sé qué es mejor, y me cuesta mucho trabajo elegir. En caso de seguir con vida, puedo serle útil a Dios aquí en la tierra; pero si muero, iré a reunirme con Jesucristo, lo cual es mil veces mejor» (Fil. 1:21-23, TLA).

«Me alegra mucho que, como hermanos en Cristo, al fin hayan vuelto a pensar en mí. Yo estaba seguro de que no me habían olvidado, solo que no habían tenido oportunidad de ayudarme. No lo digo porque esté necesitado, pues he aprendido a estar satisfecho con lo que tengo. Sé bien lo que es vivir en la pobreza, y también lo que es tener de todo. He aprendido a vivir en toda clase de circunstancias, ya sea que tenga mucho para comer, o que pase hambre; ya sea que tenga de todo o que no tenga nada. Cristo me da fuerzas para enfrentarme a toda clase de situaciones. Sin embargo, fue muy bueno por parte de ustedes ayudarme en mis dificultades» (Fil. 4:10-14, TLA).

Algunas grullas escarbaban sobre terrenos recién sembrados con trigo. Durante algún tiempo el labrador blandía una honda vacía, ahuyentándolas por el pánico que les producía. Pero cuando las aves se dieron cuenta del truco, ya no se alejaban de su comida. El labrador, viendo esto, cargó su honda con piedras y mató a muchas de las grullas. Las supervivientes inmediatamente abandonaron el lugar, lamentándose unas a otras: –Mejor nos vamos, pues este hombre ya no contento con asustarnos, ha empezado a mostrarnos lo que realmente puede hacer.

Moraleja: Cuando las palabras no dan a entender, la acción sí lo hará (*Fábulas de Esopo*, 2011).

2. Las grullas conocen su migración

«Hasta la cigüeña que surca el cielo conoce el tiempo de su migración, al igual que la tórtola, la golondrina y la grulla. Todas regresan en el tiempo señalado cada año. ¡Pero no en el caso de mi pueblo! Ellos no conocen las leyes del SEÑOR» (Jer. 8:7, NTV).

Debemos conocer la vida con el propósito para el cual fuimos creados y ahora salvados. No debemos desperdiciar ese propósito del Eterno para nosotros y con nosotros. Muchos, temprano en su vida, descubren ese propósito, a otros les toma toda una vida descubrirlo y muchos jamás llegan a descubrir ese propósito divino para ellos y ellas.

«Dios mío, tú cumplirás en mí todo lo que has pensado hacer. Tu amor por mí no cambia, pues tú mismo me hiciste. ¡No me abandones!» (Sal. 138:8, TLA).

«Este salmo no hace referencia a David, pues, después de haber hecho la voluntad de Dios en su propia generación, David murió, fue enterrado con sus antepasados y su cuerpo se descompuso» (Hch. 13:36, NTV).

El salmista David era un hombre rendido al plan y diseño divino para su vida. Cumplió la misión que de Dios recibió para realizar. Y lo hizo sirviendo a su generación.

Tú y yo hemos nacido dos veces para cumplir con una misión dada por el Señor Jesucristo. Entender la misma es vivir una vida realizada. No somos improvisados por el fortuito divino, somos programados por el cielo.

Jesucristo dijo en su sexta expresión en el monte Calvario: «Tetelestai». «Consumado es». Es la satisfacción de haber terminado algo comenzado. Y todos nosotros también debemos decir: «Tetelestai». A la edad de treinta y tres años, Jesús de Nazaret pudo decir: «Estoy realizado». «Todo lo he completado». «Aquello para lo que me encarné, lo he cumplido».

Debes conocer el tiempo de la visitación del Espíritu Santo en tu vida. Hay momentos en los cuales el Espíritu Santo te revela algo para hacer y lo debes entender.

El pueblo de Israel que fue testigo del tiempo de la manifestación de Jesús de Nazaret, no conoció su visitación mesiánica. El Mesías Jesús vino, anduvo entre ellos, lo vieron, habló con ellos, pero estaban enfrascados esperando al Mesías. No se dieron cuenta de que aquella Pascua era la más profética de todas. Y que durante el sacrificio pascual, otro Cordero-Hombre, estaba siendo inmolado en otro altar a las afueras de Jerusalén en una colina con firma de calavera. ¡No se dieron cuenta de esta visitación mesiánica!

El Mesías Jesús de Nazaret hizo su entrada triunfal a Jerusalén, con algarabía y mantos y palmas arrojadas a su camino. Y luego vemos a la cúpula religiosa preguntándole si era el Mesías.

«Cuando era de día, se juntaron los ancianos del pueblo, los principales sacerdotes y los escribas, y le trajeron al concilio, diciendo: –¿Eres tú el Cristo? Dínoslo. Y les dijo: –Si os digo que sí –les contestó–, no me vais a creer; y si os hago preguntas, no me vais a responder» (Lc. 22:66-68).

Aquellos religiosos no conocieron, ni entendieron el tiempo de la visita del Mesías o Cristo, vestido como un carpintero de Nazaret y con un acento galileo. Estaban frente al Mesías y no sabían que era él.

«Porque vendrán días sobre ti, cuando tus enemigos te rodearán con vallado, y te sitiarán, y por todas partes te estrecharán, y te derribarán a tierra, y a tus hijos dentro de ti, y no dejarán en ti piedra sobre piedra, por cuanto no conociste el tiempo de tu visitación» (Lc. 19:43-44).

A un lobo que comía un hueso, se le atragantó el hueso en la garganta, y corría por todas partes en busca de auxilio. Encontró en su correr a una grulla y le pidió que le salvara de aquella situación, y que enseguida le pagaría por ello.

Aceptó la grulla e introdujo su cabeza en la boca del lobo, sacando de la garganta el hueso atravesado. Pidió entonces la cancelación de la paga convenida. –Oye amiga –dijo el lobo– ¿No crees que es suficiente paga con haber sacado tu cabeza sana y salva de mi boca?

Moraleja: Nunca hagas favores a malvados, traficantes o corruptos, pues mucha paga tendrías si te dejan sano y salvo (*Fábulas de Esopo*).

Conclusión

Pare de estar quejándose. Acepte la voluntad de Dios para su vida. Ríndase a Él y rinda todo a Él.

CUARTA PARTE
Insectos

La hormiga, la abeja, la araña,
la langosta, la mosca, el piojo,
la pulga, la avispa, la polilla,
la carcoma, el escorpión,
mosquitos y sanguijuelas.

51
Sabios como hormigas

Proverbios 30:24-25, RVR 1960

«Cuatro cosas son de las más pequeñas de la tierra, y las mismas son más sabias que los sabios: Las hormigas, pueblo no fuerte, y en el verano preparan su comida».

Introducción

El proverbista incluyó entre las cuatro cosas más pequeñas de la tierra, las hormigas, los conejos, las langostas y las arañas, catalogándolas de ser «más sabías que los sabios». Y aunque las hormigas no son fuertes, se preparan en el verano para el invierno.

La palabra hebrea para «hormigas» es «nemalah», significa «apiñarse juntas». Y se aplica en la Palestina a todas las especies de hormigas. Las hormigas palestinas en el verano guardan maíz o cualquier otro alimento para el invierno. En el mundo existen de 10,000 a 20,000 especies de hormigas. Según los expertos se conectan con la época de los dinosaurios. Se parecen a las termitas, pero se diferencian por tener una cintura estrecha entre el abdomen y el tórax. Las hormigas machos una vez apareadas mueren.

Según A. Cabezón Martín: «Los pueblos antiguos, como los árabes, tenían un alto concepto de las hormigas, las cuales eran colocadas en las manos de los recién nacidos, diciendo: 'Ojalá que este niño se haga inteligente y hábil'» (Alfonso Ropero Berzosa (ed.), *Gran Diccionario Enciclopédico de la Biblia*, Editorial CLIE, Terrassa 2013).

En este sermón estaré considerando de manera textual expositiva Proverbios 6:6, 7 y 8.

1. El ejemplo de las hormigas

«Ve a la hormiga, oh perezoso, mira sus caminos, y sé sabio» (Prov. 6:6). «¡Vamos, joven perezoso, fíjate en la hormiga! ¡Fíjate en cómo trabaja, y aprende a ser sabio como ella!» (TLA).

Las hormigas viven en colonias pequeñas o colonias extremadamente grandes. Y pueden controlar grandes territorios integrados por millones como diminutos insectos. Las hormigas se acomodan a vivir en cualquier lugar, en hendiduras de rocas, en árboles vivos o secos, debajo de arbustos, en la tierra.

En casi cualquier lugar establecen sus colonias. Dice la Presbítera Dina Murillo: «A las hormigas las conozco bien. Viven en mi casa y siempre las tengo cerca». La Iglesia tiene que hacer presencia de hormigas, estas han sido llamadas para alcanzar al mundo en cualquier sitio. Nuestra asignación misionera en el mundo hay que realizarla como hormigas.

En las colonias de hormigas hay hembras estériles sin alas que forman clases compuestas de hormigas «obreras» (son las encargadas del almacenaje y de cuidar las larvas), hormigas «soldados» (son las encargadas de la defensa y de triturar los alimentos) y hormigas «especializadas» (encargadas de misiones especiales).

Las reinas pueden vivir hasta un año, la hormiga vive aproximadamente de 45 días a 60 días. Pero en ese corto tiempo de vida logran hacer muchas proezas. La sociedad de las hormigas posee un excelente organigrama de jerarquía. ¡Y cuánto se necesita eso en muchas comunidades cristianas!

Cada hormiga se hace especialista en su área. Conoce su trabajo. Creyente-hormiga donde el Señor Jesucristo te ha puesto, sea con un don o con un talento, debes dar el máximo de ti. ¡No hagas las tareas con mediocridad, realízalas con excelencia! Eso significa que darás lo máximo de ti en esto o en aquello. Debes funcionar a la perfección en ese puesto.

No te sirvas de la posición, sirve con la posición. No cruces fronteras en la jerarquía para hacer lo que le corresponde a otra hormiga, haz lo que te toca a ti como hormiga en el área de tu asignación. Ahí donde estás ahora es donde se te necesita. Pero allí donde te pondrá el Espíritu Santo, también serás necesario. ¡Trabaja bien donde te necesite el Señor Jesucristo!

Muchos que no son hormigas pueden ser clasificados socialmente como **«Ni-Ni»** y **«No-No»**. Los primeros, los llamados **«Ni-Ni»**, siempre han existido: «Ni trabajo. Ni estudio. Ni ayudo». En toda familia ese o esa **«Ni-Ni»**, que lleva ese apellido, puede ser un hermano o hermana, un tío o tía, un sobrino o sobrina, un primo o prima. Al igual que los **«No-No»** que se describen como: «No puedo. No tengo. No sé».

Al joven perezoso, ocioso, haragán, que no quiere trabajar, que siempre está cansado, se le exhorta a que mire el comportamiento y como trabajan con excelencia las hormigas, y así aprenderá a ser también sabio:

«¡Vamos, joven perezoso, fíjate en la hormiga! ¡Fíjate en cómo trabaja, y aprende a ser sabio como ella! La hormiga no tiene jefes, ni capataces ni gobernantes, pero durante la cosecha recoge su comida y la guarda» (Prov. 6:6-8, TLA).

La educación requiere sabiduría para aplicarla. La inteligencia demanda sabiduría para manejarla. El liderazgo exige sabiduría para realizarlo eficazmente. El servicio requiere sabiduría para realizarlo con iniciativa.

Hay muchos seres humanos muy dotados, con capacidades extraordinarias, pero huérfanos de sabiduría. No toman decisiones correctas, porque no tienen sabiduría. Se meten en líos al hablar, porque les falta sabiduría. Pierden clientes en sus empresas porque carecen de sabiduría. Ejercen pastorados solteros de sabiduría. Predican con unción, pero sin sabiduría.

La sabiduría nos enseña cuando decir que «sí» y cuando decir que «no». Cuando hacer algo y cuando no hacerlo. La sabiduría nos ayudará a tomar decisiones correctas. ¡Sé una hormiga sabia de Jesucristo!

Efesios 5:15-17 nos recuerda a las hormigas-creyentes: «Tengan cuidado de cómo se comportan. Vivan como gente que piensa lo que hace, y no como tontos. Aprovechen cada oportunidad que tengan de hacer el bien, porque estamos viviendo tiempos muy malos. No sean tontos, sino traten de averiguar qué es lo que Dios quiere que hagan» (TLA).

Las hormigas sientan un ejemplo de liderazgo colectivo. Cada hormiga trabaja para la otra hormiga. Y todas las hormigas contribuyen al hormiguero. De tal manera, que si les destruyen el hormiguero, vuelven de nuevo a levantarlo. Para estas criaturas (los animales al igual que los seres humanos poseen alma, pero sin espíritu), un hormiguero es como un edificio de muchos pisos. El secreto de ese gran éxito, es que las hormigas cooperan y colaboran en equipo. Podemos decir que son perseverantes y persistentes en sus misiones.

Las hormigas aprenden de otras hormigas. Es decir, se dejan enseñar. Richardson Frank un experto en comportamiento de hormigas dice: «La hormiga 'alumna' obtiene conocimientos de su 'tutora'. Tanto la tutora como la alumna reconocen como va el progreso de su compañera, haciendo que la tutora vaya más lenta cuando la alumna se queda atrás, y que acelere cuando la alumna se acerca demasiado».

2. La iniciativa de las hormigas

«La cual no teniendo capitán, ni gobernador ni señor» (Prov. 6:7). «La hormiga no tiene jefes, ni capataces ni gobernantes» (TLA).

Aunque las hormigas no se ven guiadas por un líder, no son totalmente acéfalas como comunidad. Tienen a hormigas «machos» fértiles y tienen a hormigas «hembras» fértiles que actúan como «reinas». No las caracteriza la burocracia, las caracteriza una entrega total a su trabajo.

Las hormigas son una sociedad matriarcal, donde la reina ocupa la cabecera. Las hormigas aprenden de otras hormigas y de esa manera ofrecen una continuación generacional. Nos hacemos sabios cuando emulamos el buen ejemplo de los que nos preceden. Miramos cómo otros, con años de experiencia, hacen las cosas para nosotros hacerlas también.

Las hormigas tienen una súper estructura, trabajando en perfecta colaboración y armonía para bien de toda la comunidad. Son toda una empresa de trabajo colectivo. Cada hormiga tiene un propósito y sabe que debe cumplirlo con eficacia. ¡Siempre están trabajando!

Ellas cumplen con el diseño y el propósito que el Creador les implantó al ser creadas. Dios nos ha traído a este mundo para cumplir un gran propósito y no estaremos totalmente realizados hasta que no lo lleguemos a descubrir el mismo. Muchos lo descubren temprano en la vida y otros viven toda una vida sin jamás descubrirlo.

A medida que nosotros, como nacidos de nuevo, rendimos nuestro entero ser al Señor Jesucristo, vamos descubriendo el porqué y el para qué de su propósito para nosotros en esta tierra y en la eternidad. A muchos les toma algunos años descubrir ese propósito, pero a otros en toda una vida jamás llegan a descubrirlo.

Las hormigas no necesitan andar en parada o desfile con un capitán o gobernador o señor. Cada hormiga responde a un programa y a un propósito implantado por Dios desde la creación. Conocen las funciones y descripciones de sus trabajos. Y no se salen de esa comisión. ¿Qué debo hacer y cómo debo hacerlo? Exige una respuesta de nuestra parte.

Las hormigas tienen iniciativa. El deseo de emprender o desear hacer algo las mueve bajo un impulso optimista y positivo, que va acompañado de acciones proactivas. Al que tiene iniciativa, su motor de arranque le enciende rápido. Iniciativa es ver una necesidad o descubrirla y desear resolver la misma. David es un ejemplo de alguien movido por la iniciativa, aunque sería recompensado.

«Entonces habló David a los que estaban junto a él, diciendo: ¿Qué harán al hombre que venciere a este filisteo, y quitare el oprobio de Israel? Porque, ¿quién es este filisteo incircunciso, para que provoque a los escuadrones del Dios viviente?» (1 Sam. 17:26).

Las hormigas no conocen la palabra «imposible». Cuando se enfrentan a un obstáculo, se agrupan para superarlo y, si no lo logran, lo intentan de nuevo, buscando siempre alternativas para superar los fracasos. Buscan lograr sobreponerse a cualquier dificultad. ¡Arregla en tu diccionario emocional la palabra «imposible» para que lea «posible»! ¿Cómo hacerlo? Táchale el «im» con el bolígrafo de tu voluntad. ¡Muy sencillo, verdad!

Las hormigas se sacrifican. Muchas veces, las colonias de las hormigas tienen que sufrir bajas, perder hormigas de su ejército. Toda congregación tiene que prepararse mentalmente para las deserciones. Pero las hormigas no se rinden, no se desaniman, seguirán luchando e intentándolo hasta tener la victoria o perecer en la hazaña.

El famoso evangelista Billy Graham, explicó el gran misterio de la encarnación con una ilustración refiriéndose a las hormigas:

«Una vez yo estaba caminando cerca de mi casa, y miré hacia abajo y vi un hormiguero que había sido aplastado. Vi que la casa cuidadosamente planificada estaba arruinada y que varias hormigas estaban muertas y muchas heridas. Por un momento deseé ser una hormiga. Quería ser una de ellas para poder explicarles que las quería ayudar. Pero no tenía ninguna manera de comunicarme con ellas, así que seguí mi camino».

«Pero cuando Dios miró hacia abajo y vio el mundo devastado por el pecado, Él no se fue lejos. 'Porque tanto amó Dios al mundo que dio a su Hijo unigénito, para que todo aquel que en Él cree, no se pierda, mas tenga vida eterna' (Jn. 3:16). Eso es lo que significa la encarnación. Dios hizo algo sobre nuestra situación».

La «kénosis» o encarnación del hijo de Dios, al nacer en la tierra como Jesús de Nazaret, fue como hacerse una hormiga humana, abandonar su trono celestial por un pesebre terrenal, dejar su gloria eterna por nuestra miseria humana, para así poder salvar a todas las hormigas humanas que así lo quisieran de este mundo.

Colosenses 4:5-6 nos recuerda a las hormigas-creyentes: «Usen su inteligencia para tratar como se debe a los que no confían en Cristo. Aprovechen bien cada oportunidad que tengan de conversar con ellos. Hablen siempre de cosas buenas, díganlas de manera agradable, y piensen bien cómo se debe contestar a cada uno» (TLA).

3. La preparación de las hormigas

«Prepara en el verano su comida, y recoge en el tiempo de la siega su mantenimiento» (Prov. 6:8).

En la comunidad de las hormigas hay distribución de trabajo y asignaciones. Ante situaciones extremadamente difíciles, buscan siempre soluciones. Una hormiga trabaja para el equipo y el equipo trabaja para una hormiga. Fuera de esa sociedad compleja les sería muy difícil sobrevivir. ¡Sin unión no alcanzamos la realización!

Esa manera de reaccionar y actuar ante un determinado obstáculo y realizar una misión complicada, ha dado lugar a establecer paralelismos entre estas diminutas criaturas y nosotros los seres humanos.

Nos parecemos mucho a las hormigas. De la laboriosidad de las hormigas y de los seres humanos, se pueden sacar muchos parecidos. Durante el verano las hormigas realizan la dura tarea de trabajar día y noche, con ahínco y determinación para abastecer sus almacenes, ya que vendrá el invierno o la época difícil, cuando buscar alimento les será más complicado. Para la colonia de las hormigas el futuro comenzó en el pasado. ¡Hoy comienza mañana! ¡Después empieza ahora!

Y saben que el verano les trae abundancia, pero el invierno les traerá escasez. Y por eso son muy ahorradoras en su cooperativa. El creyente-hormiga cuando tiene algo extra, guarda para cuando no tenga y le falte. ¡Ahorrar es un hábito que se debe desarrollar! Y se comienza a desarrollar el espíritu de ahorro, con algo muy simple, dando los diezmos. Separas el 10% de tus entradas para Dios y luego separas del 20 al 30% para una cuenta de ahorro. Ahorra de esas entradas extras.

Las hormigas podadoras o cortadoras de hojas pueden levantar algo que es 50 veces o más su propio peso. Imagínese, que si usted pesa 150 libras pueda levantar un peso de 50 veces más, es decir 7,500 libras. Se puede comparar a un ser humano levantando un elefante africano. Esta hormiga puede jalar 30 veces su mismo peso. Si uno pesa 150 libras sería el equivalente a jalar 4,500 libras. Comparando su tamaño, tiene músculos más fuertes que muchos animales grandes y seres humanos. Y comparando su tamaño se ha dicho que es el animal con el cerebro más grande.

Es algo ejemplar y encomiable ver a algunas hormigas intentar levantar un pedazo de pan, de un tamaño súper exagerado, con un peso aplastante, buscando refuerzos para unir más hormigas, hasta que logran tener una fuerza capaz de vencer ese obstáculo. Si nuestros músculos fueran como los de las hormigas podríamos llevar sobre la cabeza un camión. Y luego, las vemos a todas juntas, cargando ese trofeo. ¡Son verdaderas «Súper-Hormigas»!

Nosotros, como hormigas humanas, debemos prepararnos para el tiempo precario, para cuando llegue la necesidad, que en vez de faltarnos, nos sobre. Debemos trabajar en equipo, ser parte de un mismo equipo. ¡Trabajar con una visión colectiva!

Llegado el verano, una hormiga que rondaba por el campo recogía los granos de trigo y cebada, guardándolos para alimentarse durante el invierno. La vio un escarabajo y se asombró de verla tan ocupada en una época en que todos los animales, descuidando sus trabajos, se abandonan a la buena vida. Nada respondió la hormiga por el momento; pero más tarde, cuando llegó el invierno y la lluvia deshacía las boñigas o excrementos, el escarabajo hambriento fue a pedirle a la hormiga una limosna de comida.

Entonces sí respondió la hormiga: Mira escarabajo, si hubieras trabajado en la época en que yo lo hacía y tú te burlabas de mí, ahora no te faltaría el alimento.

Moraleja: Cuando te queden excedentes de lo que recibes con tu trabajo, guarda una porción para cuando vengan los tiempos de escasez (*Fábulas de Esopo*, 2011).

Trabajar como una hormiga, es cooperar, colaborar y cumplir con la asignación y la obligación dada. Cada hormiga tiene un trabajo y todas las hormigas juntas hacen todo el trabajo. ¡Una para todas y todas para una! ¡Verdaderos mosqueteros! Muchas veces tenemos que realizar trabajo de hormigas para poder lograr muchos proyectos en el reino de Jesucristo. En las empresas y en las congregaciones se necesita realizar trabajo de hormigas. Cada uno haciendo lo que le toca hacer. Congregaciones unidas como un ejército de hormigas levantarán proyectos, cumplirán con la gran comisión.

Hay hormigas voladoras que son más rápidas. En las congregaciones tenemos esos ministerios de hormigas voladoras. Ahora están aquí y luego están rápido por allá. Son creyentes muy activos. Pero la gran mayoría de las hormigas son andadoras en sus funciones. Y en las congregaciones tenemos gente que anda, gente que actúa y gente que trabaja mucho. Pero todos nos necesitamos.

El Salmo 105 es conocido como el Salmo del «Dios de la Historia» (TLA); «Los actos de Dios por Israel» (DHH). En los versículos 17 al 22 de ese Salmo, se nos ofrece el testimonio de José, que marcó la diferencia en su generación.

«Pero él ya había dispuesto que nos salvara José, a quien antes sus hermanos habían vendido como esclavo. Los egipcios humillaron a José y lo tuvieron encarcelado, hasta el día en que se cumplió lo que él ya había anunciado: ¡Ese día Dios dejó en claro que José había dicho la verdad! Entonces el rey de Egipto, que gobernaba a muchos pueblos, ordenó que liberaran a José, y fue puesto en libertad. El rey le dio autoridad sobre todo su pueblo y sobre todas sus posesiones. José se dedicó a enseñar a los consejeros y a los ayudantes del rey, y a compartir con ellos su sabiduría» (Sal. 105:17-22, TLA).

Permítame presentar al «Súper Hormiga" (**SH**) y al «Hombre Hormiga» (**HH**) del Antiguo Testamento. Se llama José «Ben» Jacob. A José el soñador, la providencia de Dios lo cuidó con su gracia en una cisterna vacía, lo puso en gracia en la casa de Potifar, lo favoreció con su gracia en la cárcel y lo elevó en su gracia delante del Faraón.

Potifar, un eunuco o funcionario de Faraón, aparece en la vida del esclavo. En la Antigua Reina-Valera se lee: «eunuco de Faraón» (Gén. 39:1). Posiblemente fue un hombre castrado. Potifar, en un mercado de esclavos, compró a los ismaelitas a José, como un buen producto humano, y no se equivocó: «Potifar vio que Dios ayudaba a José y hacía que todo le saliera bien» (Gén. 39:3, TLA).

José fue un buen mayordomo de todo lo que tenía su amo Potifar (Gén. 39:4-6), y eso incluía a su ama, esposa de Potifar (Gén. 39:7-9), que teniendo a un esposo eunuco, se apasionó por este joven hebreo (Gén. 39:10). José prefirió no hacer caso a las insinuaciones de la mujer de Potifar, que pecar delante de Dios y deshonrar la confianza de su jefe egipcio (Gén. 39:11-12). Si la invitación para pecar no se aleja de ti, huye tú del pecado.

Ella lo acusó de intento de ultraje (Gén. 39:13-18), le dañó su récord, y aquella hormiga llamada José fue a parar a la prisión. Allí en esa cárcel federal (Gén. 39:19-20), la providencia divina puso en gracia a José, que fue encargado de todos los presos (Gén. 39:21-23), y eso incluía a dos funcionarios principales del Faraón, el panadero y el copero, acusados de delinquir políticamente contra el monarca egipcio (Gén. 40:1-3).

«El faraón se enojó con esos dos funcionarios y los puso en la cárcel donde estaba José, en el palacio del capitán de la guardia. Ellos permanecieron en la cárcel durante mucho tiempo, y el capitán de la guardia los asignó a José, quien se ocupaba de ellos» (Gén. 40:2-4, NTV).

Este José les interpretó los dos sueños a los funcionarios del Faraón (Reina-Valera de 1909 los llama «eunucos» y este término significa «guardián de los lechos»). Dios mostró misericordia hacia los eunucos:

«Porque así dice el Señor: 'A los eunucos que observen mis sábados, que elijan lo que me agrada, y sean fieles a mi pacto, les concederé ver grabado su nombre dentro de mi templo y de mi ciudad; ¡eso les será mejor que tener hijos e hijas! También les daré un nombre eterno que jamás será borrado'» (Is. 56:4-5, NVI).

Al panadero le anunció que recibiría en la horca su muerte en tres días (Gén. 40:16-19). Al copero le reveló que en tres días sería restaurado a su trabajo sirviéndole la copa al rey y probando todos sus alimentos (Gén. 40:9-13). Para ambos, los sueños interpretados por José se cumplieron (Gén. 40:20-23).

El copero se olvidó de la petición hecha por José de que cuando fuera libre abogara a favor de su inocencia. Él como muchos seres humanos, que hoy les ayudamos y mañana nos olvidan, se olvidó de recordar a José (Gén. 40:14-15).

¡José!, siempre habrá un copero a quien hayas ayudado en un momento de necesidad, que te olvidará. No se acordará de que un día le diste la interpretación a su sueño de liberación y de restauración. ¡Pero Jesucristo nunca se olvidará de ti!

Pero ese olvido de dos años por parte del copero tenía un propósito. Y es que Dios, dos años después, trataría con el faraón dándole dos sueños. En esa prueba tuya o proceso, Jesucristo tendrá una contestación divina. En el retraso de Dios puede haber progreso.

Dos años después, el Faraón tuvo dos sueños. El primer sueño con siete vacas gordas y hermosas seguidas por siete vacas flacas que se devoraban a las primeras. El segundo sueño con siete espigas llenas y hermosas que luego fueron devoradas por siete espigas menudas o abatidas (Gén. 41:1-8).

El copero olvidadizo entonces se acordó de José que estaba en la cárcel (Gén. 41:9-13). Jesucristo tiene a algún copero con una copa en su mano, que aunque sea tarde se acordará de ti. José fue sacado por orden faraónica y traído al palacio (Gén. 41:14-24).

«Entonces Faraón envió y llamó a José. Y lo sacaron apresuradamente de la cárcel, y se afeitó, y mudó sus vestidos, y vino a Faraón» (Gén. 41:14). A Faraón, le dio un sabio consejo que se compara a lo que hacen las hormigas.

«Yo le sugiero a Su Majestad que busque a alguien muy sabio e inteligente, y que lo ponga a cargo del país. También le sugiero que nombre gente que se encargue de recoger la quinta parte de las cosechas durante los siete años de abundancia. Durante los siete años buenos que van a venir, Su Majestad debe darles autoridad para que junten y almacenen en las ciudades todos los alimentos y el trigo. Ese alimento quedará guardado, para usarlo durante los siete años de hambre que habrá en Egipto. Así el país no quedará arruinado por el hambre» (Gén. 41:33-36, TLA).

Notemos la recomendación del líder que faraón necesitaba dada por José, «alguien muy sabio e inteligente» (TLA) o «un varón prudente y sabio» (RV). Allí le estaba presentando su resumen o currículum personal al monarca egipcio.

¿Y sabe qué? José consiguió el trabajo allí mismo. Durante siete años, José «el hombre hormiga» o el «Súper-Hormiga», se dedicó a almacenar en esos años de abundancia, para cuando llegaran los años de escasez y necesidad, para que los graneros de Egipto estuvieran abastecidos para consumo y venta.

José era el Hombre Hormiga (**HH**) dondequiera que iba o estaba. Trabajó como una hormiga en el campo de Dotán, en la casa de Potifar, en la cárcel federal del Faraón y en el palacio del monarca egipcio. Hoy día necesitamos muchas hormigas-creyentes, que sean muy laboriosas en la colonia de la Iglesia. Que se junten para llevar las pesadas cargas de la obra y de las misiones.

«Entonces, dada la gravedad del hambre en todas partes, José abrió los graneros y distribuyó grano a los egipcios, porque el hambre era intensa en toda la tierra de Egipto» (Gén. 41:56, NTV).

Los sueños que hoy muchos te rechazan, serán mañana los sueños que ellos verán cumplidos en tu vida y en sus propias vidas. La cisterna del rechazo donde te echan hoy, mañana será la puerta abierta hacia tu aceptación. El desprecio que recibes hoy, será el aprecio que mañana te darán.

Romanos 12:11-13 nos recuerda la laboriosidad de las hormigas-creyentes: «Trabajen con mucho ánimo, y no sean perezosos. Trabajen para Dios con mucho entusiasmo. Mientras esperan al Señor, muéstrense alegres; cuando sufran por el Señor, muéstrense pacientes; cuando oren al Señor, muéstrense constantes. Compartan lo que tengan con los pobres de la iglesia. Reciban en sus hogares a los que vengan de otras ciudades y países» (TLA).

En las congregaciones siempre vemos a esas hormigas humanas de mujeres, de hombres, de jóvenes, de niños, de células y muchos otros, trabajando. Suben por aquí, bajan por allá; se mueven para esto y están haciendo aquello. Son trenes hormigueros, siempre están moviendo los vagones.

Obligada por la sed, una hormiga bajó a un manantial, y arrastrada por la corriente, estaba a punto de ahogarse. Viéndola en esta emergencia una paloma, desprendió de un árbol una ramita y la arrojó a la corriente, montó encima a la hormiga salvándola.

Mientras tanto un cazador de pájaros se adelantó con su arma preparada para cazar a la paloma. Le vio la hormiga y le picó en el talón, haciendo soltar al cazador su arma. Aprovechó el momento la paloma para alzar el vuelo.

Moraleja: Siempre corresponde de la mejor forma a los favores que recibas. (*Fábulas de Esopo*, 2011).

Conclusión

C. H. Spurgeon hablando sobre la temática «Yo mismo te ayudaré» (Is. 41:14), declaró: «Es mucho para ti lo que necesitas, pero es poco para mí para concederte. ¿Ayudarte? ¡No temas! Si hubiese una hormiga a la puerta de tu granero pidiendo ayuda, no te arruinaría a ti dándole un puñado de tu trigo, y tú no eres sino un pequeño insecto a la puerta de mi completa suficiencia. «Yo mismo te ayudaré».

52
Laborando como abejas

Jueces 14:8-9, RVR 1960

«Y volviendo después de algunos días para tomarla, se apartó del camino para ver el cuerpo muerto del león; y he aquí que en el cuerpo del león había un enjambre de abejas, y un panal de miel. Y tomándolo en sus manos, se fue comiéndolo por el camino; y cuando alcanzó a su padre y a su madre, les dio también a ellos que comiesen; mas no les descubrió que había tomado aquella miel del cuerpo del león».

Introducción

La mayoría de las abejas domésticas, conviven en enjambres. Se organizan en tres clases: abeja-reina, abeja-obrera y abeja-zángano. Pero hay abejas-solitarias, esas no hacen vida de enjambres. Las abejas tienen seis patas, alas y una ponzoña que es venenosa.

«La abeja, al ser depositada en un recipiente abierto, permanecerá allí hasta que muera, a menos que sea sacada de allí. Nunca ve la posibilidad de escapar que existe por arriba de ella; sin embargo, persiste tratando de encontrar alguna forma de escape por los laterales cercanos al fondo. Seguirá buscando una salida donde no existe ninguna, hasta que se destruya completamente a sí misma» (*La culpa es de la vaca*, Jaime Lopera y Marta Inés Bernal).

El 90% de las plantas del mundo dependen de la actividad polinizadora. Y esas plantas incluyen a muchas que nos sirven de alimentos. Y son las abejas las mayores responsables de la polinización que producen alimentos que nos benefician. Y existe una clase de abejas, las «rinocerontes» que pueden jalar 850 veces su propio peso, y la abeja del «basurero» puede jalar 1,141 veces su propio peso, siendo los insectos más fuertes y los animales más fuertes del planeta tierra.

De las abejas aprendemos que son organizadas, laboriosas, dedicadas, muy altruistas y sacrificadas.

1. La abeja que cuidó a Rebeca

«En esos días murió Débora, la mujer que había cuidado de Rebeca desde niña, y la enterraron bajo un árbol cerca de Betel. Por eso a ese lugar se le conoce como 'El árbol del llanto'» (Gén. 35:8, TLA).

Jacob estaba viviendo en Siquem, por los problemas que Dina, hija de Jacob y Lea (Gén. 34:1), tuvo al ser violada por Siquem, quien se enamoró de ella (Gén. 34:2-4). Jacob no quiso contar nada a sus hijos, pero ellos se enteraron (Gén. 34:5). Jamor, el padre de Siquem trató de consolidar el matrimonio mediante arreglos con Jacob, pero los hijos de Jacob, estaban molestos (Gén. 34:6-7).

Ante la propuesta reconciliatoria de Jamor, los hijos de Jacob lo engañaron, y les pidieron que se circuncidaran (Gén. 34:8-17). La propuesta fue aceptada, se circuncidaron; al tercer día, todavía doloridos los varones, Simeón y Leví, masacraron a todos los varones, y se trajeron a Dina a la casa (Gén. 34:18-26).

Los otros hijos de Jacob, profanaron los cadáveres, y se apropiaron de todo lo que tenían los de Siquem (Gén. 34:27-29). Esa acción vengativa de sus hijos, hizo que Jacob, por temor a represalias de los cananeos, ferezeos y de otros, se decidiera a mudarse de ese lugar (Gén. 34:30-31).

Dios le habló de irse a morar a Bet-el (Gén. 35:1). Jacob hizo a su familia deshacerse de dioses falsos, de la ropa inmunda, y les dijo que iría a Bet-el a levantar un altar a Dios (Gén. 35:2-3). Los dioses y aretes de las orejas, fueron enterrados en un árbol cerca de Siquem (Gén. 35:4).

Al salir, no fueron perseguidos por nadie (Gén. 35:5). De camino llegaron a Luz que era otro nombre para Bet-el, y Jacob levantó allí un altar a Dios, quien se le había revelado antes, cuando huía de Esaú (Gén. 35:7).

En Génesis 24:57-60 se nos da el trasfondo de una mujer llamada Débora («la abeja»), que fue importante en la vida de Rebeca: «Ellos llamaron a Rebeca y le preguntaron: –¿Quieres irte con este hombre? Como Rebeca respondió que sí, la dejaron ir junto con la mujer que la había cuidado desde niña, el mayordomo y sus hombres. Su familia la despidió con esta bendición»:

«Querida hermana nuestra, deseamos que llegues a tener miles y miles de descendientes, y que ellos lleguen a conquistar las ciudades de sus enemigos» (TLA).

Y durante ese tiempo del conflicto producido por los hijos de Jacob contra Siquem, este tuvo que abandonar ese lugar. Le acompañaba Débora, que crió a Rebeca, madre de Jacob y murió bajo la sombra de una encina cerca de Bet-el, la sepultaron, llamando Jacob a ese lugar «Elón Bacut» o «Encina del Llanto» (Gén. 35:8). Una demostración de duelo por alguien cuya vida enriqueció las vidas de otras personas.

El nombre «Débora» del hebreo «Déborah» significa «la abeja» y «la avispa». Y este versículo dice que murió Débora, nodriza de Rebeca. Esta mujer-abeja había tenido la responsabilidad de criar a Rebeca, de cuidarla desde que era una niña. Era una «nana» muy querida en la familia de Isaac, Rebeca, Esaú y Jacob. Para Jacob era como la abuela de la familia.

Esa abeja-humana dio dulce miel a Rebeca, y a sus dos hijos, que eran como de ella, y Jacob se la llevó a vivir con él y su familia. Así como dio miel, de su panal, anciana ya, se le cuidó como a una abeja. Es una mención bíblica que nos recuerda la responsabilidad que se debe tener ante las personas entradas en muchos años.

Hoy día se necesitan «abejas» como la «nana» Débora, que marquen generaciones con la crianza y la educación. Esa mujer influenció a la generación de Rebeca, a la generación de Jacob y a la generación de los hijos de Jacob. En las escuelas dominicales y bíblicas, tenemos a muchas Nanas Déboras.

2. La abeja que ayudó a Barac

«En esa época una profetisa llamada Débora era jefe de los israelitas. Débora era esposa de Lapidot, y acostumbraba a sentarse bajo una palmera, conocida como la Palmera de Débora, que estaba en las montañas de la tribu de Efraín, entre Ramá y Betel. Los israelitas iban a verla para que les solucionara sus problemas» (Jue. 4:4-5, TLA).

Se describe a esta abeja Débora como una mujer jueza y jefa de los israelitas. Su esposo se llamaba Lapidot. Débora es mencionada como una que con la dulzura de la miel del consejo, resolvía problemas a los que venían a esta ella.

Ante la amenaza del rey Jabín de Hazor, y su general Sísara, armado con carros de guerra de hierro, Israel había sido oprimido veinte años (Jue. 4:1-3). Israel oró a Dios, y Dios decidió actuar, usándolos a ellos mismos para obtener la victoria.

Débora, cuyo nombre puede ser una referencia su misión profética, entendió que había que ir a la guerra. La abeja de la miel se transformaría en la avispa de la picada.

Decía el campeón tres veces de todos los pesos pesados Muhammad Alí: «Vuela como una mariposa, pica como una abeja».

«Y ella envió a llamar a Barac hijo de Abinoam, de Cedes de Neftalí, y le dijo: ¿No te ha mandado Jehová, Dios de Israel, diciendo: Ve, junta a tu gente en el monte de Tabor, y toma contigo diez mil hombres de la tribu de Neftalí y de la tribu de Zabulón; y yo atraeré hacia ti al arroyo de Cisón a Sísara, capitán del ejército de Jabín, con sus carros y su ejército, y lo entregaré en tus manos? Barac le respondió: Si tú fueres conmigo, yo iré; pero si no fueres conmigo, no iré. Ella dijo: Iré contigo; mas no será tuya la gloria de la jornada que emprendes, porque en mano de mujer venderá Jehová a Sísara. Y levantándose Débora, fue con Barac a Cedes» (Jue. 4:6-9).

Barac no quiso ir solo, quería a Débora a su lado. Aquel general de experiencia, reconoció que aquella abeja-Débora era también la avispa-Débora. Ella le profetizó a Barac la gran victoria contra Sísara:

«Entonces Débora dijo a Barac: Levántate, porque este es el día en que Jehová ha entregado a Sísara en tus manos. ¿No ha salido Jehová delante de ti? Y Barac descendió del monte de Tabor, y diez mil hombres en pos de él» (Jue. 4:14).

Ese mismo día, todo el ejército de Sísara fue destruido a filo de espada (Jue. 4:15-16). Sísara huyó y entró a la tienda de Jael, mujer de Heber, y pidió a esta agua y que lo ayudara. Él se quedó dormido y Jael le atravesó la sien con una estaca, dándole Dios la victoria a Israel (Gén. 4:17-24).

En Jueces 5:1-25 se nos presenta el panal de esa mujer-abeja, Débora, destilando una rica miel de palabras, miel cargada de entusiasmo, miel de positivismo, y miel de mucha espiritualidad.

Débora es la «mujer abeja» de la Biblia. Ella fue una «abeja» extraordinaria, distinta a las demás mujeres de su generación. Ella llegó a ser ungida en un puesto y con un título exclusivamente dado a los hombres, como era ser juez. Con su ejemplo rompió moldes culturales y estableció un precedente histórico. Como la abeja, su sexo la hacía parecer pequeña, más su corazón la hacía lucir grande. En su colmena producía la miel de la fe, la miel de la determinación y la miel de la valentía.

«En muchas formas, somos como el buitre, el murciélago y la abeja obrera. Lidiamos con nuestros problemas y frustraciones, sin darnos cuenta nunca de que todo lo que tenemos que hacer es mirar hacia arriba. Esa es la respuesta, la ruta de escape y la solución a cualquier problema. ¡Solo mira hacia arriba! La tristeza mira hacia atrás, la preocupación mira alrededor, la depresión mira hacia abajo, pero la fe..., la fe, ¡siempre ¡siempre mira hacia arriba!» (Jaime Lopera y Marta Inés Bernal: *La culpa es de la vaca*).

3. El enjambre de abejas que alimentó a Sansón

Sansón mató a un joven león con las armas de sus manos, pero no les dijo nada a sus padres:

«Y Sansón descendió con su padre y con su madre a Timnat; y cuando llegaron a las viñas de Timnat, he aquí un león joven que venía rugiendo hacia él. Y el Espíritu de Jehová vino sobre Sansón, quien despedazó al león como quien despedaza un cabrito, sin tener nada en su mano; y no declaró ni a su padre ni a su madre lo que había hecho» (Jue. 14:5-6).

En Timnat, Sansón se enamoró de una filistea (Jue. 14:7). A los pocos días, regresó Sansón para tomarla por mujer, quiso ver al león muerto, y para su sorpresa, tenía «un enjambre de abejas y un panal de miel» (Gén. 14:8). La miel fue y es un endulzante muy apreciado en la actualidad.

«Unos días más tarde, cuando Sansón volvió para casarse, se apartó del camino para ver al león muerto, y resultó que en el cuerpo del león había un enjambre de abejas y un panal de miel. Sansón tomó la miel con las manos y se fue por el camino comiéndola. Al llegar a donde estaban sus padres, les dio miel, y ellos comieron; pero no les dijo de dónde la había sacado» (Jue. 14:8-9, TLA).

Sansón tomó aquel panal de miel, y se lo comió mientras andaba por el camino, y de ese panal de miel compartió con sus padres (Gén. 14:9). Buen gesto por parte de él hacia sus padres. Oremos para que los hijos jamás se olviden de dar de su panal de miel a los padres.

«Sansón les dijo a estos jóvenes: –Les propongo un acertijo. Si lo resuelven durante estos siete días de celebración, les daré treinta mantos de lino fino y treinta trajes de ropa para fiesta. Pero si no pueden encontrar la solución, entonces ustedes me darán a mí treinta mantos de lino fino y treinta trajes de ropa para fiesta. –Muy bien –dijeron ellos–, dinos tu acertijo. Entonces él recitó: –Del que come, salió algo para comer; y del fuerte, salió algo dulce. Tres días más tarde, seguían intentando resolver el acertijo» (Jue. 14:12-14, NTV).

La miel que primero le sirvió de alimento a Sansón, luego la utilizó como experiencia para jugar con unos jóvenes filisteos. Y son muchos los que después de haber degustado la miel de la Biblia, juegan con la misma.

El autor y pastor Vladimir Rivas del Ministerio COMPAZ, una de las mega congregaciones pujantes de El Salvador, San Salvador y en otros países, dice sobre esto: «Hay gente que en lugar de valorar la miel, lo que hace es inventar historias sobre esa miel. La misión de Sansón era destruir a los filisteos, no confraternizar con ellos» (*La grandeza oculta de ser segundo*, Editorial COMPAZ, 2015, p. 15).

Nosotros también tenemos en la Biblia un panal de miel, para que comamos del mismo, y compartamos esa miel de la Palabra de Dios con familiares y amigos.

Leemos en la Biblia: «Las palabras amables son como la miel: endulzan la vida y sanan el cuerpo» (Prov. 16:24, TLA). Saber hablar con amabilidad, hacen mejores las relaciones humanas y produce beneficios al cuerpo.

El rey Saúl movido por sus impulsos emocionales, puso bajo juramento a sus soldados, de no gustar nada de comer hasta que los filisteos enemigos fueran derrotados:

«Todos los israelitas estaban muy cansados, pero ninguno de ellos había comido porque Saúl había hecho este juramento: 'Todo el que coma algo antes del anochecer, y antes de que me haya vengado de mis enemigos, será condenado a muerte'» (1 Sam. 14:24, TLA).

No obstante, su hijo Jonatán que desconocía ese capricho de su padre Saúl, después de haber dado muerte con su escudero a veinte filisteos, tuvo hambre y comió miel de un árbol en el bosque.

«La gente tenía mucho miedo del juramento de Saúl, así que cuando llegaron a un bosque donde había mucha miel, ninguno de ellos se atrevió a probarla. Como Jonatán no estaba enterado del juramento que había hecho su padre, tomó miel con el palo que llevaba en su mano, y en cuanto la probó, cobró nuevas fuerzas» (1 Sam. 14:25-27, TLA).

Es notable lo que el pasaje bíblico enfatiza: «Llegaron a un bosque donde había mucha miel, ninguno de ellos se atrevió a probarla». Los soldados de Saúl sufrían de hambre porque este rey caprichoso, se volvió legalista y aplicó un trato personal en su vida, a las vidas de otros.

Y hay «mucha miel» de la Palabra de Dios, pero también hay muchos que no se atreven a probarla. Sea como Jonatán, y extienda la lanza de su necesidad, y coma miel. Tan pronto el príncipe Jonatán gustó de aquella dulce miel, «cobró nuevas fuerzas» (TLA). «... y sus ojos fueron aclarados» (JBS). «... Enseguida se le iluminó el rostro» (NVI).

En la portada de la Biblia del Oso de Casiodoro de Reina, publicada originalmente en el año 1569, aparece un oso levantado comiendo miel del tronco de un árbol, de ahí el nombre dado a esta clásica versión, lo cual es una figura de la miel que emana de la Biblia.

En la portada de la Biblia del Cántaro de Reina-Valera, revisada por Cipriano de Valera en el 1602, quien estuvo conectado con Casiodoro de Reina en diferentes etapas de su vida, aparecen en la cubierta dos hombres, uno sembrando un árbol y el otro con un cántaro derramando agua a otro árbol. Nos recuerdan a Pablo sembrando y a Apolos regando (1 Cor. 3:6).

Cipriano de Valera no realizó grandes cambios a la obra magistral de Casiodoro de Reina, se afirma que los cambios hechos fueron menos del uno por ciento. Parece que Cipriano de Valera solo buscaba unir su nombre al de su gran amigo, y más que una revisión del texto, solo buscó la institucionalización de la obra de Reina, que era rechazado por algunos opositores, aunque hubiera otras razones.

La Biblia debe sabernos a miel. Debemos saborearla como miel. Dejar que su miel empalague nuestra alma-espíritu. Desayunar un devocional con la miel de la Biblia. Almorzar espiritualmente con la miel de la Biblia. Y tener una cena endulzada por esa miel de la Biblia, que hace bien al corazón humano.

James Russel Lowell ha dicho: «Los libros son como abejas que llevan el polen de una inteligencia a otra».

La amada, la Iglesia, la Sulamita, tiene miel para el amado, hablando espiritualmente, sus «labios» son como «un panal» y da besos de «leche y miel», sus vestidos huelen a fragancia. Es posible que este haya sido el contexto tomado por el impresor de la Biblia del Oso, al presentar al mismo lamiendo miel del tronco de un árbol.

«Son tus labios un panal, amada mía; de tu lengua brotan leche y miel. Hay en tus vestidos la dulce fragancia de los bosques del Líbano» (Ct. 4:11, TLA).

Muy interesante es saber que el Cristo Pascual se le apareció a los discípulos en el Aposento Alto, conversó con ellos, y allí los invitó a tocarlos y comió con ellos.

«Y como todavía ellos, de gozo, no lo creían, y estaban maravillados, les dijo: ¿Tenéis aquí algo de comer? Entonces le dieron parte de un pez asado, y un panal de miel. Y él lo tomó, y comió delante de ellos» (Lc. 24:41-43).

¿Qué comió el Resucitado Glorificado? Comió parte de un «pescado asado» con un «panal de miel». Al amado le gusta lo asado y le gusta el dulce de la miel. Como recordándonos que su palabra es dulce como miel.

Conclusión

En la iglesia, que es un enjambre de abejas, el Espíritu Santo ayuda a las abejas-creyentes, para que produzcan buena miel con las buenas obras. Cada abeja-creyente tiene una celda donde producir miel. No somos salvos por obras, pero los salvos hacen buenas obras.

53
Tejiendo como arañas

Proverbios 30:28, RVR 1960

«La araña que atrapas con la mano, y está en palacios de rey».

Introducción

Este pasaje bíblico da lucha a los traductores. Ya que la palabra hebrea que se traduce «araña» en Reina-Valera y en la Biblia del Jubileo, aparece como «lagartijas» en otras versiones (NVI, TLA, NTV, DHH) y «lagarto» en la Biblia de las Américas.

Alfonso Ropero en el *Gran Diccionario Enciclopédico de la Biblia*, ofrece esta explicación del término hebreo «semanith» y «kaboletes» en la Septuaginta:

«Se supone que en realidad se refiere a una lagartija o salamandra de patas anchas como manos, tal como entendieron los traductores de los LXX. Se menciona únicamente en Proverbios 30:28» (Alfonso Ropero Berzosa [ed.], *Gran Diccionario Enciclopédico de la Biblia*, Editorial CLIE, Terrassa 2013, p. 199).

¡Valga la aclaración de mi amigo! Ya, consciente de eso, me mantendré por ahora con la traducción de Reina-Valera, ya que es el texto común de las comunidades evangélicas y se ajusta a esta disertación para la presente exposición.

1. La araña discierne con sus patas

Aunque este insecto tiene ojos, no le sirven de mucho, pero sus membranas son un extraordinario recurso para movilizarse. Y le ayudan para atrapar a otros insectos menores. Son excelentes depredadores, y poco apetecibles de otro depredadores. Las moscas son su presa favorita.

La visión de los ojos físicos, no siempre ayudan al alma, pero la visión interior, la del alma, si nos puede ayudar. El visionario es aquel que ve lo que la mayoría de las personas comunes no pueden ver.

El Espíritu Santo nos ayuda a discernir, mediante el don de discernimiento (don policía), el don de palabra de ciencia (don investigador) y el don de sabiduría (don detective), que son dones de revelación sobrenatural o de conocimiento extra sensorial.

Pero el Espíritu Santo también nos ayuda a discernir la revelación que nos llega por medio de la Biblia. Este Libro Sagrado hace sabio al creyente. Quien siempre lo lee, tiene la mente alumbrada.

2. La araña sobrevive con su telaraña

Muchas veces la araña es descubierta, y se le arrastra con todo, telaraña incluida. En otras ocasiones se le sacude, cae al piso, pero se incorpora, salta y sale huyendo. Entonces tiene que buscar una nueva residencia o espacio tranquilo, donde vuelve con paciencia a tejer su telaraña.

En el libro de Job 8:13-15 se compara la fragilidad de la telaraña con los malvados: «Lo mismo les pasa a los malvados, a los que se olvidan de Dios: al morir nada bueno les espera. Su confianza es tan frágil como una telaraña: no les brinda ningún apoyo» (TLA).

Isaías 59:5-6 compara la actitud de los impíos como tejiendo telas de arañas: «Incuban huevos de áspides, y tejen telas de arañas; el que comiere de sus huevos, morirá; y si los apretaren, saldrán víboras. Sus telas no servirán para vestir, ni de sus obras serán cubiertos; sus obras son obras de iniquidad, y obra de rapiña está en sus manos».

Honoré de Balzac declaró: «Las leyes son como las telas de araña, a través de las cuales pasan libremente las moscas grandes y quedan enredadas las pequeñas».

Creyente no te desanimes, no te deprimas, si te asaltan los soldados de la frustración, si te alcanzan con sus flechas los arqueros del desánimo o si te hieren los lanceros del temor. Levántate, araña espiritual, lucha y no te rindas. El creyente araña no será vencido, si no te dejas vencer.

En cualquier lugar la araña hace su residencia. Los hijos de Dios viven en la casa pobre o en la casa rica, pero si tienen mucho o si le falta mucho, de cualquier manera son felices en el Amado Jesucristo.

a) El reconocimiento de Pablo a los filipenses. «Me alegra mucho que, como hermanos en Cristo, al fin hayan vuelto a pensar en mí. Yo estaba seguro de que no me habían olvidado, solo que no habían tenido oportunidad de ayudarme» (Fil. 4:10, TLA).

Debemos reconocer a todos aquellos que siempre, tarde o temprano, nos tienen en su programa de ayuda. Honrar a otros, hará que otros nos honren a nosotros. La falta de no ser honrados es por la falta de no honrar.

b) La aceptación de Pablo ante los filipenses. «No lo digo porque esté necesitado, pues he aprendido a estar satisfecho con lo que tengo» (Fil. 4:11, TLA).

Hay muchas necesidades que debemos aceptar. Si las podemos satisfacer, hagámoslo, si no podemos aceptemos esa realidad. No se puede vivir de pretensiones. No podemos ayudar a todos los pobres, pero sí podemos ayudar a un pobre. No lo podemos hacer todo, pero hagamos la parte que nos corresponde hacer a nosotros.

c) La resignación de Pablo frente a los filipenses. «Sé bien lo que es vivir en la pobreza, y también lo que es tener de todo. He aprendido a vivir en toda clase de circunstancias, ya sea que tenga mucho para comer, o que pase hambre; ya sea que tenga de todo o que no tenga nada» (Fil. 4:12, TLA).

El que es llamado a servir en el reino de Jesucristo, es como un camaleón o una salamandra que se adapta a sus circunstancias. Si tenemos mucho seamos agradecidos, si no tenemos lo suficiente, demos gracias a Dios.

d) La esperanza de Pablo delante los filipenses. «Cristo me da fuerzas para enfrentarme a toda clase de situaciones» (Fil. 4:13, TLA).

Este pasaje muchas veces se saca de su contexto paulino inmediato. La suficiencia en Cristo de Pablo de Tarso, lo era ante las privacidades tenidas. Con todo o sin nada: «Todo lo puedo en Cristo que me fortalece».

e) El agradecimiento de Pablo por los filipenses. «Sin embargo, fue muy bueno por parte de ustedes ayudarme en mis dificultades» (Fil. 4:1, TLA). «¡Vivan con alegría su vida cristiana! Lo he dicho y lo repito: ¡Vivan con alegría su vida cristiana!» (Fil. 4:4, TLA).

Pablo de Tarso era un eterno agradecido de aquellos filipenses que, como ángeles sin alas, lo habían socorrido y ayudado en su necesidad. Y los animó a vivir un cristianismo de alegría y de gozo.

La araña puede ser atrapada con la mano, pero dijo el proverbista que vive en «palacios de rey». Nosotros, los creyentes-arañas vivimos en los palacios-templos del Rey. Pero hemos sido destinados para vivir un día, cuando seamos llamados en gloria, en el palacio del Gran Rey Jesucristo.

3. La araña se defiende

Las arañas poseen ocho patas que les dan movilización en cualquier dirección, y tienen abanicos venenosos para su defensa o depredación. Para el creyente, si es la voluntad de Jesucristo, moverse en cualquier dirección no le es problema.

Las arañas, a diferencia de otros insectos, no poseen antenas, ni músculos tensores. Son muy tácticas realizando sus misiones. Puede que tengamos deficiencias en algo, que no seamos diestros con esto o aquello, pero algo para ayudarnos nos ha dado Jesucristo. ¡Usa lo que el Espíritu Santo te ha dado!

La hembra es altamente fértil y puede poner hasta tres mil huevos, guardándolos en una membrana. Ella cuida de sus generaciones. Se necesitan madres-arañas cuidando espiritualmente a sus hijos e hijas. Ese cuidado excesivo de la araña ha dado inspiración a muchas escenas de películas del cine. ¡Seamos fértiles!

Esa capacidad de producir una substancia que segrega para tejer su telaraña, es la sensación del «Spider Man» o del «Hombre Araña», que tanto gusta a chicos y a grandes. Y se necesitan en las congregaciones de Jesucristo, muchos hombres-arañas, mujeres-arañas, jóvenes-arañas y niños-arañas.

La oración, el ayuno, la alabanza y el uso de la Biblia, son armas defensivas para todo creyente. En el mundo espiritual estamos en guerra siempre, no podemos darnos el lujo de estar descuidados.

Como arañas de destino, el «Hombre Araña» y la «Mujer Araña» debemos tejer la telaraña del servicio, tejer la telaraña de la cooperación, tejer la telaraña de la comprensión, tejer la telaraña del perdón. Araña del Rey, teje en las vidas de los demás.

4. David fue un hombre araña

Las arañas tienen muchos depredadores dependiendo de donde viven. Si viven donde hay lagunas o lagos, están los sapos, las ranas, los lagartos y peces como la rucha. En muchos lugares las aves con una excelente visión, se aprovechan de las arañas. En hábitats tropicales, los monos disfrutan de las arañas. A los mamíferos murciélagos, no les cae mal un postre de arañas.

David fue el verdadero «Hombre Araña» (**HA**) en el palacio del rey Saúl. Allí, estaba David en alguna esquina. El rey Saúl, un depredador de aquel «hombre araña» llamado David, siempre trató de atrapar a David con sus manos, como si fuera araña. Pero aquel «hombre araña», todo un héroe, brincaba y se le escapaba. A la araña se la tumba de alguna esquina con una escoba, pero cae y se levanta rápido.

«Siempre que Saúl enviaba a David a luchar contra los filisteos, David salía victorioso. Por eso Saúl lo puso como jefe de sus soldados. Esto le gustó mucho a todo el pueblo, y también a los otros jefes del ejército de Saúl» (1 Sam. 18:5, TLA).

«Al día siguiente, mientras David tocaba el arpa, Dios envió a un espíritu malo para que atormentara a Saúl. Entonces Saúl se puso como loco dentro del palacio, y como tenía una lanza en la mano, se la arrojó a David con la intención de dejarlo clavado en la pared. Pero David logró quitarse a tiempo dos veces» (1 Sam. 18:10-11, TLA).

«Un día, Saúl le dijo a David: 'Mira, te voy a dar como esposa a mi hija Merab. Lo único que te pido es que seas valiente y que, en el nombre de Dios, salgas al frente del ejército en las batallas'. En realidad, lo que Saúl quería era que mataran a David. Por eso pensaba: 'En lugar de que lo mate yo, que lo maten los filisteos'» (1 Sam. 18:17, TLA).

«Saúl le ordenó a su hijo Jonatán y a sus ayudantes que mataran a David. Pero como Jonatán lo quería mucho, le avisó del peligro que corría: '¡Cuídate mucho, que mi padre quiere matarte! ¡Escóndete en el campo! Mañana temprano yo iré con mi padre cerca del lugar donde estés escondido. Allí le pediré que no te haga daño, y te haré saber lo que me responda'» (1 Sam. 19:1-3, TLA).

«Un día, Saúl estaba sentado en su casa, escuchando a David tocar el arpa. De pronto, un espíritu malo de parte de Dios atacó a Saúl, y como Saúl tenía una lanza en la mano, se la arrojó a David con ganas de clavarlo en la pared. Sin embargo, David logró quitarse a tiempo. Esa misma noche Saúl intentó de nuevo matar a David, pero David se le volvió a escapar. Entonces Saúl ordenó a algunos de sus hombres que rodearan la casa de David y lo mataran por la mañana. Pero Mical, su esposa, le dijo: 'David, huye ahora mismo; de lo contrario, mañana estarás muerto'» (1 Sam. 19:9-11, TLA).

En el palacio de Saúl, David tejió una telaraña con Mical; otra telaraña con Jonatán; otras telarañas con el pueblo; otra telaraña con el profeta Samuel; otras telarañas con los sacerdote Ahimelec, Azarías, Sadoc; otra telaraña con el profeta Natán. Este «Hombre-Araña» siempre estaba tejiendo telarañas de buenas relaciones. Necesitamos hombres y mujeres arañas de Jesucristo, tejiendo telarañas de amor, telarañas de perdón, telarañas de esperanza, telarañas de ayuda y telarañas de apoyo.

Un mosquito se acercó a un león y le dijo: «No te temo, y además, no eres más fuerte que yo. Si crees lo contrario, demuéstramelo. ¿Qué arañas con tus garras y muerdes con tus dientes? ¡Eso también lo hace una mujer defendiéndose de un ladrón! Yo soy más fuerte que tú, y si quieres, ahora mismo te desafío a combate.

Y haciendo sonar su zumbido, cayó el mosquito sobre el león, picándole repetidamente alrededor de la nariz, donde no tiene pelo. El león empezó a arañarse con sus propias garras, hasta que renunció al combate.

El mosquito victorioso hizo sonar de nuevo su zumbido; y sin darse cuenta, de tanta alegría, fue a enredarse en una tela de araña. Al tiempo que era devorado por la araña, se lamentaba que él, que luchaba contra los más poderosos venciéndolos, fuese a perecer a manos de una insignificante araña.

Moraleja: No importa lo grandes que sean los éxitos en tu vida, cuida siempre que la dicha por haber obtenido uno de ellos, no lo arruine todo (*Fábulas de Esopo*, 2011).

Conclusión

Un día no muy lejano, nos tocará estar como arañas en los palacios celestiales. Aunque se nos podía atrapar con la mano, nuestro destino está asegurado donde vive el Rey.

54
Organizados como langostas

Proverbios 30:27, RVR 1960

«Las langostas, que no tienen rey, y salen todas por cuadrillas».

Introducción

Otras versiones de la Biblia traducen: «Los saltamontes, que aunque no tienen comandante son tan ordenados y disciplinados como un ejército» (TLA). «Las langostas no tienen rey pero marchan en fila» (NTV).

El término «langostas» o «saltamontes», es utilizado dentro del mismo contexto. Guillermo Raffo escribió un artículo sobre estas especies, y dice: «Langostas y saltamontes no son la misma cosa. El saltamontes tiene patas y alas largas, camina y se alimenta sin apuro. Las langostas se mueven en masa, saltan rápido, tienen patas más cortas y pueden arrasar un campo sembrado en pocas horas. Los saltamontes y las langostas son, sin embargo, la misma especie. En realidad –y esto es lo sorprendente, por lo menos para mí, que no tenía idea– los saltamontes y las langostas son, en todos los casos, el mismo animal: son todos saltamontes».

Levítico 11:21-23 deja saber que insectos podían ser comidos por los hebreos: «Sin embargo, de éstos podrán comer todos los que pueden dar saltos sobre el suelo por tener más largas las patas traseras. Así que podrán comer toda clase de grillos y saltamontes. Cualquier otro insecto que tenga alas y cuatro patas deberán considerarlo impuro» (TLA).

Juan el Bautista comía de estos: «Juan se vestía con ropa hecha de pelo de camello y usaba un taparrabos de cuero. Comía saltamontes y miel silvestre» (Mt. 3:4, TLA).

Desde el mes de marzo llegan a Israel oleadas de más de 30 millones de langostas. Estas ahora se utilizan para preparar ricos platos con miel, en empanadas o con caramelo a la usanza de Juan el Bautista.

Así que presentaré algunos contextos de las langostas y al final ofreceré algunas lecciones positivas de las langostas.

1. La décima plaga de langostas sobre Egipto

Dios habló con Moisés y dejó saber a Moisés que le había endurecido el corazón a Faraón y a sus siervos, y así manifestaría sus señales (Ex. 10:1).

Moisés y Aarón fueron ante Faraón y lo exhortaron a humillarse, para que dejara salir al pueblo hebreo para que le sirviera. De no hacerlo le traería una plaga de langostas que cubriría a todo Egipto (Ex. 10:2-6).

«Entonces los siervos de Faraón le dijeron: ¿Hasta cuándo será este hombre un lazo para nosotros? Deja ir a estos hombres, para que sirvan a Jehová su Dios. ¿Acaso no sabes todavía que Egipto está ya destruido?» (Ex. 10:7).

Faraón mandó a buscar a Moisés y Aarón, para saber quiénes irían. Y Moisés les dijo que todos, niños con ovejas y vacas, para hacer fiesta a Jehová (Ex. 10:8-9). La idea de los niños no encajó con Faraón, les daba permiso a ellos pero no a los niños (Ex. 10:10-11).

El Egipto del mundo no quiere que nuestros niños adoren a Dios. Por eso les presenta las enseñanzas de la evolución, el humanismo y el modernismo. El mundo lo que quiere es tomar las mentes vírgenes de nuestros niños, y así saturarlas de contaminación diabólica.

Dios le ordenó a Moisés ejecutar el juicio de la novena plaga sobre Egipto, y este obedeció:

«Y extendió Moisés su vara sobre la tierra de Egipto, y Jehová trajo un viento oriental sobre el país todo aquel día y toda aquella noche; y al venir la mañana el viento oriental trajo la langosta. Y subió la langosta sobre toda la tierra de Egipto, y se asentó en todo el país de Egipto en tan gran cantidad como no la hubo antes ni la habrá después; y cubrió la faz de todo el país, y oscureció la tierra; y consumió toda la hierba de la tierra, y todo el fruto de los árboles que había dejado el granizo; no quedó cosa verde en árboles ni en hierba del campo, en toda la tierra de Egipto» (Ex. 10:13-15).

Nunca antes, en ninguna plaga de langostas, la tierra del Faraón de Egipto había visto algo igual. Dios trajo un viento del este desde la mañana hasta la noche, y en el mismo el juicio de langostas, que como sábana arropó a todo Egipto.

Faraón, jugando al arrepentido, llamó con presteza a Moisés y Aarón, para hacer un simulacro espiritual. ¡Pretensiones espirituales! Y así son los pecadores:

«Entonces Faraón se apresuró a llamar a Moisés y a Aarón, y dijo: He pecado contra Jehová vuestro Dios, y contra vosotros. Mas os ruego ahora que perdonéis mi pecado solamente esta vez, y que oréis a Jehová vuestro Dios que quite de mí al menos esta plaga mortal» (Ex. 10:16-17).

Muchos pecadores son como Faraón. Ante el peligro amenazante, las pruebas sofocantes y la enfermedad terminal, se muestran muy espirituales y arrepentidos, pero es para ganar tiempo. Luego volverán a sus antiguas conductas anti Jesucristo. No quieren amar al Señor, quieren lo que este les puede dar y ofrecer.

Moisés parece que creyó al pecador de Faraón, e hizo lo que haría cualquier hombre de Dios, oró por Faraón: «Y salió Moisés de delante de Faraón, y oró a Jehová» (Ex. 10:18).

Dios contestó trayendo un viento del oeste, que voló a todas las langostas hasta echarlas en el mar Rojo (Ex. 10:19). Pero Faraón se quedó igual (Ex. 10:20). Dios controla y maneja el viento a su antojo. Posteriormente el ejército de Faraón sería destruido al cerrarse las aguas del mar Rojo.

«Y Jehová dijo a Moisés: Extiende tu mano sobre el mar, para que las aguas vuelvan sobre los egipcios, sobre sus carros, y sobre su caballería. Entonces Moisés extendió su mano sobre el mar, y cuando amanecía, el mar se volvió en toda su fuerza, y los egipcios al huir se encontraban con el mar; y Jehová derribó a los egipcios en medio del mar. Y volvieron las aguas, y cubrieron los carros y la caballería, y todo el ejército de Faraón que había entrado tras ellos en el mar; no quedó ni uno de ellos» (Ex. 14:26-28).

a) Dios envió un viento y dividió las aguas del mar Rojo. «Y extendió Moisés su mano sobre el mar, e hizo Jehová que el mar se retirase por recio viento oriental toda aquella noche; y volvió el mar en seco, y las aguas quedaron divididas» (Ex. 14:21).

b) Dios envió un viento al profeta Elías. «Él le dijo: Sal fuera, y ponte en el monte delante de Jehová. Y he aquí Jehová que pasaba, y un grande y poderoso viento que rompía los montes, y quebraba las peñas delante de Jehová; pero Jehová no estaba en el viento. Y tras el viento un terremoto; pero Jehová no estaba en el terremoto» (1 R. 19:11).

c) Dios envió un viento con tormenta por causa del profeta Jonás. «Pero Jehová hizo levantar un gran viento en el mar, y hubo en el mar una tempestad tan grande que se pensó que se partiría la nave» (Jon. 1:4).

d) Jesús de Nazaret calló a los vientos en el lago de Genesaret. «Y él estaba en la popa, durmiendo sobre un cabezal; y le despertaron, y le dijeron: Maestro, ¿no tienes cuidado que perecemos? Y levantándose, reprendió al viento, y dijo al mar: Calla, enmudece. Y cesó el viento, y se hizo grande bonanza» (Mc. 4:38-39).

Más vale un Cristo dormido en la popa de la barca de nuestra vida, que un Cristo despierto fuera de la barca de nuestra vida. Al Cristo dormido lo podemos despertar con gritos de fe.

Más vale un Cristo que se quedó en la orilla del lago y que nos envía a ir delante hasta la otra orilla, porque a la medianoche llegará hasta nosotros, aunque la barca esté lejos.

2. La mentalidad de langosta de los diez espías

a) El informe negativo de los diez espías. «Y le contaron, diciendo: Nosotros llegamos a la tierra a la cual nos enviaste, la que ciertamente fluye leche y miel; y este es el fruto de ella. Mas el pueblo que habita aquella tierra es fuerte, y las ciudades muy grandes y fortificadas; y también vimos allí a los hijos de Anac. Amalec habita el Neguev, y el heteo, el jebuseo y el amorreo habitan en el monte, y el cananeo habita junto al mar, y a la ribera del Jordán» (Nm. 13:27-29).

Todos estuvieron de acuerdo que era una tierra que «fluye leche y miel». Es decir, buena para tener ganados y agricultura. Trajeron el fruto de uvas e higos dulces. Pero había gigantes, hijos de Anac, y rodeada por Amalec, el heteo, el jebuseo, el amorreo y el cananeo. Los vecinos no serían agradables.

b) La aptitud mental positiva (AMP) de Caleb. «Entonces Caleb hizo callar al pueblo delante de Moisés, y dijo: Subamos luego, y tomemos posesión de ella; porque más podremos nosotros que ellos» (Nm. 13:30).

Caleb (su nombre significa perro), y lógicamente Josué compartía su opinión, mandó callar a los negativos. Y aquel «perro de fe» ladró positivamente, optimista, decidido: «Entonces Caleb hizo callar al pueblo que estaba ante Moisés, y dijo: –¡Pues vamos a conquistar esa tierra! ¡Nosotros podemos conquistarla!» (Nm. 13:30, DHH). Necesitamos tener ante los problemas una aptitud mental positiva.

c) La aptitud mental negativa (AMN) de los diez. «Mas los varones que subieron con él, dijeron: No podremos subir contra aquel pueblo, porque es más fuerte que nosotros. Y hablaron mal, entre los hijos de Israel, de la tierra que habían reconocido, diciendo: La tierra por donde pasamos para reconocerla, es tierra que traga a sus moradores; y todo el pueblo que vimos en medio de ella son hombres de grande estatura. También vimos allí gigantes, hijos de Anac, raza de los gigantes, y éramos nosotros, a nuestro parecer, como langostas; y así les parecíamos a ellos» (Nm. 13:31-33).

Los recalcitrantes, indecisos, pesimistas, negativos, desanimados, a coro dijeron que era imposible. La gente de aquel lugar era más fuerte que ellos. Era una tierra que se tragaba a la gente, según su percepción fatalista. Y no dijeron algunos, sino que todo el pueblo era de «hombres de gran estatura» o y había allí «gigantes».

Y terminaron su discurso de frustración, cargado de miedo, diciendo: «... y éramos nosotros, a nuestro parecer, como langostas; y así les parecíamos a ellos». Estaban poseídos por una mentalidad de langostas. Se veían como insectos ante los que eran más altos que ellos. La verdad es que esos diez, si eran «langostas».

3. La quinta trompeta del Apocalipsis, una plaga de langostas

Bajo el juicio de la quinta trompeta del Apocalipsis, Juan vio a una estrella o ángel cayendo del cielo y que descendió con la llave o la autoridad para abrir el pozo del abismo o el lugar reclusorio para muchos de los ángeles caídos que se plegaron a la rebelión de Lucero en una pasada eternidad (Apc. 9:1-2).

«Y del humo salieron langostas sobre la tierra; y se les dio poder, como tienen poder los escorpiones de la tierra. Y se les mandó que no dañasen a la hierba de la tierra, ni a cosa verde alguna ni a ningún árbol, sino solamente a los hombres que no tuviesen el sello de Dios en sus frentes» (Apoc. 9:3-4).

Juan el Apocalipta vio unas langostas infernales, que deseo llamar langostas-demonios. Su misión no era las plantas o árboles, sino a todos aquellos que no tuvieran el sello de Dios en sus frentes. Debe entenderse como una referencia a creyentes tribulacionistas, sellados con el Espíritu Santo, y con su mente entregada a Jesucristo.

Estas langostas-demonios no matarán a los enemigos de Dios, los atormentarán por «cinco meses». Los síntomas de su enfermedad serán como tormento de aguijones de escorpiones. Es decir, tendrán mucha fiebre. Y los atormentados desearán morir, pero no morirán (Apoc. 9:5-6).

Estas langostas-demonios son como una mezcla de humano y animal con alas. Mutaciones representativas de todo el mal manifestado:

«El aspecto de las langostas era semejante a caballos preparados para la guerra; en las cabezas tenían como coronas de oro; sus caras eran como caras humanas; tenían cabello como cabello de mujer; sus dientes eran como de leones; tenían corazas como corazas de hierro; el ruido de sus alas era como el estruendo de muchos carros de caballos corriendo a la batalla; tenían colas como de escorpiones, y también aguijones; y en sus colas tenían poder para dañar a los hombres durante cinco meses» (Apoc. 9:7-10).

Raras criaturas del averno como caballos con caras humanas, pelo de mujer, coronas de oro en las cabezas, dientes de leones, corazas de hierro, alas que hacían ruidos como carros de caballo, colas de escorpiones y aguijones.

Eso demuestra cómo estas langostas-demonios o ángeles demonios, liberados del mismo infierno, serán un juicio durante la Gran Tribulación. Diferente a las langostas comunes que «no tienen rey» (Prov. 30:27); estas langostas-demonios si tienen un rey.

«Y tienen por rey sobre ellos al ángel del abismo, cuyo nombre en hebreo es Abadón, y en griego, Apolión» (Apoc. 9:11). Abadón o Apolión es un arconte de Satanás que también será liberado bajo el juicio del toque de la quinta trompeta apocalíptica. Parece ser el segundo ángel al mando que en una eternidad tuvo el querubín Lucero.

4. Las lecciones positivas que nos ofrecen las langostas

a) Las langostas tienen mucho orden y disciplina. Las langostas se mueven en cuadrillas. Llevan orden sin estar poniéndose en orden. Su propia naturaleza les dice que tienen que ser disciplinadas y ordenadas.

b) Las langostas se mueven con mucha rapidez. El viento las transporta de un lugar distante a otro, pero cuando llegan a un sembrado, son arrasadoras en su misión destructiva. Todas se mueven muy rápido. El creyente debe ser igual, trabajar rápido para el Señor Jesucristo mientras dure el día (Jn. 9:4), como Él mismo nos enseñó.

c) Las langostas están muy unidas para lograr su misión. «Lo que quedó de la oruga comió el saltón, y lo que quedó del saltón comió el revoltón; y la langosta comió lo que del revoltón había quedado» (Joel 1:4).

La Nueva Traducción Viviente dice: «Después de que la oruga devoró las cosechas, ¡el pulgón acabó con lo que quedaba! Luego vino el saltamontes y llegó también la langosta».

Muchos sostienen que estas plagas son descripciones de la misma langosta, incluyendo a todas desde su etapa de oruga hasta su etapa adulta de langosta. La oruga es la langosta en su etapa de larva. Puede ser también una referencia a varios tipos de plagas llamadas oruga, pulgón, saltamontes y langosta. Y para Joel es una alusión a plagas que vendrían sobre la tierra de Israel.

La unidad de las langostas es encomiable. Congregaciones unidas impactarán al mundo. Lograrán sus objetivos. Impresionarán a la sociedad. Llamarán la atención políticamente hablando. No logramos posicionar a líderes cristianos en esferas de gobierno, porque todavía somos muy coloristas: Somos de los rojos, somos de los azules, somos de los blancos, somos de los verdes, somos de los morados, somos de los amarillos. Debemos ser de la Iglesia y de ir con el color que apoye y defienda los principios y valores morales judeocristianos.

Conclusión

Si algo se puede aplicar de las langostas es que se comparan por el proverbista con la virtud de la sabiduría. Y nos enseñan que las congregaciones deben estar siempre organizadas, haciendo las cosas en orden, siendo responsables y cumpliendo como cuadrillas con nuestro deber.

55
Dañinos como moscas

Eclesiastés 10:1, RVR 1960

*«Las moscas muertas hacen heder y dar mal olor al perfume del perfumista;
así una pequeña locura, al que es estimado como sabio y honorable».*

Introducción

Las moscas son insectos indeseables, nauseabundos, transmisores de bacterias. En Egipto, África y la Palestina, por su clima seco, abundan las moscas. En mi libro titulado «Moisés el libertador», cuando hablo de la cuarta plaga sobre Egipto, hago una aplicación a las moscas muertas en el perfume del perfumador.

La primera vez que escuché un sermón sobre este tema, se titulaba: «Moscas en el perfume». Procedió de los labios de mi amigo, mi maestro y mi mentor el Dr. José A. Caraballo, «Un príncipe del púlpito hispano de la ciudad de New York».

1. La cuarta plaga de moscas sobre Egipto

Dios le ordenó a Moisés levantarse temprano, y le reveló cuando el Faraón iría al río Nilo, para que le dijera: «Deja ir a mi pueblo, para que me sirva» (Ex. 8:20).

Dios por voz de Moisés, le dejó saber al Faraón que si no obedecía, enviaría «toda clase de moscas», y estarían dondequiera en Egipto (Ex. 8:21). Todas las especies de moscas se darían cita en todo el territorio de Egipto. Algo terrible sería ver a estas repulsivas y diminutas criaturas, volando y parándose por cualquier sitio.

En la tierra de Gosén, habitación de los hebreos, no habría «ninguna clase de moscas», como señal a Faraón (Ex. 8:22). Y ese juicio de la cuarta plaga para

Egipto sería al otro día (Ex. 8:23). Y al día siguiente, Jehová envió «toda clase de moscas molestísimas» que corrompieron a Egipto y su tierra (Ex. 8:24).

El Salmo 105:31 dice: «Habló, y vinieron enjambres de moscas, y piojos en todos sus términos». «Habló Dios, e invadieron todo el país enjambres de moscas y mosquitos». (NVI).

Faraón se dio cita con Moisés y Aarón, y les dio permiso para ir a sacrificar a Dios en tierra de Egipto (Ex. 8:25). Moisés rechazó esa oferta del rey, sabía que Egipto estaba bajo abominación y para los hebreos conllevaba apedrear al que lo hiciera (Ex. 8:26). Moisés le pidió permiso para viajar tres días al desierto, para sacrificar a Dios (Ex. 8:27).

Faraón les dio permiso, pero no podían ir «más lejos», y les dijo: «Orad por mí» (Ex. 8:28). Un no converso, pecador, como Faraón, estaba pidiendo a los siervos de Dios que oraran por él. Llegará el día que aquellos que rechazan y se burlan de los que oran, los buscarán para pedirles oración.

Moisés les dejó saber, que cuando él saliera de la presencia del Faraón, él oraría a Dios para «que las diversas clases de moscas» se fueran del rey, de los siervos y del pueblo. Pero como pidió Faraón, eso sería «mañana» (Ex. 8:29). Faraón tenía que dejar salir al pueblo hebreo para que hiciera sacrificio a Dios (Ex. 8:29). ¡No dejes para mañana lo que se puede hacer hoy!

Moisés salió de la presencia del Faraón y oró (Ex. 8:30). Dios escuchó la oración de un hombre santo como Moisés, «y quitó todas aquellas moscas... sin que quedara una» (Ex. 8:31). El corazón del Faraón continuó endurecido (Ex. 8:32).

2. Jesús acusado de echar fuera demonios por «Beelzebú»

a) La liberación realizada por Jesucristo. «Entonces fue traído a él un endemoniado, ciego y mudo; y le sanó, de tal manera que el ciego y mudo veía y hablaba. Y toda la gente estaba atónita, y decía: ¿Será este aquel Hijo de David? Mas los fariseos, al oírlo, decían: Este no echa fuera los demonios sino por Beelzebú, príncipe de los demonios» (Mateo 12:22-24).

El nombre hebreo para «mosca» es «zebub». Beelzebú o Baal-zebub era el «dios mosca» o «dios de las moscas» adorado por los filisteos en Ecrón. Se le conocía como «príncipe de los demonios», «señor de las moscas» y el «señor del estiércol». Era el «dios» de la contaminación.

«Y Ocozías cayó por la ventana de una sala de la casa que tenía en Samaria; y estando enfermo, envió mensajeros, y les dijo: Id y consultad a Baal-zebub, dios de Ecrón, si he de sanar de esta mi enfermedad» (2 R. 1:2). Los rabinos llamaban a este demonio «Ecrón» o «señor del estiércol».

b) La declaración dicha por Jesucristo. «Sabiendo Jesús los pensamientos de ellos, les dijo: Todo reino dividido contra sí mismo, es asolado, y toda ciudad o casa dividida contra sí misma, no permanecerá» (Mt. 12:23).

Los ministerios o instituciones que se dividen son asolados por el maligno. Toda congregación que se divide es producto del pecado de la rebelión. Y eso se evidencia en muchos nombres, que no pensándolo así, los nuevos grupos disidentes les han dado a sus congregaciones: Un Nuevo Comienzo, El Éxodo, Casa de Restauración, Somos Libres, La Sana Doctrina, La Senda Antigua. Desde luego, algunos nombres de los anteriores no son por divisiones, sino por gusto preferencial. ¡Pero entre los pentecostales se le dan a las iglesias los nombres más raros, al igual que a muchos ministerios!

Muchas divisiones congregacionales son el resultado de pastorales dañadas, que con las mismas impulsan «amputaciones congregacionales». Son pastores «sordos» a las quejas de las ovejas y pastores «ciegos» a los problemas de dentro del redil de las ovejas.

«Y si Satanás echa fuera a Satanás, contra sí mismo está dividido; ¿cómo, pues, permanecerá su reino? Y si yo echo fuera los demonios por Beelzebú, ¿por quién los echan vuestros hijos? Por tanto, ellos serán vuestros jueces» (Mt. 12:26-27).

Jesús de Nazaret dejó ver que el mismo Satanás evita la división. De lo contrario su reino peligra, no permanece. Aquí se deja ver que la división maligna es dañina.

A Jesús por la liberación de un hombre poseído, los fariseos lo acusaron de estar asociado con «El Señor de las Moscas», el mismo Satanás. Les reprochó esa mala comparación y les cuestionó en nombre de quién sus hijos echaban fuera demonios, pues ellos serían sus jueces.

«Porque ¿cómo puede alguno entrar en la casa del hombre fuerte, y saquear sus bienes, si primero no le ata? Y entonces podrá saquear su casa» (Mt. 12:29).

Jesús dejó ver que para que alguien se meta dentro de la casa de un hombre fuerte, para apoderarse de sus pertenencias, debe atarlo primero, y entonces tomar lo que se quiera llevar de esa casa. Les aplicó la ley de la lógica.

«El que no es conmigo, contra mí es; y el que conmigo no recoge, desparrama» (Mt. 12:30).

Y dejó saber a aquel auditorio de acusadores, que si ellos no reconocían lo que hizo en su función mesiánica, ellos no estaban con Él, sino contra Él. Y si no querían recoger con Él, estaban desparramando o haciendo daño.

3. Las moscas dañan el perfume

El texto de Reina Valera de 1960 lee: «Las moscas muertas hacen heder y dar mal olor al perfume del perfumista; así una pequeña locura, al que es estimado como sabio y honorable» (Ec. 10:1).

El texto de la Nueva Versión internacional rinde: «Las moscas muertas apestan y echan a perder el perfume. Pesa más una pequeña necedad que la sabiduría y la honra juntas».

La Traducción En Lenguaje Actual ofrece una versión contemporánea al día de hoy para este pasaje: «La mejor sopa se echa a perder si le cae una mosca. La menor tontería echa a perder tu fama de sabio».

a) El perfume y el perfumador. La palabra «perfume» significa «por humo» .El trabajo del perfumador conocido como «la nariz», era oler las fragancias, mezclar las mismas y hacer las debidas combinaciones para los perfumes. Estando muchas veces en Egipto, los guías llevan a uno a negocios donde venden fragancias y los perfumadores enseñan cómo mezclar con agua las diferentes fragancias para tener los determinados perfumes. Conservo en mi hogar algunos estuches de esas fragancias que compré en Egipto. Conozco a la hermana Victoria Recinos de la ciudad de Guatemala, que es perfumista, y a la cual le compro perfumes cuando viajo a Guatemala.

El trabajo del perfumista exige conocimiento, saber con qué fragancia y mezcla se saca qué tipo de perfume; exige tener mucha experiencia en cómo se hace y exige dedicación. Hacer una mezcla de un buen perfume trae buena fama al mismo, pero la buena fama debe oler mejor que el buen perfume.

«Vale más la buena fama que el buen perfume. Vale más el día en que se muere que el día en que se nace» (Ecl. 7:1, DHH).

Muchos y muchas que son llamados a ser perfumadores de Jesucristo, si se descuidan y dejan que las moscas se les mueran dentro del perfume o que se les caiga alguna mosca, comienzan a oler bien mal en sus vidas y ministerio. El pecado son moscas que dañan la fragancia de un buen perfume de un ministerio o testimonio.

El problema del perfumador radicó en no apercibirse, que cerca había moscas volando porque algo dañado o atrayente las acercaba. El problema del creyente es dejar que las moscas estén volando muy cerca.

Las moscas son atraídas también por comidas o cuerpos muertos o desechos de animales o seres humanos. Cuando hay muchas moscas es de seguro que ha habido muerte de algo o muerte de alguien. Los que mueren espiritualmente hablando, atraen las moscas muertas del chisme o señalamiento. Y los chismes y las difamaciones son como moscas que vuelan y se posan sobre buenos perfumes, que al morir lo contaminan. Un chismoso es un productor de moscas.

Cayó una mosca en una olla llena de carne. A punto de ahogarse en la salsa, exclamó para sí misma: –Comí, bebí y me bañé; puede venir la muerte, no me importa ahora.

Moraleja: Al irresponsable no le importa el fracaso si su llegada a él le depara buenos momentos (*Fábulas de Esopo*, 2011).

a) El perfume y las moscas. Si a esa esencia original se le paraban moscas, morían dentro de la misma, al putrefactarse, producían que esa buena y olorosa fragancia, ahora tuviera un mal olor o que apestara.

Muchos perfumes de testimonios y ministerios que olían a buen perfume, por causa de las moscas de pecados, moscas de malos hábitos, moscas de chismes, moscas de carnalidad, moscas de fornicación, moscas de adulterio, moscas de inmoralidad, hoy tienen muy mal olor. Empiezan a apestar sus vidas ante el olfato espiritual de perfumadores santos. **¡Espanta las moscas!**

En nuestro contexto se parafrasea: «La mejor sopa se echa a perder si le cae una mosca. La menor tontería echa a perder tu fama de sabio». Una mosca dentro de una sopa la daña. ¡Se tiene que echar! Una tontería o locura o necedad daña la fama de un sabio. **¡Espanta las moscas!**

Las moscas vivas o muertas dañan muchas cosas buenas. No se pueden dejar que vuelen cerca. Se tienen que espantar y alejar. Si las moscas se dejan volar por donde no conviene, terminan contaminando y haciendo mal. **¡Espanta las moscas!**

Las moscas llenan todo de bacterias y en cualquier alimento donde se paran, allí dejan huevos que dañan. El pecado en sus variantes tiene muchas moscas que cuando mueren en un buen perfume oloroso, lo transforman en algo apestoso. ¡El pecado en la vida de un creyente de Jesucristo, hombre o mujer, apesta mucho. **¡Espanta las moscas!**

Cuidado con aquellos y aquellas que como moscas, se las pasan volando llevando cosas negativas, chismes, acusaciones, difamaciones, de aquí para allá, y de allá para acá. **¡Espanta las moscas!**

De un panal se derramó su deliciosa miel, y las moscas acudieron ansiosas a devorarla. Y era tan dulce que no podían dejarla. Pero sus patas se fueron prendiendo en la miel y no pudieron alzar el vuelo de nuevo. Ya a punto de ahogarse en su tesoro, exclamaron: ¡Nos morimos, desgraciadas nosotras, por quererlo tomar todo en un instante de placer!

Moraleja: Toma siempre las cosas más bellas de tu vida con serenidad, poco a poco, para que las disfrutes plenamente. No te vayas a ahogar dentro de ellas (*Fábulas de Esopo*, 2011).

Conclusión

Donde hay muerte siempre hay moscas. Y cuando las moscas del pecado vuelan y se paran en la vida de un creyente, de seguro que en sus patas llevan contaminación. No pasará mucho tiempo, cuando otros creyentes «narices», huelan en esa persona que apestan a pecado. **¡Espanta las moscas!**

56
Molestos como piojos

Éxodo 8:17, RVR 1960

«Y ellos lo hicieron así; y Aarón extendió su mano con su vara, y golpeó el polvo de la tierra, el cual se volvió piojos, así en los hombres como en las bestias; todo el polvo de la tierra se volvió piojos en todo el país de Egipto».

Introducción

Un refrán puertorriqueño dice: «¡Calma, piojo, que el peine llega!». Otra variante venezolana del refrán es: «A correr piojo que viene el peine». Indicativo para que una persona mantenga la calma, defensa de alguien que llega tarde o de que algo que molesta ya se sacará.

1. La tercera plaga de piojos sobre Egipto

Dios le ordenó a Aarón utilizar su vara para golpear la tierra, y esta se volvería piojos (Ex. 8:16). Se dice «y ellos lo hicieron así» (Ex. 8:17), «y Aarón extendió su mano con su vara» y al golpear la tierra el polvo de todo Egipto se volvió piojos y afectó a hombres y animales (Ex. 8:17).

Los hechiceros del Faraón golpearon la tierra para sacar los piojos, «pero no pudieron» (Ex. 8:18). Pudieron imitar muchas cosas, pero no lo de los piojos. De continuo en muchos de los juicios de las plagas vemos a los hechiceros intentar hacer lo mismo para más mal o no poderlo hacer.

Flavio Josefo en «Antigüedades de los Judíos» describió esta plaga: «A los egipcios se les criaron en el cuerpo innumerables cantidades de piojos; los malvados perecieron, porque fueron incapaces de destruir las sabandijas ni con lavados ni con unturas».

Leemos: «Los magos fueron a ver al rey y le dijeron: '¡Dios está haciendo todo esto!'. Una vez más, todo sucedió como Dios lo había dicho: El rey de Egipto se puso terco y no les hizo caso ni a Moisés ni a Aarón» (Ex. 8:19, TLA).

Aquellos hechiceros, encantadores, imitadores, tuvieron que admitir ante el Faraón que ese juicio era «dedo de Dios», que detrás de ese asunto estaba la acción de Dios.

El mundo y las religiones pueden rechazar al verdadero Dios, pero un día se darán cuenta en alguna manifestación milagrosa divina para bien o mal de los mismos, que es Jesucristo quien está operando detrás de todo. Los milagros y señales son para dar testimonio del poder de Dios ante aquellos que lo niegan. No son para entretener a las congregaciones, sino para bienestar de los necesitados.

Algunas versiones de la Biblia en vez de «piojos» (RVR-60, JBS, LBLA), traducen «mosquitos» (TLA, NVI, DHH). El término hebreo parece significar ambas cosas. Sean piojos o sean mosquitos, los dos molestan mucho.

«Hebreo es ken, כֵּן, quizá de kanán, כָּנַן, 'sujetar'. Designa a la 'garrapata' o el 'piojo' (Is. 2:6), pl. kinnim, כִּנִּים (Ex. 8:16, 17, 18; Sal. 105:31), y también el cognado singular colectivo kinnam, כִּנָּם (Ex. 8:17, 18); Sept. skniphes, σκνῖφες; Vulg. Sciniphes» (Alfonso Ropero Berzosa [ed.], *Gran Diccionario Enciclopédico de la Biblia*, Editorial CLIE).

2. Cuidado con los piojos en la cabeza

En el antiguo Egipto los sacerdotes eran obligados a depilarse el cuerpo y a raparse las cabezas, práctica mantenida por muchos ciudadanos egipcios. La razón era evitar los parásitos de los piojos.

A esta práctica debe referirse lo que hizo José al salir de la cárcel para estar delante del Faraón: «Entonces Faraón envió y llamó a José. Y lo sacaron apresuradamente de la cárcel, y se afeitó, y mudó sus vestidos, y vino a Faraón» (Gén. 41:14).

Los piojos se acomodan en su hábitat favorito que es la selva del pelo en la cabeza. Ahí llegan y se delatan por el picor que producen en la piel del cráneo, con su «pica y pica». Perforan el cuero cabelludo y producen una infección llamada pediculosis. Estos insectos son hematófagos, como los mosquitos se alimentan de sangre. **¡Cuidado con los piojos!**

Los piojos no viven en los animales, sino en los seres humanos, pero los piojos de la tercera plaga de Egipto, sí vivieron en los animales. El piojo viaja a otra persona en un peine, peinilla o cepillo, gorras, sombreros, ropas, sábanas, pañuelos, toallas y otros artículos. Pero su transporte preferido es la cabeza. **¡Cuidado con los piojos!**

Los piojos pueden vivir hasta 45 días. Ponen de 4 a 10 huevos. La adultez dura cerca de 28 días. En ese tiempo pueden levantar muchas colonias de piojos. Su invasión es agresiva.

Se deben combatir con medidas apropiadas. Lavarse bien la cabeza con champús especiales y lavar bien los utensilios para peinarse o lo que se pone sobre la cabeza.

Pero hay que tener más cuidado con esos piojos carnales, que se acomodan en la mente. Y «almáfagos" (palabra acuñada por mi), que producen picazones «almáticos», y son espiritualmente contagiosos. Esos sí «pican y pican» el alma. **¡Cuidado con los piojos!**

3. Algunos piojos que molestan espiritualmente

Los peores piojos no son los que se anidan en la cabeza y se esconden en la selva del pelo. Los peores piojos son aquellos pensamientos negativos que se apoderan de la mente. Las personas más incapacitadas o lisiadas, no son aquellas que son discapacitadas por alguna amputación o deformación, sino aquellas que lo son en sus mentes. Los verdaderos incapacitados no son los del cuello hacia abajo, sino los del cuello hacia arriba. ¡Los incapacitados de la mente! ¡Los «almáticos»!

a) **El piojo del desánimo.** Este piojo cuando llega y se acomoda en la cabeza, quita el deseo de hacer las cosas o de emprender algo. El desánimo es un arma que ataca la mente, la voluntad y se alimenta de los pensamientos. Antes de una persona rendirse, primero se desanima. **¡Qué se muera el piojo del desánimo!**

b) **El piojo de las dudas.** Este piojo en la cabeza hace dudar de la gracia y el poder milagroso de Jesús de Nazaret. Nos hace dudar de Jesucristo, de la Biblia, de otros y de nosotros mismos. **¡Qué se muera el piojo de las dudas!**

c) **El piojo de las tentaciones.** Este piojo aterriza en la cabeza para que miremos aquello, lo que entra por los ojos, y oigamos aquello que seduce y apasiona a la carne, al hombre o mujer «sarkikos», pero el Espíritu Santo da convicción de que es malo y dañino al hombre o a la mujer «pneumatikos». **¡Qué se muera el piojo de las tentaciones!**

d) **El piojo de las tribulaciones.** Este piojo de vez en cuando pica al creyente, le produce molestia, pero debemos estar confiados en Aquel que nos llamó, para que este piojo esté por poco tiempo. **¡Qué se muera el piojo de la tribulación!**

e) El piojo de las presiones humanas. Muchas personas son como piojos que molestan, frustran, presionan y apagan las buenas intenciones en los demás. Esos piojos-humanos se aparecen cuando menos se esperan. Su presencia es dañina y desagradable.

Muchas personas se cargan con piojos ajenos. Adoptan problemas de otros, que no son sus problemas. No dejes que piojos ajenos te brinquen a la cabeza. Aleja esos piojos de ti.

Un cuento sobre los piojos es este: Había un matrimonio que se llevaba muy mal en sus relaciones. Él era muy bajo de estatura y no de buen parecido físico. Cuando discutían, su mujer para herir sus sentimientos le gritaba: «¡Piojo!».

¡Cállate! No me sigas llamando piojo. Para ya de gritarme piojo. Un día de estos verás lo que te va a pasar. Pero ella estando con él solo y aún delante de la gente, le gritaba: ¡Tú eres un piojo!

Estando ambos de vacaciones, nadaban en una alberca, de pronto se enojaron. Ella le comenzó a gritar: Tú eres un piojo que nadas en el agua. El esposo ya hastiado con ella, le dijo: ¡Ya cállate, me estás sacando de las casillas! Pero ella con rabia, gritaba con más fuerzas: Eres un piojo, pareces un piojo y te mueves como un piojo.

Él entonces, la sumergió en el agua de la alberca y le preguntó: ¿Quién es un piojo? Ella seguía diciéndole: Tú eres un piojo. Ya ahogándose la insubordinada mujer, sacó las manos y con los dedos pulgares los apretaba como que estaba matando un piojo.

Conclusión

Wilfrido Vargas, reconocido merenguero dominicano, tiene una canción titulada: «¡Qué se mueran los feos!». Yo lo invito a usted a cantar: **«¡Qué se mueran los piojos!»**.

57
Buscados como pulgas

1 Samuel 26:20, RVR 1960

«No caiga, pues, ahora mi sangre en tierra delante de Jehová, porque ha salido el rey de Israel a buscar una pulga, así como quien persigue una perdiz por los montes».

Introducción

Muchas veces nos hemos sentido como pulgas buscadas por alguien que nos quiere hacer mal. Y nos hemos sentido como la perdiz, perseguidos por alguien. Entre ese encuentro de dos sentimientos se sentía ese héroe llamado David. En este sermón me centraré en la impotencia de la pulga y no en su aspecto negativo.

1. David se sentía como una pulga ante el rey Saúl

David tenía un grupo limitado paramilitar, era como una pulga en comparación con un ejército entrenado de tres mil hombres, con el que le perseguía el rey Saúl. Pero aún así, a esa pulga-David, la providencia divina por segunda vez, le había entregado a Saúl. David lo pudo haber matado, pero no lo hizo por respeto a que Saúl era el ungido de Jehová; respetó aquella investidura profética. ¡David era una pulga con honor espiritual!

«Y se levantó David, y vino al sitio donde Saúl había acampado; y miró David el lugar donde dormían Saúl y Abner, hijo de Ner, general de su ejército. Y estaba Saúl durmiendo en el campamento, y el pueblo estaba acampado en derredor de él» (1 Sam. 26:5).

David, en una misión casi suicida, se metió en el campamento militar de Saúl, donde este dormía, y a su lado también estaba su sobrino, el general Abner. ¡Aparentemente un general durmiendo!

«Entonces David dijo a Ahimelec heteo y a Abisai hijo de Sarvia, hermano de Joab: ¿Quién descenderá conmigo hasta Saúl en el campamento? Y dijo Abisai: Yo descenderé contigo. David, pues, y Abisai fueron de noche al ejército; y he aquí que Saúl estaba tendido durmiendo en el campamento, y su lanza clavada en tierra a su cabecera; y Abner y el ejército estaban tendidos alrededor de él» (1 Sam. 26:6-7).

David invitó a alguien de sus hombres para que lo acompañaran. Su sobrino Abisai, uno de sus generales, se presentó como voluntario, para esa misión de tanto riesgo. Llegaron esa noche hasta donde estaba Saúl, Abner y los soldados de seguridad, todos durmiendo. La lanza de Saúl estaba enclavada en tierra cerca de su cabeza.

«Entonces dijo Abisai a David: Hoy ha entregado Dios a tu enemigo en tu mano; ahora, pues, déjame que le hiera con la lanza, y lo enclavaré en la tierra de un golpe, y no le daré segundo golpe» (1 Sam. 26:8).

Abisai vio ese descuido, como un acto providencial del cielo, para terminar por una vez y para siempre con un rey malo como Saúl. Le pidió permiso a David, para matar a Saúl con su propia lanza.

«Y David respondió a Abisai: No le mates; porque ¿quién extenderá su mano contra el ungido de Jehová, y será inocente?» (1 Sam. 26:9).

David le ofreció una lección de liderazgo espiritual, a aquel decidido valiente que lo acompañaba. Desde luego, era muy arriesgado hacer eso. Dos contra un ejército, no eran competencia.

Pero había otra razón para David prohibirle a su general Abisai, tomar la justicia por su mano. Aquel rey indefenso y desprotegido rey, era el ungido de Jehová, aunque no se comportara como un ungido. Y tocarlo a él, era caer bajo culpabilidad. David era también el ungido de Jehová, pero sin comisión. Tenía que dar a respetar esa investidura. Uno nunca debe adelantar el tiempo del ministerio que Jesucristo ya tiene comisionado para uno.

«Guárdeme Jehová de extender mi mano contra el ungido de Jehová. Pero toma ahora la lanza que está a su cabecera, y la vasija de agua, y vámonos. Se llevó, pues, David la lanza y la vasija de agua de la cabecera de Saúl, y se fueron; y no hubo nadie que viese, ni entendiese ni velase, pues todos dormían; porque un profundo sueño enviado por Jehová había caído sobre ellos» (1 Sam. 26:11-12).

A Abisai le dijo que él no tocaría a Saúl que había sido escogido por Dios. Y dijo a Abisai que le tomara la lanza y la vasija de agua que eran del rey.

Símbolos de su sed y protección. Ungidos descuidados se quedan sin nada para beber y sin algo para defenderse. David y su sobrino Abisai, salieron de allí sin ser notados por nadie.

Luego, a la distancia, David reconvino fuertemente al general Abner hijo de Ner, hermano de Saúl, encargado de la seguridad y protección del rey Saúl. Este descuido de Abner y sus oficiales con el rey Saúl, podía ser causa de muerte para ellos (1 Sam. 26:13-16).

«Y conociendo Saúl la voz de David, dijo: ¿No es esta tu voz, hijo mío, David? Y David respondió: Mi voz es, rey señor mío» (1 Sam. 26:17). David respondió a Saúl: «Y dijo: ¿Por qué persigue así mi señor a su siervo? ¿Qué he hecho? ¿Qué mal hay en mi mano?» (1 Sam. 26:18).

Saúl reconoció la voz de David. De manera extraña y muy rara, le preguntó si era su voz, y lo llamó «hijo mío». Le extendió su paternidad. David le contestó: «Mi voz es, rey señor mío». David no codiciaba ser rey, y eso se lo demostró a Saúl. Había un solo rey en turno, y ese era Saúl.

«Yo le suplico a mi señor y rey que me escuche. Si es Dios quien ha puesto a Su Majestad en mi contra, espero que él me perdone y acepte mi ofrenda; pero si es una cuestión de los hombres, que Dios los maldiga. Porque me están arrojando de esta tierra de Dios, y así me obligan a adorar a otros dioses» (1 Sam. 26:19, TLA).

David con ruego le pidió a su «señor y rey», que lo escuchara. Si el perseguirlo, era la voluntad divina, él le pedía perdón a Dios y le presentaría una ofrenda. Si era «cuestión de los hombres, que Dios los maldiga». David dejaba su defensa a Dios.

Y le dejó saber a Saúl, que lo que hacía su ejército era sacarlo de la «tierra de Dios». Y de manera muy dramática, David expresó: «y así me obligan a adorar a otros dioses». Se vio a sí mismo como un creyente abandonado por Dios y abandonando a Dios.

David hizo una apelación al rey Saúl: «Ya que Su Majestad me persigue a muerte, como si fuera yo una pulga, o una perdiz en el monte, yo le ruego que al menos no me mate lejos de la tierra de Dios» (1 Sam. 26:20, TLA).

En 1 Samuel 24:14 se lee también: «¿Tras quién ha salido el rey de Israel? ¿A quién persigues? ¿A un perro muerto? ¿A una pulga?». La «pulga» es el común denominador en ambos pasajes. La diferencia está en que uno, David, se compara con «un perro muerto» y en el otro con «una perdiz».

El versículo tratado bajo consideración, recoge ese sentimiento de David, que se sintió como una pulga buscada por Saúl. Es decir como alguien sin fuerza para enfrentarse a su adversario. La Biblia del Jubileo traduce: «... porque ha salido el rey de Israel a buscar una pulga...». La Nueva Traducción Viviente lee: «... ¿Por qué el rey de Israel ha salido a buscar a una sola pulga?».

Muchas veces nos vemos como pulgas ante la incomprensión de los demás. Nos sentimos como pulgas que no se aprecian. Somos como pulgas a las que toman muy en poco. Nos vemos a nosotros mismos como pulgas sin mucho que dar y ofrecer.

El pueblo hebreo era pequeño, como pulgas, comparado con los pueblos cananeos avanzados y militares. Pero este pueblo llegó a Canaán sin tierra y la conquistó, porque tenía un Dios grande.

«Te daré la tierra de Canaán como tu preciada posesión». Eso lo dijo cuando eran unos pocos, un pequeño grupo de extranjeros en Canaán. Anduvieron de nación en nación, de un reino a otro. Sin embargo, él no permitió que nadie los oprimiera. A favor de ellos, les advirtió a los reyes: «No toquen a mi pueblo elegido ni hagan daño a mis profetas» (Sal. 105:11-15, NTV).

Cuando el ser humano pierde su auto-estima, se reduce su propio potencial de desarrollo humano. Se encierra en el cuadrado de la desilusión. No quiere salir del círculo de la frustración. Vive encerrado en el caparazón del fracaso. Se mete en la botella de las limitaciones. Se pierde en el laberinto de la desesperación. **¡Conquista a ese enemigo llamado desánimo que se esconde dentro de ti!**

Tú no eres una pulga del infortunio, ni una pulga de las derrotas, eres el máximo proyecto de Jesucristo. En tu **ADN** espiritual, llevas los genes de la victoria y del triunfo. ¡Naciste para triunfar! **¡En ti, Jesucristo desea tener complacencia!**

La primera vez que el Padre Celestial se mostró complacido de su Hijo, lo fue en su bautismo por Juan El Bautista, declarando: «Y vino una voz de los cielos que decía: Tú eres mi Hijo amado; en ti tengo complacencia» (Mr. 1:11). La Traducción En Lenguaje Actual aclara un poco más el sentido del pasaje: «En ese momento, una voz que venía del cielo le dijo: 'Tú eres mi Hijo, a quien quiero mucho. Estoy muy contento contigo'».

La segunda vez que el Padre Celestial se expresó complacido con su Hijo, lo fue en el monte de la Transfiguración, y dijo: «Mientras él aún hablaba, una nube de luz los cubrió; y he aquí una voz desde la nube, que decía: Este es mi Hijo amado, en quien tengo complacencia; a él oíd» (Mt. 17:5).

Así como el Padre Celestial se complació con su Hijo, también se complace contigo cuando le amas, le eres fiel, le sirves de todo corazón, lo obedeces en todo y estás dispuesto a agradarlo de todo corazón.

Esa mentalidad de pulga reduce el potencial humano. Es una visión reduccionista y no progresista. David no era una pulga del destino, era un león del plan de Dios. Sal del laberinto de la desilusión y disfruta el valle de la liberación.

El rey Saúl fue tocado por ese discurso de David, cargado con los puntos de la sinceridad, con los acentos de la humildad y con las comas de la integridad. Y Saúl demostró un cambio de actitud y un corazón arrepentido.

«Entonces Saúl le contestó: –¡David, hijo mío! Me he portado muy mal contigo. Pero vuelve, que no te haré ningún mal. Me he portado como un tonto. He cometido un grave error. En cambio tú hoy me has perdonado la vida» (1 Sam. 26:21, TLA).

David le mostró la lanza que pertenecía a Saúl, como prueba de que lo podía haber matado, pero no lo hizo (1Sam. 26:22). Y terminó su discurso pidiéndole respeto: «Yo espero que, así como respeté hoy la vida de Su Majestad, también Dios respete la mía y me libre de todo peligro» (1 Sam. 26:24, TLA).

Damos respeto para ser respetados. Consideramos para ser considerados. Saúl había sido un irrespetuoso para con David. La sociedad está llena de muchas personas que no respetan las leyes divinas, ni las leyes humanas ni respetan a su prójimo. ¡Tiranos de su propio destino! ¡Déspotas de su propia voluntad! ¡Dictadores de sus caprichos!

Saúl le responde como un hombre agradecido, sabiendo que pudo haber sido muerto por David: «Y Saúl dijo a David: Bendito eres tú, hijo mío, David; sin duda emprenderás tú cosas grandes, y prevalecerás. Entonces David se fue por su camino, y Saúl se volvió a su lugar» (1 Sam. 26:25).

2. David se sentía como una perdiz ante el rey Saúl

En la Palestina abunda el ave llamada perdiz. ¡Qué mejor ilustración para David poderse comparar con una de esas perdices! En el mismo pasaje bíblico, David expresa un sentimiento de compararse a una perdiz, que abundaban en el área del oasis de Engadi. David se vio como una perdiz al ser perseguido por un rey enloquecido como Saúl: «... así como quien persigue una perdiz por los montes». La Biblia del Jubileo dice: «... así como quien persigue una perdiz por los montes».

La perdiz es un ave perseguida por el cazador. Los perros galgos son expertos en alcanzar y atrapar a la perdiz. Ante sus depredadores naturales, incluyendo a los humanos, la perdiz no tiene esperanza.

David, ante ese espíritu de persecución de Saúl, cual galgo del celo y la envidia, el cantor de Belén, era una perdiz huyendo por los montes de Judea. Hasta allá llegó Saúl, perdiendo energías que bien pudo emplear persiguiendo a los filisteos de la opresión y del abuso. ¡No pierdas tu tiempo persiguiendo a quien no es realmente tú enemigo!

Por el contrario, aquel rey muerto en su visión, persiguió aquella perdiz-David, que solo quería su paternidad, su aceptación y la oportunidad de servir a su rey y a su suegro. Ese espíritu de cazador de Saúl, muchas veces nos rodea. Sentimos que alguien nos quiere destruir, que quiere matar el propósito de Jesucristo para nuestras vidas.

Es triste ver a un líder con vocación, enfermarse con el espíritu de persecución. En su temor de ser sustituido intenta terminar con una generación de relevo llamada por el Espíritu Santo. **¡Líder no persigas a esa generación de relevo!**

Saúl se desenfocó del lente de Dios. Solo se veía a sí mismo. Servía más a su posición que servir con su posición y en su posición. Su brújula espiritual le marcaba el norte de Dios, pero él se movía por el sur de su propia voluntad.

Conclusión

No importa como uno se sienta, o se pueda ver, lo que importa es lo que Jesucristo ve en nosotros. David se vio como una pulga, Dios lo veía como el león de la tribu de Judá

58
Picando como avispas

Éxodo 23:28, RVR1960

*«Enviaré delante de ti la avispa, que eche fuera al jeveo,
al cananeo y al heteo, de delante de ti».*

Introducción

«La avispa» (Dt. 23:28) y las «avispas» (Dt. 7:20), presentan una aplicación espiritual, muy bien articulada por el famoso cantante de bachata, cristiano, Juan Luis Guerra de la República Dominicana.

Sin eliminar la posibilidad de espiritualizar los vocablos, pudieran ser una referencia contextual histórica a las actividades del ejército egipcio, previamente a la derrota de estos pueblos cananeos. Dios utiliza las avispas como sus agentes para ayuda de su pueblo.

1. Las avispas enviadas por Dios para ayuda del creyente

«También enviará Jehová tu Dios avispas sobre ellos, hasta que perezcan los que quedaren y los que se hubieren escondido de delante de ti» (Dt. 7:20).

Ese vocablo de las «avispas» habla de «pánico» de «terror» (Biblia del Peregrino). El termino hebreo «cire'ah» habla más del «avispón» (en inglés «hornet»). Son de gran tamaño y atacan sin tregua al ganado, los caballos e incluso a los seres humanos, cuyos tormentosos aguijones pueden producir incluso la muerte. En los años 60 había una serie de televisión titulada «El avispón verde», donde se dio a conocer Bruce Lee que interpretaba a Kato.

De vez en cuando a nuestros enemigos, aquellos que se interponen en nuestro avance de la fe y de la esperanza, Dios les envía, como dice Juan Luis Guerra, alguna «avispa» para que los pique. **¡Pícalo, pícalo, pícalo!**

Pídele a Dios que les envíe las «avispas» a todos aquellos que te molestan, para que no te molesten más. A esos espíritus de maldad, pídele a Dios que las «avispas» los piquen. **¡Pícalo, pícalo, pícalo!**

Dios tiene enjambres de «avispas», listas como una flota aérea para levantar vuelo, e introducir sus misiles de picadas en todos aquellos que te quieren hacer daño. ¡Deja que las «avispas» los piquen! **¡Pícalo, pícalo, pícalo!**

Pastor, pídele a Dios que envíe las avispas para que piquen a esos y a esas, que se descuidan en la vida de redil, que viven un cristianismo de religión y no de relación. **¡Pícalo, pícalo, pícalo!**

A los enemigos de Israel, Dios no los sacaría de inmediato, eran necesarios para la seguridad nacional del pueblo hebreo (Dt. 23:29). Hay enemigos que Dios no nos los quita porque, sin ellos saberlo, son necesarios en el plan diseñado por Dios para nuestras vidas. Están ahí, nos molesta verlos, pero los necesitamos.

«Y envié terror antes de que llegaras, para expulsar a los dos reyes amorreos. No fueron tus espadas ni tus arcos los que te dieron la victoria» (Josué 24:12, NTV). El pueblo hebreo no podía tomarse el crédito por las victorias alcanzadas y logradas. El crédito total le pertenecía a Jehová Dios.

Digo a mis estudiantes de homilética: «Me preparo para predicar, como si todo dependiera de mí. Cuando subo al altar a predicar, lo hago como si todo dependiera del Espíritu Santo». En ese «momentum» de Jesucristo, buscamos auscultarnos para que Jesucristo sea visto.

Juan el bautista acuñó este proverbio: «Es necesario que él crezca, pero que yo mengüe» (Jn. 3:30). El mismo dicho aparece en otras versiones bíblicas: «Él debe tener cada vez más importancia y yo, menos» (NTV). «Él debe tener cada vez más importancia, y yo tenerla menos» (TLA). «A él conviene crecer; a mí, ser disminuido» (JBS).

2. Las avispas enviadas por el enemigo contra los creyentes

«Pero salió a vuestro encuentro el amorreo, que habitaba en aquel monte, y os persiguieron como hacen las avispas, y os derrotaron en Seir, hasta Horma» (1:44).

En vez del amorreo huir del ejército de Israel, el ejército de aquel hizo una contra ofensiva militar. Todas las guerras de Israel en el Antiguo Testamento, representan las guerras espirituales de nosotros los creyentes. Por lo tanto, las derrotas o victorias de Israel representan de igual manera las nuestras.

Fuera de la voluntad de Jesucristo, el enemigo nos saldrá al encuentro. Él sabe cuando y como tocarnos. Sin el cerco del Espíritu Santo corremos peligro. En Jesucristo estamos seguros y asegurados. En Él estamos y en Él nos escondemos.

«… Y os persiguieron como hacen las avispas… » (Dt. 1:44). El avispero del enemigo está picando a muchos y dejándoles ronchas. La altivez y la rebeldía mueven el panal de avispas. Dios dejará a las avispas picarnos si nos salimos de su voluntad. ¿Te sientes perseguido por las avispas?

«Y volvisteis y llorasteis delante de Jehová… » (Dt. 1:45) Hay lágrimas que no conmueven a Dios, y hay oraciones que Él tampoco escucha. Lloraron, oraron, y Dios no les prestó atención. Dios ignora a los desobedientes. Su oído no oye sus voces.

Muchas veces nos sentimos perseguidos por esas avispas del mundo, que nos quieren picar, nos quieren clavar sus aguijones, nos quieren levantar ronchas. **¡Cuídate de esas avispas!**

Otras avispas peligrosas son aquellas que clavan sus ponzoñas de chismes, difaman caracteres, arruinan reputaciones, inventan falsedades, distorsionan verdades. **¡Cuídate de esas avispas!**

¿Cómo matar las avispas? Leí sobre algunos métodos caseros, fáciles de ser utilizados:

(1) **Con agua y jabón**. Se mezclan y con un rociador, se rocía el panal de avispas o sobre el área de las ventanas o lugares frecuentados por las avispas. El rociador enjabonado se le pega a las diminutas alas y las hace inoperantes.

(2) **Con botellas vacías de agua**. Las botellas se cortan en el cuello, se le pone mermelada en el cuello invertido dentro de la otra parte de la botella, y se le echa agua con jabón hasta la mitad.

(3) **Utiliza una funda plástica o de tela**. Cubre el panal, y ciérralo rápido. Eso aprisiona las avispas y luego se desechan.

Las «avispas espirituales» se matan orando regularmente, ayunando con frecuencia, leyendo la Biblia habitualmente, llenándonos del poder y de la unción del Espíritu Santo.

Las avispas y las perdices, vencidas por la sed, fueron donde un agricultor y le suplicaron que les diera un poco de agua para beber. Ellas prometieron ampliamente reembolsarle el favor que solicitaban. Las perdices declararon que ellas cavarían alrededor de sus vides y le harían producir uvas más finas. Las avispas dijeron que ellas harían la guardia y ahuyentarían a los ladrones con sus picaduras. Pero el agricultor las interrumpió, diciendo: –Tengo ya dos bueyes, que, sin hacer cualquier promesa, hacen todas estas cosas. Es seguramente mejor para mí darles el agua a ellos que a ustedes.

Moraleja: Cuando tengas necesidad de pedir algún favor, pídelo humilde y directamente, sin promesas a cambio. Luego de recibirlo, si te lo dan, entonces como agradecimiento ofrece alguno de tus servicios por si desean aceptarlo (*Fábulas de Esopo*, 2011).

Conclusión

Y a las avispas espirituales se les vence con oración, ayuno, lectura bíblica, alabanzas, vigilias y haciendo vida de redil.

59
Comiendo como polillas

Mateo 6:19-21, LBLA

«No acumuléis tesoros en la tierra, donde la polilla y la herrumbre destruyen, y donde ladrones penetran y roban; sino acumulad tesoros en el cielo, donde ni la polilla ni la herrumbre destruyen, y donde los ladrones no penetran ni roban; porque donde esté tu tesoro, allí estará también tu corazón».

Introducción

La polilla está constituida por varias clases de insectos que hacen daño a muchos alimentos secos o se comen algunos materiales como la ropa o muebles de madera. El Salmo 39: 9-11 nos ubica en la temática de la polilla.

1. El silencio del salmista

«Yo he guardado silencio, no he abierto la boca; ¡nadie puede pedirte cuentas de lo que decides hacer!» (Sal. 39:9, TLA).

El salmista reconoce que ante Dios, el creyente tiene que mantener silencio frente a sus actuaciones o aquellas cosas que ocurren en nuestras vidas. No pongas en las manos de Jesucristo todos tus errores, pon todo lo que eres en las manos de Él. Es madurez aceptar los errores y luchar por enmendarlos.

En el dolor y en el sufrimiento es muy difícil razonar y entender a Dios. Lo que Él hace, muchas veces no tiene sentido. «Un padre cuyo hijo había fallecido prematuramente, enojado le dijo a Dios: 'A ti, no te importó mi hijo. No lo protegiste'. Y Dios le respondió: 'A muchos no le importó, ni le ha importado mi Hijo, al cual entregué para morir por vosotros'. ¿Quién debe exigir más, tú a mí o yo a ti?».

Oramos para hacer su voluntad y para que su voluntad se haga o se establezca en nuestras vidas, pero cuando eso ocurre, entonces cuestionamos a Dios por permitir algo sin sentido y sin razón para nosotros. Jesucristo tiene toda la razón y todo lo que Jesucristo hace tiene sentido.

«Señor… ayúdame a decir la verdad delante de los fuertes, y a no decir mentiras para ganarme el aplauso de los débiles. Si me das fortuna, no me quites la razón. Si me das éxito, no me quites la humildad. Si me das humildad, no me quites la dignidad. Ayúdame siempre a ver la otra cara de la medalla y no me dejes culpar de traición a los demás por no pensar igual que yo. Enséñame a querer a los demás como a mí mismo. No me dejes caer en el orgullo si triunfo, o en la desesperación si fracaso. Más bien recuérdame que el fracaso es la experiencia que precede al triunfo. Enséñame que perdonar es signo de grandeza y que la venganza es señal de bajeza. Si me quitas el éxito dame fuerzas para aprender del fracaso. Si ofendo a los demás, dame valor para disculparme. Y si los demás me ofenden, dame valor para perdonarlos. Señor, si yo me olvido de ti, ¡nunca te olvides de mí!» (Mahatma Gandhi).

2. El ruego del salmista

«Deja ya de castigarme, pues tus golpes me aniquilan» (Sal. 39:10, TLA).

Es el ruego de un alma atribulada, cansada de la disciplina espiritual, que siente la mano de Dios sobre su fragilidad humana. A veces nos sentimos como las víctimas de las pruebas, de las tribulaciones, de las enfermedades, totalmente incapaces de poder hacer algo. Y de ver que Jesucristo no actúa en nuestro «kairós».

Pero Dios no tiene la culpa. ¡No lo culpes! Él permite las cosas que nos ocurren con algún propósito disfrazado de prueba o de tribulación. Al final de ese andar por el desierto, entenderemos lo que no se puede entender. ¡Todo se aclarará!

Aquellos «sin sentidos» de Jesucristo para nuestras vidas, un día los entenderemos. Esos «sin sentidos» de Jesucristo al presente, en un futuro se volverán en los «con sentidos». José experimentó muchos «sin sentidos» en su vida, pero al final fueron peldaños para Dios levantarlo hasta el propósito de su divina voluntad.

Así que no culpes a Dios de tus fracasos, pruebas, desilusiones, tragedias y tribulaciones. Por el contrario, confía siempre que el Señor Jesucristo habrá de intervenir y todas las cosas obrarán para bien.

«Sabemos que Dios va preparando todo para el bien de los que lo aman, es decir, de los que él ha llamado de acuerdo con su plan» (Rom. 8:28, TLA). «Y sabemos que Dios hace que todas las cosas cooperen para el bien de quienes lo aman y son llamados según el propósito que él tiene para ellos» (NTV).

3. El reconocimiento del salmista

«Tú castigas a la gente y corriges su maldad; destruyes como polilla lo que ellos más valoran. ¡Nadie dura más que un suspiro!» (Sal. 39:11, TLA).

Para el salmista, Dios es la «polilla», para ejecutar juicio. Aquello que para muchos es de gran valor, para Dios es alimento de la polilla. Muchas pruebas de Dios nos quebrantan para hacernos más fuertes.

«Cuando nos disciplinas por nuestros pecados, consumes como una polilla lo que estimamos precioso. Cada uno de nosotros es apenas un suspiro. Interludio» (NTV).

«Porque esa gente desaparecerá como ropa comida por la polilla, como lana devorada por los gusanos. Pero mi salvación y mi justicia permanecerán para siempre» (Is. 51:8, TLA).

En este pasaje, Dios mismo exhorta declarando que los enemigos de la fe y de la esperanza, desaparecerán «como ropa comida por la polilla» y «como lana devorada por los gusanos». Pero la salvación y justicia divina, son inconmovibles, permanecen para siempre.

«No traten de amontonar riquezas aquí en la tierra. Esas cosas se echan a perder o son destruidas por la polilla. Además, los ladrones pueden entrar y robarlas. Es mejor que amontonen riquezas en el cielo. Allí nada se echa a perder ni la polilla lo destruye. Tampoco los ladrones pueden entrar y robar. Recuerden que la verdadera riqueza consiste en obedecerme de todo corazón» (Mt. 6:19-21, TLA).

Jesús aconsejó que vivir para hacerse ricos, aquí en la tierra, no debe ser el ideal del cristiano; si es que a expensas de esa acumulación de bienes materiales, perdemos de vista el faro de la salvación. Y es contra esta puerta de acero que se estrella la bicicleta del mensaje extremado de la prosperidad.

La polilla en la época de Jesús, era una plaga común, que acaba con las cosas. Y si la polilla no se comía algo, tipo del descuido espiritual, la pereza, la falta de disciplina, los ladrones del alma si se meterían para robarnos muchas cosas, como el gozo, la felicidad y la tranquilidad que la paz de Jesucristo ofrece al alma necesitada de esa bendita presencia.

Donde se pone el corazón, la obediencia del ser humano, allí se deposita su voluntad, su mente y sus sentimientos-emociones.

«Ahora escúchenme ustedes, los ricos: lloren y griten de dolor por todo lo que muy pronto van a sufrir. Sus riquezas se pudrirán, y la polilla les comerá la ropa. El dinero que han estado juntando en estos últimos tiempos se oxidará, y ese óxido será el testigo que los acusará en el juicio final, y que los destruirá como un fuego» (St. 5:1-3, TLA).

Santiago tronó y relampagueó enérgicamente contra los ricos, cuyas riquezas los ataban. Ellos tenían que llorar ante el desfile del sufrimiento en sus vidas. Las riquezas se les pudrirían y su ropa sería alimento de la polilla. Las monedas que guardaban, su riqueza, se les llenarían de óxido. Y esto, acusará a muchos con vidas ambiciosas, pero desterradas de la ciudad del Cordero de Dios.

Conclusión

La peor de todas las polillas es la espiritual. Porque esa polilla se come la fe, se come la consagración, se come el compromiso, se come la alabanza, se come la vida de oración, se come la adoración, se come la entrega total a Jesucristo. Y lo peor, se puede comer la salvación.

60
Acabando como carcomas

Proverbios 14:30, RVR 1960

«El corazón apacible es vida de la carne; mas la envidia es carcoma de los huesos».

Introducción

Las carcomas son insectos que dañan la madera, perforando muebles, vigas, artesonados y viven en galerías, dejando serrín como prueba de su presencia. A unos insectos que son familia de la carcoma y polilla se les llaman termitas. Y en EE.UU. cuando se va a comprar una casa se le tiene que someter a la prueba de las termitas.

1. La mujer mala es comparada a la carcoma

«La mujer virtuosa es corona de su marido; mas la mala, como carcoma en sus huesos» (Prov. 12:4).

«La buena esposa llena de orgullo a su esposo; la mala esposa le arruina la vida» (TLA).

Una buena esposa, llena de buenas virtudes, es comprensible, es entendida, es pacífica, dialoga sus diferencias con su pareja, cree en la construcción de las relaciones matrimoniales, es alguien de quien su esposo se siente orgulloso de reconocerla como tal. Es un verdadera «costilla de hierro».

La llamada «mala esposa», que discute mucho, que no honra a su marido, que es celosa, desconfiada de él, mala palabrera, rencillosa, que siempre quiere tener la razón, es como la carcoma que se come la madera. Es una «costilla de papel» o una «costilla de plástico». La mujer verdadera que es llamada para apoyar y sostener a su marido debe ser una «costilla de hierro».

Esta mujer carcoma se come el amor, se come la paz, se come la confianza, se come la intimidad, se come el perdón, se come todo lo bueno. Es una resta a su matrimonio y no una suma.

Dijo una mujer: –Dios, habla conmigo. Y entonces una alondra del campo cantó, pero la mujer no la escuchó.

La mujer exclamó: –¡Dios, háblame! Y un trueno resonó por todo el cielo, pero la mujer no lo escuchó.

La mujer miró a su alrededor y dijo: –Dios, déjame mirarte. Y una estrella se iluminó radiante, pero la mujer no se dio cuenta.

La mujer gritó de nuevo: –Dios, muéstrame un milagro. Y una vida nació de un huevo, pero la mujer tampoco lo notó.

Llorando desesperadamente, dijo: –Tócame, Dios, para saber que estás conmigo. Dios se inclinó y tocó a la mujer. Pero la mujer se sacudió la mariposa con la mano (*La culpa es de la vaca*, por Jaime Lopera y Marta Inés Bernal).

Moraleja: Dios se revela y habla de diferentes maneras a diferentes personas, pero muchas veces no se dan cuenta. Estos desean que Dios se les muestre a su manera.

2. La envidia es comparada a la carcoma

«El corazón apacible es vida de la carne; mas la envidia es carcoma de los huesos» (Prov. 14:30).

La Traducción En Lenguaje Actual parafrasea este pasaje: «Mente sana en cuerpo sano; por eso la envidia te destruye por completo».

La Nueva Traducción Viviente rinde dicho pasaje: «La paz en el corazón da salud al cuerpo; los celos son como cáncer en los huesos».

El corazón en paz, la mente sana, la persona con buenos y positivos pensamientos, mantiene su cuerpo sano. ¡Mente sana y cuerpo sano! Ese equilibrio entre mente y cuerpo debe cultivarse.

Nuestros pensamientos son acondicionadores para el alma. Debemos entrenarnos para pensar de forma optimista. Ser gente positiva. No rendirnos ante la adversidad. Ser parte de la solución y no ser parte del problema. Ver lo mejor en las personas y no ver lo peor.

Esos problemas «almáticos» o del alma se sanan con la Palabra de Dios, con la práctica habitual de la oración y con el acercamiento a personas que sumen en nuestras vidas. ¡Escoge tus amigos y amigas!

La envidia es como una carcoma. Quiere comerse lo bueno que tienen otras personas. El envidioso sufre de la enfermedad emocional de desear lo que otro y otra tiene. El envidioso anda con su espejo para mirarse siempre delante de otros. Siempre exagera lo que tiene. Desvaloriza lo que otros tienen.

Cuenta una fábula que en cierta ocasión una serpiente empezó a perseguir a una luciérnaga; esta huía muy rápido y llena de miedo de la feroz depredadora, pero la serpiente no pensaba desistir en su intento de alcanzarla.
La luciérnaga pudo huir durante el primer día, pero la serpiente no desistía, dos días y nada, al tercer día, ya sin fuerzas, la luciérnaga detuvo su agitado vuelo y le dijo a la serpiente: ¿Puedo hacerte tres preguntas?
No acostumbro a conceder deseos a nadie, pero como te voy a devorar, puedes preguntar, respondió la serpiente.
Entonces dime: ¿Pertenezco a tu cadena alimenticia? ¡No! Contestó la serpiente. ¿Yo te hice algún mal? ¡No! Volvió a responder su cazadora. Entonces, ¿Por qué quieres acabar conmigo? ¡Porque no soporto verte brillar! Fue la última respuesta de la serpiente.

Muchos de nosotros nos hemos visto envueltos en situaciones donde nos preguntamos: ¿Por qué me pasa esto si yo no he hecho nada malo? Sencillo, porque hay algunos que no soportan verte brillar.

Moraleja: La envidia es uno de los peores sentimientos que podemos tener. El hecho de que envidien tus logros, tus éxitos, ¡qué envidien verte brillar!, te va a afectar en más de una ocasión, pero cuando esto pase, ¡no dejes de brillar!
Continúa siendo tú mismo, sigue dando lo mejor de ti, sigue haciendo lo mejor, no permitas que te lastimen, no permitas que te hieran…
¡Sigue brillando y no podrán tocarte!, porque tu luz seguirá intacta, porque siempre habrá quien te apoye, porque tu huella permanecerá, porque el recuerdo de lo que fuiste e hiciste quedará, ¡pase lo que pase! (Tomada de las *Fábulas de Esopo*).

Envidiosas las abejas a causa de la miel que les arrebataban los hombres, fueron en busca de Zeus y le suplicaron que les diera fuerza bastante para matar con las punzadas de su aguijón a los que se acercaran a sus panales. Zeus, indignado al verlas envidiosas, las condenó a perder su dardo cuantas veces hirieran a alguno y a morir ellas mismas después.

Moraleja: La envidia no es buena consejera, más bien nos puede llevar a perder lo que ya poseemos (*Fábulas de Esopo*).

3. Jehová se comparó como carcoma a Judá

«Los príncipes de Judá fueron como los que traspasan los linderos; derramaré sobre ellos como agua mi ira. Efraín es vejado, quebrantado en juicio, porque quiso andar en pos de vanidades. Yo, pues, seré como polilla para Efraín, y como carcoma para la casa de Judá» (Os. 5:10-12).

«Y verá Efraín su enfermedad, y Judá su llaga; irá entonces Efraín a Asiria, y enviará al rey Jareb; mas él no os podrá sanar, ni os curará la llaga. Porque yo seré como león para Efraín, y como cachorro de león para la casa de Judá; yo, yo arrebataré, y me iré; tomaré, y no habrá quien liberte» (Os. 5:13-14).

Dios les declaró a Judá y Efraín, que Él les traería juicio. Que para ellos sería «como polilla a Efraín» y «carcoma a la casa de Judá». Y luego se comparó con el «león a Efraín» y como «cachorro de león a Judá».

Dios puede transformarse en todo aquello que desee para disciplinarnos. Es mejor tener a Dios como amigo y no tenerlo como un enemigo. Jesucristo nos quiere ayudar, nos quiere bendecir, nos quiere proteger, quiere ser nuestra fortaleza y llenarnos de su poder.

Hoy Jesucristo quiere ser tu Salvador, mañana puede ser tu Juez. Al pecador le ofrece su gracia salvífica, un día le dictará su juicio. Ahora Jesucristo le abre sus brazos al pecador, mañana se los cerrará en la eternidad. Ríndete a Jesucristo, con rodillas dobladas, manos levantadas y un corazón entregado. ¡Rendición total!

Conclusión

La carcoma come poco a poco, hasta que ya lo que ha tocado no sirve. ¡Tenga mucho cuidado! Tome medidas preventivas ahora.

61
Derrotados como escorpiones

Lucas 10:17-20, RVR 1960

> «*Volvieron los setenta con gozo, diciendo: Señor, aun los demonios se nos sujetan en tu nombre. Y les dijo: Yo veía a Satanás caer del cielo como un rayo. He aquí os doy potestad de hollar serpientes y escorpiones, y sobre toda fuerza del enemigo, y nada os dañará. Pero no os regocijéis de que los espíritus se os sujeten, sino regocijaos de que vuestros nombres están escritos en los cielos*».

Introducción

El escorpión es de la familia de la araña, pero muy distinto. Es una fábula decir que los escorpiones se suicidan, no es cierto. Ante el fuego se retuercen y dan la apariencia de suicidio pero no lo es.

1. La ilustración de Jesús con los escorpiones

a) La información de los setenta. «Volvieron los setenta con gozo, diciendo: Señor, aun los demonios se nos sujetan en tu nombre» (Lc. 10:17). Los setenta discípulos habían regresado al Maestro, llenos de gozo le informaron que los demonios se les sujetaban en su nombre (Lc. 10:17). Debemos rendir cuentas de nuestros ministerios. ¿Qué hacemos con los dones y talentos que el Espíritu Santo nos ha entregado?

b) La revelación a los setenta. «Jesús les dijo: –Yo vi que Satanás caía del cielo como un rayo. Yo les he dado poder para que ni las serpientes ni los escorpiones les hagan daño, y para que derroten a Satanás, su enemigo» (Lc. 10:18-19, TLA).

Jesús abrió el velo a una pasada eternidad, donde Él como «Logos» o «Hijo de Dios», había sido testigo de la derrota y expulsión de Satanás. Él describió ese episodio como ver a «Satanás caer del cielo como un rayo». A los demonios parece ilustrarlos como serpientes y escorpiones.

A ellos y a todos los discípulos, Jesús les invistió con la «exousia» o autoridad sobre los demonios, prefigurados como serpientes y escorpiones. La Iglesia tenía la autoridad de derrotar al mismo Satanás, enemigo declarado de ella.

c) La amonestación a los setenta. «Pero no os regocijéis de que los espíritus se os sujetan, sino regocijaos de que vuestros nombres están escritos en los cielos» (Lc. 10:20).

El mensaje mesiánico de Jesús fue contundente. Los setenta, y nosotros incluidos, no debemos estar impresionados de ver a los demonios sujetos en el nombre de Jesús. Debemos estar impresionados de que seamos parte de la nomenclatura celestial.

Es decir, no alegrarnos de tener carismas o de ver el poder del Espíritu Santo obrar por medio de nosotros; sino de que tengamos el testimonio de que somos salvos. Muchos predican la salvación sin ser salvos. Predican la santidad sin ser santos. Predican la transformación sin estar transformados. Predican algo que ellos mismos no creen, ni viven. **¡Son loros que predican!**

2. La revelación a Juan con los escorpiones

«En la cola tenían un aguijón como de escorpión, con el que podían dañar a la gente durante cinco meses. El ángel del Abismo es el jefe de los saltamontes. En hebreo se llama Abadón, y en griego se llama Apolión; en ambos idiomas, su nombre quiere decir 'Destructor'» (Apoc. 9:10-11, TLA).

Juan el Apocalipta, al ser tocada la quinta trompeta, vio subir del abismo unas mutaciones de extrañas criaturas (Apoc. 9:7.9.10), que eran como demonios-langostas. Pero diferentes a las langostas saltamontes conocidas por Juan, estas eran criaturas inteligentes.

Juan se refiere a estos querubines infernales como teniendo colas de escorpiones y aguijones: «Tenían colas como de escorpiones, y también aguijones; y en sus colas tenían poder para dañar a los hombres durante cinco meses» (Apoc. 9:10).

Este juicio de la quinta trompeta durará «cinco meses» que serán de mucho tormento a todos aquellos que no tengan «el sello de Dios en sus frentes». Los que sean de Jesucristo durante la gran Tribulación escatológica, no serán tocados por estos mutantes del infierno. El Señor Jesucristo protege lo que es de Él.

Y diferentes a las langostas o insectos de la Palestina que no tienen «rey, jefe o comandante», estos demonios-langostas tienen a un rey llamado Abadón y Apolión (Apoc. 9:11). El nombre Abadón es hebreo y Apolión es griego, dejando ver cómo un culto o creencia se identifica en grupos étnicos diferentes.

Susanna Tamaro nos comparte el cuento que leyó de *El mono y el escorpión*:

Habiendo llegado un mono a la orilla de un gran río, decide atravesarlo a nado. Apenas había metido una pata en el agua, cuando oyó una vocecilla que lo llamaba. Mira alrededor y, a poca distancia, ve a un escorpión.

Oye –le dice el escorpión–, ¿serías tan amable de llevarme? El mono lo mira fijamente a los ojos y le dice:

–No tengo la menor intención. Con ese aguijón podrías atacarme mientras nado y hacer que me ahogara.

–¿Por qué iba a hacerlo? –responde el escorpión–. Si tú te ahogaras, también moriría yo. ¿Qué sentido tendría?

El mono piensa un poco y le dice: –¿Me juras que no lo harás?

–¡Te lo juro!

Entonces el escorpión sube a la cabeza del mono y el mono empieza a nadar hacia la otra orilla. Cuando está casi a la mitad, siente de pronto un pinchazo en el cuello. El escorpión le ha picado.

–¿Por qué lo has hecho? –grita el mono–. ¡Ahora moriremos los dos!

–Perdona –responde el escorpión–, no he podido evitarlo. Es mi naturaleza.

Moraleja: Hay personas que son como el escorpión. Después de que alguien los ayuda en un momento de sus vidas, son los mismos que luego les pican con el aguijón del desprecio, el aguijón de la difamación, el aguijón del chisme y el aguijón del rechazo.

Otra ilustración del escorpión es con un maestro oriental, que al ver a un escorpión ahogándose, lo sacó del agua. Entonces el salvado lo picó. Ante esa picada, reaccionando con mucho dolor, aquel maestro tuvo que soltarlo y cayó de nuevo al agua. Una vez más el maestro trató de rescatarlo, y fue nuevamente picado por aquel escorpión.

Una persona que veía todo este drama, llegó hasta aquel maestro y le expresó:

No se incomode, ¡usted actúa como un necio! ¿No sabe que al sacar del agua a ese escorpión el siempre intentará picarlo?

Ese escorpión tiene una naturaleza para picar. Nada la cambiará. Pero mi naturaleza es de ayudar y nada la cambiara.

El maestro con la ayuda de una hoja, logró sacar del agua a aquel escorpión. Y así lo ayudó a vivir.

Moraleja: Aunque alguien busque hacerte daño, no por eso dejarás de ayudar a las personas. Pero eso sí, toma medidas preventivas cundo lo hagas. Jamás dejes que lo malo de una persona te haga actuar igual. Tu naturaleza es servir y ayudar a tu prójimo.

3. Los rebeldes se comparan a los escorpiones

«Y tú, hijo de hombre, no les temas, ni tengas miedo de sus palabras, aunque te hallas entre zarzas y espinos, y moras con escorpiones; no tengas miedo de sus palabras, ni temas delante de ellos, porque son casa rebelde» (Ez. 2:6).

Jehová Dios comparó la rebeldía de su pueblo a escorpiones, entre los cuales moraba el profeta Ezequiel. Y a este le dijo: «No tengas miedo de sus palabras, ni temas delante de ellos».

A muchos líderes les toca ministrar o profetizar la Palabra de Dios entre personas que rechazarán dicho mensaje. Y como Ezequiel deben cumplir con su misión profética: «Les hablarás, pues, mis palabras, escuchen o dejen de escuchar; porque son muy rebeldes» (Ez. 2:7).

Nuestro deseo es que el mundo se convierta a Jesucristo, pero si los que están en el mundo no se convierten a Jesucristo, por lo menos que escuchen hablar de la salvación que Jesucristo adquirió para cada uno de ellos que están en el mundo. No podemos convertir a nadie, pero sí podemos predicarle a alguien sobre Jesucristo y presentarle el plan de la salvación. No podemos ganar todo el mundo para Jesucristo, pero sí podemos ganar un alma para Jesucristo. No podemos ayudar a todos los pobres que vemos, pero ayudando a un pobre ya estamos cumpliendo con la ley de la caridad humana.

4. La protección contra los aguijones de las pruebas

Pablo de Tarso testificó sobre un aguijón que lo hincaba y lo humillaba, para no llenarse de orgullo.

«Y para que la grandeza de las revelaciones no me exaltase desmedidamente, me fue dado un aguijón en mi carne, un mensajero de Satanás que me abofetee, para que no me enaltezca sobremanera» (2 Cor. 12:7).

En la Nueva Traducción Viviente se parafrasea así: «Aun cuando he recibido de Dios revelaciones tan maravillosas. Así que, para impedir que me volviera orgulloso, se me dio una espina en mi carne, un mensajero de Satanás para atormentarme e impedir que me volviera orgulloso».

Muchas veces Jesucristo permitirá algún aguijón de pruebas o dificultades o debilidades que nos aguijonee o nos pique, para que nos humillemos y reconozcamos nuestras limitaciones.

«Pero estando Él en Betania, en casa de Simón el leproso, y sentado a la mesa, vino una mujer con un vaso de alabastro de perfume de nardo puro de mucho precio; y quebrando el vaso de alabastro, se lo derramó sobre su cabeza» (Mc. 14:3).

Somos como aquel vaso de alabastro de perfume de la mujer, que lo quebrantó para ungir la cabeza del Nazareno, y ese perfume regó todo aquel salón. Las pruebas nos quebrantan para que el olor grato salga de nosotros.

Todos tenemos algún aguijón secretamente escondido, ya manifestado o por manifestarse. Ese aguijón mismo debe impulsarnos a buscar más la gracia de nuestro Señor Jesucristo. Nos debe recordar que nosotros sin el Espíritu Santo no somos nada, pero que el Espíritu Santo sin nosotros sigue siendo quien es. Ante nuestra insuficiencia humana, Jesucristo manifiesta su suficiencia divina.

Goliat, un coloso filisteo, estaba armado conforme al mundo, y la Biblia ofrece un buen inventario de su armamento de combate, demostración de su auto-suficiencia humana:

«En el ejército filisteo había un hombre llamado Goliat, que era de Gat y medía casi tres metros de altura. Llevaba puesto un casco, y también una armadura de bronce que pesaba como cincuenta y siete kilos. Sus piernas estaban protegidas con placas de bronce, y en los hombros llevaba una jabalina. La base de su lanza era enorme, y su punta era de hierro y pesaba como siete kilos. Delante de él iba su ayudante» (1 Sam. 17:4-7, TLA).

David, el joven pastor, aunque Saúl le prestó su armadura y espada, y se la puso, no pudo andar con la misma:

«Después Saúl le dio a David su propia armadura: un casco de bronce y una cota de malla. David se los puso, se ciñó la espada y probó a dar unos pasos porque nunca antes se había vestido con algo semejante. –No puedo andar con todo esto –le dijo a Saúl–. No estoy acostumbrado a usarlo. Así que David se lo quitó» (1 Sam. 17:38-39, NTV).

Esto demuestra que David no era tan pequeño como se cree. David por su parte optó por su rústica honda y su zurrón con cinco piedras lisas del arroyo, demostración de su insuficiencia humana, pero puesta toda su confianza en la suficiencia divina:

«Por su parte, David se colgó la espada, pero como no estaba acostumbrado a usar armadura, no podía ni caminar. Así que le dijo a Saúl: –Yo no estoy acostumbrado a usar esto, y no puedo ni caminar. Y se quitó la armadura. Pero tomó su vara y su honda, y puso en su bolsa cinco piedras del río. Luego fue y se le acercó al filisteo» (1 Sam. 17:39-40, TLA).

Hay seres humanos que son como escorpiones. Su aguijón está en su lengua, difamando, mintiendo, engañando, defraudando, indisponiendo, insultando, exagerando.

Un joven andaba cazando saltamontes. Ya había capturado un buen número cuando trató de tomar a un escorpión equivocadamente. Y el escorpión, mostrándole su ponzoña le dijo: –Si me hubieras tocado, me hubieras perdido, pero tú también a todos tus saltamontes.

Moraleja: Cuando hayas hecho un capital con tu trabajo, cuida de no perderlo por tratar de tomar lo que no debes (*Fábulas de Esopo*, 2011).

5. La instrucción de Jesús con los escorpiones

«¿Qué padre de vosotros, si su hijo le pide pan, le dará una piedra? ¿O si pescado, en lugar de pescado, le dará una serpiente? ¿O si le pide un huevo, le dará un escorpión? Pues si vosotros, siendo malos, sabéis dar buenas dádivas a vuestros hijos, ¿cuánto más vuestro Padre celestial dará el Espíritu Santo a los que se lo pidan?» (Lc. 11:11-13).

Jesús ofreció la cátedra sobre el pedir y el recibir. ¡El que pide, recibe! Es un asunto de fe y de esperanza. Y hace un contraste entre lo positivo y lo negativo. Compara al pescado con la serpiente y al huevo con el escorpión. El Padre celestial se compara en bondad con el padre terrenal. El cual daría el Espíritu Santo a los que se lo pidieran. En el día de Pentecostés se les dio a todos los que creyeron, y desde ahí, todo nacido de nuevo o nuevo convertido, lo recibe en la salvación.

Conclusión

Estamos puestos en una posición de autoridad frente a los escorpiones-demonios, y debemos dejarles ver que han sido derrotados.

62
Molestos como mosquitos

Salmos 105:31, NVI

«Habló Dios, e invadieron todo el país enjambres de moscas y mosquitos».

Introducción

El mosquito es un insecto que se menciona en Éxodo 8:16-17 («tábano» es otra clase de insecto que se traduce en BJ) y en el Salmo 105:31. El nombre familiar del mosquito, se usa en el Nuevo Testamento como ejemplo de algo que no se cumple (Mt. 23:24).

1. Dios envió mosquitos y llamó mosquitos a los habitantes de la tierra

«Dios dio una orden, y todo el país se llenó de moscas y de mosquitos» (Sal. 105:31, TLA).

Dios castigó a Faraón con una plaga de piojos o mosquitos (Éx. 8:26 y versículos que siguen). La palabra hebrea «kinnim» para estos insectos significa ambas cosas.

«Alzad vuestros ojos a los cielos, y mirad la tierra abajo; porque los cielos como humo se desvanecerán, y la tierra como un vestido se gastará. Sus habitantes como mosquitos morirán, pero mi salvación será para siempre, y mi justicia no menguará» (Is. 51:6, LBLA).

Dios en este pasaje bíblico profético ve a los habitantes de la tierra «como mosquitos» que morirán. La muerte es una sentencia divina. El pobre no puede eludir el día de la muerte, ni el rico puede huir de la visita de la muerte.

Muchos seres humanos llenos de arrogancia, henchidos de orgullo, vestidos de vanidad, se ven a sí mismos como algo especial. Jehová Dios desde sus balcones celestiales, ve a muchos seres humanos «como mosquitos». Solo dando zumbidos y haciendo picadas a otros. ¡Mosquitos que se creen águilas!

Pero algo que Jesucristo ofrece a todos es la salvación. Dios dijo: «... pero mi salvación será para siempre, y mi justicia no menguará». Así que si soy salvo, ya no soy un mosquito perdido.

Un mosquito se acercó a un león y le dijo: –No te temo, y además, no eres más fuerte que yo. Si crees lo contrario, demuéstramelo. ¿Qué arañas con tus garras y muerdes con tus dientes? ¡Eso también lo hace una mujer defendiéndose de un ladrón! Yo soy más fuerte que tú, y si quieres, ahora mismo te desafío en combate. Y haciendo sonar su zumbido, cayó el mosquito sobre el león, picándole repetidamente alrededor de la nariz, donde no tiene pelo. El león empezó a arañarse con sus propias garras, hasta que renunció al combate. El mosquito victorioso hizo sonar de nuevo su zumbido; y sin darse cuenta, de tanta alegría, fue a enredarse en una tela de araña. Al tiempo que era devorado por la araña, se lamentaba que él, que luchaba contra los más poderosos venciéndolos, fuese a perecer a manos de un insignificante animal, la araña.

Moraleja: No importa qué grandes sean los éxitos en tu vida, cuida siempre que la dicha por haber obtenido uno de ellos, no lo arruine todo (*Fábulas de Esopo*, 2011).

2. Jesús comparó la hipocresía de los fariseos con mosquitos colados

¡Ay de vosotros, escribas y fariseos, hipócritas! porque diezmáis la menta y el eneldo y el comino, y dejáis lo más importante de la ley: la justicia, la misericordia y la fe. Esto era necesario hacer, sin dejar de hacer aquello. ¡Guías ciegos, que coláis el mosquito, y tragáis el camello!» (Mt. 23:23-24).

La Traducción En Lenguaje Actual lee: «¡Ustedes, como líderes, no saben nada! Cumplen los detalles más insignificantes de la ley, pero no cumplen lo más importante de ella. Ustedes son como los que, al beber vino, sacan el mosquito pero se tragan el camello que hay en el vino».

La Nueva Traducción Viviente dice: «¡Qué aflicción les espera, maestros de la ley religiosa y fariseos! ¡Hipócritas! Pues se cuidan de dar el diezmo sobre el más mínimo ingreso de sus jardines de hierbas, pero pasan por alto los aspectos más importantes de la ley: la justicia, la misericordia y la fe. Es cierto que deben diezmar, pero sin descuidar las cosas más importantes. ¡Guías ciegos! ¡Cuelan el agua para no tragarse por accidente un mosquito, pero se tragan un camello!».

Ese proverbio «coláis el mosquito, y tragáis el camello», puede haber estado en boga en la época del Nazareno, pero también pudo haber sido producto de la invención del Maestro de la Galilea.

El mosquito es sumamente pequeño y el camello sumamente grande. De esa manera Jesús compara o contrasta los pecados corregidos por los fariseos, pecados pequeños, cuando ellos practicaban pecados mayores. Es predicar en contra del pecado y luego practicar otro pecado peor.

a) Los fariseos no cumplían con la verdadera justicia. Podemos tener nuestra propia justicia, vacíos de la justicia de nuestro Señor Jesucristo. Es vivir justificando nuestros hechos según lo que nos conviene, lo que nos agrada y lo que deseamos.

Se preocupaban por muchas cosas, pero no eran justos. Ser justos es mirar a los demás desde la óptica de Jesucristo. El legalismo presta atención a aquellos asuntos grandes como el «camello», pero asuntos pequeños como el mosquito los dejan pasar. ¡Todos somos legalistas de una manera u otra!

b) Los fariseos no cumplían con la genuina misericordia. La misericordia es tener un corazón inclinado hacia aquellos que viven en miseria social, pero aun más en miseria espiritual. Seres humanos para los que Dios es un negativo y no un positivo en sus vidas.

Los fariseos daban énfasis a muchas cosas, pero no eran misericordiosos. Misericordia es ser empáticos con el dolor, el sufrimiento y la necesidad del prójimo. La religión sin misericordia está vacía del sentido de la vida.

c) Los fariseos no cumplían con la auténtica fe. El vocablo «fe» del griego «pistis», habla de creencia, de confianza y de seguridad. La verdadera fe es el conducto de la salvación y de los beneficios de la gracia. Los fariseos enseñaban muchas cosas, pero les faltaba la verdadera fe. Es una fe con manos para dar, pies para andar y corazón para sentir. Es la fe que lleva a la salvación sin obras, pero muestra la salvación con obras.

En el cuerno de un buey se posó un mosquito. Luego de permanecer allí largo rato, al irse a su vuelo preguntó al buey si se alegraba de que por fin se marchase. El buey le respondió: –Ni supe que habías venido. Tampoco notaré cuando te vayas.

Moraleja: Pasar por la vida sin darle nada a la vida es ser insignificante (*Fábulas de Esopo*, 2011).

Conclusión

Los mosquitos son molestosos. Pican por aquí y pican por allá. No dejan a uno tranquilo, a no ser que acabemos con ellos, ya no te dejes picar más por los mosquitos.

63
Insaciables como sanguijuelas

Proverbios 30:15, BLPH

«La sanguijuela tiene dos hijas y las dos se llaman 'dame'... ».

Introducción

Las sanguijuelas, como gusanos, se emparentan con las lombrices de tierra. Su hábitat es la tierra, áreas marítimas y agua dulces. En la medicina son utilizadas desde milenios.

Sergio Parra en un artículo en la red social dice: «En 1799, las tropas de Napoleón en el Sinaí bebieron agua infestada de sanguijuelas. Estas se agarraron a las paredes interiores de las narices, las bocas y las gargantas de los soldados. Cientos de ellos murieron de asfixia».

«Desde hace unos años, estos animales se están utilizando en cirugía plástica y reconstructiva. Cuando se trasplantan partes del cuerpo, como dedos, orejas, labios, trozos de nariz o cualquier otra parte del cuerpo, los cirujanos deben unir arterias y venas. La sangre puede «atascarse» y no llegar a la zona implantada. Para ganar tiempo hasta que se formen las nuevas conexiones entre venas, actualmente se aplican sanguijuelas a los pacientes. Su saliva contiene anestésicos, antibióticos y anticoagulantes que dan impulso al sangrado veloz. Reducen la presión sobre las venas y les permite entonces formar nuevas conexiones sanguíneas. En veinte minutos, una sanguijuela se remueve de la herida sangrante. Los cirujanos han observado que los pacientes se curan más rápidamente con la ayuda de estos animales» (Disgustingly Healthy.com: leeches maggots http://www.disgustingly-healthy.com/ Acceso.com: Cirujanos orales y maxilofaciales de Tarragona emplean sanguijuelas en cirugía reconstructiva.http://www.acceso.com/es_ES/notas-de-prensa/

cirujanos-orales-y-maxilofaciales-de-tarragona-emplean-sanguijuelas-en-cirugia reconstructiva/14483/).

Los árabes le dan el nombre de «alakah», puede consumir 16 gramos de sangre. El nombre hebreo «ālukāh» significa «chupar», y de ahí su nombre. Y en su aspecto positivo las sanguijuelas han sido de gran ayuda a la humanidad y a la medicina. Pero el proverbista habla de las sanguijuelas en su aspecto negativo.

En la Biblia Peshita se dice en Proverbios 30:15 así: «La sanguijuela tiene tres hijas amadas; tres que nunca se satisfacen, y una cuarta que nunca dice: '¡Es suficiente!'».

1. La naturaleza carnal es como una sanguijuela

La sanguijuela tiene dos bocas que chupan, y gritan: «¡Más, más!» (Prov. 30:15, NTV).

Al referirnos a la naturaleza carnal, hablando espiritualmente como la naturaleza humana, tenemos que admitir que al ser humano inherentemente le gusta pecar. A esta naturaleza adámica le gusta manifestar las obras de la carne.

Pablo de Tarso en Colosenses 2:20-23 enseñó: «Ustedes están unidos a Cristo por medio de su muerte en la cruz, y ya no están sometidos a los espíritus que gobiernan este mundo. Entonces, ¿por qué se comportan como si todavía estuvieran bajo su dominio? ¿Por qué obedecen a quienes les dicen 'no toquen esto', 'no coman eso', 'no prueben aquello'? Esas reglas no son más que enseñanzas humanas, que con el tiempo van perdiendo su valor. No se puede negar que son útiles, porque enseñan acerca de la conducta religiosa, la humildad y el dominio del cuerpo. Pero lo cierto es que no ayudan a combatir los malos deseos de nuestra naturaleza humana» (TLA).

Pablo de Tarso en Gálatas 5:19-21 declaró: «Todo el mundo conoce la conducta de los que obedecen a sus malos deseos: no son fieles en el matrimonio, tienen relaciones sexuales prohibidas, muchos vicios y malos pensamientos. Adoran a dioses falsos, practican la brujería y odian a los demás. Se pelean unos con otros, son celosos y se enojan por todo. Son egoístas, discuten y causan divisiones. Son envidiosos, se emborrachan, y en sus fiestas hacen locuras y muchas cosas malas. Les advierto, como ya lo había hecho antes, que los que hacen esto no formarán parte del reino de Dios» (TLA).

«La maledicencia es hija del odio, una enfermedad sutil pero grave; una sanguijuela que no sentimos pero que chupa el jugo de la caridad; es una simulación de amor, la causa de un corazón corrompido, la ruina de la pureza» (San Juan Clímaco).

La sanguijuela en este contexto es una figura de las personas avariciosas, codiciosas y glotonas. Aquellos y aquellas que teniendo, quieren más, lo quieren todo. Seres humanos insatisfechos y negativamente ambiciosos. Veamos ejemplos bíblicos de cosas que no sacian o llenan:

«Así como la muerte y la destrucción nunca se sacian, el deseo del hombre nunca queda satisfecho» (Prov. 27:20, NTV).

«Los ríos corren hacia el mar, y luego vuelven a sus fuentes para volver a vaciarse en el mar, pero el mar jamás se llena» (Ecl. 1:7, TLA).

«Todas las cosas hastían más de lo que es posible expresar. Ni se sacian los ojos de ver ni se hartan los oídos de oír» (Ecl. 1:8, NVI).

2. El codicioso es una como sanguijuela

«La chupasangre tiene dos hijas: una se llama 'Dame', y la otra, 'Dame más...'» (Prov. 30:15, TLA).

La codicia es un pecado. Es desear lo que otro tiene. Y si para lograr eso el codicioso tiene que mentir, robar, y utilizar la astucia, lo hace. El codicioso quiere lo que es tuyo. Codicia tu felicidad, codicia tus bienes, codicia tu unción, codicia tu posición, codicia tus logros.

Veamos la codicia de una sanguijuela humana llamado Acab. Tenía muchas viñas, pero codiciaba la viña de Nabot.

«Pasadas estas cosas, aconteció que Nabot de Jezreel tenía allí una viña junto al palacio de Acab rey de Samaria. Y Acab habló a Nabot, diciendo: –Dame tu viña para un huerto de legumbres, porque está cercana a mi casa, y yo te daré por ella otra viña mejor que esta; o si mejor te pareciere, te pagaré su valor en dinero. Y Nabot respondió a Acab: –Guárdeme Jehová de que yo te dé a ti la heredad de mis padres. Y vino Acab a su casa triste y enojado por la palabra que Nabot de Jezreel le había respondido, diciendo: –No te daré la heredad de mis padres. Y se acostó en su cama, y volvió su rostro, y no comió» (1 R, 21:1-4).

Nabot de Jezreel tenía su viña colindando con el palacio de Acab. Al rey se le antojó querer plantar un huerto de legumbres en esa viña. Y se la quiso cambiar por otra viña mucho mejor y si no se la compraría en efectivo.

Nabot le rechazó esa jugosa oferta. Aquella viña tenía para él un valor muy sentimental. Era la herencia de sus padres. Allí, Nabot nació, creció, maduró y levantó su familia. ¡Esa viña no tenía precio para él!

«Vino a él su mujer Jezabel, y le dijo: –¿Por qué está tan decaído tu espíritu, y no comes? Él respondió: –Porque hablé con Nabot de Jezreel, y le dije que me diera su viña por dinero, o que si más quería, le daría otra viña por ella; y él respondió: Yo no te daré mi viña. Y su mujer Jezabel le dijo: –¿Eres tú ahora rey sobre Israel? Levántate, y come y alégrate; yo te daré la viña de Nabot de Jezreel» (1 R. 21:5-7).

Esta sanguijuela humana llamada Jezabel, vio a su esposo Acab caído de espíritu. Y lo cuestionó por este estado de ánimo. Este se expresó como una sanguijuela que dice: **«dame, dame más»**. Le dejó saber que quiso cambiarle o comprarle la viña a Nabot, pero este le contestó: «Yo no te daré mi viña».

Jezabel era una sanguijuela de esas de **«dame, dame más»**, y le recordó que él era el rey. Leemos: «Su esposa Jezabel le dijo: –¿Acaso no eres tú el que manda en Israel? Levántate, come y alégrate. Yo te voy a conseguir la plantación de Nabot» (1 R. 21:7, TLA).

Jezabel fue una sanguijuela encarnada por el mal; esta escribió unas cartas selladas por el rey Acab, y de esa manera poder indisponer a Nabot para así apropiarse ilegítimamente de su viña codiciada por el rey.

En las cartas le decía: «Ordénenle al pueblo que se ponga a ayunar. Luego llamen a reunión, y hagan sentar a Nabot delante de todos. También hagan sentar delante de él a dos testigos falsos que mientan diciendo que Nabot maldijo a Dios y al rey. Entonces saquen fuera a Nabot y mátenlo a pedradas. Los líderes y los jefes hicieron lo que Jezabel les dijo. Cuando ya estaban todos reunidos, los dos testigos falsos hablaron en contra de Nabot ante todo el pueblo. Entonces lo sacaron de la ciudad y lo mataron a pedradas» (1 R, 21:7.9-13, TLA).

Dos sanguijuelas, Acab y Jezabel, se unieron para matar a Nabot, un hombre bueno, justo, sincero. La codicia es destructiva, dañina y no descansa hasta lograr ver cumplido: **«dame, dame más»**.

Jesús de Nazaret habló sobre lo que era la codicia y las consecuencias de la misma:

«Luego miró Jesús a los que estaban allí, y les dijo: –¡No vivan siempre con el deseo de tener más y más! No por ser dueños de muchas cosas se vive una vida larga y feliz. Y enseguida Jesús les puso este ejemplo: 'Las tierras de un hombre muy rico habían dado una gran cosecha. Era tanto lo que se había recogido, que el rico no sabía dónde guardar los granos. Pero después de pensarlo dijo: –Ya sé lo que haré. Destruiré mis viejos graneros, y mandaré a construir unos mucho más grandes. Allí guardaré lo que he cosechado y todo lo que tengo. Después me diré: ¡Ya tienes suficiente para vivir muchos años! ¡Come, bebe, diviértete y disfruta de la vida lo más que puedas! Pero Dios le dijo: –¡Qué tonto eres! Esta misma noche vas a morir, y otros disfrutarán de todo esto que has guardado. Así les pasa a todos los que amontonan riquezas para sí mismos. Se creen muy ricos pero, en realidad, ante Dios son pobres» (Lc. 12:15-21, TLA).

3. El que pide mucho es como una sanguijuela

«La sanguijuela tiene dos hijas y las dos se llaman 'dame'... » (Prov. 30:15, BLPH).

Uno se tiene que cuidar de las amistades y de las relaciones abusivas. Seres humanos que son como sanguijuelas consumiendo las finanzas de otros y abusando de la confianza que otros les brindan. **¡Estoy cansado de estas sanguijuelas humanas!**

Hay muchos aprovechados sociales y hasta religiosos. Manipulan con cuentos engañosos y hasta con un lenguaje que suena muy espiritual. Son sanguijuelas que siempre uno las oye decir, **«dame»**. Pero es un **«dame»** lo tuyo. Se te pegan y se les pegan a ciertos ministerios para ser unos oportunistas y unos aprovechados. **¡Estoy cansado de estas sanguijuelas humanas!**

Seres humanos que viven del cuento, arrimados siempre a los demás. No les da vergüenza pedir. Buscan ventajas sobre la amistad. Sienten que otros están obligados a darles y a prestarles a ellos. Ovejas que no dan nada al redil, pero quieren que del redil se les de todo. ¡Son parásitos espirituales! Viven de la fe y de la prosperidad espiritual de otros. **¡Estoy cansado de estas sanguijuelas humanas!**

Se debe tener dignidad humana. Es denigrante estar con la mano extendida. Ser unos parásitos sociales y unos parásitos espirituales. Esperando que otro haga algo por nosotros, cuando lo debemos hacer nosotros mismos. Si se le muere un ser querido del que usted disfrutaba, no le traiga la carga del funeral a la iglesia, entiérrelo usted. **¡Estoy cansado de estas sanguijuelas humanas!**

Cantantes que son como sanguijuelas. ¡Solo están interesados en las ofrendas! No son predicadores y quieren predicar. No son profetas y quieren profetizar. No son pastores y quieren pastorear. A muchos cantantes les sale más rentable estar en las congregaciones que en los conciertos pagados que tenían en el mundo. Y esa astucia y manipulación mundana la arrastran con ellos al «supuestamente» haberse convertido. **¡Estoy cansado de estas sanguijuelas humanas!**

Predicadores que son como sanguijuelas. Su énfasis disfrazado con un falso espíritu de humildad está siempre en el dinero. Por lo general dicen: «Yo no necesito hablar de dinero. Soy muy bendecido. Pero es necesario que lo haga para que otros sean bendecidos. No ministro por ofrendas». Si todo eso es cierto, entonces no insistan en las ofrendas. Al final de su ministración, son ellos mismos los que buscan ser bendecidos con aquellos que los escuchan. **¡Estoy cansado de estas sanguijuelas humanas!**

Pablo de Tarso dijo: «Cuando estábamos con ustedes, les decíamos que quien no quiera trabajar tampoco tiene derecho a comer. Pero nos hemos enterado de que hay entre ustedes algunos que no quieren trabajar, y que se la pasan metiéndose en asuntos ajenos. A esas personas les llamamos la atención y, con la autoridad que el Señor Jesucristo nos da, les ordenamos que trabajen para ganarse la vida, y que dejen de molestar a los demás» (2 Tes. 3:10-12, TLA).
¡Fuera con las sanguijuelas vagas! ¡Fuera con las sanguijuelas aprovechadas! ¡Fuera con las sanguijuelas oportunistas! ¡Fuera con las sanguijuelas pidonas! ¡Fuera con las sanguijuelas listas! ¡Fuera con las sanguijuelas manipuladoras!

Se cuenta una historia acerca de un viajero que recorría las selvas de Burma con una guía. Llegaron a un río ancho y poco profundo, y lo vadearon hasta el otro lado. Cuando el viajero salió del río, muchas sanguijuelas se habían prendido del torso y las piernas. Su primer instinto fue agarrarlas y quitárselas, pero el guía lo detuvo, advirtiéndole que si se arrancaba las sanguijuelas, estas dejarían pedazos finísimos bajo la piel que luego le producirían infecciones.
La mejor manera de quitarse las sanguijuelas del cuerpo, le aconsejó el guía, era bañarse en un bálsamo tibio por algunos minutos. El bálsamo penetraría en las sanguijuelas y estas se soltarían del cuerpo del hombre.

Cuando otra persona nos ha herido en gran manera, no podemos arrancarnos la ofensa y esperar que se vaya toda amargura, rencor y sentimiento. El resentimiento aún se esconde bajo la superficie. La única manera de llegar a ser verdaderamente libre de la ofensa, y perdonar a otros, es empaparse uno en el baño tranquilizador del perdón que Dios ofrece. Cuando uno por fin comprende la amplitud del amor de Dios en Jesucristo, el perdón a otros fluye de modo natural. (Tomado del libro *Ilustraciones perfectas* publicado por Unilit. Usado con permiso. Todos los derechos reservados).

Conclusión

Hay más bendición en dar que en recibir. En ser bendición que en ser bendecido. En servir que en ser servido.

QUINTA PARTE
Anfibio y reptil

Las ranas, la serpiente,
las lagartijas y
el «leviatán» y las víboras.

64
Croando como ranas

Éxodo 8:8, RVR 1960

«Entonces Faraón llamó a Moisés y a Aarón, y les dijo: Orad a Jehová para que quite las ranas de mí y de mi pueblo, y dejaré ir a tu pueblo para que ofrezca sacrificios a Jehová».

Introducción

Los ranas son anfibios («amphi»-«ambos» y «bio»-«vida»). Son animales vertebrados. Tienen la capacidad de vivir dentro y fuera del agua. Nacen con capacidad branquial que les permite oxigenarse en el agua, y luego se desarrollan con la capacidad pulmonar que les permite oxigenarse en el aire. El nombre hebreo es «tsephardea» significa «saltador de ciénaga». El griego les llama «batracios».

Las ranas ocupan dos referencias en la Biblia: Primero como una plaga enviada por Dios a Egipto para la liberación del pueblo hebreo (Ex. 8:1-15). Segundo, como agentes que salen de la boca del triunvirato satánico en la Gran Tribulación (Apoc. 16:13). A. Cabezón Martín hace referencia a que en la Palestina y Egipto solo existe la rana verde, que abunda en África y Europa (Alfonso Ropero Berzosa [ed.], *Gran Diccionario Enciclopédico de la Biblia*, Editorial CLIE, 2013).

1. La segunda plaga de ranas sobre Egipto

Dios ordenó a Moisés que le dijera al Faraón que dejara ir a su pueblo para que le sirviera en el desierto o le castigaría con ranas que estarían por dondequiera en Egipto (Ex. 8:1-4).

Diferente a otros encuentros de Moisés y Aarón con Faraón, en este encuentro no hubo diálogo previo, ni oportunidad para el Faraón (Ex. 8:5). Aarón extendió la vara y había ranas por todo Egipto (Ex. 8:6).

Los hechiceros del Faraón, con sus encantamientos también hicieron venir ranas (Ex. 8:7). En Egipto se adoraba al dios-rana. Y ellos pensaron, que haciéndolo así ayudarían contra la plaga.

Flavio Josefo en «Antigüedades de los Judíos» describe esta plaga: «Una multitud innumerable de ranas consumió el fruto de la tierra. El río también estaba lleno de ellas, y el agua se corrompió con la sangre de los animales muertos. El país se transformó en un sucio lodazal, en el que nacían y morían las ranas. Arruinaron las vasijas en las casas, invadieron los alimentos y las bebidas y aparecieron en gran número en las camas. Producían un hedor desagradable cuando nacían y cuando morían».

Faraón llamó a Moisés y a Aarón, pidiéndoles que quitaran las ranas y él dejaría ir al pueblo hebreo para presentar sacrificio a Dios (Ex. 8:8). Muchos pecadores cuando están en peligro y se enfrentan a pruebas, se acuerdan de buscar a los profetas de Dios.

«Moisés le dijo a Faraón: –Dígnate indicarme cuándo debo orar por ti, por tus siervos y por tu pueblo, para que las ranas sean quitadas de ti y de tus casas, y que solamente queden en el río» (Ex. 8:9).

A muchos se les pregunta si quieren que hoy se ore por ellos. Contestan: «Hoy no, pero pueden orar por mí otro día». Se les dice: «¿Cuándo oramos por usted?». Contestan: «Hoy no, pero mañana sí pueden». Se les dice: «Amigo, ¿desearía convertirse hoy?». Y contestan: «Ya le avisaré cuando lo haré. Hoy no puedo hacerlo, pero ya lo haré». Ese hoy se convertirá en ayer para muchas de estas vidas.

«Faraón le respondió a Moisés: –Mañana. Y Moisés respondió: –Se hará conforme a tu palabra, para que conozcas que no hay como Jehová nuestro Dios» (Ex. 8:10).

Faraón es el típico pecador, hoy se le da la oportunidad de ser salvo, pero dice: «Mañana, mañana me convierto». Hoy se le invita a una iglesia, pero dice: «Hoy no puedo ir, mañana podré». Hoy se le ofrece un milagro en su vida, pero contesta: «Hoy estoy muy ocupado, pero será otro día». Quieren un día entregarle a Dios las sobras de sus vidas.

Félix era gobernador en Cesarea Marítima, Pablo de Tarso compareció ante él y presentó su defensa ante las acusaciones del sumo sacerdote Ananías y los ancianos de Jerusalén que subieron para acusarle.

«Pero esto te confieso, que según el Camino que ellos llaman herejía, así sirvo al Dios de mis padres, creyendo todas las cosas que en la ley y en los profetas están escritas; teniendo esperanza en Dios, la cual ellos también abrigan, de que ha de haber resurrección de los muertos, así de justos como de injustos. Y por esto procuro tener siempre una conciencia sin ofensa ante Dios y ante los hombres» (Hch. 24:14-16).

Luego, a los pocos días, Félix ofreció a Pablo de Tarso una nueva audiencia, para escucharlo o ver si le daba alguna mordida financiera, era un servidor público corrupto:

«Algunos días después, viniendo Félix con Drusila su mujer, que era judía, llamó a Pablo, y le oyó acerca de la fe en Jesucristo. Pero al disertar Pablo acerca de la justicia, del dominio propio y del juicio venidero, Félix se espantó, y dijo: Ahora vete; pero cuando tenga oportunidad te llamaré» (Hch. 24:24-25).

Félix oyó el mensaje del evangelio de Jesucristo. Aquel día con su esposa Drusila, ambos pudieron hacer una profesión de fe. Sin embargo solo dijo: «Ahora vete; pero cuando tenga oportunidad te llamaré». Como quien dice: «Ahora no puedo atenderte más. Ya sacaré un tiempo disponible». Era el día de su salvación, pero lo postergó para otro día, que nunca le llegó.

«Dios dice en la Biblia: 'Cuando llegó el momento de mostrarles mi bondad, fui bondadoso con ustedes; cuando necesitaron salvación, yo les di libertad'. ¡Escuchen! Ese momento oportuno ha llegado. ¡Hoy es el día en que Dios puede salvarlos!» (2 Cor. 6:2, TLA).

«Presten atención, ustedes que dicen: 'Hoy o mañana iremos a tal o cual ciudad y nos quedaremos un año. Haremos negocios allí y ganaremos dinero'. ¿Cómo saben qué será de su vida el día de mañana? La vida de ustedes es como la neblina del amanecer: aparece un rato y luego se esfuma. Lo que deberían decir es: 'Si el Señor quiere, viviremos y haremos esto o aquello'. De lo contrario, están haciendo alarde de sus propios planes, y semejante jactancia es maligna. Recuerden que es pecado saber lo que se debe hacer y luego no hacerlo» (St. 4:13-17, NTV).

Moisés le dejó saber a Faraón que se haría conforme a su palabra. En otras palabras: «Si todavía quieres otro día rodeado de ranas, con ranas croando por todo Egipto, en tu palacio, dondequiera, las ranas se quedarán croando contigo y con tu gente y en tu país. –Háganlo mañana mismo –dijo el faraón. –De acuerdo –respondió Moisés–, se hará como has dicho. Entonces sabrás que no hay nadie como el SEÑOR nuestro Dios» (Ex. 8:10, NTV).

Aquí Moisés le dejo otro día más con la plaga de ranas. En otras palabras, parece decirle: «Las ranas continuarán en tu palacio, en las casas de tu pueblo y con tus siervos, veinticuatro horas más. Las ranas pertenecen al río, pero parece que tú las quieres contigo».

«Deja que el malo siga haciendo el mal; deja que el vil siga siendo vil; deja que el justo siga llevando una vida justa; deja que el santo permanezca santo» (Apoc. 22:11, NTV).

Moisés y Aarón salieron de delante del Faraón (Ex. 8:12) y en el tiempo fijado, Moisés oró a Jehová Dios y murieron todas las ranas en donde estaban (Ex. 8:13). Leemos: «Y las juntaron en montones, y apestaba la tierra» (Ex. 8:14).

Pero Faraón, aun con la peste de las ranas, que tenía que ser un escenario repugnante, continuó obstinado, no escuchaba a Moisés y a Aarón. Dios se lo había dicho a los dos hermanos (Ex. 8:15). Y aquellos que tienen el corazón endurecido, es como una cerradura soldada, con una llave mohosa.

2. Las tres ranas que salen de las bocas de la tríada diabólica

En Apocalipsis 16, vemos bajo el juicio de la sexta copa sobre el río Éufrates que este se seca para dar paso a los ejércitos del oriente (Apoc. 16:12). Y luego se nos habla de cómo salen tres ranas o batracios de las bocas del dragón-Satanás, de la bestia-Anticristo y de bestia-Falso Profeta.

«Y vi salir de la boca del dragón, y de la boca de la bestia, y de la boca del falso profeta, tres espíritus inmundos a manera de ranas» (Apoc. 16:13).

Y en Apocalipsis 16:14 se nos da la interpretación de estas ranas: «Eran espíritus de demonios, que hacían cosas extraordinarias y maravillosas. Salieron para reunir a todos los reyes del mundo, para que lucharan contra el Dios todopoderoso. Lo harán cuando llegue el día en que Dios juzgará a todo el mundo» (TLA).

Todo es un lenguaje profético que apunta hacia el Armagedón: «Los espíritus malos reunieron a los reyes en un lugar, que en hebreo se llama Harmagedón» (Apoc. 16:16, TLA).

El nombre de valle de Armagedón (donde está el tel Meguido) se le da al valle próximo al valle de Jezreel (donde está el tel Jezreel donde vivieron Acab y Jezabel). Al valle de Jezreel los griegos le llamaron «Esdrelón» y los romanos a toda la totalidad de los dos valles le llamaron Esdrelón. «Harmagedón» son dos palabras «har» (monte) y «meguido», significa «monte de Meguido». Este servidor ha visitado ese lugar cerca de treinta veces, y he predicado desde ese tel de Meguido.

Allí, en ese valle rodeado por las cordilleras montañosas del Carmelo, los montes de Efraín, Nazaret, Gilboa y el monte Tabor, será el lugar de encuentro entre los ejércitos del mundo y los ejércitos del Anticristo a finales de la Tribulación escatológica.

Leemos: «Por eso el Señor Jesús dice: 'Yo volveré cuando menos lo esperen. Volveré como el ladrón, que roba en la noche menos esperada. ¡Dios bendecirá al que se mantenga despierto y vestido, pues no lo sorprenderán desnudo! ¡Ni tendrá nada de qué avergonzarse!'. Los espíritus malos reunieron a los reyes en un lugar, que en hebreo se llama Harmagedón» (Apoc. 16:15-16, TLA).

Cuando esos ejércitos, que son citados e incitados por los demonios-ranas, para esa gran batalla, se reúnan, el Jesucristo apocalíptico aparecerá montado en un caballo blanco y con los ejércitos celestiales montados sobre caballos blancos.

«Entonces vi el cielo abierto; y he aquí un caballo blanco, y el que lo montaba se llamaba Fiel y Verdadero, y con justicia juzga y pelea. Sus ojos eran como llama de fuego, y había en su cabeza muchas diademas; y tenía un nombre escrito que ninguno conocía, sino él mismo. Estaba vestido de una ropa teñida en sangre; y su nombre es: EL VERBO DE DIOS. Y los ejércitos celestiales, vestidos de lino finísimo, blanco y limpio, le seguían en caballos blancos. De su boca sale una espada aguda, para herir con ella a las naciones, y él las regirá con vara de hierro; y él pisa el lagar del vino del furor y de la ira del Dios Todopoderoso. Y en su vestidura y en su muslo tiene escrito este nombre: REY DE REYES Y SEÑOR DE SEÑORES» (Apoc. 19:11-16).

En medio de ese caos escatológico y de esa pesadilla apocalíptica, Juan dice: «Vi el cielo abierto y he aquí un caballo blanco, y el que lo montaba se llamaba Fiel y Verdadero...». Es la bienaventurada esperanza de la Iglesia, el Montador de la Fe, Jesús de Nazaret.

En la Traducción En Lenguaje con libros deuterocanónicos, se presenta un dato curioso, con cinco jinetes sobre caballos ayudando a Judas Macabeo mientras enfrentaba los ejércitos sirios:

«En lo más duro de la batalla, los enemigos vieron que cinco jinetes brillantes, montados sobre caballos con frenos de oro, aparecían en el cielo y se ponían al frente del ejército judío. Luego vieron cómo estos jinetes se colocaban alrededor de Judas Macabeo y lo protegían con sus armas. Nadie podía hacerle daño a Judas, pues los jinetes lanzaban flechas y rayos contra los enemigos. Como los enemigos no podían ver por causa del resplandor, se fueron cada uno por su lado, llenos de confusión y en completo desorden. Aquel día murieron veinte mil quinientos soldados de infantería y seiscientos de caballería» (2 Mac. 10:29-3, TLAD).

Conclusión

La segunda plaga de ranas sobre Egipto, y la respuesta del Faraón a Moisés de que no orara en ese «hoy» para ser libre de las ranas, sino que orara «mañana», es el cuadro de un mundo sin Dios, que prefiere vivir un día más con ranas croando en sus vidas.

65
Astutos como serpientes

Mateo 10:16, RVR 1960

«He aquí, yo os envío como ovejas en medio de lobos; sed, pues, prudentes como serpientes, y sencillos como palomas».

Introducción

La serpiente tiene ojos redondos sin párpados. Durante el año cambia de piel varias veces, abandonando su viejo estuche 55 veces. Hay serpientes de tierra y serpientes de agua. Se mueve mediante contracciones corporales.

La serpiente es un reptil muy astuto. Aún después de enroscarse alrededor de su presa, antes de engullirla, da vueltas asegurándose que ella misma no termine como la cena de otro depredador.

La serpiente es un reptil que se mueve sigilosamente, para sorprender a su víctima. Sabe utilizar bien sus tácticas de camuflaje natural, adaptándose a su hábitat. Y la serpiente cambia con regularidad su piel como de escamas, y se vacía de la misma. No posee buen olfato, ni buen oído, pero es muy vigilante.

Para los depredadores como el águila, que ataca la serpiente en picada aérea, esta no tiene muchas defensas. El famoso «Correcaminos», que habita en México y es otros países de Centroamérica, puede correr a 19 millas por hora, es el gran depredador de las serpientes cascabeles.

En «Youtube» se pueden ver mutaciones de serpientes con dos cabezas y con extremidades que parecen patas. Muchas serpientes poseen pieles hermosas, muy cotizadas.

1. La serpiente del Génesis 3:1-22

La astucia de la serpiente aparece destacada en Génesis 3:1-4. Allí, el Maligno utilizó la astucia de la serpiente, como una interlocutora verbal y pensante entre él y la mujer Eva.

Flavio Josefo en «Antigüedades de los Judíos», dijo al particular: «La serpiente, que vivía con Adán y su mujer, les envidiaba que fueran felices viviendo en obediencia a los mandamientos de Dios».

La serpiente con una interrogación le insinuó a Eva que Dios le había prohibido comer de todo árbol del huerto (Gén. 3:1). El hebreo implica más una afirmación que una interrogación. Eva le contestó que el único fruto prohibido era el del árbol que estaba en medio del huerto (Gén. 3:3), bajo sentencia de una muerte desconocida.

La serpiente «astuta» (Gén. 3:1) le aseguró a Eva que ninguno moriría, por el contrario adquirirían tal conocimiento de lo bueno y de lo malo, que ella y Adán se transformarían en Dios (Gén. 3:4-5). Hay que tener mucho cuidado con esas enseñanzas del «pequeño dios», popularizada entre muchos neo-pentecostales.

La mujer influenciada por la serpiente-Satanás, vio que ese árbol no era malo, así lo quería el enemigo en la mente de ella, y que era bueno para comer. Ella convencida alcanzó el misterioso fruto, comió y compartió con su marido Adán (Gén. 3:6). Esa fruta prohibida representa todo aquello que está prohibido a los creyentes, por su conciencia y por la Biblia.

Allí mismo, esta primera pareja del mundo, nuestros abuelos de la creación, descubrieron su desnudez, la cual les dio vergüenza, y la primera prenda de vestir, hojas de higuera cosidas de raíces, fue allí inventada (Gén. 3:7). Ese vestido improvisado por Adán y Eva era muy frágil, y Dios se lo cambió: «Y Jehová Dios hizo al hombre y a su mujer túnicas de pieles, y los vistió» (Gén. 3:21). Eso implica que de alguna manera se sacrificaron animales para vestir a nuestros primitivos padres y eso señalaba el inicio de sacrificios de corderos como ofrenda por la expiación.

Aquella desobediencia al Eterno, cambió el destino de Adán y Eva, y de todo el género humano. No solo ellos se vieron afectados, sino que también afectó a toda la creación de Dios.

La Traducción En Lenguaje Actual de Mateo 10:16 dice así: «El trabajo que yo les envío a hacer es peligroso. Es como enviar ovejas a un lugar lleno de lobos. Por eso, sean listos y estén atentos como las serpientes, pero sean también humildes, como las palomas» (Mt. 10:16, TLA).

Al oír a Dios hablando, Adán y Eva, como niños trataron de esconderse del Creador (Gén. 3:8). ¿Quién podrá esconderse de Dios? Dios llamó a Adán y le preguntó dónde estaba (Gén. 3:9). Adán le confesó su miedo de que estaba desnudo y decidió esconderse (Gén. 3:10).

Un diálogo entre Dios y el hombre, hace que Adán culpe a Eva de su desobediencia (Gén. 3:11-12). Otro diálogo con Eva, hace que esta culpe a la serpiente por sus acciones (Gén. 13). Toda una cultura de culpa humana se inauguró allí. Dios le habló a la serpiente y la maldijo con el arrastrarse sobre el polvo del suelo.

«Entonces Dios le dijo a la serpiente: 'Por esto que has hecho, maldita seas más que todo animal doméstico; ¡más que todo animal salvaje! Mientras tengas vida, te arrastrarás sobre tu vientre y comerás el polvo de la tierra'» (Gén. 3:14, TLA).

Este pasaje no implica ni indica que la serpiente anduviera o que tuviera patas para erguirse. Es probable que la serpiente viviera únicamente en los árboles, y que este juicio la hiciese entonces arrastrarse por el suelo.

Y al Maligno, que era la fuerza espiritual posesiva, Dios le declaró enemistad perpetua entre él mismo y la simiente de la mujer (Gén. 3:15). Este pasaje es el proto-evangelio. Un día, esa simiente de la mujer, concebida sobrenaturalmente, con una naturaleza eterna, nacido en la carne, venció al Maligno en la cruz del Calvario, y con su resurrección garantizó la victoria. Y en el éscaton de Dios, Jesucristo volverá a aplastar la cabeza de la serpiente-Anticristo, en su Segunda Venida.

2. La serpiente-culebra de Aarón

Jehová Dios le dijo a Moisés: «Si Faraón os respondiere diciendo: Mostrad milagro; dirás a Aarón: Toma tu vara, y échala delante de Faraón, para que se haga culebra» (Ex. 7:9).

Al llegar delante del Faraón, se nos dice: «Vinieron, pues, Moisés y Aarón a Faraón, e hicieron como Jehová lo había mandado. Y echó Aarón su vara delante de Faraón y de sus siervos, y se hizo culebra» (Ex. 7:10).

Faraón ordenó a sus hechiceros hacer lo mismo con sus varas: «Entonces llamó también Faraón a sabios y hechiceros, e hicieron también lo mismo los hechiceros de Egipto con sus encantamientos; pues echó cada uno su vara, las cuales se volvieron culebras; mas la vara de Aarón devoró las varas de ellos» (Ex. 7:11-12).

Notemos que se nos dice: «...mas la vara de Aarón devoró las varas de ellos». La vara que se volvió culebra, se volvió de nuevo vara, y se comió todas las varas-culebras de aquellos hechiceros.

Jehová los había avergonzado delante de aquel dios llamado Faraón, y venció a aquel dios cobra llamado Wadjet, matrona del bajo Egipto y también del alto Egipto, en Egipto donde se le daba culto.

Esa misma vara de Aarón con el nombre puesto y doce varas con los nombres de los príncipes de las tribus, por orden de Jehová Dios fueron puestas delante del tabernáculo del testimonio y floreció y dio almendras la vara de Aarón.

«Y aconteció que al día siguiente vino Moisés al tabernáculo del testimonio; y he aquí que la vara de Aarón de la casa de Leví había reverdecido, y echado flores, y arrojado renuevos, y producido almendras. Entonces sacó Moisés todas las varas de delante de Jehová a todos los hijos de Israel; y ellos lo vieron, y tomaron cada uno su vara. Y Jehová dijo a Moisés: Vuelve la vara de Aarón delante del testimonio, para que se guarde por señal a los hijos rebeldes; y harás cesar sus quejas de delante de mí, para que no mueran. E hizo Moisés como le mandó Jehová, así lo hizo» (Num. 17:8-11).

3. La serpiente de bronce

a) La serpiente de bronce levantada en el desierto por Moisés. «Y Dios le contestó: 'Haz una serpiente de bronce y ponla en un asta. Si alguna serpiente los muerde, diles que miren a la serpiente de bronce y sanarán'. Y así sucedió. Moisés hizo una serpiente de bronce y la puso en un asta. Y cuando alguna serpiente mordía a alguien, esa persona miraba a la serpiente de bronce y así no le pasaba nada» (Nm. 21:8-9, TLA).

El pueblo que salió de Egipto pero que Egipto todavía no había salido de ellos, ante la carencia de pan y de agua, se pusieron a quejarse de que Moisés los sacó de Egipto (Nm. 21:4-5).

Dios molesto con ellos, le envió una plaga de serpientes venenosas, que les producían una fiebre ardiente, y ante esto, clamaron arrepentidos ante Dios y Moisés (Nm. 21:6-7).

Moisés fue divinamente ordenado para que hiciera una serpiente de bronce, tenía que ponerla en un asta, y el que le diera una mirada de fe, sería sanado. La serpiente no sanaba, sino la fe de los necesitados al mirarla como punto de contacto, creyéndole a Dios por el milagro. Los puntos de contacto de fe, no son la causa del milagro, sino que los milagros los hace Dios.

b) La serpiente de bronce de Moisés fue destruida por el rey Ezequías. «Ezequías obedeció a Dios en todo, tal como lo había hecho su antepasado David. Quitó los pequeños templos de las colinas en donde la gente adoraba a los dioses, y destruyó todas las imágenes de Astarté. También hizo pedazos a la serpiente de bronce que había hecho Moisés, porque los israelitas la trataban como a un dios, pues le quemaban incienso y la llamaban Nehustán» (2 Re. 18:3-4, TLA).

Muy triste es saber que aquella serpiente de bronce de Moisés, luego se transformó en un ídolo de corrupción espiritual llamado «Nehustán». Lo que comenzó como un símbolo de fe, se convirtió en un objeto de la fe.

Se comenzó en la iglesia primitiva honrando a los mártires y a los santos por sus vidas ejemplares, pero se terminó empleándolos como intercesores del cielo. Eso demuestra que la idolatría es una enfermedad religiosa.

En muchas religiones se comenzó con guardar reliquias de un mártir religioso destacado y que hizo mucho bien, luego con esa reliquia buscaban conectarse con la fe de esa persona, para conectar su fe con Jesucristo, y terminaron transformando eso en parte del culto, para recibir milagros o sanar.

Originalmente se hicieron imágenes o iconos de los «santos» de la iglesia, para los que no sabían leer, que eran muchos, y así estos cuadros le recordaban o brindaban a cada creyente una ilustración del mártir o santo. Los santos se veneraron, beatificaron y terminaron canonizados.

c) Jesús ilustró su crucifixión con la serpiente de bronce. «Moisés levantó la serpiente de bronce en el desierto, y del mismo modo yo, el Hijo del hombre, tengo que ser levantado en alto, para que todo el que crea en mí tenga vida eterna» (Jn. 3:14-15, TLA).

En aquella imagen de la serpiente de bronce levantada por Moisés en el desierto, Jesús vio un cuadro de su crucifixión. La serpiente era maldita y Jesús en la muerte de la cruz se hizo maldición por nosotros.

«Pero Cristo prefirió recibir por nosotros la maldición que cae sobre el que no obedece la ley. De ese modo nos salvó. Porque la Biblia dice: «Dios maldecirá a cualquiera que muera colgado de un madero» (Gal. 3:13, TLA).

«Al que no cometió pecado alguno, por nosotros Dios lo trató como pecador, para que en él recibiéramos la justicia de Dios» (2 Cor. 5:21, NVI).

Una víbora acostumbraba a beber agua de un manantial, y una culebra de agua que habitaba en él trataba de impedirlo, indignada porque la víbora, no contenta con reinar en su campo, también llegase a molestar a su dominio. A tanto llegó el enojo que convinieron en librar un combate: la que consiguiera la victoria entraría en posesión de todo. Fijaron el día, y las ranas, que no querían a la culebra, fueron donde la víbora, excitándola y prometiéndole que la ayudarían a su lado.

Empezó el combate, y las ranas no pudiendo hacer otra cosa, solo lanzaban gritos. Ganó la víbora y llenó de reproches a las ranas, pues en vez de ayudarle en la lucha, no habían hecho más que dar gritos.

Respondieron las ranas: –Pero compañera, nuestra ayuda no está en nuestros brazos, sino en las voces.

Moraleja: En la lucha diaria tan importante es el estímulo como la acción (*Fábulas de Esopo*, 2011).

Conclusión

Que estas reflexiones nos enseñen, que aun de lo malo, podemos aprender algo bueno. No dejes para mañana lo que Dios te pida que hagas hoy.

66
Libres como lagartijas

Proverbios 30:28, NTV

«Las lagartijas son fáciles de atrapar pero se encuentran hasta en los palacios reales».

Introducción

El término hebreo que se traduce en estas versiones como «lagartijas», se traduce «arañas» en el texto de Reina-Valera. La Biblia de Jerusalén traduce «lagarto». En la Palestina hay como cuarenta especies de estos reptiles. Y el más común es el de color verdoso con patas anchas. El término hebreo para lagartija es «letaah» e implica «esconderse». Se le identifica con la «salamanquesa» que es doméstica.

1. El tamaño de las lagartijas

«Las lagartijas, que caben en un puño y llegan hasta el palacio del rey» (Prov. 30:28, DHH).

Nunca dejes que tu tamaño, tu capacidad, tus recursos, te pongan límites en lo que puedas alcanzar en tu destino. ¡Tus sueños determinarán tus logros en la vida! No dejes que nadie mate tus sueños. Interpretando los sueños de otros, verás tus sueños cumplidos, como le pasó a José el soñador en Egipto.

La Presbítera Juanita Murillo tiene un dicho muy propio de ella: «Soy una lagartija muy peñasqueada». Con esto quiere decir que en su ministerio ha tenido que enfrentar muchas dificultades y moverse por muchos pedregales.

El ser humano tiene la inherencia de lograr todo aquello para lo cual ha sido espiritualmente programado. La clave está en mantener su fe en Jesucristo, en tener mucha pasión, movida por la motivación, reconociendo que necesita la gracia de Jesucristo para todo.

a) Gedeón estaba listo para esconder el trigo. «Y vino el ángel de Jehová, y se sentó debajo de la encina que está en Ofra, la cual era de Joás abiezerita; y su hijo Gedeón estaba sacudiendo el trigo en el lagar, para esconderlo de los madianitas» (Jue. 6:11).

Dios le inyectó ánimo: «Y el ángel de Jehová se le apareció, y le dijo: Jehová está contigo, varón esforzado y valiente» (Jue. 6:12). El ángel le reveló a Gedeón que no estaba solo, porque Dios lo acompañaba. Lo llamó «varón esforzado y valiente»; Dios no lo vio en su presente, lo vio en su futuro. Gedeón necesitaba ser afirmado en esa visión futurística.

b) Saúl había sido rechazado por algunos perversos. «Y envió Samuel a todo el pueblo cada uno a su casa. Saúl también se fue a su casa en Gabaa, y fueron con él los hombres de guerra cuyos corazones Dios había tocado. Pero algunos perversos dijeron: ¿Cómo nos ha de salvar este? Y le tuvieron en poco, y no le trajeron presente; mas él disimuló» (1 Sam. 10:26-27).

Dios le inyectó ánimo: «El pueblo entonces dijo a Samuel: ¿Quiénes son los que decían: Ha de reinar Saúl sobre nosotros? Dadnos esos hombres, y los mataremos. Y Saúl dijo: No morirá hoy ninguno, porque hoy Jehová ha dado salvación en Israel» (1 Sam. 11:12-13).

La actitud de Saúl fue la de tener un corazón sano y perdonador. Se centró más en la salvación presente que Dios había dado, que en las críticas pasadas de aquellos que lo habían rechazado.

Cierto día una liebre se burlaba de las cortas patas y lentitud al caminar de una tortuga. Pero esta, riéndose, le replicó: –Puede que seas veloz como el viento, pero yo te ganaría en una competición. Y la liebre, totalmente segura de que aquello era imposible, aceptó el reto, y propusieron a la zorra que señalara el camino y la meta. Llegado el día de la carrera, arrancaron ambas al mismo tiempo.

La tortuga nunca dejó de caminar y, a su lento paso pero constante, avanzaba tranquila hacia la meta. En cambio, la liebre, que a ratos se echaba a descansar en el camino, se quedó dormida. Cuando despertó, y moviéndose lo más veloz que pudo, vio como la tortuga había llegado la primera al final y obtenido la victoria.

Moraleja: Con seguridad, constancia y paciencia, aunque a veces parezcamos lentos, obtendremos siempre el éxito (*Fábulas de Esopo*, 2011).

2. La libertad de las lagartijas

«Y las lagartijas, que son fáciles de atrapar pero viven libres en los palacios» (Prov. 30:28, TLA).

Alguien te puede ver fácil de derrotar. Te puede poner límites. Te puede subestimar. La opinión pobre que otro tenga acerca de ti, no te debe convencer para que tú les creas a ellos.

Dentro de ti hay una mina inagotable de recursos, que el Señor Jesucristo te ha dado. ¡Explótalos! ¡Utilízalos! ¡Multiplícalos! No entierres tus talentos. Desarrolla y madura tus dones.

a) David, el joven pastor, no dejó que el regaño de su hermano Eliab lo limitará

El obstáculo: «Y oyéndole hablar Eliab, su hermano mayor, con aquellos hombres, se encendió en ira contra David y dijo: ¿Para qué has descendido acá? ¿Y a quién has dejado aquellas pocas ovejas en el desierto? Yo conozco tu soberbia y la malicia de tu corazón, que para ver la batalla has venido» (1 Sam. 17:28).

La determinación: «David respondió: ¿Qué he hecho yo ahora? ¿No es esto mero hablar? Y apartándose de él hacia otros, preguntó de igual manera; y le dio el pueblo la misma respuesta de antes» (1 Sam. 17:29-30).

David reconoció que no había actuado mal. Aquel coro de críticos hablaban sin fundamento. Y continuó en su encuesta personal. La crítica ajena no te debe quitar el deseo de realizar algo.

b) David tampoco se dejó desanimar por la pobre opinión del rey Saúl

El obstáculo: «Dijo Saúl a David: No podrás tú ir contra aquel filisteo, para pelear con él; porque tú eres muchacho, y él un hombre de guerra desde su juventud» (1 Sam. 17:33).

La determinación: «Fuese león, fuese oso, tu siervo lo mataba; y este filisteo incircunciso será como uno de ellos, porque ha provocado al ejército del Dios viviente» (1 Sam. 17:36).

La experiencia no se improvisaba. La misma es el resultado de haber superado exitosamente conflictos anteriores. David había pasado los dos exámenes anteriores, primero con el león, luego con el oso. Y finalmente, se sentía listo para vencer a ese problema que hablaba llamado Goliat. Las experiencias de haber resuelto problemas anteriores, te prepararán para enfrentar cualquier otro problema.

3. David no se amedrentó ante las burlas y amenazas del gigante Goliat

El obstáculo: «Y cuando el filisteo miró y vio a David, le tuvo en poco; porque era muchacho, y rubio, y de hermoso parecer. Y dijo el filisteo a David: ¿Soy yo perro, para que vengas a mí con palos? Y maldijo a David por sus dioses. Dijo luego el filisteo a David: Ven a mí, y daré tu carne a las aves del cielo y a las bestias del campo» (1 Sam. 17:42-44).

La determinación: «Entonces dijo David al filisteo: Tú vienes a mí con espada y lanza y jabalina; mas yo vengo a ti en el nombre de Jehová de los ejércitos, el Dios de los escuadrones de Israel, a quien tú has provocado. Jehová te entregará hoy en mi mano, y yo te venceré, y te cortaré la cabeza, y daré hoy los cuerpos de los filisteos a las aves del cielo y a las bestias de la tierra; y toda la tierra sabrá que hay Dios en Israel. Y sabrá toda esta congregación que Jehová no salva con espada y con lanza; porque de Jehová es la batalla, y él os entregará en nuestras manos» (1 Sam. 17:45-47).

Es interesante que los filisteos comieran cerdos, pero también comían perros. Y él le preguntó a David: «¿Soy yo perro, para que vengas a mí con palos?». David creyó en el Dios que lo había puesto en esa situación, sin explicaciones, ni estrategias. Este joven pastor estaba determinado a derrotar a ese gigante llamado Goliat.

Partió un hombre para la guerra, pero en el camino, oyendo graznar a los cuervos, tiró sus armas al suelo y se detuvo. Las tomó al rato nuevamente y prosiguió su marcha; más otra vez graznaron los cuervos. De nuevo se detuvo y entonces les dijo: –¡Pueden gritar cuanto les venga en gana, pero no tendrán un banquete con mi carne!

Moraleja: Cuando no se tiene determinación en las acciones, estas nunca se llegan a realizar (*Fábulas de Esopo*).

Conclusión

David quizá fue visto por muchos como una lagartija, pero terminó viviendo en el palacio como un rey. Aunque otros no vean tu destino, si haces la voluntad de Jesucristo, ese destino que Él tiene para ti se cumplirá. ¡Déjate sorprender por Jesucristo y sorprende a muchos con lo que el Espíritu Santo te dará!

67
Raros como «Leviatán»

Job 41:33-34, TLA

«El cocodrilo a nadie le teme, y no hay animal que se le parezca. Desprecia a los poderosos, pues es el rey de los monstruos».

Introducción

El llamado «Leviatán» de Job capítulo 41, al igual que el «Behemot» (Job 40:15-24), se han prestado a controversias, y desacuerdos de interpretación y aplicación.

El término hebreo para el leviatán es «liwyatan» y significa «enrollado», «retorcido» y «arrollado en espiral». En la antigüedad se creía en criaturas monstruosas. Y el lenguaje aplicado al leviatán parece asociarse a esas creencias, que son recogidas por los escritores bíblicos.

La Septuaginta tradujo «drákon» y de ahí «dragón». La mayoría de las versiones bíblicas en español consultadas, prefieren dejar el término sin traducir (NVI, DHH, JBS, LBLA).

Es muy probable que lo que se dice del «leviatán», con algunas descripciones dudosas, pueda únicamente ser interpretado como el «cocodrilo» (TLA). Para algunos talmudistas era una referencia a la ballena. Yo por mi parte, veo al cocodrilo, y es la posición que tomo como autor y predicador.

Salmo 74:13-14 dice: «Eras Tú quien movió el mar con su fuerza, y rompió las cabezas de los monstruos en las aguas; eras Tú quién mató al Leviatán, y lo sirvió como alimento para las criaturas de la Tierra».

Está alusión al leviatán del mar encaja con el hábitat de algunos cocodrilos, que son reptiles de agua salada o dulce en lagunas o ríos. Por tanto, también el leviatán puede ser otro nombre genérico para describir a varias clases de monstruos marinos o animales grandes del mar creados en el sexto día de la creación.

«Y creó Dios los grandes monstruos marinos, y todo ser viviente que se mueve, que las aguas produjeron según su género, y toda ave alada según su especie. Y vio Dios que era bueno» (Gén. 1:21).

En estos «grandes monstruos marinos» se incluyen las ballenas, pero también se pueden incluir los dinosaurios. El término dinosaurio no se acuñó hasta hace 150 años y significa: «lagarto terrible». Y con los dinosaurios chocan los creacionistas y los evolucionistas. Los creacionistas afirman que en la época de Noé co-existían esas criaturas. Los evolucionistas afirman que esas criaturas dejaron de existir millones de años antes del desarrollo de la vida humana.

«Magullaste las cabezas del leviatán, y lo diste por comida a los moradores del desierto» (Sal. 74:14). Aquí se presenta al leviatán con rasgos mitológicos, como un monstruo con muchas «cabezas».

«Cuando Dios comenzó a crear el cielo y la tierra, la tierra no tenía forma, ni había en ella nada que tuviera vida. Las aguas estaban cubiertas por una gran oscuridad, pero sobre la superficie del agua se movía el espíritu de Dios» (Gén. 1:1-2, TLA).

«Y creó Dios los grandes monstruos marinos, y todo ser viviente que se mueve, que las aguas produjeron según su género, y toda ave alada según su especie. Y vio Dios que era bueno» (Gén. 1:21).

La gran mayoría de esos monstruos o bestias marinas desaparecieron en el diluvio de Noé, eso incluye a los dinosaurios (de los cuales se han encontrado muchos fósiles craneales y de osamenta y también huevos fosilizados como demostración de su existencia), pero otros como el cocodrilo y los lagartos sobrevivieron, con especies gigantescas de animales, muchos de ellos mamíferos, que sobreviven hasta nuestros días. Se ha desarrollado la hipótesis de que es probable que Noé pudiera llevar en el arca parejas de dinosaurios, y que una vez fuera del arca se multiplicaran, pero a causa de los cambios sufridos en la tierra fueron afectados y se extinguieron.

1. El leviatán es difícil de pescar

«¿Sacarás tú al leviatán con anzuelo, o con cuerda que le eches en su lengua? ¿Pondrás tú soga en sus narices, y horadarás con garfio su quijada?» (Job 41:1-2).

Claramente no es un pez, aunque vive en el agua. Este lenguaje retrata al cocodrilo. El cual era común en el río Nilo y en la Palestina. Hoy en Israel hay criaderos de lagartos.

Isaías 51:9 describe a Dios como el que «hirió al dragón», leviatán o cocodrilo: «Despiértate, despiértate, vístete de poder, oh brazo de Jehová; despiértate como en el tiempo antiguo, en los siglos pasados. ¿No eres tú el que cortó a Rahab, y el que hirió al dragón?» (Is. 51:9).

«Habla, y di: Así ha dicho Jehová el Señor: He aquí yo estoy contra ti, Faraón rey de Egipto, el gran dragón que yace en medio de sus ríos, el cual dijo: Mío es el Nilo, pues yo lo hice» (Ez. 29:3).

Solo la gracia de Dios ha podido pescar y atrapar en el río de este mundo, lo que nadie podía pescar. Con cuerdas de amor Jesucristo los ha atraído hacia sí mismo. Y con su palabra los ha metido en la red de la salvación. Y esa red no hay quien la rompa.

El Espíritu Santo puede pescar lo que nadie puede pescar. Muchos seres humanos antisociales, sin amor por nadie, peligrosos para la sociedad, rebeldes a la ley y el orden, un día son alcanzados por el anzuelo del testimonio y por la red de la evangelización.

2. El leviatán es difícil de domar

«¿Multiplicará él ruegos para contigo? ¿Te hablará él lisonjas? ¿Hará pacto contigo para que lo tomes por siervo perpetuo? ¿Jugarás con él como con pájaro, o lo atarás para tus niñas? ¿Harán de él banquete los compañeros? ¿Lo repartirán entre los mercaderes?» (Job 41:3-6).

La Traducción En Lenguaje Actual aclara el sentido de este pasaje: «¡Un cocodrilo no va a rogarte que le tengas compasión, ni va a servirte como esclavo por el resto de su vida! Tampoco podrás jugar con él como juegas con los pájaros, y atarle una cuerda a una pata para que jueguen tus hijas. No se despedaza un cocodrilo para venderlo en el mercado» (Job 41:3-6).

Esto presenta un cuadro del ser humano que no busca compasión, sino amor, cuidado, consideración. Tampoco desea ser un esclavo de otros. Ni que lo tomen como un juguete humano. Al cocodrilo no se le vendía como carne en el mercado.

Pero a los indomables del mundo, Jesucristo les doma. Así como domó aquel pollino para la entrada triunfal, que jamás había sido montado por hombre alguno. Pero con el peso de su gracia y la estatura de su misericordia, Jesús de Nazaret lo montó, y el pollino con alegría lo paseó hasta llevarlo a su destino. ¡Todavía el Gran Maestro doma corazones que relinchan ante el dominio de otra voluntad!

3. El leviatán es difícil de penetrar

«¿Cortarás tú con cuchillo su piel, o con arpón de pescadores su cabeza? Pon tu mano sobre él; te acordarás de la batalla, y nunca más volverás» (Job 41:7-8).

451

La Traducción En Lenguaje Actual lo explica: «¡Las lanzas no le atraviesan la piel ni la cabeza! Si quieres sujetarlo, acabarás peleando con él, y te arrepentirás de hacerlo» (Job 41:7-8).

Meterse contra el cocodrilo, era tarea complicada, que no valía la pena. En la vida hay muchas cosas que son pérdida de tiempo. Es como disparar pólvora a los gallinazos.

En Ezequiel 29:3-5 se nos da la clave para conectar al leviatán con el cocodrilo: «Habla, y di: Así ha dicho Jehová el Señor: He aquí yo estoy contra ti, Faraón rey de Egipto; el gran dragón que yace en medio de sus ríos, el cual dijo: Mío es el Nilo, pues yo lo hice. Yo, pues, pondré garfios en tus quijadas, y pegaré los peces de tus ríos a tus escamas, y te sacaré de en medio de tus ríos, y todos los peces de tus ríos saldrán pegados a tus escamas. Y te dejaré en el desierto a ti y a todos los peces de tus ríos; sobre la faz del campo caerás; no serás recogido, ni serás juntado; a las fieras de la tierra y a las aves del cielo te he dado por comida».

Aquello que vale la pena, es por lo que se debe luchar. Lo que redundará para la vida eterna y habrá de trascender más allá de lo presente a lo futuro. Buscar a Jesucristo y vivir para Él, es la mejor inversión del ser humano. ¡Búscalo ahora, y lo tendrás para siempre en la eternidad! ¡Vive bien para Dios y morirás bien con Dios!

4. El leviatán es difícil de vencer

«He aquí que la esperanza acerca de él será burlada, porque aun a su sola vista se desmayarán. Nadie hay tan osado que lo despierte; ¿Quién, pues, podrá estar delante de mí? ¿Quién me ha dado a mí primero, para que yo restituya? Todo lo que hay debajo del cielo es mío» (Job 41:9-11).

La Traducción En Lenguaje Actual señala que vencerlo es difícil: «No tiene caso que pienses en llegar a dominarlo; ¡con solo verlo, caerás desmayado! Si nadie puede con él, ¿quién va a poder conmigo, que soy el Dios todopoderoso? ¡Mío es todo lo que hay debajo del cielo! ¿Quién me puede pedir cuentas?» (Job 41:9-11).

Dios dejó ver a Job que no valía la pena pensar en dominar a un cocodrilo. Su presencia era intimidadora. Y de igual manera nadie podía meterse contra Dios. Dios es el creador y el ser humano es la creación y ese orden no se puede invertir.

«No guardaré silencio sobre sus miembros, ni sobre sus fuerzas y la gracia de su disposición. ¿Quién descubrirá la delantera de su vestidura? ¿Quién se acercará a él con su freno doble? ¿Quién abrirá las puertas de su rostro? Las hileras de sus dientes espantan» (Job 41:12-14).

La Traducción En Lenguaje Actual explica su lectura: «No olvides que el cocodrilo tiene patas muy fuertes, una piel impenetrable, y un cuerpo enorme que nadie puede dominar. No hay quien se atreva a abrirle el enorme hocico para ver sus filosos colmillos» (Job 41:12-14).

Ante las pruebas y dificultades debemos resistir como el cocodrilo. El Espíritu Santo nos ha dado fuertes rodillas para orar e interceder. Y una vida transformada para resistir cualquier embate del maligno. No somos de los que retrocedemos, sino somos de los que procedemos.

«Pero nosotros no somos de los que retroceden para perdición, sino de los que tienen fe para preservación del alma» (Heb. 10:39). «Pero nosotros no somos de los que se apartan de Dios hacia su propia destrucción. Somos los fieles, y nuestras almas serán salvas» (NTV).

5. El leviatán es difícil de debilitar

«La gloria de su vestido son escudos fuertes, cerrados entre sí estrechamente. El uno se junta con el otro, que viento no entra entre ellos. Pegado está el uno con el otro; están trabados entre sí, que no se pueden apartar. Con sus estornudos enciende lumbre, y sus ojos son como los párpados del alba» (Job 41:15-18).

La Nueva Traducción Viviente dice: «Su cuerpo está cubierto con hileras de pequeños escudos, que ni el aire dejan pasar. Cuando el cocodrilo resopla, sus ojos brillan más que el rayo y que el sol del nuevo día» (Job 41:15-18).

En Villa Hermosa, Tabasco, México, hay un pez conocido como «pejelagarto». La primera vez que lo comí fue con mis amigos el Pbro. Víctor Oyosa y el Pbro. Daniel De Los Reyes Villarreal. Es el plato típico de ese estado. Es muy rica su carne, se disfruta en salsa verde, asado, cocido o como empanada. Nos recuerda al lagarto, su boca es como lagarto, su cuerpo parece de pez grande, su piel es muy dura, carece de extremidades o patas, y convive en las aguas dulces con los lagartos y no son presas de los mismos.

A nosotros los creyentes se nos exhortan a ponernos toda «la armadura de Dios», para estar protegidos contra las asechanzas del enemigo.

«Por tanto, tomad toda la armadura de Dios, para que podáis resistir en el día malo, y habiendo acabado todo, estar firmes. Estad, pues, firmes, ceñidos vuestros lomos con la verdad, y vestidos con la coraza de justicia, y calzados los pies con el apresto del evangelio de la paz. Sobre todo, tomad el escudo de la fe, con que podáis apagar todos los dardos de fuego del maligno. Y tomad el yelmo de la salvación, y la espada del Espíritu, que es la palabra de Dios» (Ef. 6:13-17).

6. El leviatán es difícil de describir

El profeta Isaías vio al leviatán como la personificación del mal y el receptor del juicio divino. Este pasaje deja ver que las naves juegan con el leviatán. «Allí andan las naves; allí este leviatán que hiciste para que jugase en él» (Sal. 104:26).

«En aquel día, el SEÑOR tomará su espada veloz y terrible para castigar al Leviatán: la serpiente que se mueve con gran rapidez, la serpiente que se retuerce y se enrolla. Él matará al dragón del mar» (Is. 27:1, NTV).

Job 41:19-24 declara: «De su boca salen hachones de fuego; centellas de fuego proceden. De sus narices sale humo, como de una olla o caldero que hierve. Su aliento enciende los carbones, y de su boca sale llama. En su cerviz está la fuerza, y delante de él se esparce el desaliento. Las partes más flojas de su carne están endurecidas; están en él firmes, y no se mueven. Su corazón es firme como una piedra, y fuerte como la muela de abajo».

Creo que este lenguaje figurado, es una mezcla de elementos mitológicos, del místico dragón alado, expulsando fuego por la boca y humo por las narices. En la antigüedad se tenía la creencia de que existían los dragones, y su mención era parte del lenguaje hablado. En muchas culturas antiguas se recogían los cuentos y leyendas de dragones. De alguna manera al cocodrilo, por su boca y otros elementos, es probable que se le confundiera con el mitológico dragón.

En el deuterocanónico o apócrifo de Daniel 14:23-42, se menciona al dragón que supuestamente se adoraba en Babilonia y que el rey obligó al profeta para que lo adorara, pero Daniel lo mató con una torta mezclada de pelo con grasa. El relato critica de forma burlona la ignorancia religiosa de la gente de Babilonia donde se contrapone el poder del verdadero Dios contra la mitológica figura.

Aún Juan el Apocalipta tuvo una visión de un dragón mitológico que representaba a Satanás, y que quería matar al niño mesías que la mujer, es decir Israel, estaba a punto de dar a luz.

«Apareció en el cielo una gran señal: una mujer vestida de sol, con la luna debajo de sus pies, y sobre su cabeza una corona de doce estrellas. Y estando encinta, clamaba con dolores de parto, en la angustia del alumbramiento. También apareció otra señal en el cielo: he aquí un gran dragón escarlata, que tenía siete cabezas y diez cuernos, y en sus cabezas siete diademas; y su cola arrastraba la tercera parte de las estrellas del cielo, y las arrojó sobre la tierra. Y el dragón se paró frente a la mujer que estaba para dar a luz, a fin de devorar a su hijo tan pronto como naciese. Y ella dio a luz un hijo varón, que regirá con vara de hierro a todas las naciones; y su hijo fue arrebatado para Dios y para su trono» (Apoc. 12:1-5).

«Y fue lanzado fuera el gran dragón, la serpiente antigua, que se llama diablo y Satanás, el cual engaña al mundo entero; fue arrojado a la tierra, y sus ángeles fueron arrojados con él» (Apoc. 12:9).

«Y cuando vio el dragón que había sido arrojado a la tierra, persiguió a la mujer que había dado a luz al hijo varón. Y se le dieron a la mujer las dos alas de la gran águila, para que volase delante de la serpiente al desierto, a su lugar, donde es sustentada por un tiempo, y tiempos, y la mitad de un tiempo. Y la serpiente arrojó de su boca, tras la mujer, agua como un río, para que fuese arrastrada por el río. Pero la tierra ayudó a la mujer, pues la tierra abrió su boca y tragó el río que el dragón había echado de su boca. Entonces el dragón se llenó de ira contra la mujer; y se fue a hacer guerra contra el resto de la descendencia de ella, los que guardan los mandamientos de Dios y tienen el testimonio de Jesucristo» (Apoc. 12:13-17).

La otra mención del apocalíptico dragón se menciona en relación a la batalla del Armagedón, la madre de todas las batallas del ser humano.

«El sexto ángel derramó su copa sobre el gran río Éufrates; y el agua de este se secó, para que estuviese preparado el camino a los reyes del oriente. Y vi salir de la boca del dragón, y de la boca de la bestia, y de la boca del falso profeta, tres espíritus inmundos a manera de ranas; pues son espíritus de demonios, que hacen señales, y van a los reyes de la tierra en todo el mundo, para reunirlos a la batalla de aquel gran día del Dios Todopoderoso» (Apoc. 16:12-14).

Volviendo de nuevo a nuestro pasaje del libro de Job, lo otro que se expresa del leviatán en este pasaje, encuadra perfectamente con la quietud y fortaleza del cocodrilo: «... Las partes más flojas de su carne están endurecidas; están en él firmes, y no se mueven. Su corazón es firme como una piedra, y fuerte como la muela de abajo».

Firmeza es lo que desea nuestro Señor Jesucristo de parte de aquellos y de aquellas que lo aman y que le sirven. Que nada, ni nadie, los mueva de esa relación espiritual con Él.

455

7. El leviatán es difícil de matar

«De su grandeza tienen temor los fuertes, y a causa de su desfallecimiento hacen por purificarse. Cuando alguno lo alcanzare, ni espada ni lanza ni dardo ni coselete durará. Estima como paja el hierro, y el bronce como leño podrido. Saeta no le hace huir; las piedras de honda le son como paja. Tiene toda arma por hojarasca, y del blandir de la jabalina se burla. Por debajo tiene agudas conchas; Imprime su agudeza en el suelo» (Job 41:25-30).

«Cuando se levanta, los poderosos tienen miedo; el terror se apodera de ellos. No hay espada que pueda detenerlo ni lanza, ni dardo ni jabalina. El hierro no es más que paja para esa criatura, y el bronce, madera podrida. Las flechas no lo hacen huir; las piedras tiradas con honda son como trocitos de hierba. Los garrotes son como una brizna de hierba, y se ríe del silbido de las jabalinas. Su vientre está cubierto de escamas tan afiladas como el vidrio; escarba el suelo cuando se arrastra por el barro» (Job 41:25-30, NTV).

En la antigüedad era más difícil matar al cocodrilo. Ante él las armas rudimentarias de aquel entonces eran como lo que se describe arriba. No había mucho provecho comercial como hoy día, cuya piel tratada es muy apreciada y valiosa.

Mathew Henry en su Comentario Bíblico dice: «La descripción del Leviatán, es más para convencer a Job de su propia debilidad y de la omnipotencia de Dios. Ya sea que este Leviatán sea una ballena o un cocodrilo, se disputa. El Señor, después de haber mostrado cómo Job no tenía que lidiar con el Leviatán, establece su propio poder en esa poderosa criatura. Si ese lenguaje describe la terrible fuerza del Leviatán, lo que las palabras pueden expresar el poder de la ira de Dios. En virtud de un sentido de humildad de nuestra propia vileza, vamos a reverenciar la Divina Majestad; tomar y ocupar nuestro lugar asignado, cesar de nuestra propia sabiduría, y darle toda la gloria a nuestro Dios misericordioso y salvador. Al recordar de quién procede toda buena nueva, que viene de regalo, y al recordar para qué fin se nos dio, caminemos humildemente con el Señor».

8. El «leviatán» es difícil de ser asemejado

«Hace hervir como una olla el mar profundo, y lo vuelve como una olla de ungüento. En pos de sí hace resplandecer la senda, que parece que el abismo es cano. No hay sobre la tierra quien se le parezca; animal hecho exento de temor. Menosprecia toda cosa alta; es rey sobre todos los soberbios» (Job 41:31-34).

La Traducción En Lenguaje Actual dice: «El Leviatán hace hervir el agua con su sacudimiento; agita las profundidades como una olla de ungüento. Deja en su estela agua reluciente que hace que el mar parezca blanco. En la tierra es sin igual, ninguna otra criatura es tan intrépida. De todas las criaturas, es la más orgullosa. Es el rey de las bestias» (Job 41:31-34, NTV).

Por donde pasa el cocodrilo se deja el rastro de su presencia. Su parecido es único. El verdadero creyente en Jesucristo, da testimonio en su conducta y en sus pasos por este mundo. No se quiere parecer en nada al mundo, sino solamente a Jesucristo, a quien imita en todo.

Al cocodrilo se le da el título: «Desprecia a los poderosos, pues es el rey de los monstruos» (TLA). «Menosprecia toda cosa alta; es rey sobre todos los soberbios» (RV-60). «De todas las criaturas, es la más orgullosa. Es el rey de las bestias» (NTV).

El cocodrilo es singular, particular y distinguido donde está. Es «rey» de sus dominios. Es rey de los soberbios, es orgulloso. El pecador se le asemeja mucho en este particular. Por causa de Jesucristo, el creyente menosprecia la vida del mundo, para vivir crucificado juntamente con Cristo. Ya no vive él o ella, Cristo Jesús vive en ellos.

Conclusión

Fuerza y firmeza deben ser las marcas espirituales de todos los nacidos de nuevo en Cristo Jesús. Ante nuestro Señor Jesucristo somos débiles y estamos necesitados de su ayuda.

68
Venenosos como víboras

Mateo 12:34-37, RVR 1960

«¡Generación de víboras! ¿Cómo podéis hablar lo bueno, siendo malos? Porque de la abundancia del corazón habla la boca. El hombre bueno, del buen tesoro del corazón saca buenas cosas; y el hombre malo, del mal tesoro saca malas cosas. Mas yo os digo que de toda palabra ociosa que hablen los hombres, de ella darán cuenta en el día del juicio. Porque por tus palabras serás justificado, y por tus palabras serás condenado».

Introducción

El término serpiente y víbora se utilizan diferentemente. Aunque la referencia a víbora habla de una serpiente venenosa, de la familia viperina y que hacen mucho daño con su veneno. El término serpientes incluye las culebras y las víboras. Las culebras no son víboras. Y no todas las serpientes son víboras.

1. Las bebidas embriagantes y la mordedura de víboras

El proverbista aconseja a su hijo para que fuera sabio que tuviera un corazón recto y que se alejará de los bebedores y de los que comían carne. Gastar dinero en beber y en comer, les traería la ruina (Prov. 23:19-21).

Luego lo aconsejó a no dejarse seducir por el rojo del vino, eso le traería líos: «El borracho llora y sufre; anda en pleitos y se queja, lo hieren sin motivo y le ponen los ojos morados. Eso le pasa por borracho, y por probar nuevas bebidas» (Prov. 23:29-30, TLA).

«Querido jovencito, no te fijes en bebidas embriagantes que atraen por su color y brillo, pues se beben fácilmente, pero muerden como víboras y envenenan como serpientes» (Prov. 23:31-32, TLA).

Esas bebidas con alcohol son como víboras y serpientes que hacen mucho daño. Mantener sobriedad es ser sabio. Y luego el proverbista describe los efectos del alcohol.

«Si las bebes, verás cosas raras y te vendrán las ideas más tontas. Sentirás que estás en un barco, navegando en alta mar. Te herirán, y no te darás cuenta; te golpearán, y no lo sentirás. Y cuando te despiertes solo una idea vendrá a tu mente: Quiero que me sirvan otra copa» (Prov. 23:33-35, TLA).

Hoy día son muchos los que andan picados por las cervezas, el ron y el vino. Y pierden la vergüenza y la prudencia. Cuando esa víbora del alcoholismo o las drogas se mete en algún corazón, envenena a la persona, envenena al matrimonio, envenena a la familia y envenena la sociedad. **¡Sacúdete la víbora de tu vida!**

2. La gente mala se compara a víboras venenosas

«Dios mío, ¡líbrame de la gente malvada! ¡Protégeme de la gente violenta, que solo piensa hacer lo malo y todo el tiempo busca pleito! Mas que gente, parecen víboras; hablan, y sus palabras son venenosas e hirientes» (Sal. 140:1-3, TLA).

Para el salmista los malvados son como víboras cuando hablan. Tienen palabras cargadas de veneno y hieren en lo que dicen y como lo dicen. Pican con sus bocas dañando la reputación y el carácter de los demás. Gente dañina que solo se la pasan haciendo daño a otros. **¡Sacúdete la víbora de tu vida!**

En Romanos 3:13 leemos: «Su garganta es un sepulcro abierto; con su lengua profieren engaños». «¡Veneno de víbora hay en sus labios!» (NVI). El apóstol Pablo empleó este pasaje dentro del contexto del ser humano sin Dios y del judío descarriado de la verdad (Rom. 3:9-19).

La gente sin Dios lo que tiene en sus labios es veneno de víboras con sus engaños, truhanerías, mentiras, malas palabras, maldiciones, obscenidades, porfías, y blasfemias. **¡Sacúdete la víbora de tu vida!**

«Los malvados ya son malos desde antes de nacer; desde que están en el vientre ya dicen mentiras. Son gente tan venenosa que hasta parecen víboras. Son venenosos como las cobras, que se hacen las sordas para no oír lo que dice el mago, el que hace encantamientos» (Sal. 58:3-5, TLA).

Esa víbora que se anida entre cosas buenas y está quieta hasta que alguien la levanta, pica con palabras destructivas. Su veneno verbal neutraliza los sueños, las aspiraciones y el buen carácter de otros. **¡Sacúdete la víbora de tu vida!**

Arrastraba la corriente de un río a una víbora enroscada en una maraña de espinas. La vio pasar una zorra que descansaba y exclamó: –¡ Para tal clase de barco, tal piloto!

Moraleja: Personas perversas siempre conectan con herramientas perversas (*Fábulas de Esopo*, 2011).

3. Juan llamó generación de víboras a los fariseos y saduceos

«Al ver él que muchos de los fariseos y de los saduceos venían a su bautismo, les decía: ¡Generación de víboras! ¿Quién os enseñó a huir de la ira venidera? Haced, pues, frutos dignos de arrepentimiento, y no penséis decir dentro de vosotros mismos: A Abraham tenemos por padre; porque yo os digo que Dios puede levantar hijos de Abraham aun de estas piedras. Y ya también el hacha está puesta a la raíz de los árboles; por tanto, todo árbol que no da buen fruto es cortado y echado en el fuego» (Mt. 3:7-10).

Juan tenía un mensaje de arrepentimiento y su bautismo era de arrepentimiento. Muchos fariseos y saduceos fueron impresionados e impactados por el mensaje de Juan el Bautista. Y este les hablaba fuertemente y los llamó «generación de víboras».

Esa era una «generación de víboras», porque estaban entregados al pecado. El pecador es el peor de todos los confinados. El pecado aparta de nuestro Señor Jesucristo, el arrepentimiento acerca a nuestro Señor Jesucristo.

Llegado el invierno, un labrador encontró una víbora helada de frío. Apiadado de ella, la recogió y la guardó en su pecho. Reanimada por el calor, la víbora, recobró sus sentidos y mató a su bienhechor, el cual, sintiéndose morir, exclamó: –¡ Bien me lo merezco por haberme compadecido de un ser malvado!

Moraleja: No te confíes del malvado, creyendo que haciéndole un favor vas a cambiarle su naturaleza (*Fábulas de Esopo*, Editado por Ronald Quintana P., 2011).

4. A los escribas y fariseos, Jesús los comparó con víboras

«¡Serpientes, generación de víboras! ¿Cómo escaparéis de la condenación del infierno?» (Mt. 23:33).

Jesús de Nazaret al estilo de Juan El Bautista, llamó también «generación de víboras» a los escribas y fariseos. Y era porque ellos con el veneno del legalismo, habían trastocado la verdadera fe.

Jesús nunca adaptó su mensaje a los pecadores, sino que adaptó a los pecadores a su mensaje. Muchos púlpitos están adaptándose a las demandas del mundo, cuando el mundo debe adaptarse a las demandas de la Iglesia. **¡Sacúdete la víbora!**

La Iglesia no es un camaleón en el mundo. No se transforma en azúcar para agradar al mundo, es sal que el mundo repudia. Somos la Iglesia y no podemos disfrazarnos del mundo para agradar al mundo. Si somos dulce para el mundo, este nos saboreará. Pero si somos la sal de la tierra, el mundo nos vomitará. **¡Sacúdete la víbora!**

4. La víbora que se prendió de la mano de Pablo

«Entonces, habiendo recogido Pablo algunas ramas secas, las echó al fuego; y una víbora, huyendo del calor, se le prendió en la mano. Cuando los naturales vieron la víbora colgando de su mano, se decían unos a otros: Ciertamente este hombre es homicida, a quien, escapado del mar, la justicia no deja vivir. Pero él, sacudiendo la víbora en el fuego, ningún daño padeció. Ellos estaban esperando que él se hinchase, o cayese muerto de repente; mas habiendo esperado mucho, y viendo que ningún mal le venía, cambiaron de parecer y dijeron que era un dios» (Hch. 28:3-6).

Entre las ramas secas que Pablo de Tarso echó al fuego, había escondida una víbora. Tenemos que tener cuidado con esas «ramas secas» que se le están echando al fuego de la adoración, que no haya víboras escogidas y que nos piquen. **¡Sacúdete la víbora!**

Aquella víbora colgó de la mano de Pablo de Tarso. Eso alarmó a los naturales de la isla de Malta, que vieron juicio sobre él. Pero el apóstol la sacudió en el fuego, sin sufrir daño alguno. Y eso cambió la opinión de estos hacia él como algo milagroso. Un mal se transformó en un bien para este ministro de Jesucristo. **¡Sacúdete la víbora!**

Muchas víboras se han metido dentro de muchos corazones. La víbora de la avaricia que busca siempre alguna mano para prenderse de ella. La víbora de la división que envenena corazones para romper la unidad congregacional. La víbora del adulterio y de la fornicación que se ve inofensiva con sus encantos, pero es venenosa. La víbora carnal que se muestra muy tolerante, se acomoda en las «ramas secas» que estamos recogiendo, pero cuando siente que está cerca del calor y del fuego del Espíritu Santo, se le prende a cualquiera de la mano para picarlo, pero Jesucristo da la agilidad para que el creyente la sacuda. **¡Sacúdete la víbora!**

Un cazador de pájaros cogió la liga y las ramitas untadas y partió para la caza. En el camino vio a un tordo encaramado en un árbol elevado y se propuso cazarlo, para lo cual ajustó las varitas como suelen hacerlo y, mirando fijamente, concentró en el aire toda su atención. Mientras alzaba la cabeza, no advirtió que pisaba un áspid dormido, el cual, revolviéndose, le mordió. Y el cazador, sintiéndose morir, exclamó para sí: ¡Desdichado! Quise atrapar una presa, y no advertí que yo mismo me convertía en presa de la muerte.

Moraleja: Cuando pensamos en dañar a nuestro prójimo, no nos damos cuenta de nuestra propia desgracia (*Fábulas de Esopo*, 2011).

Conclusión

Tenga cuidado cuando levante «ramas secas», espiritualmente hablando, para calentarse con fuego, una víbora dormida se puede levantar y agarrarse a su mano. No deje que lo pique. ¡Sacúdase la víbora y échela al fuego!

SEXTA PARTE
El dragón y la bestia apocalíptica

69
El Dragón-Satanás

Apocalipsis 16:13, RVR 1960

«Y vi salir de la boca del dragón, y de la boca de la bestia, y de la boca del falso profeta, tres espíritus inmundos a manera de ranas».

Introducción

A Juan el Apocalipta le es presentada la figura del mitológico dragón como una descripción del poder de Satanás en el drama final de las edades. Los antiguos creían en la existencia de dragones, y de ahí es que en muchas culturas de la historia antigua y en leyendas se hable de los dragones. Lo veían como un enorme animal alado, con una nariz que arrojaba fuego por sus orificios. De igual manera entre los cananeos se creía en un monstruo marino con siete cabezas.

En el deuterocanónico (escrito apócrifo) del libro Daniel se cuenta la historia del dragón babilónico que supuestamente mató Daniel con la masa de pelos y grasa cocinado que le dio de comer.

«En Babilonia había un gran dragón al que adoraban todos los habitantes de la ciudad. Entonces el rey le dijo a Daniel: –No me vas a decir que este es un dios de bronce. Este sí está vivo, pues come y bebe. Así que debes adorarlo. Pero Daniel le respondió: –Yo solo adoro al Dios de Israel, porque es mi Dios y vive para siempre. Si Su Majestad me da permiso, yo mataré a ese dragón sin hacer uso de arma alguna. El rey le dijo: –Está bien; te doy permiso. Entonces Daniel tomó un poco de brea, grasa y pelos, y los cocinó. Con eso hizo una masa y se la dio a comer al dragón. El dragón se la comió y reventó. Entonces Daniel dijo: –¡Eso es lo que ustedes adoraban! Cuando los babilonios se enteraron de lo que había pasado con el dragón, se enojaron muchísimo, se rebelaron contra el rey, y gritaron: –¡El rey se hizo judío! ¡Hizo pedazos a nuestro dios Bel, mató al dragón y a los sacerdotes! Luego fueron a donde estaba el rey y le ordenaron: –¡Entréganos a Daniel! De lo contrario te mataremos a ti y a tu familia» (Dan. (dc.) 14:23-29, TLAD).

1. La señal del dragón

La primera señal vista por Juan el Apocalipta fue la de la mujer-Israel, vestida de sol con la luna debajo de sus pies y con una corona de doce estrellas, en estado de embarazo, que luego fue perseguida por el dragón-Satanás.

«Apareció en el cielo una gran señal: una mujer vestida de sol, con la luna debajo de sus pies, y sobre su cabeza una corona de doce estrellas. Y estando encinta, clamaba con dolores de parto, en la angustia del alumbramiento» (Apoc. 12:1-2).

Juan vio la segunda señal de este dragón-Satanás con el color escarlata, bermejo o rojo, con siete cabezas, con diez cuernos y arrastrando en su cola la tercera parte de las estrellas que son ángeles-demonios del cielo.

«También apareció otra señal en el cielo: he aquí un gran dragón escarlata, que tenía siete cabezas y diez cuernos, y en sus cabezas siete diademas; y su cola arrastraba la tercera parte de las estrellas del cielo, y las arrojó sobre la tierra. Y el dragón se paró frente a la mujer que estaba para dar a luz, a fin de devorar a su hijo tan pronto como naciese» (Apoc. 12:3-4).

Las siete cabezas del dragón heptacefálico hablan de siete imperios bíblicos: Egipto, Asiria, Babilonia, Media-Persia, Grecia, Roma y el Imperio Romano restaurado. Los diez cuernos hablan de diez naciones del fin, que fueron parte de la antigua Roma en la época de Juan el Apocalipta.

2. La batalla del dragón

«Después hubo una gran batalla en el cielo: Miguel y sus ángeles luchaban contra el dragón; y luchaban el dragón y sus ángeles; pero no prevalecieron, ni se halló ya lugar para ellos en el cielo. Y fue lanzado fuera el gran dragón, la serpiente antigua, que se llama diablo y Satanás, el cual engaña al mundo entero; fue arrojado a la tierra, y sus ángeles fueron arrojados con él» (Apoc. 12:7-9).

Esta mención del dragón Satanás con el arcángel Miguel, señala a la batalla que hubo en el cielo en una pasada eternidad, donde Lucero, el querubín rebelde, y su cohorte de ángeles adheridos al mismo, fueron expulsados de las mansiones celestiales.

«¡Cómo has caído del cielo, oh estrella luciente, hijo de la mañana! Has sido arrojado a la tierra, tú que destruías a las naciones del mundo. Pues te decías a ti mismo: 'Subiré al cielo para poner mi trono por encima de las estrellas de Dios. Voy a presidir en el monte de los dioses, muy lejos en el norte. Escalaré hasta los cielos más altos y seré como el Altísimo'» (Is. 14:12-14, NTV).

«Hijo de hombre, entona este canto fúnebre para el rey de Tiro. Dale este mensaje de parte del SEÑOR Soberano: 'Tú eras el modelo de la perfección, lleno de sabiduría y de exquisita belleza. Estabas en el Edén, el jardín de Dios. Tenías la ropa adornada con toda clase de piedras preciosas –cornalina rojiza, peridoto verde pálido, adularia blanca, berilo azul y verde, ónice, jaspe verde, lapislázuli, turquesa y esmeralda–, todas talladas especialmente para ti e incrustadas en el oro más puro. Te las dieron el día en que fuiste creado. Yo te ordené y te ungí como poderoso ángel guardián. Tenías acceso al monte santo de Dios y caminabas entre las piedras de fuego. Eras intachable en todo lo que hacías, desde el día en que fuiste creado hasta el día en que se encontró maldad en ti». (Ez. 28:12-15, NTV).

Luego, este dragón-Satanás presenta otra proyección de la batalla escatológica o futurística que habrá en el cielo, previa al establecimiento del reinado milenial aquí en la tierra de nuestro Rey Jesucristo.

3. La investidura por el dragón

«Me paré sobre la arena del mar, y vi subir del mar una bestia que tenía siete cabezas y diez cuernos; y en sus cuernos diez diademas; y sobre sus cabezas, un nombre blasfemo. Y la bestia que vi era semejante a un leopardo, y sus pies como de oso, y su boca como boca de león. Y el dragón le dio su poder y su trono, y grande autoridad» (Apoc. 13:1-2).

Este pasaje presenta una descripción apocalíptica de la bestia-Anticristo. El cual será la suma de varios imperios del pasado con un elemento del futuro. Esta bestia-Anticristo simbólicamente emerge del mar que es tipo de las naciones. Dándole al Anticristo un origen humano y otro satánico.

La boca de león recuerda a Babilonia. Los pies de oso señalan a Media-Persia. El cuerpo de leopardo es alusivo a Grecia. Las siete cabezas son seis imperios del pasado que tuvieron que ver con Israel y un imperio del futuro que se verá con esta nación. Los diez cuernos serán reinos-naciones que se asociarán con la bestia-Anticristo proféticos en los días venideros. La suma de todas las cabezas de las bestias de Daniel es siete y esta bestia-Anticristo tiene siete cabezas.

A ese personaje que la profecía retrata con lujo de detalles, el dragón le dará su investidura de poder. Y él mismo funcionará como su agente principal en esos días finales de la historia humana.

La bestia Anticristo será el hombre total del dragón-Satanás. Su obra maestra. Su encarnación soñada. Su arma última de destrucción humana. Será un hombre poseído por el mismo dragón-Satanás y por un aronte del abismo.

Esta bestia Anticristo les hará la guerra a los dos testigos apocalípticos, Moisés y Elías, en el inicio de la gran tribulación.

«Estos testigos son los dos olivos, y los dos candeleros que están en pie delante del Dios de la tierra. Si alguno quiere dañarlos, sale fuego de la boca de ellos, y devora a sus enemigos; y si alguno quiere hacerles daño, debe morir él de la misma manera. Estos tienen poder para cerrar el cielo, a fin de que no llueva en los días de su profecía; y tienen poder sobre las aguas para convertirlas en sangre, y para herir la tierra con toda plaga, cuantas veces quieran. Cuando hayan acabado su testimonio, la bestia que sube del abismo hará guerra contra ellos, y los vencerá y los matará» (Apoc. 11:4-7).

Esos dos testigos apocalípticos nos recuerdan a los dos testigos: Zorobabel (sumo sacerdote) y Josué (líder político), mencionados en Zacarías. Pero en la narrativa joanina no se dan sus nombres, se describen sus acciones, y nos recuerdan muy claramente a Moisés (la ley) y a Elías (los profetas). Ambos testigos aparecieron junto a Jesús, todos transfigurados:

«Seis días después, Jesús tomó a Pedro y a los dos hermanos, Santiago y Juan, y los llevó a una montaña alta para estar a solas. Mientras los hombres observaban, la apariencia de Jesús se transformó a tal punto que la cara le brillaba como el sol y su ropa se volvió tan blanca como la luz. De repente, aparecieron Moisés y Elías y comenzaron a conversar con Jesús» (Mt. 17:1-3 NTV).

El final del dragón Diablo, junto a sus dos bestias o monstruos humanos apocalípticos, dos compinches terrenales e infernales, será en el lago de fuego y azufre. Destino final para el castigo eterno.

«Y el diablo que los engañaba fue lanzado en el lago de fuego y azufre, donde estaban la bestia y el falso profeta; y serán atormentados día y noche por los siglos de los siglos» (Apoc. 20:10).

Conclusión

Este dragón apocalíptico es la manifestación de la obra maestra de Satanás para los días finales. Su proyecto destructivo total.

70
La bestia anticristo

Apocalipsis 13:3-8, RVR-60

«Vi una de sus cabezas como herida de muerte, pero su herida mortal fue sanada; y se maravilló toda la tierra en pos de la bestia, y adoraron al dragón que había dado autoridad a la bestia, y adoraron a la bestia, diciendo: ¿Quién como la bestia, y quién podrá luchar contra ella? También se le dio boca que hablaba grandes cosas y blasfemias; y se le dio autoridad para actuar cuarenta y dos meses. Y abrió su boca en blasfemias contra Dios, para blasfemar de su nombre, de su tabernáculo, y de los que moran en el cielo. Y se le permitió hacer guerra contra los santos, y vencerlos. También se le dio autoridad sobre toda tribu, pueblo, lengua y nación. Y la adoraron todos los moradores de la tierra cuyos nombres no estaban escritos en el libro de la vida del Cordero que fue inmolado desde el principio del mundo».

Introducción

La persona del Anticristo encuentra su contexto profético en el libro de Daniel, y su revelación en el libro del Apocalipsis. Pero la teología paulina y la teología joanina hacen referencia a dicho personaje.

1. El trasfondo de la bestia Anticristo

a) La bestia terrible de los diez cuernos. «Después de esto miraba yo en las visiones de la noche, y he aquí la cuarta bestia, espantosa y terrible y en gran manera fuerte, la cual tenía unos dientes grandes de hierro; devoraba y desmenuzaba, y las sobras hollaba con sus pies, y era muy diferente de todas las bestias que vi antes de ella, y tenía diez cuernos» (Dan. 7:7).

Esa cuarta «bestia, espantosa y terrible y en gran manera fuerte» con «dientes grandes de hierro», alude al Imperio Romano. Las legiones romanas se hicieron expertas en el uso y empleo del hierro para sus campañas bélicas. Con sus torres, catapultas y arietes con cabezas de machos cabríos asaltaban las ciudades amuralladas de sus enemigos.

b) El cuerno pequeño que crece de uno de los diez cuernos. «Mientras yo contemplaba los cuernos, he aquí que otro cuerno pequeño salía entre ellos, y delante de él fueron arrancados tres cuernos de los primeros; y he aquí que este cuerno tenía ojos como de hombre, y una boca que hablaba grandes cosas» (Dan. 7:8 RVR-60).

Este «otro cuerno pequeño salía entre los diez», es todavía futurístico. Y es una figura del Anticristo que se levantará durante el tiempo de esa alianza de diez reyes en un futuro venidero. Sin lugar a dudas esos diez cuernos naciones saldrán de la Unión Europea, y serán integradas por diez países del antiguo Imperio Romano: Roma, Galia Cisalpina, Galia Transalpina, Galia Central, Helvecia, Etruria, Lacio, Britania, Hispania, Cartago, Numidia, Egipto, Capadocia, Sicilia, Ponto, Judea, Macedonia, Grecia, Tracia, Libia, Dacia, Palmira y Armenia en ocasiones.

En la actualidad el antiguo Imperio Romano se puede ver en estos países: España, Portugal, Francia, Andorra, Inglaterra (no el Reino Unido), Bélgica, Luxemburgo, sur de Alemania, Suiza, Austria, Eslovenia, Croacia, oeste de Hungría, Bosnia-Herzegovina, Servia, Bulgaria, Rumanía, Albania, Montenegro, Macedonia, Grecia, Turquía, Península de Crimea (sur de Ucrania). Algunos países del norte de la costa Norafricana: Marruecos, Argelia, Túnez, Libia y Egipto (completo). Israel, oeste de Jordania y Siria, Líbano, norte de Iraq, parte de Georgia, Armenia, Azerbaiyán y norte de Irán

c) El cuerno pequeño que crece del cuerno de Siria. «Y de uno de ellos salió un cuerno pequeño, que creció mucho al sur, y al oriente, y hacia la tierra gloriosa» (Dan. 8:9).

Ese «cuerno pequeño» históricamente vio su cumplimiento en Antíoco IV Epífanes, un rey seleúcida de Siria. Pero todavía tiene una proyección escatológica con el Anticristo venidero.

2. El carácter de la bestia Anticristo

a) La soberbia del Anticristo. «Y el rey hará su voluntad, y se ensoberbecerá, y se engrandecerá sobre todo dios; y contra el Dios de los dioses hablará maravillas, y prosperará, hasta que sea consumada la ira; porque lo determinado se cumplirá» (Dan. 11:36).

«El rey hará lo que le venga en gana, se exaltará a sí mismo y afirmará ser más grande que todos los dioses, incluso blasfemará contra el Dios de dioses. El éxito lo acompañará, pero solo hasta que se cumpla el tiempo de la ira, pues lo que se ha establecido, sin lugar a dudas, ocurrirá» (Dan. 11:36, NTV).

Por naturaleza, el Anticristo al igual que su tipo Antíoco IV Epífanes, será un personaje voluntarioso, caprichoso, orgulloso, un verdadero enemigo de la religión y un archienemigo del gobierno divino. Esta campaña mundial en contra de Dios, de la iglesia, está preparando ese camino para una religión mundial que adore a un hombre.

b) El carácter del Anticristo. «Del Dios de sus padres no hará caso, ni del amor de las mujeres; ni respetará a dios alguno, porque sobre todo se engrandecerá». (Dan. 11:37).

«No tendrá ningún respeto por los dioses de sus antepasados, ni por el dios querido por las mujeres ni por ningún otro dios, porque se jactará de ser más grande que todos ellos» (Dan. 11:37, NTV).

El comentario al Apocalipsis de Victorino de Pettau, escrito en el siglo III, declara: «Daniel dice: No conoce con el deseo de las mujeres, en esto será muy impuro, y con ningún Dios de sus padres él será familiar. Pero él no será capaz de seducir al pueblo de la circuncisión, a menos que se convierta en un defensor de la ley».

La expresión «ni del amor de las mujeres», y el comentario de Victorino que lee «no conoce con el deseo de las mujeres, en esto será muy impuro», ha dado conjeturas para pensar en la sexualidad del Anticristo.

Lo cierto es que este personaje de los tiempos finales, será un desconsiderado con la religión y con el amor de las mujeres que debe ser primero Dios, segundo sus hijos y tercero su esposo.

c) El militarismo del Anticristo. «Mas honrará en su lugar al dios de las fortalezas, dios que sus padres no conocieron; lo honrará con oro y plata, con piedras preciosas y con cosas de gran precio» (Dan. 11:38).

«Este rey adorará al dios de las ciudades amuralladas, dios al que ni sus padres ni sus abuelos adoraron, y hasta le ofrecerá oro, plata, piedras preciosas y objetos de mucho valor» (Dan. 11:38, TLA).

Esto indica que la bestia Anticristo hará uso del militarismo en la implementación de su política y de su gobierno en los días finales. Su dios será la guerra. Su religión será la supresión. Aunque se valdrá de la misma.

d) El dios del Anticristo. «Con un dios ajeno se hará de las fortalezas más inexpugnables, y colmará de honores a los que le reconozcan, y por precio repartirá la tierra» (Dan. 11:39).

«Para defender las ciudades conquistadas, pedirá el apoyo de un ejército que adora a otros dioses. Y a todos los que le rindan honores, los recompensará con puestos muy importantes y con grandes territorios» (Dan. 11:39, TLA).

«Atacará las fortalezas más resistentes, afirmando que cuenta con la ayuda de este dios extranjero. Honrará a quienes se sometan a él, al ponerlos en puestos de autoridad y al repartir la tierra entre ellos como recompensa» (Dan. 11:39, NTV).

Por otro lado, el enemigo de la religión, se valdrá de la religión para alcanzar sus propósitos y desarrollar su megalomanía conquistadora. No le gusta la religión, pero usará la religión. Al final el mismo será el objeto de la religión.

3. La manifestación de la bestia Anticristo

a) El tema de la Segunda Venida de Jesucristo. «Pero con respecto a la venida de nuestro Señor Jesucristo, y nuestra reunión con él, os rogamos, hermanos» (2 Tes. 2:1).

Pablo de Tarso creía en esa doctrina del pronto retorno de Jesucristo a la tierra, para levantar a su iglesia gloriosa y victoriosa. Ese encuentro de Jesucristo con la iglesia era visto por el apóstol como «nuestra reunión con él». Y nosotros, como la iglesia, anhelamos ese maravilloso encuentro con Jesucristo.

b) La amonestación sobre la Segunda Venida de Jesucristo. «Que no os dejéis mover fácilmente de vuestro modo de pensar, ni os conturbéis ni por espíritu ni por palabra ni por carta como si fuera nuestra, en el sentido de que el día del Señor está cerca» (2 Tes. 2:2).

«No pierdan la cabeza ni se alarmen por ciertas profecías, ni por mensajes orales o escritos supuestamente nuestros, que digan: ¡Ya llegó el día del Señor!» (2 Tes. 2:2, NVI).

En medio de un mensaje verdadero, se darían mensajes falsos sobre esa venida. Los mismos estarían arropados de elementos de profecías, mensajes hablados y cartas espurias.

c) El Anticristo vendrá antes de la Segunda Venida de Jesucristo. «Nadie os engañe en ninguna manera; porque no vendrá sin que antes venga la apostasía, y se manifieste el hombre de pecado, el hijo de perdición» (2 Tes. 2:3).

«No se dejen engañar por lo que dicen. Pues aquel día no vendrá hasta que haya una gran rebelión contra Dios y se dé a conocer el hombre de anarquía, aquel que trae destrucción» (2 Tes. 2:3, NTV).

La venida de Jesucristo o traslado de la iglesia sería antecedido por la apostasía, que luego prepararía el escenario para que esa venida fuera precedida por la manifestación pública del títere de Satanás, un hombre vestido de pecado, de perdición, de anarquía y de destrucción.

d) El Anticristo será el usurpador de Dios. «El cual se opone y se levanta contra todo lo que se llama Dios o es objeto de culto; tanto que se sienta en el templo de Dios como Dios, haciéndose pasar por Dios» (2 Tes. 2:4).

«Se exaltará a sí mismo y se opondrá a todo lo que la gente llame 'dios' y a cada objeto de culto. Incluso se sentará en el templo de Dios y afirmará que él mismo es Dios» (2 Tes. 2:4, NTV).

Este personaje escatológico manifestará un espíritu anti-Dios y un espíritu anti-culto. Se presentará en su momento como un sustituto de Dios. Al principio de su agenda utilizará la religión establecida, pero luego él mismo será su propia religión.

Del querubín que se rebeló contra el gobierno divino, llamado Lucero, Lucifer y Luzbel, se declara lo siguiente:

Su caída. «¡Cómo caíste del cielo, oh Lucero, hijo de la mañana! Cortado fuiste por tierra, tú que debilitabas a las naciones» (Is. 14:12).

Su pensamiento. «Tú que decías en tu corazón: Subiré al cielo; en lo alto, junto a las estrellas de Dios, levantaré mi trono, y en el monte del testimonio me sentaré, a los lados del norte» (Is. 14:13).

Su libertinaje. «Sobre las alturas de las nubes subiré, y seré semejante al Altísimo» (Is. 14:14).

Su derrumbamiento. «Mas tú derribado eres hasta el Seol, a los lados del abismo» (Is. 14:15).

Su creación. «En Edén, en el huerto de Dios estuviste; de toda piedra preciosa era tu vestidura; de cornerina, topacio, jaspe, crisólito, berilo y ónice; de zafiro, carbunclo, esmeralda y oro; los primores de tus tamboriles y flautas estuvieron preparados para ti en el día de tu creación» (Ez. 28:13).

Su lugar. «Tú, querubín grande, protector, yo te puse en el santo monte de Dios, allí estuviste; en medio de las piedras de fuego te paseabas» (Ez. 28:14).

Su perfección. «Perfecto eras en todos tus caminos desde el día que fuiste creado, hasta que se halló en ti maldad» (Ez. 28:15).

Su degradación. «A causa de la multitud de tus contrataciones fuiste lleno de iniquidad, y pecaste; por lo que yo te eché del monte de Dios, y te arrojé de entre las piedras del fuego, oh querubín protector» (Ez. 28:16).

Su orgullo. «Se enalteció tu corazón a causa de tu hermosura, corrompiste tu sabiduría a causa de tu esplendor; yo te arrojaré por tierra; delante de los reyes te pondré para que miren en ti» (Ez. 28:17).

e) El aviso del Apóstol Pablo. «¿No os acordáis que cuando yo estaba todavía con vosotros, os decía esto?» (2 Tes. 2:5).

Pablo de Tarso, ya había prevenido a los creyentes de los tiempos que vivirían, y que ya habían comenzado a vivir. Él les «decía esto», ahora nos toca a nosotros «decir esto».

f) La detención del Anticristo. «Y ahora vosotros sabéis lo que lo detiene, a fin de que a su debido tiempo se manifieste» (2 Tes. 2:6).

«Y ustedes saben qué es lo que lo detiene, porque solo puede darse a conocer cuando le llegue su momento» (2 Tes. 2:6, NTV).

La fuerza que detiene al Anticristo es el Espíritu Santo residiendo en la Iglesia. Mientras la Iglesia está aquí en la tierra, el Anticristo no podrá manifestarse, aunque sí su espíritu.

g) La acción del misterio de iniquidad. «Porque ya está en acción el misterio de la iniquidad; solo que hay quien al presente lo detiene, hasta que él a su vez sea quitado de en medio» (2 Tes. 2:7).

«Pues esa anarquía ya está en marcha en forma secreta, y permanecerá secreta hasta que el que la detiene se quite de en medio» (2 Tes. 2:7, NTV). El «ministerio de la iniquidad» es la contraposición al «misterio de la piedad».

«E indiscutiblemente, grande es el misterio de la piedad: Dios fue manifestado en carne, Justificado en el Espíritu, Visto de los ángeles, Predicado a los gentiles, Creído en el mundo, Recibido arriba en gloria» (1 Tim. 3:16).

h) La manifestación del Anticristo

Es el inicuo. «Y entonces se manifestará aquel inicuo, a quien el Señor matará con el espíritu de su boca, y destruirá con el resplandor de su venida» (2 Tes. 2:8).

Es el hombre de iniquidad. «Entonces el hombre de anarquía será dado a conocer, pero el Señor Jesús lo matará con el soplo de su boca y lo destruirá con el esplendor de su venida» (2 Tes. 2:8, NTV).

i) El Anticristo matará los dos testigos apocalípticos. «Cuando hayan acabado su testimonio, la bestia que sube del abismo hará guerra contra ellos, y los vencerá y los matará» (Apoc. 11:7).

«Cuando los testigos hayan terminado de dar su testimonio, la bestia que sube del abismo sin fondo declarará la guerra contra ellos, los conquistará y los matará» (Apoc. 11:7, NTV).

Victorino Pettau, comentarista del siglo III, declaró: «Muchos piensan que [es] Elías para estar con Eliseo o Moisés, pero son dos muertos. Pero Jeremías no ha encontrado la muerte. Todos nuestros ancestros pensaban que debía ser Jeremías».

Victorino Pettau, añade sobre la resurrección de los dos testigos lo siguiente: «Por lo tanto, el Apocalipsis muestra a estos profetas asesinados por el mismo [Anticristo] y resucitando hasta el cuarto día, para que no se encuentren igual a Dios».

El texto bíblico dice: «Y los de los pueblos, tribus, lenguas y naciones verán sus cadáveres por tres días y medio, y no permitirán que sean sepultados» (Apoc. 11:9).

Luego añade: «Pero después de tres días y medio entró en ellos el espíritu de vida enviado por Dios, y se levantaron sobre sus pies, y cayó gran temor sobre los que los vieron» (Apoc. 11:11).

Victorino Pettau con la expresión «y resucitando hasta el cuarto día», toma la figura literaria de la sinécdoque «de la parte por el todo». Es decir, que los dos testigos resucitarán a la mitad del cuarto día. Y aun esa resurrección «de tres días y medio», representa los tres años y medio de la Gran Tribulación, para la liberación del Israel tribulacionista.

j) Las señales del Anticristo. «Inicuo cuyo advenimiento es por obra de Satanás, con gran poder y señales y prodigios mentirosos» (2 Tes. 2:9).

«Ese hombre vendrá a hacer la obra de Satanás con poder, señales y milagros falsos» (2 Tes. 2:9, NTV).

«Y con todo engaño de iniquidad para los que se pierden, por cuanto no recibieron el amor de la verdad para ser salvos» (2 Tes. 2:10).

«Se valdrá de toda clase de mentiras malignas para engañar a los que van rumbo a la destrucción, porque se niegan a amar y a aceptar la verdad que los salvaría» (2 Tes. 2:10, NTV).

k) El poder engañoso. «Por esto Dios les envía un poder engañoso, para que crean la mentira» (2 Tes. 2:11).

«Por lo tanto, Dios hará que ellos sean engañados en gran manera y creerán esas mentiras» (2 Tes. 2:11, NTV).

«A fin de que sean condenados todos los que no creyeron a la verdad, sino que se complacieron en la injusticia» (2 Tes. 2:12).

«Entonces serán condenados por deleitarse en la maldad en lugar de creer en la verdad» (2 Tes. 2:12, NTV).

Los evolucionistas con sus mentiras para desacreditar a los creacionistas, tratan de negar la participación directa de Dios en la creación del mundo, tal y como se narra en los primeros capítulos del Génesis. Por otro lado los humanistas con sus argumentos racionales, se anteponen a la fe cristiana. De tal manera que una subcultura basada en mentiras y engaños ha embrutecido la razón de una sociedad.

4. El espíritu de la bestia Anticristo

a) Los muchos anticristos. «Hijitos, ya es el último tiempo; y según vosotros oísteis que el anticristo viene, así ahora han surgido muchos anticristos; por esto conocemos que es el último tiempo» (1 Jn. 2:18).

«Queridos hijos, llegó la última hora. Ustedes han oído que el Anticristo viene, y ya han surgido muchos anticristos. Por eso sabemos que la última hora ha llegado» (1 Jn. 2:18, NTV).

Una pléyade de «muchos anticristos» comenzaron a verse públicamente desde la época joanina hasta la época presente. Cada generación después de Pablo de Tarso y de Juan el Apocalipta, han visto a uno o varios anticristos.

b) La procedencia de los anticristos. «Salieron de nosotros, pero no eran de nosotros; porque si hubiesen sido de nosotros, habrían permanecido con nosotros; pero salieron para que se manifestase que no todos son de nosotros» (1 Jn. 2:19).

«Esas personas salieron de nuestras iglesias, pero en realidad nunca fueron parte de nosotros; de haber sido así, se habrían quedado con nosotros. Al irse demostraron que no eran parte de nosotros» (1 Jn. 2:19, NTV).

Para la época del apóstol Juan, una avalancha de anticristos se había manifestado. Interesante, es que estaban adentro de las congregaciones y de las mismas salían con las malas enseñanzas. El espíritu del anticristo es de adentro hacia afuera.

c) La unción del Santo da discernimiento. «Pero vosotros tenéis la unción del Santo, y conocéis todas las cosas» (1 Jn. 2:20).

«Pero ustedes no son así, porque el Santo les ha dado su Espíritu, y todos ustedes conocen la verdad» (1 Jn. 2:20, NTV).

«No os he escrito como si ignoraseis la verdad, sino porque la conocéis, y porque ninguna mentira procede de la verdad» (1 Jn. 2:21).

«Así que les escribo no porque no conozcan la verdad, sino porque conocen la diferencia entre la verdad y la mentira» (1 Jn. 2:21, NTV).

La unción es la revelación de la verdad. Es conocer al «Santo» que es Jesucristo. Él envió al Espíritu Santo para revelarlo en nuestros corazones. Y esa «verdad» nos ayuda a diferenciar la mentira.

d) El espíritu del Anticristo. «¿Quién es el mentiroso, sino el que niega que Jesús es el Cristo? Este es anticristo, el que niega al Padre y al Hijo» (1 Jn. 2:22).

«Todo aquel que niega al Hijo, tampoco tiene al Padre. El que confiesa al Hijo, tiene también al Padre» (1 Jn. 2:23).

El espíritu del Anticristo niega al Jesús histórico como el Cristo o Mesías enviado desde el cielo, quien posee la deidad y es eterno. Negar al Padre es negar al Hijo que este envió.

e) La perseverancia contra el espíritu del Anticristo. «Lo que habéis oído desde el principio, permanezca en vosotros. Si lo que habéis oído desde el principio permanece en vosotros, también vosotros permaneceréis en el Hijo y en el Padre» (1 Jn. 2:24).

Perseverar en la verdad de las doctrinas apostólicas da firmeza en la relación con el Padre celestial y con su Hijo Jesucristo, nuestro salvador y Señor. La palabra permanece en nosotros y nosotros permanecemos en Dios.

5. La descripción de la bestia Anticristo

a) La subida del Anticristo. «Me paré sobre la arena del mar, y vi subir del mar una bestia que tenía siete cabezas y diez cuernos; y en sus cuernos diez diademas; y sobre sus cabezas, un nombre blasfemo» (Apoc. 13:1).

El mar dentro de la apocalíptica representa naciones. Y de las naciones se crea el escenario para que emerja la bestia-Anticristo. Las siete cabezas representan siete imperios (Egipto, Asiria, Babilonia, Media-Persia, Grecia, Roma y el imperio romano restaurado); y los diez cuernos representan diez naciones que se unirán como la coalición de la bestia-Anticristo. Se encuentran en la Europa moderna, fueron parte del antiguo Imperio Romano y muchas están ya en la Unión Europea.

b) La descripción del Anticristo. «Y la bestia que vi era semejante a un leopardo, y sus pies como de oso, y su boca como boca de león. Y el dragón le dio su poder y su trono, y grande autoridad» (Apoc. 13:2).

Las bestias de la apocalíptica de Daniel 7, representan cuatro imperios en sucesión inmediata, y se encuentran reasumidas en la bestia representativa del Anticristo con boca de león, patas de oso, cuerpo de leopardo y diez cuernos y sumando todas sus cabezas son siete:

«Y cuatro bestias grandes, diferentes la una de la otra, subían del mar» (Dan. 7:3).

«La primera era como león, y tenía alas de águila. Yo estaba mirando hasta que sus alas fueron arrancadas, y fue levantada del suelo y se puso enhiesta sobre los pies a manera de hombre, y le fue dado corazón de hombre» (Dan. 7:4).

«Y he aquí otra segunda bestia, semejante a un oso, la cual se alzaba de un costado más que del otro, y tenía en su boca tres costillas entre los dientes; y le fue dicho así: Levántate, devora mucha carne» (Dan. 7:5).

«Después de esto miré, y he aquí otra, semejante a un leopardo, con cuatro alas de ave en sus espaldas; tenía también esta bestia cuatro cabezas; y le fue dado dominio» (Dan. 7:6).

«Después de esto miraba yo en las visiones de la noche, y he aquí la cuarta bestia, espantosa y terrible y en gran manera fuerte, la cual tenía unos dientes grandes de hierro; devoraba y desmenuzaba, y las sobras hollaba con sus pies, y era muy diferente de todas las bestias que vi antes de ella, y tenía diez cuernos» (Dan. 7:7).

«Mientras yo contemplaba los cuernos, he aquí que otro cuerno pequeño salía entre ellos, y delante de él fueron arrancados tres cuernos de los primeros; y he aquí que este cuerno tenía ojos como de hombre, y una boca que hablaba grandes cosas» (Dan. 7:8).

«Estuve mirando hasta que fueron puestos tronos, y se sentó un Anciano de días, cuyo vestido era blanco como la nieve, y el pelo de su cabeza como lana limpia; su trono llama de fuego, y las ruedas del mismo, fuego ardiente. Un río de fuego procedía y salía de delante de él; millares de millares le servían, y millones de millones asistían delante de él; el Juez se sentó, y los libros fueron abiertos» (Dan. 7:9, 10).

c) La herida del Anticristo. «Vi una de sus cabezas como herida de muerte, pero su herida mortal fue sanada; y se maravilló toda la tierra en pos de la bestia» (Apoc. 13:3).

«Vi que una de las cabezas de la bestia parecía estar herida de muerte, ¡pero la herida mortal sanó! Todo el mundo se maravilló de este milagro y dio lealtad a la bestia» (Apoc. 13:3, NTV).

El primer comentario existente del Apocalipsis lo escribió Victorino Pettau y declara: «Una de las cabezas fue asesinada, y murió; pero después de su tiempo de muerte fue sanada: habla de Nerón. Pues es cierto que cuando él fue seguido por la caballería enviada por el Senado, recibió un corte en su propia garganta. Por tanto, una vez levantado Jesús, Dios le debe enviar como un rey digno a los judíos y a los perseguidores de Cristo; un Cristo de este tipo es el que han merecido los perseguidores y los judíos. Pero otros tendrán como Cristo a Nerón y recibirán su castigo».

La bestia Anticristo experimentará una aparente muerte, de la cual se levantará al ser sanado milagrosamente de la herida infligida. De esta manera imitará la resurrección del verdadero Cristo.

d) La adoración del Anticristo. «Y adoraron al dragón que había dado autoridad a la bestia, y adoraron a la bestia, diciendo: ¿Quién como la bestia, y quién podrá luchar contra ella?» (Apoc. 13:4).

«Todos adoraron al dragón, porque le había dado su autoridad al monstruo, y también adoraron al monstruo. Decían: 'No hay nadie tan fuerte como este monstruo. Nadie puede luchar contra él'» (Apoc. 13:4, TLA).

La autoridad de la bestia Anticristo procede del dragón-Satanás. El Anticristo será la obra maestra de este querubín rebelde. Será el súper-hombre de Satanás, y el instrumento para su propia adoración.

e) La autoridad del Anticristo. «También se le dio boca que hablaba grandes cosas y blasfemias; y se le dio autoridad para actuar cuarenta y dos meses» (Apoc. 13:5).

El dragón Satanás «le dio boca que hablaba grandes cosas y blasfemias». Pero la autoridad «para actuar» se la da Dios. Y habla de un tiempo periodo de la Gran Tribulación, determinado por «cuarenta y dos meses» o «tres años y medio».

f) La boca del Anticristo. «Y abrió su boca en blasfemias contra Dios, para blasfemar de su nombre, de su tabernáculo, y de los que moran en el cielo» (Apoc. 13:6). «Y abrió la boca con terribles blasfemias contra Dios, maldiciendo su nombre y su habitación, es decir, a los que habitan en el cielo» (Apoc. 13:6, NTV).

La bestia Anticristo será el más grande blasfemador de Dios. Se ensañará de la persona y de las obras del Eterno. De su boca saldrán serpientes, escorpiones y tarántulas e hienas de blasfemias.

g) El permiso del Anticristo. «Y se le permitió hacer guerra contra los santos, y vencerlos. También se le dio autoridad sobre toda tribu, pueblo, lengua y nación» (Apoc. 13:7).

Veamos este ejemplo de la autoridad divina: «Entonces le dijo Pilato: ¿A mí no me hablas? ¿No sabes que tengo autoridad para crucificarte, y que tengo autoridad para soltarte? Respondió Jesús: Ninguna autoridad tendrías contra mí, si no te fuese dada de arriba; por tanto, el que a ti me ha entregado, mayor pecado tiene» (Jn. 19:10, 11).

h) La adoración al Anticristo. «Y la adoraron todos los moradores de la tierra cuyos nombres no estaban escritos en el libro de la vida del Cordero que fue inmolado desde el principio del mundo» (Apoc. 13:8).

La bestia Anticristo se presentará como dios al mundo, y el mundo le creerá y le adorará. Pero los elegidos no le adorarán. Los que siguen a José Luis De Jesús Miranda, llamado «Jesucristo Hombre» o «El Anticristo» o «Rey de Reyes», es porque no conocen al verdadero Jesucristo.

i) La moraleja del Anticristo. «Si alguno tiene oído, oiga» (Apoc. 13:9, RVR-60). «Todo el que tenga oídos para oír debe escuchar y entender» (Apoc. 13:9, NTV).

«Si alguno lleva en cautividad, va en cautividad; si alguno mata a espada, a espada debe ser muerto. Aquí está la paciencia y la fe de los santos» (Apoc. 13:10).

«Todo el que esté destinado a la cárcel, a la cárcel será llevado. Todo el que esté destinado a morir a espada, morirá a filo de espada. Esto significa que el pueblo de Dios tiene que soportar la persecución con paciencia y permanecer fiel» (NTV).

Luego en el último capítulo de la apocalíptica joanina se da una amonestación paralela:

«El que es injusto, sea injusto todavía; y el que es inmundo, sea inmundo todavía; y el que es justo, practique la justicia todavía; y el que es santo, santifíquese todavía» (Apoc. 22:11).

«Deja que el malo siga haciendo lo malo; y que quien tenga la mente sucia, siga haciendo cosas sucias. Al que haga el bien, déjalo que siga haciéndolo, y al que haya entregado su vida a Dios, deja que se entregue más a él» (TLA).

Parafraseo: «Al que practica el pecado que lo siga practicando; pero el que practica las cosas que agradan a Dios, que las siga practicando. Los adúlteros sigan siendo adúlteros, los borrachos sigan siendo borrachos, los homosexuales sigan siendo homosexuales, pero los creyentes santos sigan siendo santos».

El mundo seguirá siendo el mundo, pero la Iglesia seguirá siendo la Iglesia. Lamentablemente hay creyentes que conocen más del mundo que lo que el mundo conoce de sí mismo. Hay un mundo que conoce más de la Iglesia, que lo que la Iglesia conoce de sí misma. Muchas congregaciones se han mudado al mundo y muchos mundanos se han mudado a las congregaciones. Antes el mundo se quería parecer a la Iglesia, ahora la Iglesia se quiere parecer al mundo. Hoy vemos a muchas iglesias pidiéndole perdón al mundo, en vez de que el mundo le pida perdón a Jesucristo.

6. El ayudante de la bestia Anticristo

a) La subida del Falso Profeta. «Después vi otra bestia que subía de la tierra; y tenía dos cuernos semejantes a los de un cordero, pero hablaba como dragón» (Apoc. 13:11). «Luego vi a otra bestia; esta salía de la tierra. Tenía dos cuernos como los de un cordero, pero hablaba con la voz de un dragón» (Apoc. 13:11, NTV).

El Falso Profeta será un cordero con voz de dragón. Posee dos cuernos como de cordero, pero es una bestia apocalíptica. Es un engendro de maldad. Es la bestia-Falso Profeta.

b) La autoridad del Falso Profeta. «Y ejerce toda la autoridad de la primera bestia en presencia de ella, y hace que la tierra y los moradores de ella adoren a la primera bestia, cuya herida mortal fue sanada» (Apoc. 13:12).

La bestia Falso Profeta será un buen número dos. Su misión es presentar a la bestia-Anticristo, servirle al mismo, y promocionar la adoración hacia aquel. Es el lugarteniente de la bestia-Anticristo.

c) Los milagros del Falso Profeta. «También hace grandes señales, de tal manera que aun hace descender fuego del cielo a la tierra delante de los hombres» (Apoc. 13:13).

La bestia Falso Profeta sabe que a las multitudes los milagros los empalagan. La gente es atraída por los milagros, aun los de las congregaciones. ¡Corren detrás de los milagreros!

d) El engaño del Falso Profeta. «Y engaña a los moradores de la tierra con las señales que se le ha permitido hacer en presencia de la bestia, mandando a los moradores de la tierra que le hagan imagen a la bestia que tiene la herida de espada, y vivió» (Apoc. 13:14).

Todo lo que hace Satanás va arropado de mucho engaño. Este enemigo de Dios y de la Iglesia, se dedica a anestesiar las almas y a darles soporíferos religiosos. Muchas congregaciones en nuestros días buscan más entretenimiento que sometimiento, información que transformación.

e) El instrumento del Falso Profeta. «Y se le permitió infundir aliento a la imagen de la bestia, para que la imagen hablase e hiciese matar a todo el que no la adorase» (Apoc. 13:15).

Luego se le permitió a la bestia-Falso Profeta dar vida a esa estatua de la bestia-Anticristo para que pudiera hablar. Entonces la estatua de la bestia-Anticristo ordenó que todo el que se negara a adorarla debía morir (Apoc. 13:15, NTV).

En la Roma Antigua como en Grecia, los sacerdotes del imperio se valían de trucos de animación para atraer a los seguidores de los dioses. De alguna manera con la tecnología digital moderna presente o del futuro, la bestia-Falso Profeta animará la estatua de la bestia-Anticristo. Utilizará los robóticos tan populares en nuestros días.

7. La marca de la bestia Anticristo

a) El lugar de la marca. «Y hacía que a todos, pequeños y grandes, ricos y pobres, libres y esclavos, se les pusiese una marca en la mano derecha, o en la frente» (Apoc. 13:16).

Hoy vivimos en la cultura del tatuaje. Esa práctica produce adicción. El llamado «Jesucristo Hombre», el puertorriqueño José Luis De Jesús Miranda se tatuó el **666**. Sus seguidores lo han hecho, y ellos también se han tatuado el **666**, el rostro de su líder, el logos de su secta religiosa y las letras **SSS**.

Pero aun es más triste cómo muchos creyentes se tatúan con símbolos cristianos y lo ven bien. Se han marcado el cuerpo que es templo del Espíritu Santo, y dice la Biblia: «No se hagan heridas en el cuerpo por causa de los muertos, ni tatuajes en la piel. Yo soy el Señor» (Lev. 19:28, NVI).

Un creyente se tatuó una paloma en su costado. Su pastor al verle, le preguntó: ¿Y por qué te tatuaste? Su respuesta arropada con risa fue: Me tatué la paloma del Espíritu Santo. A lo que el pastor le repuso: El Espíritu Santo no necesita que lo tengas tatuado ahí, sino que lo tengas dentro de tu corazón.

El mundo que no le sirve a Dios y que rechaza a su Hijo Jesucristo, ya está marcado por su pecado y desobediencia. Pero los creyentes, los nacidos de nuevo, ya están marcados con el sello del Espíritu Santo.

b) El propósito de la marca. «Y que ninguno pudiese comprar ni vender, sino el que tuviese la marca o el nombre de la bestia, o el número de su nombre» (Apoc. 13:17). «Y nadie podía comprar ni vender nada sin tener esa marca, que era el nombre de la bestia o bien el número que representa su nombre» (NTV).

«Aquí hay sabiduría. El que tiene entendimiento, cuente el número de la bestia, pues es número de hombre. Y su número es seiscientos sesenta y seis» (Apoc. 13:18). «Aquí se requiere sabiduría. El que tenga entendimiento, que resuelva el significado del número de la bestia, porque es el número de un hombre. Su número es 666» (NTV).

Aquellos que vivan en el tiempo de la bestia-Anticristo, el de la Gran Tribulación apocalíptica, podrán identificar al **666** con este personaje. Interesante que algunos manuscritos antiguos no leen **666**, sino **616**. Y eso por si da otro giro de especulación sobre este misterioso número.

c) El juicio a los que tengan la marca del Anticristo. «Después un tercer ángel los siguió mientras gritaba: 'Todo el que adore a la bestia y a su estatua o acepte su marca en la frente o en la mano'» (Apoc. 14:9, NTV).

«Tendrá que beber el vino de la ira de Dios, que se ha servido sin diluir en la copa del furor de Dios. Ellos serán atormentados con fuego y azufre ardiente en presencia de los ángeles santos y del Cordero» (Apoc. 14:10, NTV).

«El humo de su tormento subirá por siempre jamás, y no tendrán alivio ni de día ni de noche, porque adoraron a la bestia y a su estatua y aceptaron la marca de su nombre» (Apoc. 14:11, NTV).

Cuando los artistas de películas, cantantes, deportistas y conductores de programas de radio y televisión se hicieron los tatuajes, el mundo lo vio aceptable.

Aun en algunos círculos religiosos, se les ha dado entrada. Hasta se ha vuelto un tema de si la Biblia los desaprueba o permite. Dicho sea de paso el tema del tatuaje no debe ser de discusión, sino de desaprobación para los que están en Cristo Jesús. Esa cultura del tatuaje es una señal de los últimos días.

8. La alianza de la bestia Anticristo

a) La religión sentada sobre el Anticristo. «Y me llevó en el Espíritu al desierto; y vi a una mujer sentada sobre una bestia escarlata llena de nombres de blasfemia, que tenía siete cabezas y diez cuernos» (Apoc. 17:3).

El comentarista al Apocalipsis del siglo III, llamado Victorino Pettau dice: «Y la bestia que has visto, dice, es de los siete: porque antes de estos reyes Nerón reinaba. Y es la octava, dice solamente que cuando este llega, cuenta el octavo lugar. Y porque en su (reinado) será el final, agrega: se dirige a la destrucción. Pero diez Reyes recibieron el poder real: cuando se traslada desde el este, se enviará desde la ciudad de Roma con sus ejércitos. Habla de estos diez cuernos y diez diademas. Y Daniel muestra: tres de los primeros fueron desarraigados, que es, tres de los exlíderes del Anticristo son destruidos. Los otros siete dan gloria y honran y un trono y el poder, de los cuales, dice, odian a la ramera, es decir, habla de la ciudad, y queman su carne con fuego».

b) La descripción de la religión. «Y la mujer estaba vestida de púrpura y escarlata, y adornada de oro, de piedras preciosas y de perlas, y tenía en la mano un cáliz de oro lleno de abominaciones y de la inmundicia de su fornicación» (Apoc. 17:4).

El púrpura y escarlata eran los colores de la Roma de los césares, manifestados en su brazo religioso de los sacerdotes. El oro, piedras preciosas y perlas hablan del lujo de Roma. El cáliz de oro de sus brindis y prácticas sacerdotales. Una situación paralela se tendrá en los días de la tribulación.

c) El asentamiento de la mujer. «Esto, para la mente que tenga sabiduría: Las siete cabezas son siete montes, sobre los cuales se sienta la mujer, y son siete reyes. Cinco de ellos han caído; uno es, y el otro aún no ha venido; y cuando venga, es necesario que dure breve tiempo. La bestia que era, y no es, es también el octavo; y es de entre los siete, y va a la perdición. Y los diez cuernos que has visto, son diez reyes, que aún no han recibido reino; pero por una hora recibirán autoridad como reyes juntamente con la bestia. Estos tienen un mismo propósito, y entregarán su poder y su autoridad a la bestia. Pelearán contra el Cordero, y el Cordero los vencerá, porque él es Señor de señores y Rey de reyes; y los que están con él son llamados y elegidos y fieles» (Apoc. 17:9-14).

El primer comentarista del libro de Apocalipsis en el siglo III, Victorino Pettau escribió: «Por consiguiente, es útil para entender el momento en que fue escrito el Apocalipsis, porque Domiciano fue César entonces. Y antes que él era Tito, su hermano y Vespasiano su padre, Otón, Vitelio y Galba. Se trataba de cinco que han caído; uno es, afirma, bajo quien dice que el Apocalipsis fue escrito, es decir, Domiciano. Otro aún no ha llegado: habla de Nerva, que cuando él venga, su tiempo será corto: para el que no se ha completado dos años».

Aunque los estudiantes de escatología vemos a cinco imperios que han caído que son Egipto, Asiria, Babilonia, Persia, Grecia. Un imperio sexto vigente para la época de Juan el Apocalipta era Roma. Y un séptimo imperio que no era todavía y es el Imperio Romano restaurado.

d) La alianza al Anticristo. «Y los diez cuernos que has visto, son diez reyes, que aún no han recibido reino; pero por una hora recibirán autoridad como reyes juntamente con la bestia» (Apoc. 17:12).

«Estos tienen un mismo propósito, y entregarán su poder y su autoridad a la bestia» (Apoc. 17:13).

La bestia-Anticristo tendrá una coalición o liga política de diez naciones que rendirán a la bestia-Anticristo sus gobiernos. Juan los vio como diez reyes sin reino, que en el éscaton recibirán reinos y por poco tiempo.

9. El juicio de la bestia Anticristo

a) Juicio con tinieblas. «El quinto ángel derramó su copa sobre el trono de la bestia; y su reino se cubrió de tinieblas, y mordían de dolor sus lenguas» (Apoc. 16:10).

Este juicio recuerda la plaga de tinieblas sobre Egipto declarada por Moisés y Aarón. Jesucristo tratará al mundo de la bestia-Anticristo como fue tratado el cocodrilo-Faraón. Los que viven en tinieblas espirituales, tendrán tinieblas literales.

b) Juicio con dolores. «Y blasfemaron contra el Dios del cielo por sus dolores y por sus úlceras, y no se arrepintieron de sus obras» (Apoc. 16:11).

Las plagas sobre Egipto trajeron dolores. Los tribulacionistas tendrán úlceras que les producirán dolores. Pero serán tercos como el cocodrilo-Faraón, no se arrepentirán. El arrepentimiento debe nacer por iniciativa del corazón y no por miedo.

10. La guerra de la bestia Anticristo

a) Los aliados del Anticristo. «Estos tienen un mismo propósito, y entregarán su poder y su autoridad a la bestia» (Apoc. 17:13).

«Pelearán contra el Cordero, y el Cordero los vencerá, porque él es Señor de señores y Rey de reyes; y los que están con él son llamados y elegidos y fieles» (Apoc. 17:14).

Las naciones que se identificarán con la bestia-Anticristo y la bestia-Falso Profeta, entregarán su poder y autoridad a la bestia-Anticristo. Estas naciones eran sumisas a ese gobierno del mal. Y se enfrentarán al Cordero-Cristo. Ahora no como un cordero manso, sino como el Cordero-Guerrero.

b) Los instigadores de la Batalla del Armagedón. «Y vi salir de la boca del dragón, y de la boca de la bestia, y de la boca del falso profeta, tres espíritus inmundos a manera de ranas» (Apoc. 16:13).

«Pues son espíritus de demonios, que hacen señales, y van a los reyes de la tierra en todo el mundo, para reunirlos a la batalla de aquel gran día del Dios Todopoderoso» (Apoc. 16:14).

«Estos son espíritus de demonios que hacen milagros y salen a reunir a todos los gobernantes del mundo para pelear contra el Señor en la batalla del gran día del juicio de Dios, el Todopoderoso» (Apoc. 16:14, NTV).

Los demonios están detrás de las guerras. Son impulsadores de las mismas. Buscan la destrucción de los seres humanos por ellos mismos. Y Dios responde moviendo a ejércitos terrenales, ya que Armagedón no es un evento circunscrito únicamente a Israel, sino a todo el mundo. De ser la batalla entre naciones, será la batalla en contra del Cordero.

c) El pronto retorno de la Segunda Venida de Jesucristo. «He aquí, yo vengo como ladrón. Bienaventurado el que vela, y guarda sus ropas, para que no ande desnudo, y vean su vergüenza» (Apoc. 16:15).

La verdadera Iglesia de Jesucristo se irá al cielo antes de esa última semana profética. Hay tres posturas escatológicas sobre ese evento: pre-tribulación (la Iglesia se irá al cielo antes de la tribulación), medio-tribulación (la Iglesia se irá al cielo en medio de la tribulación) y post-tribulación (la Iglesia se irá al cielo después de la tribulación).

Aún para los tribulacionistas hay un mensaje de esperanza, para que muchos se vuelvan al Señor Jesucristo. Y fue también un mensaje alentador para aquellos creyentes víctimas de las persecuciones imperiales. El Apocalipsis en medio de todo, ofrece una luz de esperanza para los creyentes de todos los tiempos.

d) El lugar de la Batalla del Armagedón. «Y los reunió en el lugar que en hebreo se llama Armagedón» (Apoc. 16:16).

Ese valle es conocido como Jezreel, Meguido o Esdraelón. Está rodeado por la cordillera del Carmelo, los montes de Nazaret, montes de Efraín; monte Moré, monte Tabor y monte Gilboa. Y no debe ser confundido con el valle de Josafat que está al lado oriental de la antigua Jerusalén. Los que lo hemos visitado lo encontramos pequeño para las dimensiones de esta batalla. Por lo tanto, Armagedón abarcará a todo Israel, la Palestina y más que un conflicto local será mundial.

11. La derrota de la bestia Anticristo

a) La guerra se tornará contra Jesucristo. «Y vi a la bestia, a los reyes de la tierra y a sus ejércitos, reunidos para guerrear contra el que montaba el caballo, y contra su ejército» (Apoc. 19:19).

Armagedón es la batalla entre naciones, que luego se unen para batallar contra Jesucristo y su ejército. Es el encuentro entre el bien y el mal, entre los hijos de luz y los hijos de las tinieblas, entre el Cordero y la Bestia.

b) El aprisionamiento de las dos bestias. «Y la bestia fue apresada, y con ella el falso profeta que había hecho delante de ella las señales con las cuales había engañado a los que recibieron la marca de la bestia, y habían adorado su imagen. Estos dos fueron lanzados vivos dentro de un lago de fuego que arde con azufre» (Apoc. 19:20).

«Y la bestia fue capturada, y junto con ella, el falso profeta que hacía grandes milagros en nombre de la bestia; milagros que engañaban a todos los que habían aceptado la marca de la bestia y adorado a su estatua. Tanto la bestia como el falso profeta fueron lanzados vivos al lago de fuego que arde con azufre» (NTV).

Las dos bestias del dragón, la bestia-Anticristo y la bestia-Falso Profeta serán los dos primeros prisioneros del lago de fuego y azufre. Inaugurarán ese lugar de reclusión y tormento espiritual, donde después del juicio del gran trono blanco, los cautivos del infierno serán eternamente confinados.

c) La muerte de los combatientes. «Y los demás fueron muertos con la espada que salía de la boca del que montaba el caballo, y todas las aves se saciaron de las carnes de ellos» (Apoc. 19:21).

«Todo su ejército fue aniquilado por la espada afilada que salía de la boca del que montaba el caballo blanco. Y todos los buitres devoraron los cuerpos muertos hasta hartarse» (NTV).

Esa «espada que salía de la boca» del Cristo Conquistador, es el poder de su palabra, que al ser hablada traerá derrota y muerte sobre aquellos desafiantes combatientes en la batalla del Armagedón. La misma prefigura cómo el poder del evangelio inflige derrotas ante el antagonismo de las fuerzas del mal.

Conclusión

Cerrando esta ponencia solo puedo decir que debemos leer las profecías del fin con la Biblia abierta en una mano y los diarios o periódicos en la otra mano. Vivimos en tiempos proféticos y la Iglesia debe cumplir con la Gran Comisión y rescatar el mayor número posible de perdidos para Jesucristo.